"十三五"职业教育
国家规划教材

icve
智慧职教

高等职业教育在线开放课程
配套教材

高等职业教育校企"双元"
合作开发教材

ERP财务管理系统
实训教程

（第三版）（用友U8V10.1版）

新准则 新税率

主 编 牛永芹 杨 琴 喻 竹

副主编 黄莉君 张 丹 曹艳艳

ERP CAIWU GUANLI XITONG
SHIXUN JIAOCHENG

新形态
教材

本书另配：账　　套
　　　　　录　　屏
　　　　　课　　件
　　　　　教　　案
　　　　　课程标准
　　　　　无纸化测评系统

高等教育出版社·北京

内容提要

本书以某工业企业的真实经济业务为原型,突出实践,注重实操,为帮助读者熟悉信息化环境下财务管理业务的处理方法和处理流程编写了实训教程并提供结果账套,每个实训既环环相扣,又可独立操作,可满足不同层次教学需求。

本书共分九个项目,项目一和项目二介绍了用友 U8V10.1 管理软件的使用基础,即账套创建与管理、基础信息设置;项目三至项目七分别介绍了总账管理系统日常业务、应收款管理系统业务、应付款管理系统业务、固定资产管理系统业务和薪资管理系统业务五个模块的业务处理;项目八和项目九介绍了总账管理系统期末业务处理和报表管理系统业务处理。

本书既可作为高等院校会计及其他财经大类相关专业的会计信息化教学用书,也可作为职业院校会计技能大赛的辅导用书。

图书在版编目(CIP)数据

ERP 财务管理系统实训教程:用友 U8 V10.1 版 / 牛永芹,杨琴,喻竹主编. —3 版. —北京:高等教育出版社,2019.2(2022.5 重印)

ISBN 978 - 7 - 04 - 051296 - 0

Ⅰ. ①E… Ⅱ. ①牛… ②杨… ③喻… Ⅲ. ①财务软件-高等职业教育-教材 Ⅳ. ①F232

中国版本图书馆 CIP 数据核字(2019)第 012154 号

策划编辑	毕颖娟　章　军	责任编辑	毕颖娟	封面设计	张文豪	责任印制	高忠富

出版发行	高等教育出版社	网　　址	http://www.hep.edu.cn
社　　址	北京市西城区德外大街 4 号		http://www.hep.com.cn
邮政编码	100120	网上订购	http://www.hepmall.com.cn
印　　刷	江苏德埔印务有限公司		http://www.hepmall.com
开　　本	787mm×1092mm　1/16		http://www.hepmall.cn
印　　张	19		
字　　数	483 千字	版　　次	2019 年 2 月第 3 版
			2015 年 8 月第 1 版
购书热线	010-58581118	印　　次	2022 年 5 月第 9 次印刷
咨询电话	400-810-0598	定　　价	45.00 元

第三版前言

《ERP财务管理系统实训教程》(第二版)(用友U8V10.1版)自2017年2月出版以来,承蒙读者厚爱,取得了较好的效果。应广大读者的要求,同时为体现最新财税政策的变化,我们对第二版教材内容进行了全面更新。本书是安徽省高等学校质量工程高水平高职教材项目(项目编号：2018yljc295)的成果之一,也是安徽省高等学校质量工程特色专业教学资源库项目(项目编号：2019zyk28)的成果之一。读者可以在智慧职教(icve.com.cn)注册,搜索课程"ERP财务管理系统应用",进行学习或下载相关资源。

本次修订主要在以下方面进行了改进：

(1) 涉及"增值税税率"下调的业务已全部更新。

(2) 为适应移动互联时代,对书中业务操作进行了分解,化整为零,每一个小知识点都提供操作录屏,以二维码形式呈现在书中。

本书具有以下特点：

(1) 实用性。本书以某工业企业一个月的业务为主要素材进行编写,业务类型丰富,业务描述以原始单据形式呈现,能够更好地培养学生的会计职业操作能力。

(2) 教学资源丰富。校企合作共同开发教学资源,资源包括教学课件、电子教案、操作录屏、账套等,以丰富的资源为教师和学生提供全面的支持。教师可加入"会计信息化教学研讨"QQ群(群号458574367)进行交流,学生可加入"会计信息化学生群"(群号379366662)进行交流。教学资源索取方式：根据QQ群公告栏提供的教学资源网盘下载地址索取；也可按本书末页"教学资源索取单"与高等教育出版社联系索取。

(3) 教学与竞赛相结合。在本书编写过程中,作者深入企业、会计师事务所、财务咨询公司等单位进行调研,收集了大量素材和业务资料,从而使本书内容能与实践接轨。在部分业务编写中,以赛题链接形式展现历年会计技能大赛真题,体现以赛促教、教学与竞赛融合,满足不同层次教学需求。

本书由安徽商贸职业技术学院牛永芹、杨琴,遵义职业技术学院喻竹担任主编,四川现代职业学院黄莉君、郑州工程技术学院张丹、新乡职业技术学院曹艳艳担任副主编,参加本书编写的还有安徽商贸职业技术学院王珠强、安徽新闻出版职业技术学院汤礼军、安徽黄山职业技术学院周毅敏。本书具体编写分工如下：项目一、项目二、项目三由牛永芹编写,项目四由黄莉君编写,项目五由张丹编写,项目六、项目七由杨琴编写,项目八由曹艳艳编写,项目九由喻竹编写。

由于编者水平有限,书中难免存在疏漏和不当之处,在此,我们期待使用本书的教师和学生不吝指正,以便今后不断完善。

编　者

2020年12月

思政课堂

目　录

项目一　账套创建与管理

实训一　企业背景资料

一、企业基本情况

安徽环宇仓储设备有限公司(简称环宇仓储),是专门从事货架、仓储笼等仓储设备生产、销售的工业企业,公司法人代表李建明。

公司开户银行及账号:

人民币:中国工商银行芜湖经开区支行;账号:13071000261600024388。

纳税人识别号:913402076897786088。

公司地址:芜湖市经济技术开发区港湾路188号。

电话及传真:0553-4471388。

邮编:241003。

公司生产组织与工艺流程:公司生产部门下设两个生产车间,一车间单步骤大量生产货架,二车间单步骤大量生产仓储笼。

二、操作员及操作权限分工

操作员及操作权限分工如表1-1所示。

表1-1　软件应用操作员及操作权限分工表

操作员编号	操作员姓名	隶属部门	职　务	操作权限分工
W01	张　伟	财务部	财务经理	账套主管
W02	胡　鹏	财务部	会　计	① 总账:凭证处理、查询凭证、账表、期末 ② 应收款管理(不含收款单据处理——卡片编辑、选择收款) ③ 应付款管理(不含付款单据处理——卡片编辑、选择付款) ④ 固定资产 ⑤ 薪资管理
W03	刘　慧	财务部	出　纳	① 总账:出纳签字、出纳 ② 应收款管理:票据管理,收款单据处理(卡片编辑、卡片查询)、选择收款 ③ 应付款管理:票据管理,付款单据处理(卡片编辑、卡片查询)、选择付款

1

三、操作要求

（一）科目设置及辅助核算要求

日记账：库存现金、银行存款。

银行账：银行存款。

客户往来：应收票据、应收账款、预收账款。

供应商往来：应付票据、应付账款、预付账款。

个人往来：其他应收款。

数量核算：原材料子科目。

部门核算：管理费用子科目。

部门、项目核算：生产成本/直接材料、生产成本/直接人工、生产成本/制造费用。

项目、数量核算：库存商品、主营业务收入、主营业务成本。

（二）会计凭证的基本规定

录入或生成"记账凭证"均由指定的会计人员操作，含有库存现金和银行存款科目的记账凭证均需出纳签字。对已记账的凭证修改，只采用红字冲销法。为保证财务与业务数据的一致性，能在业务系统生成的记账凭证不得在总账管理系统直接录入。根据原始单据生成记账凭证时，除特殊规定外不采用合并制单。

（三）结算方式

公司采用的结算方式包括现金、支票、银行汇票、商业汇票、电汇等。收、付款业务由财务部门根据有关凭证进行处理，在系统中没有对应结算方式时，其结算方式为"其他"。

（四）薪酬业务的处理

由公司承担并缴纳的养老保险、医疗保险、失业保险、工伤保险、生育保险、住房公积金分别按20%、10%、1%、1%、0.8%、10%的比例计算；由职工个人承担的养老保险、医疗保险、失业保险、住房公积金分别按8%、2%、0.2%、10%的比例计算。按工资总额的2%计提工会经费，按工资总额的8%计提职工教育经费，职工福利费按实际发生数列支，不按比例计提。按照国家有关规定，公司代扣代缴个人所得税，其费用扣除标准为5 000元。工资分摊时勾选"合并科目相同、辅助项相同的分录"选项制单。

（五）固定资产业务的处理

公司固定资产包括房屋及建筑物、运输工具、办公设备，均为在用状态；采用"平均年限法（一）"按月计提折旧；同期增加多个固定资产时，采用合并制单。

（六）存货业务的处理

公司存货主要包括货架、仓储笼等。各类存货按照实际成本核算，采用永续盘存制；发出原材料成本采用"移动加权平均法"计价，发出产成品成本采用"全月平均法"计价。

（七）税费的处理

公司为增值税一般纳税人，增值税税率为13%；按当期应交增值税的7%计算城市维护建设税、3%计算教育费附加和2%计算地方教育费附加；企业所得税采用资产负债表债务法，企业所得税的计税依据为应纳税所得额，税率为25%。

（八）坏账损失的处理

除应收账款外，其他的应收款项不计提坏账准备。每年年末，按应收账款余额百分比法计提坏账准备,提取比例为 0.5%。

(九)损益类账户的结转

每月月末将各损益类账户余额转入"本年利润"账户,结转时按收入和支出分别生成记账凭证。

实训二 增加用户

【业务描述】

2019 年 1 月 1 日,安徽环宇仓储设备有限公司账套用户信息如表 1-2 所示,以【系统管理员 admin】身份登录系统管理,增加用户信息。

增加用户

表 1-2 用户信息表

用户编号	用户姓名	隶属部门	所属角色
W01	张 伟	财务部	账套主管
W02	胡 鹏	财务部	
W03	刘 慧	财务部	

【岗位说明】

【系统管理员 admin】增加用户。

【操作指导】

1. 登录系统管理

(1)执行【开始】|【所有程序】|【用友 U8V10.1】|【系统服务】|【系统管理】命令,打开【系统管理】窗口。

(2)执行【系统】|【注册】命令,打开【登录】窗口。

(3)在【登录】窗口中输入服务器,此处为默认;输入用户名称【admin】;密码为空;选择系统默认账套(default),单击【登录】按钮,以系统管理员身份进入系统管理,如图 1-1 所示。

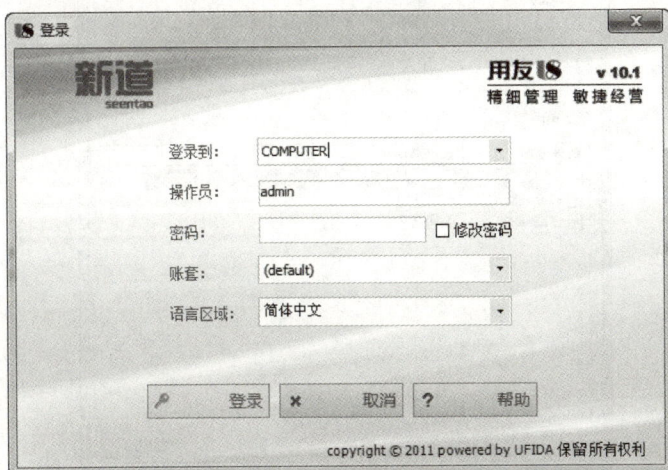

图 1-1 【系统登录】对话框

1

　　2. 增加用户

　　(1) 以系统管理员身份登录系统管理,执行【权限】|【用户】命令,打开【用户管理】窗口,如图1-2所示。

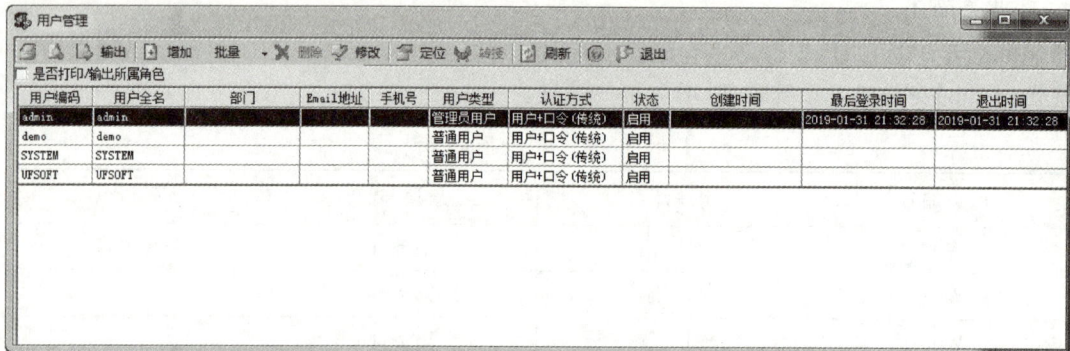

用户编码	用户全名	部门	Email地址	手机号	用户类型	认证方式	状态	创建时间	最后登录时间	退出时间
admin	admin				管理员用户	用户+口令(传统)	启用		2019-01-31 21:32:28	2019-01-31 21:32:28
demo	demo				普通用户	用户+口令(传统)	启用			
SYSTEM	SYSTEM				普通用户	用户+口令(传统)	启用			
UFSOFT	UFSOFT				普通用户	用户+口令(传统)	启用			

图1-2 【用户管理】窗口

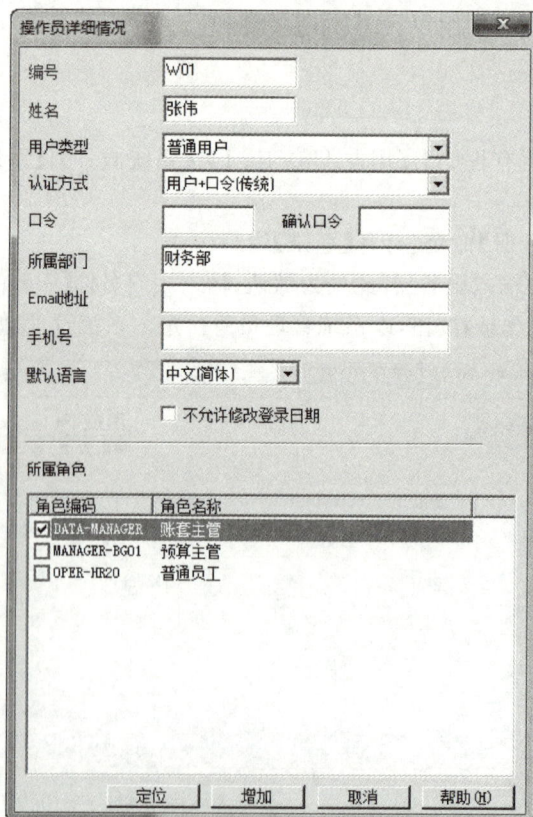

图1-3 【操作员详细情况】对话框

（2）单击【增加】按钮，打开【操作员详细情况】对话框，录入编号【W01】、姓名【张伟】、所属部门【财务部】，在所属角色列表中勾选【账套主管】前的复选框，如图1－3所示。

（3）单击【增加】按钮，按表1－2资料依次设置其他用户。设置完毕后单击【取消】按钮退出。

> **温馨提示**
>
> ● 在增加用户时可以直接指定用户所属角色。如：张伟的角色为【账套主管】。由于系统中已经为预设的角色赋予了相应的权限，因此，如果在增加用户时就指定了相应的角色，则其就自动拥有了该角色的所有权限。如果该用户所拥有的权限与该角色的权限不完全相同，可以在【权限】功能中进行修改。
>
> ● 如果已设置用户为【账套主管】角色，则该用户也是系统内所有账套的账套主管。
>
> ● 用户启用后将不允许删除。如果用户使用过系统又被调离单位，应在用户管理窗口中单击【修改】按钮，在【修改用户信息】对话框中单击【注销当前用户】按钮，最后单击【修改】按钮返回系统管理。此后该用户无权再进入系统。

实训三　建立账套

〔业务描述〕

2019年1月1日，安徽环宇仓储设备有限公司的建账信息如下：

账套号：418。

账套名称：安徽环宇仓储设备有限公司。

地址：芜湖市经济技术开发区港湾路188号。

电话及传真：0553－4471388。

邮编：241003。

纳税人识别号：913402076897786088。

开户银行：中国工商银行芜湖经开区支行；账号：1307100026160024388。

法人代表：李建明。

企业类型：工业企业。

行业性质：2007年新会计制度科目。

基础信息：存货无分类、客户无分类、供应商无分类、无外币核算。

编码方案：科目4－2－2－2。

数据精度：采用系统默认。

启用总账、固定资产、薪资管理、应收款管理、应付款管理系统。

启用日期：2019年1月1日。

〔岗位说明〕

【系统管理员admin】建立账套。

建立账套

1

〖操作指导〗

（1）以系统管理员身份注册进入系统管理，执行【账套】|【建立】命令，打开【建账方式】对话框，选择【新建空白账套】，单击【下一步】按钮，如图 1-4 所示。

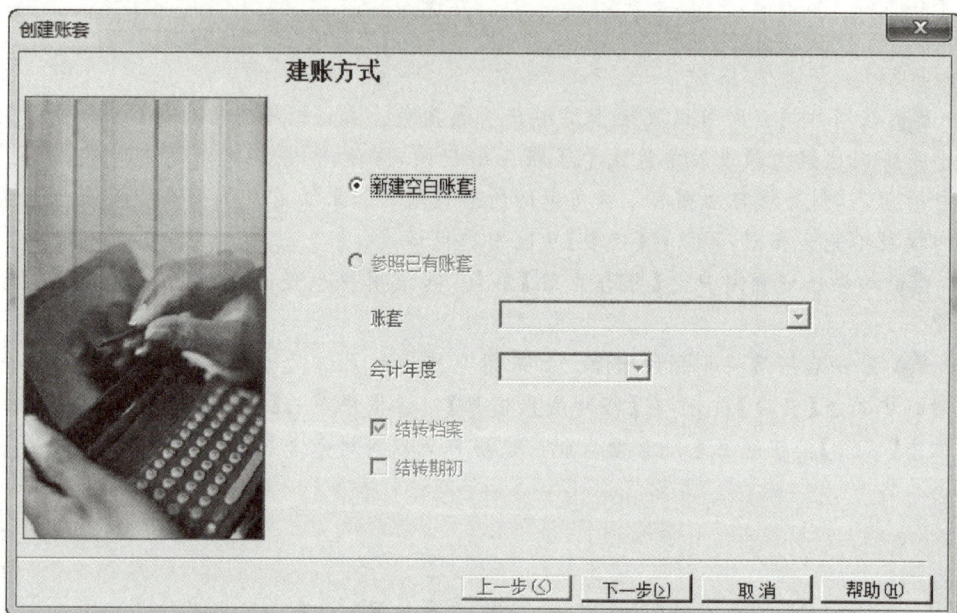

图 1-4　【创建账套——建账方式】对话框

（2）在【账套信息】对话框中，输入账套号【418】，账套名称【安徽环宇仓储设备有限公司】及启用会计期【2019 年 1 月】，如图 1-5 所示。

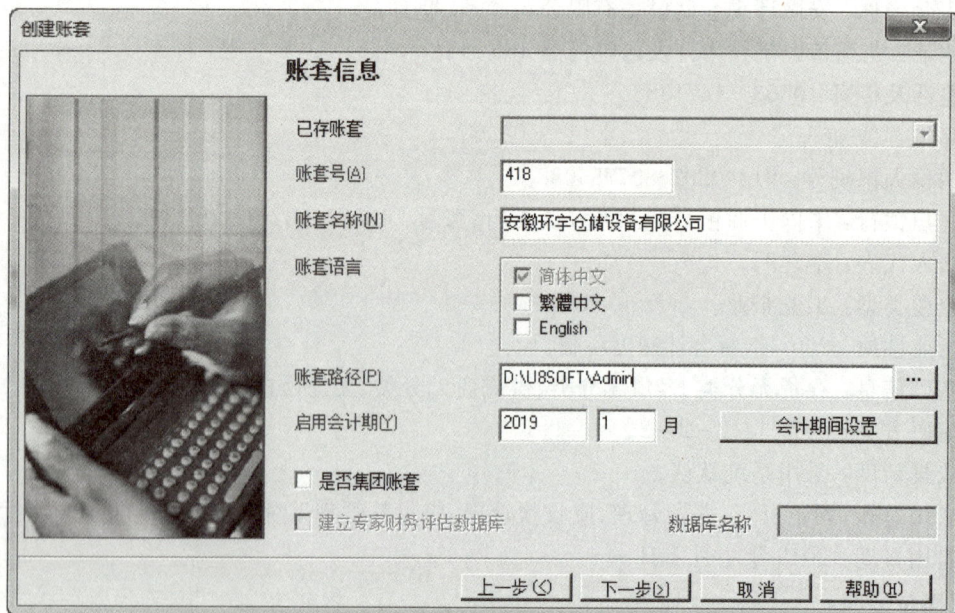

图 1-5　【创建账套——账套信息】对话框

温馨提示

- 账套号是区别不同账套的唯一标识，可以自行设置3位数字，但不允许与已存账套的账套号重复，账套号设置后将不允许修改。
- 账套名称是账套的另一种标识方法，它将与账套号一起显示在系统正在运行的屏幕上，账套名称可以自行设置，并可以由账套主管在修改账套功能中进行修改。
- 系统默认的账套路径是用友U8V10.1的安装路径，可以进行修改。
- 建立账套时，系统会将启用会计期自动默认为系统日期，应注意根据所给资料进行修改，否则将会影响到企业的系统初始化及日常业务处理等内容的操作。

(3) 单击【下一步】按钮，打开【单位信息】对话框，依次输入单位名称、单位简称、单位地址等信息，如图1-6所示。

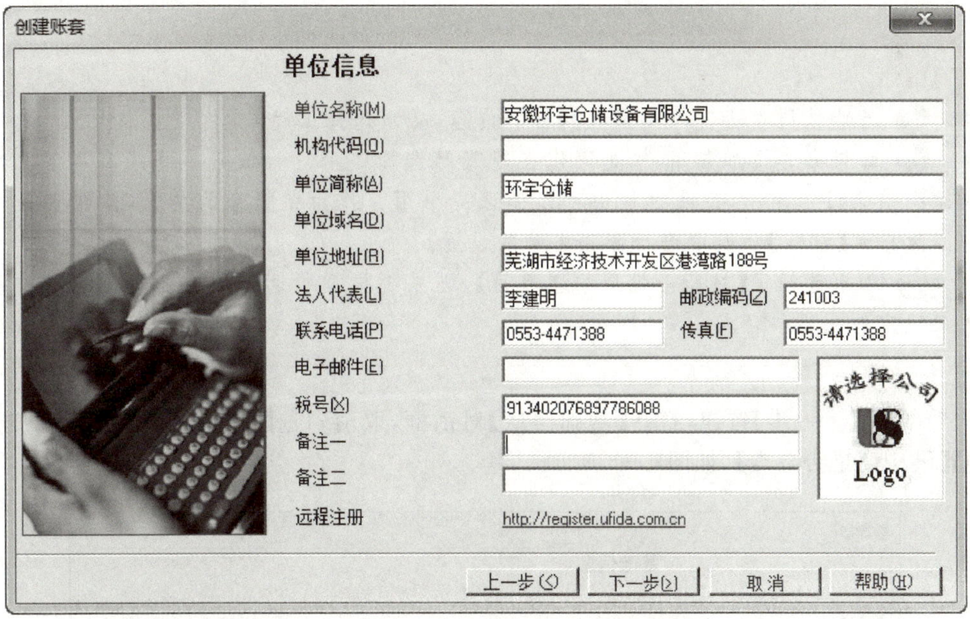

图1-6 【创建账套——单位信息】对话框

温馨提示

- 单位信息中【单位名称】是必须录入的。必须录入的信息以蓝色字体标识(下同)。
- 单位名称应录入企业的全称，以便打印发票时使用。

(4) 单击【下一步】按钮，打开【核算类型】对话框。选择企业类型【工业】、行业性质【2007新会计制度科目】，从【账套主管】下拉列表中选择【[W01]张伟】，勾选【按行业性质预置科目】复选框，如图1-7所示。

1

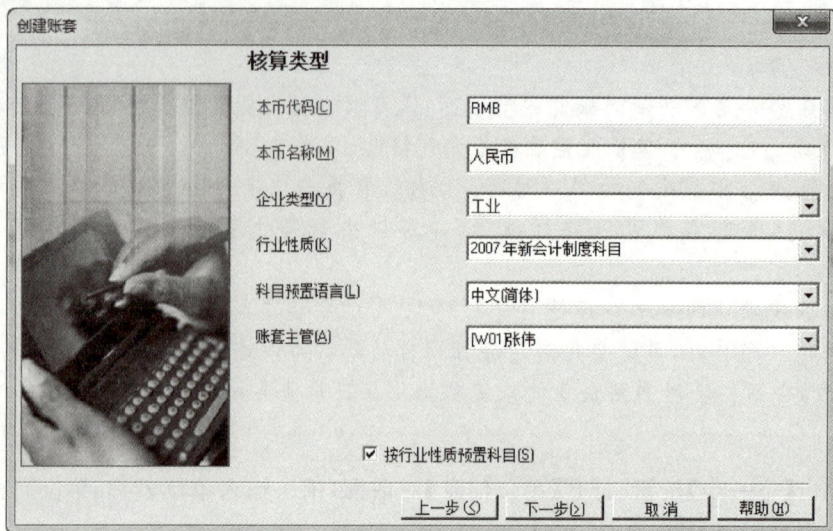

图 1-7 【创建账套——核算类型】对话框

温馨提示

　　● 行业性质将决定系统预置科目的内容,必须选择正确。

　　● 如果事先增加了用户,则可以在建账时选择该用户为该账套的账套主管。如果建账前未设置用户,建账过程中可以先选一个用户作为该账套的主管,待账套建立完成后再到【权限】功能中进行账套主管的设置。

　　● 如果选择了【按行业性质预置科目】,则系统根据所选择的行业类型自动添加国家规定的一级科目。

　　（5）单击【下一步】按钮,打开【基础信息】对话框,取消勾选【存货是否分类】【客户是否分类】【供应商是否分类】,如图 1-8 所示。

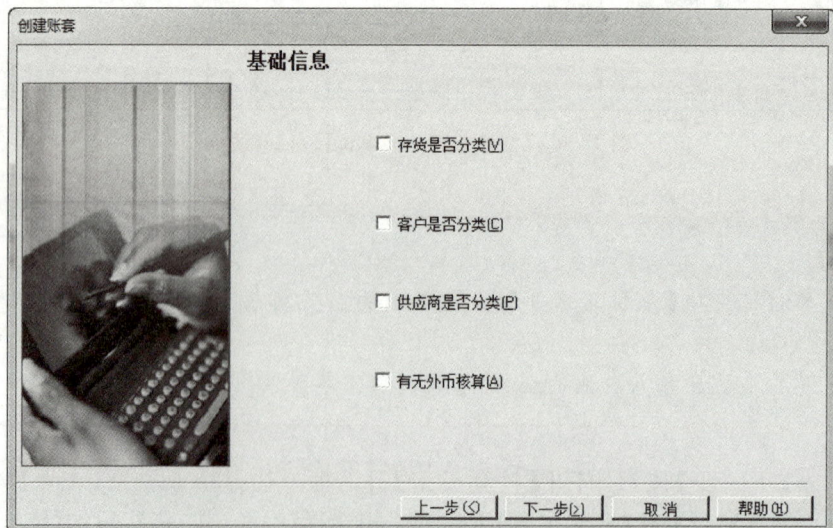

图 1-8 【创建账套——基础信息】对话框

1

（6）单击【下一步】按钮，打开【准备建账】对话框，如图1-9所示。

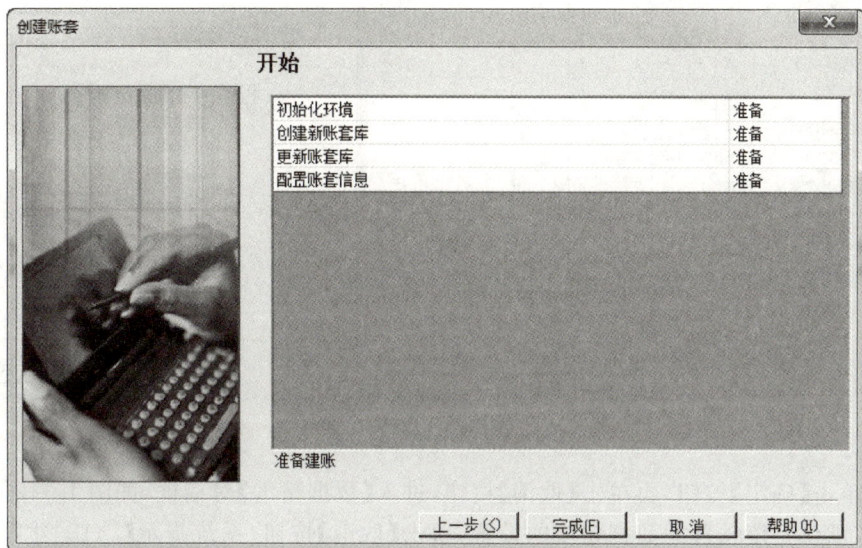

图1-9 【准备建账】对话框

（7）单击【完成】按钮，弹出系统提示【可以创建账套了么？】，单击【是】按钮，如图1-10所示。

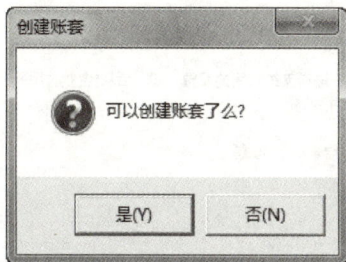

图1-10 【创建账套】提示框

（8）系统自动进行创建账套的工作。建账需要一段时间，请耐心等候。建账完成后，自动打开【编码方案】对话框，按账套资料修改分类编码方案，如图1-11所示。

1

编码方案

项目	最大级数	最大长度	单级最大长度	第1级	第2级	第3级	第4级	第5级	第6级	第7级	第8级	第9级
科目编码级次	13	40	9		2	2	2					
部门编码级次	9	12	9	1	2							
地区分类编码级次	5	12	9	2	3	4						
费用项目分类	5	12	9	1	2							
结算方式编码级次	2	3	3	1	2							
货位编码级次	8	20	9	2	3	4						
收发类别编码级次	3	5	5	1	1	1						
项目设备	8	30	9	2	2							
责任中心分类档案	5	30	9	2	2							
项目要素分类档案	6	30	9	2	2							
客户权限组级次	5	12	9	2	3	4						
供应商权限组级次	5	12	9	2	3	4						
存货权限组级次	8	12	9	2	2	2	2	3				
行业分类级次	5	12	9	2	3							

确定(O)　取消(C)　帮助(F)

数据精度

请按您单位的需要认真填写

存货数量小数位	2
存货体积小数位	2
存货重量小数位	2
存货单价小数位	2
开票单价小数位	2
件数小数位	2
换算率小数位	2
税率小数位	2

确定(O)　取消(C)　帮助(F)

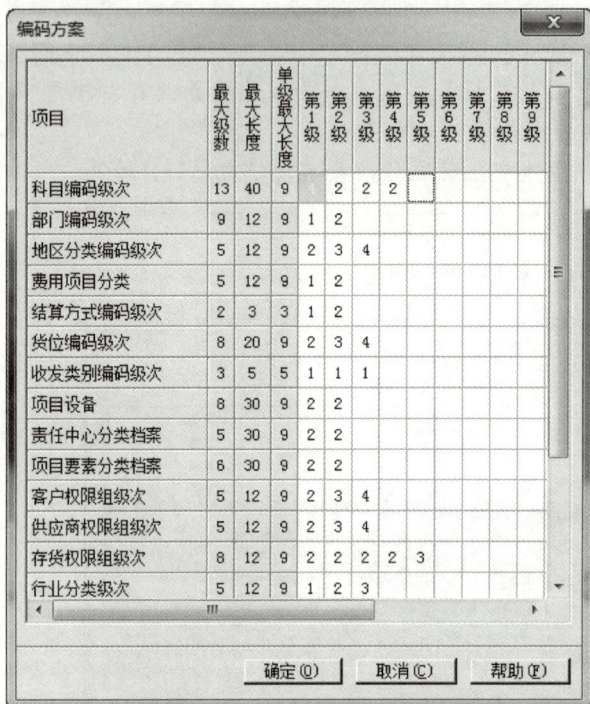

图1-11　【编码方案】对话框　　　　　　图1-12　【数据精度】对话框

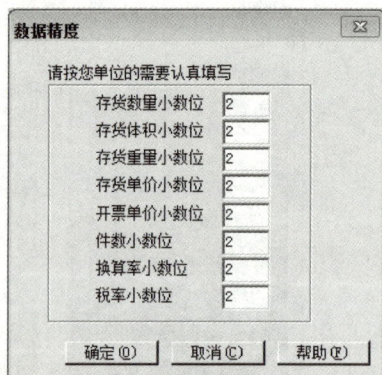

（9）单击【确定】按钮，再单击【取消】按钮，进入【数据精度】对话框，如图1-12所示。

（10）默认系统预置的数据精度的设置，单击【取消】按钮，系统提示【[418]建账成功】和【现在进行系统启用的设置?】，如图1-13所示。

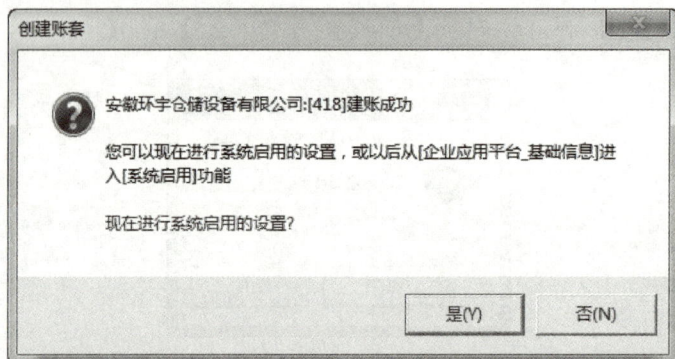

创建账套

安徽环宇仓储设备有限公司:[418]建账成功

您可以现在进行系统启用的设置，或以后从[企业应用平台_基础信息]进入[系统启用]功能

现在进行系统启用的设置?

是(Y)　　　否(N)

图1-13　【建账成功】提示框

温馨提示

　　● 如果单击【否】按钮，则先结束建账过程，之后再在企业应用平台中的基础信息中进行系统启用。

（11）单击【是】按钮，打开【系统启用】对话框，依次启用【总账】【应收款管理】【应付款管理】【固定资产】【薪资管理】，启用日期为2019年1月1日，如图1-14所示。

1

图 1 - 14 【系统启用】对话框

（12）结束建账过程，系统弹出【请进入企业应用平台进行业务操作！】提示，如图 1 - 15 所示，单击【确定】按钮返回。

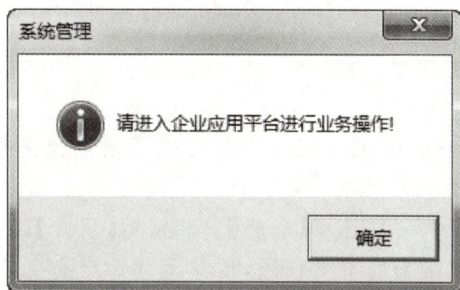

图 1 - 15 【系统管理】提示框

实训四　设置用户权限

【业务描述】

2019 年 1 月 1 日，安徽环宇仓储设备有限公司的用户进入企业应用平台的权限分工如表 1 - 1 所示，以【系统管理员 admin】的身份登录【系统管理】，为三位用户授权；同时以账套主管【W01 张伟】的身份登录企业应用平台，取消【仓库】【科目】【工资权限】及【用户】的"记录级"数据权限控制。

【岗位说明】

【系统管理员 admin】设置用户权限。

设置用户
权限

1

【操作指导】

1. 查看张伟是否是 418 账套的账套主管

(1) 在系统管理中执行【权限】|【权限】命令,打开【用户权限】窗口。

(2) 在右边的下拉列表中选中【[418]安徽环宇仓储设备有限公司】账套。

(3) 在左侧的用户列表中,选中【W01 张伟】用户,显示该用户拥有本账套所有权限,如图 1-16 所示。

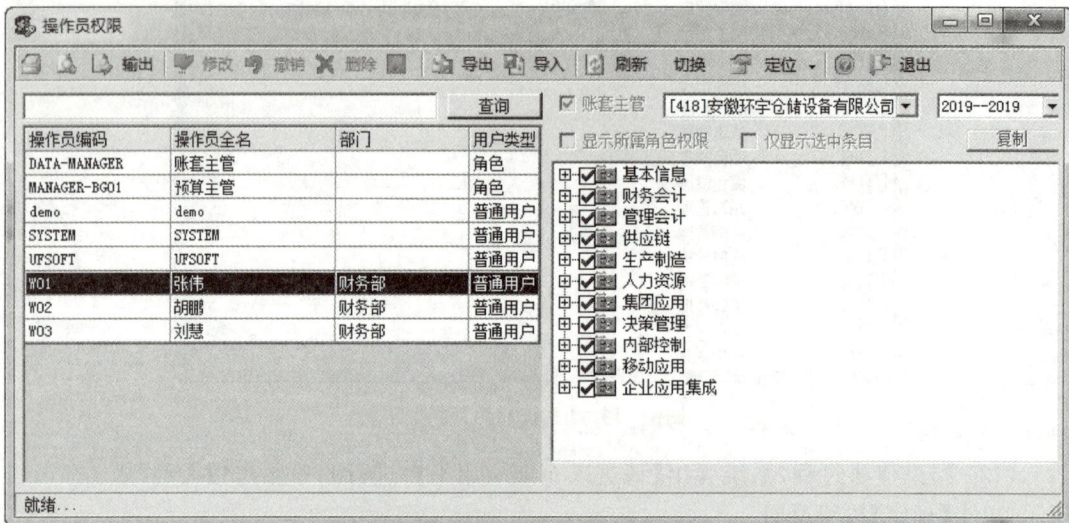

图 1-16　【W01 用户权限】窗口

温馨提示

🌓 只有系统管理员(admin)才有权限设置或取消账套主管。而账套主管只有权对所辖账套进行用户的权限设置。

🌓 设置权限时应注意分别选中【账套】及相应的【用户】。

🌓 账套主管拥有该账套的所有权限,因此无须为账套主管另外赋权。

🌓 一个账套可以有多个账套主管。

---

2. 为胡鹏赋权

(1) 在【用户权限】窗口中,选中【W02 胡鹏】用户。

(2) 单击【修改】按钮。

(3) 在右侧窗口中,单击展开【财务会计】|【总账】,选中【总账】的【凭证处理】【查询凭证】【账表】【期末】,如图 1-17 所示。

(4) 单击展开【应收款管理】,取消【收款单据处理】|【卡片编辑】【选择收款】,如图 1-18 所示。

(5) 单击展开【应付款管理】,取消【付款单据处理】|【卡片编辑】【选择付款】,如图 1-19 所示。

(6) 选中【固定资产】,单击展开【人力资源】,选中【薪资管理】,如图 1-20 所示。

(7) 单击【保存】按钮返回。

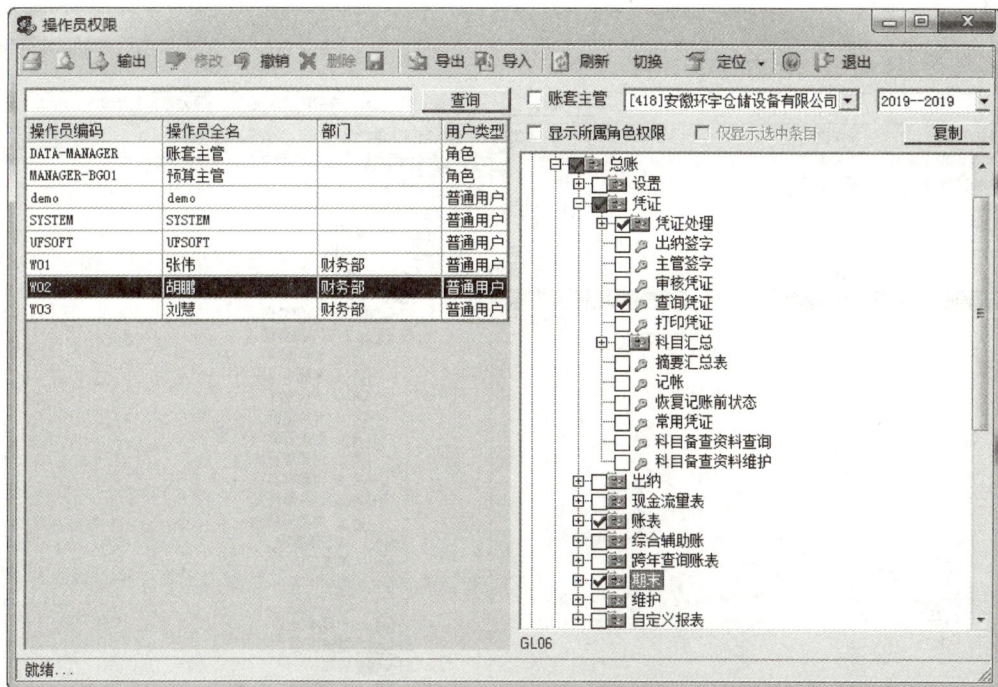

图 1 - 17　【W02 用户权限】窗口一

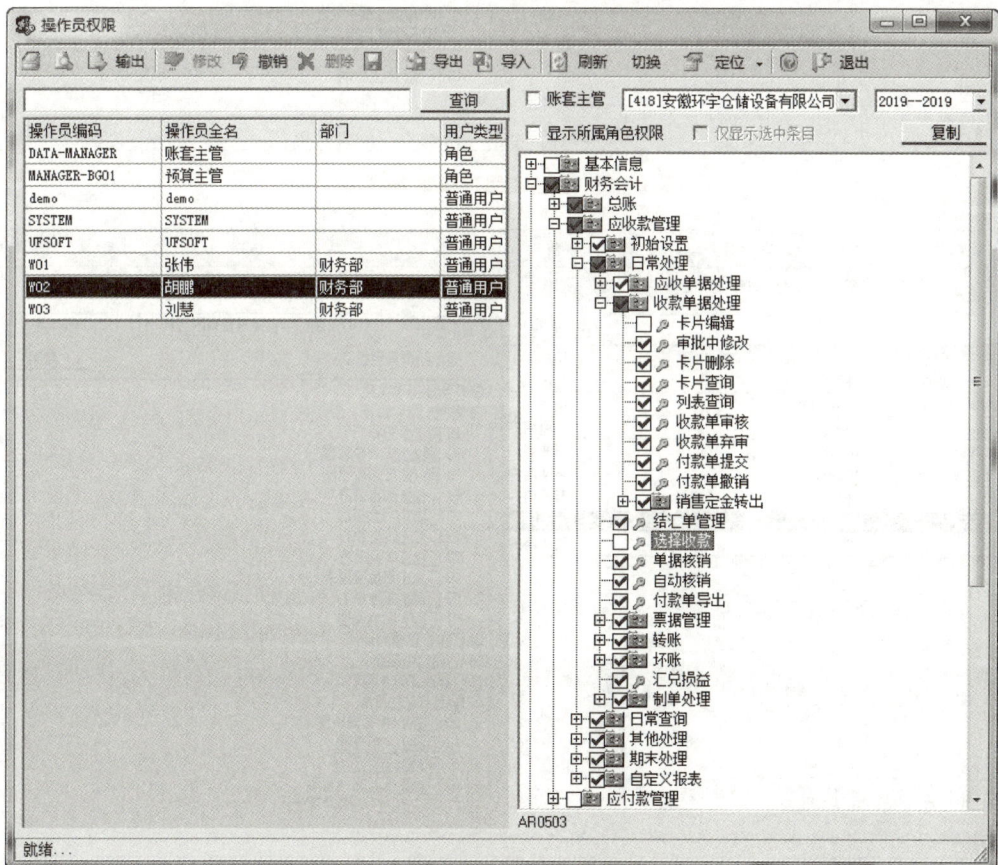

图 1 - 18　【W02 用户权限】窗口二

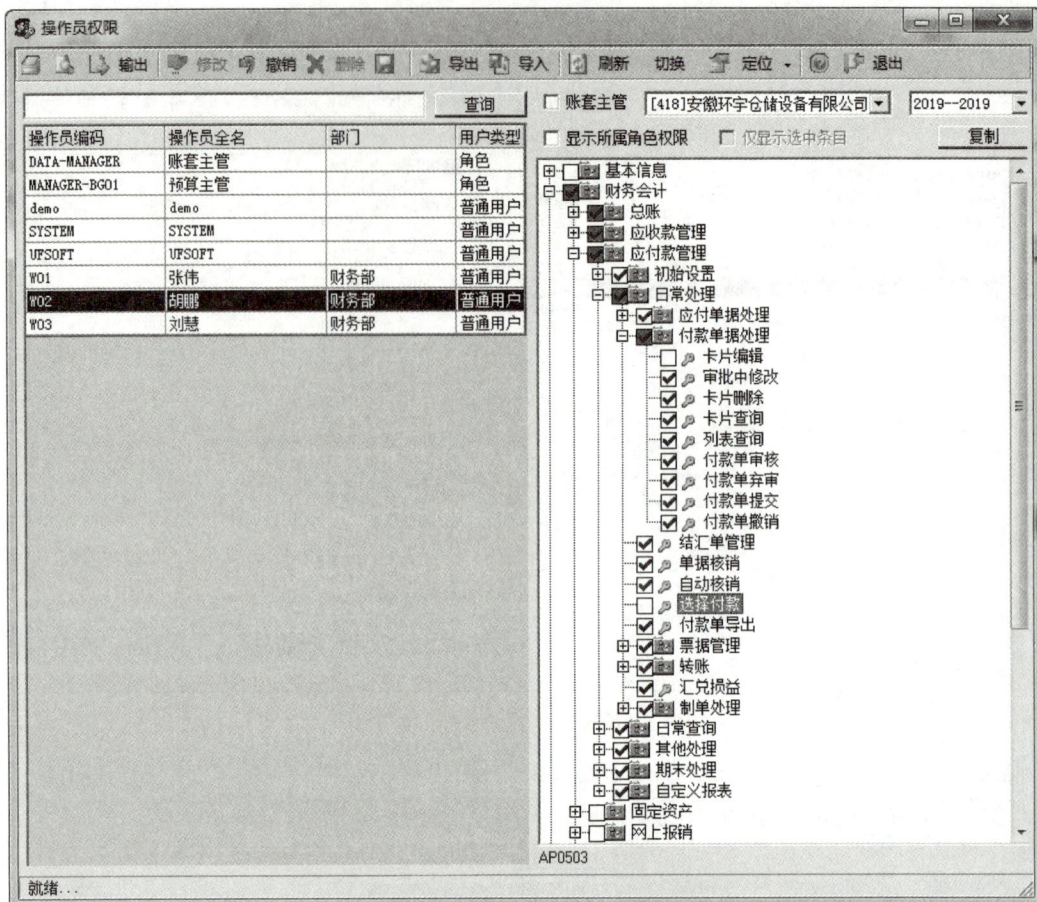

图 1 - 19　【W02 用户权限】窗口三

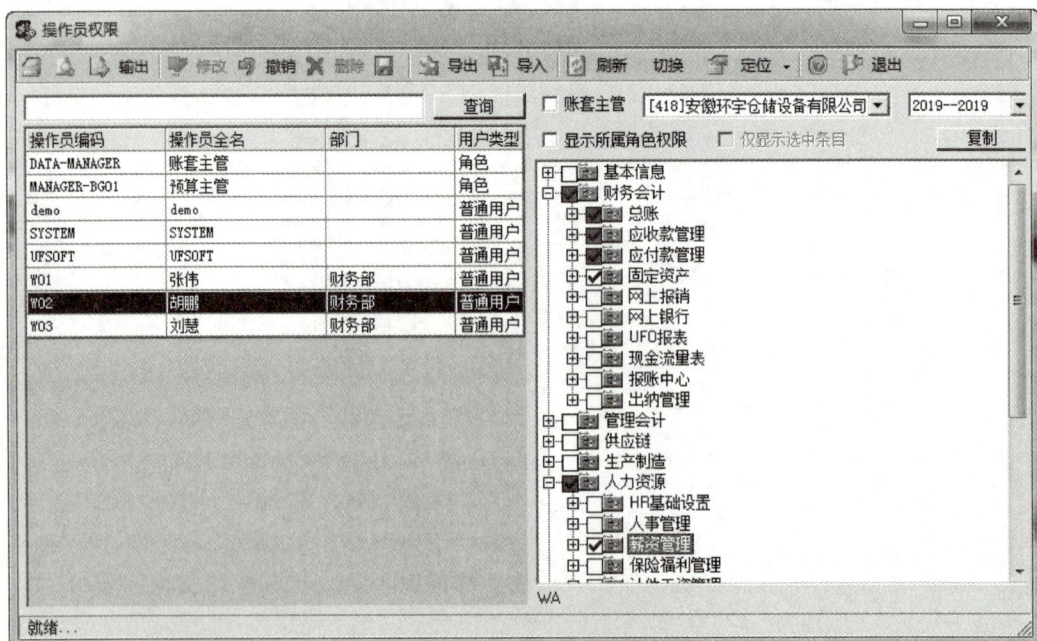

图 1 - 20　【W02 用户权限】窗口四

3. 为刘慧赋权

（1）在【用户权限】窗口中，选中【W03 刘慧】用户。

（2）单击【修改】按钮。

（3）单击展开【财务会计】|【总账】|【凭证】。

（4）勾选【出纳签字】【出纳】前的复选框，如图 1-21 所示。

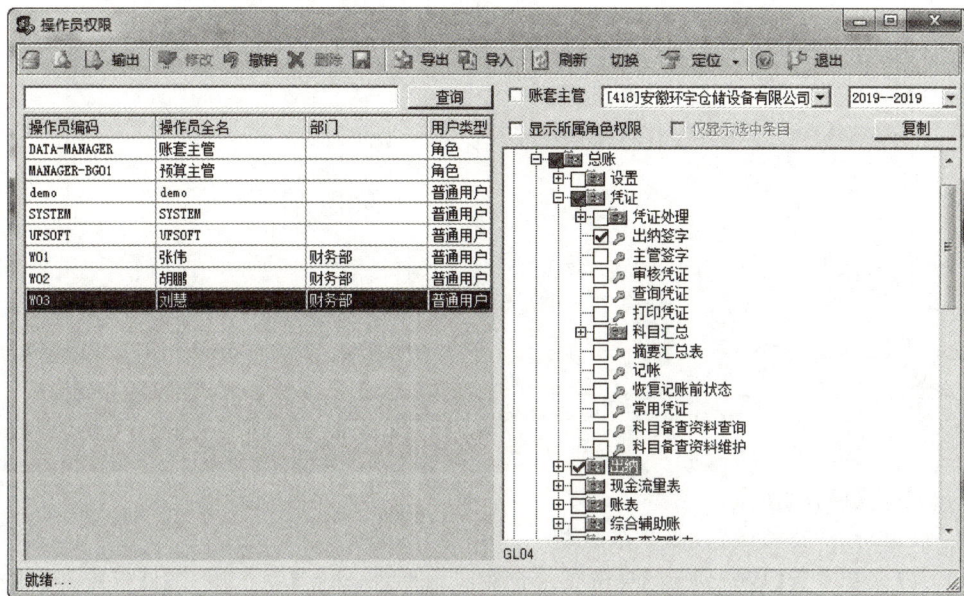

图 1-21　【W03 用户权限】窗口一

（5）单击展开【财务会计】|【应收款管理】|【收款单据处理】，选中【日常处理】中的【票据管理】、【收款单据处理】中的【卡片编辑】【卡片查询】、【选择收款】前的复选框，如图 1-22 所示。

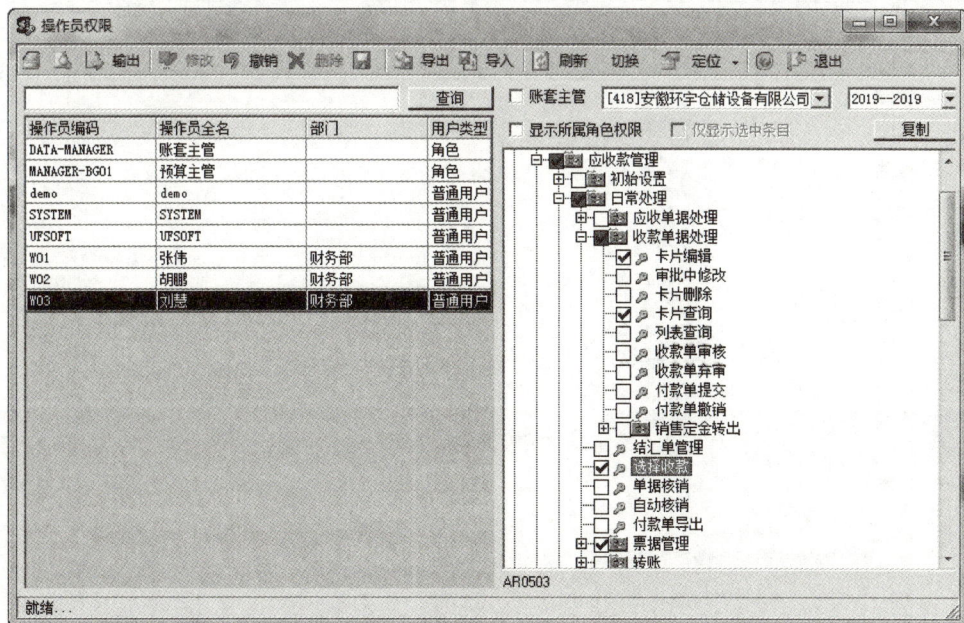

图 1-22　【W03 用户权限】窗口二

　　（6）单击展开【财务会计】|【应付款管理】|【付款单据处理】，选中【日常处理】中的【票据管理】、【付款单据处理】中的【卡片编辑】【卡片查询】、【选择付款】前的复选框，如图1-23所示。

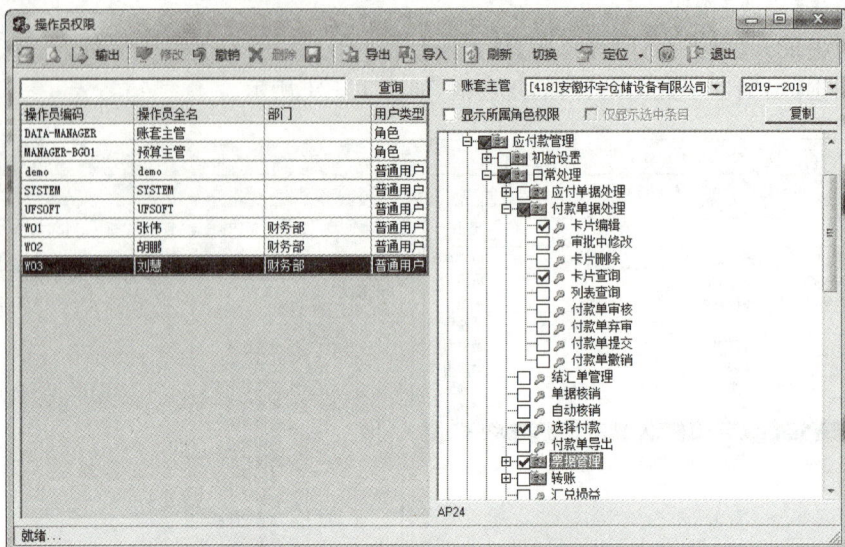

图1-23　【W03用户权限】窗口三

　　（7）单击【保存】按钮。

　　4．取消所有"记录级"数据权限控制

　　（1）以账套主管【W01张伟】身份登录企业应用平台，执行【系统服务】|【权限】|【数据权限控制设置】命令，打开【数据权限控制设置】对话框。

　　（2）取消【仓库】【科目】【工资权限】及【用户】前的【是否控制】选项，单击【确定】按钮，如图1-24所示。

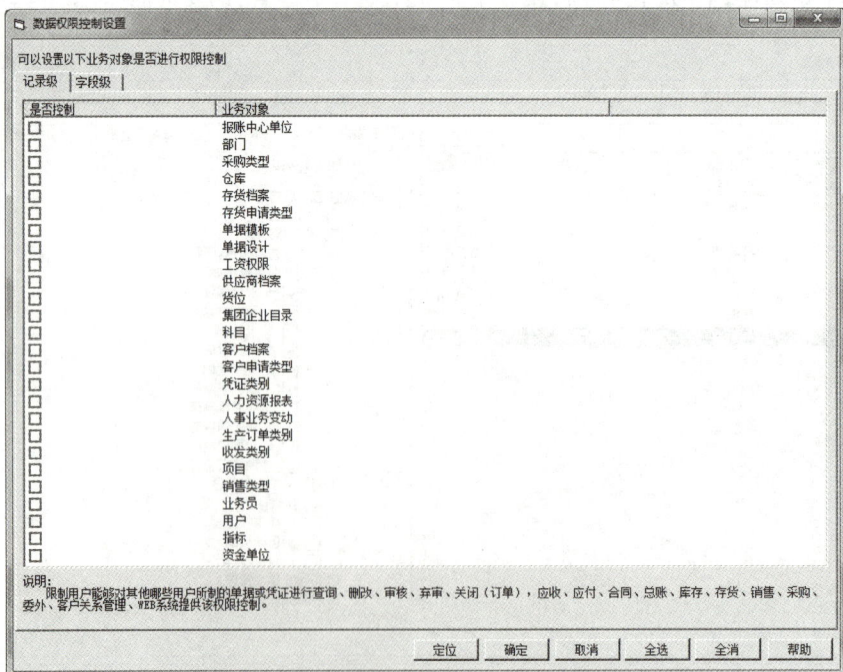

图1-24　【数据权限控制设置】对话框

1

实训五　账套管理

业务一　账套备份

〖业务描述〗

2019 年 1 月 1 日,输出【418 安徽环宇仓储设备有限公司】账套至【D:\418 账套备份\1】文件夹中保存。

〖岗位说明〗

【系统管理员 admin】备份账套。

账套备份

〖操作指导〗

(1) 在 D 盘中新建【418 账套备份】文件夹,再在【418 账套备份】文件夹中新建【1】文件夹。

(2) 以系统管理员身份登录【系统管理】,如图 1-25 所示。

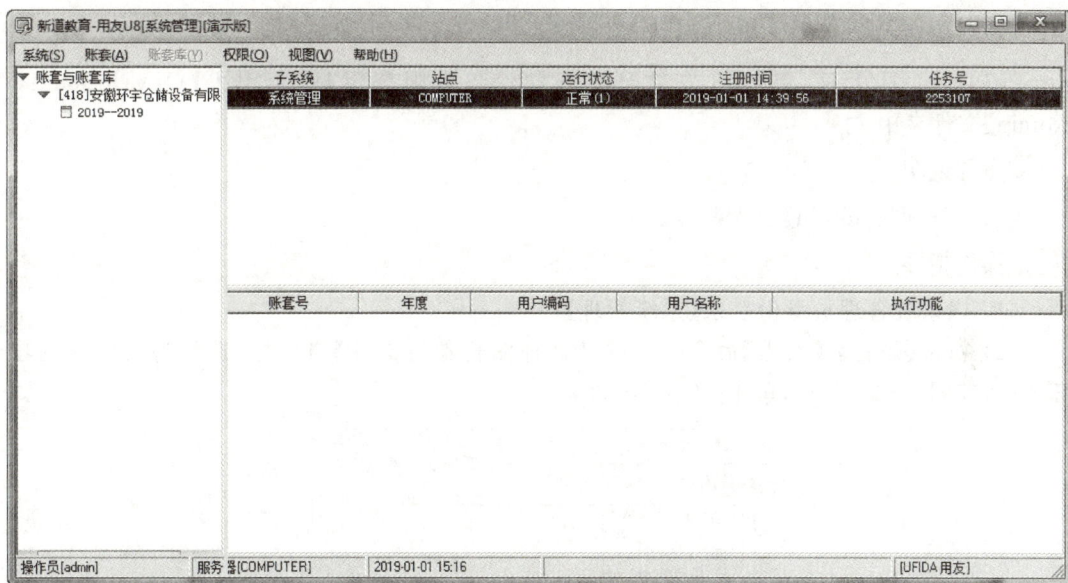

图 1-25　【系统管理】窗口

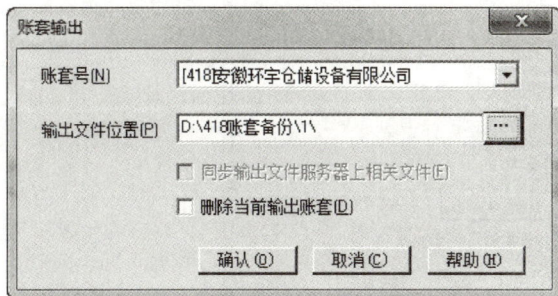

图 1-26　【账套输出】对话框　　　　图 1-27　【输出成功】提示框

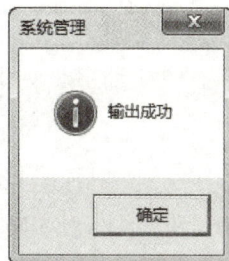

1

（3）执行【账套】|【输出】命令，打开【账套输出】对话框。单击【账套号】栏的下三角按钮，选择【[418]安徽环宇仓储设备有限公司】，在输出文件位置选择【D:\418 账套备份\1】，如图 1-26 所示。

（4）单击【确认】按钮，系统进行账套数据输出，完成后，弹出【输出成功】提示框，如图 1-27 所示，单击【确定】按钮返回。

> **温馨提示**
>
> 　利用账套输出功能还可以进行【删除账套】的操作。方法是在【账套输出】对话框中选中【删除当前输出账套】复选框，单击【确认】按钮，系统在删除账套前同样要进行账套输出，当输出完成后系统提示【真要删除该账套吗?】，单击【是】按钮则可以删除该账套。
>
> 　只有系统管理员（admin）有权进行账套输出。
>
> 　正在使用的账套可以进行账套输出而不允许进行账套删除。

业务二　账套引入

【业务描述】

2019 年 1 月 1 日，将【418 安徽环宇仓储设备有限公司】账套引入【C:\U8SOFT\Admin】文件夹中。

【岗位说明】

【系统管理员 admin】引入账套。

账套引入

【操作指导】

（1）以系统管理员身份登录【系统管理】。

（2）执行【账套】|【引入】命令，打开【请选择账套备份文件】对话框，选择将要引入的账套数据，如图 1-28 所示，单击【确定】按钮。

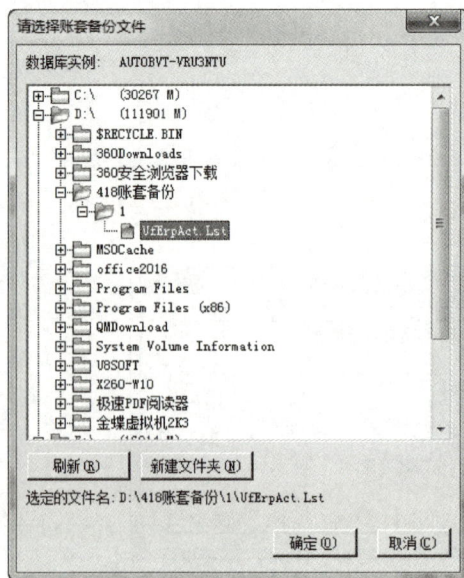

图 1-28 【请选择账套备份文件】对话框

（3）系统会自动将账套数据引入系统中，系统弹出【请选择账套引入的目录】对话框，选择引入目录为【C:\U8SOFT\Admin】，如图1-29所示，单击【确定】按钮。

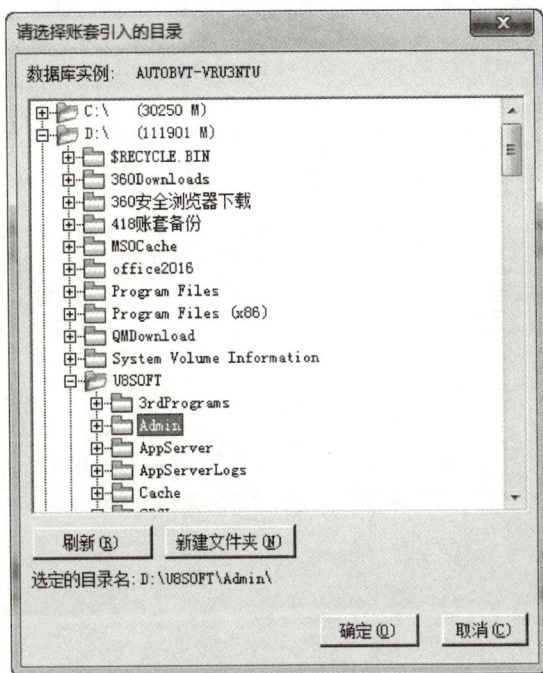

图1-29 【请选择账套引入的目录】对话框

（4）引入账套需要一定的时间，请耐心等候，引入完成，系统弹出【账套［418］引入成功！】提示框，如图1-30所示，单击【确定】按钮。

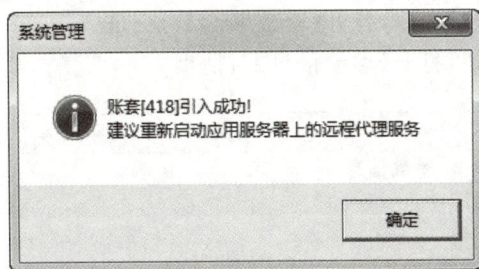

图1-30 【账套［418］引入成功】提示框

业务三 账套修改

〔业务描述〕

2019年1月1日，以账套主管【W01张伟】的身份登录【系统管理】修改【［418］安徽环宇仓储设备有限公司】账套的基础信息中存货分类选项。

〔岗位说明〕

【W01张伟】修改账套。

〔操作指导〕

（1）执行【系统】|【注册】命令，打开【系统管理】对话框。

1

(2)输入用户【W01】或【张伟】,单击【账套】栏的下三角按钮,选择【[418](default)安徽
环宇仓储设备有限公司】,操作日期为【2019-01-01】,如图1-31所示。

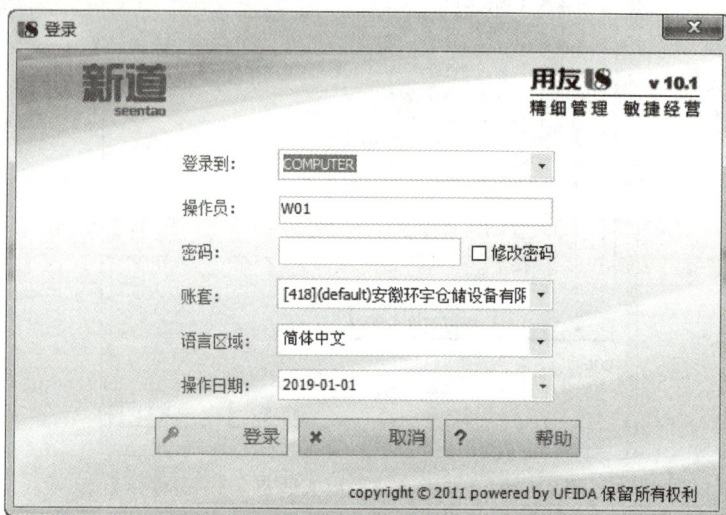

图1-31 【系统登录】对话框

(3)单击【登录】按钮,以账套主管身份登录系统管理。

(4)执行【账套】|【修改】命令,打开【修改账套】对话框。

(5)单击【下一步】按钮,打开【单位信息】对话框。

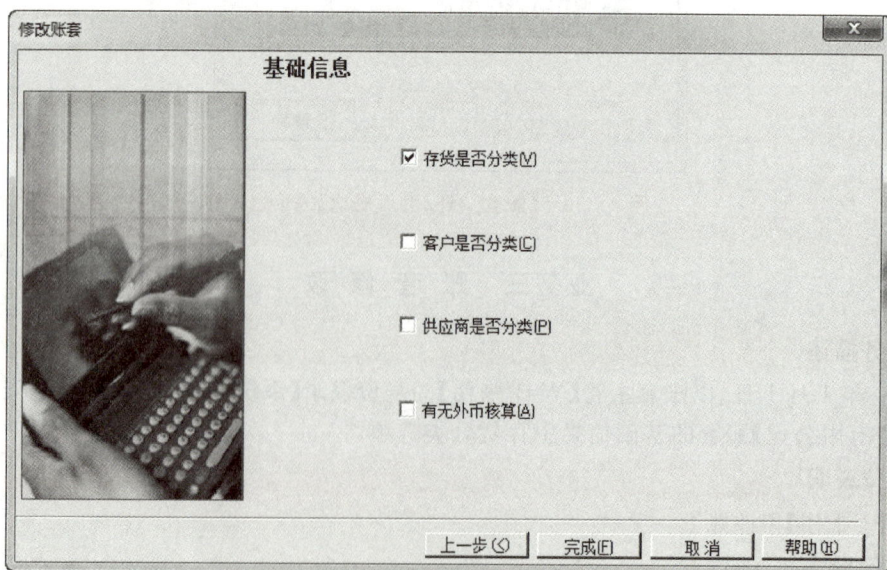

图1-32 【修改账套——基础信息】对话框

（6）单击【下一步】按钮，打开【核算类型】对话框。

（7）单击【下一步】按钮，打开【基础信息】对话框。

（8）单击选中【存货是否分类】前的复选框，如图1-32所示。

（9）单击【完成】按钮，系统弹出提示【确认修改账套了么？】，如图1-33所示。

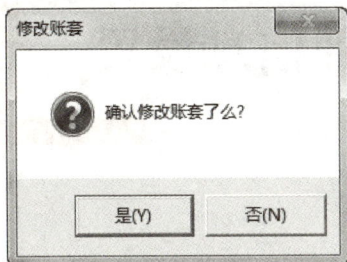

图1-33 【修改账套】提示框   图1-34 【修改账套成功】提示框

（10）单击【是】按钮，并在【编码方案】和【数据精度】窗口中分别单击【取消】按钮后确定修改成功，如图1-34所示。

（11）以系统管理员（admin）身份登录【系统管理】，输出【418安徽环宇仓储设备有限公司】账套至【D:\418账套备份\1】文件夹，覆盖原有账套备份文件。

项目二　基础信息设置

实训一　机构人员档案设置

【业务描述】

2019年1月1日，以账套主管【W01 张伟】身份登录企业应用平台，增加表2-1部门档案、表2-2人员类别、表2-3人员档案信息。

表2-1　部门档案

部门编码	部门名称	部门编码	部门名称
1	经理室	5	生产部
2	财务部	501	一车间
3	采购部	502	二车间
4	销售部	6	仓储部

表2-2　人员类别

一级档案编码	二级档案编码	档案名称
101	1	企业管理人员
101	2	采购人员
101	3	销售人员
101	4	车间管理人员
101	5	生产人员

表2-3　人员档案

人员编码	人员名称	性别	行政部门	雇佣状态	人员类别	是否业务员	业务或费用部门
101	李建明	男	经理室	在职	企业管理人员	是	经理室
201	张　伟	男	财务部	在职	企业管理人员	是	财务部
202	胡　鹏	男	财务部	在职	企业管理人员	是	财务部
203	刘　慧	女	财务部	在职	企业管理人员	是	财务部

续　表

人员编码	人员名称	性别	行政部门	雇佣状态	人员类别	是否业务员	业务或费用部门
301	赵文星	男	采购部	在职	采购人员	是	采购部
302	王　智	男	采购部	在职	采购人员	是	采购部
401	王　菡	女	销售部	在职	销售人员	是	销售部
402	杨　慧	女	销售部	在职	销售人员	是	销售部
501	秦　昊	男	一车间	在职	车间管理人员		
502	何家鸿	男	一车间	在职	生产人员		
503	许志军	男	一车间	在职	生产人员		
504	郑　彦	男	二车间	在职	车间管理人员		
505	沈　伟	男	二车间	在职	生产人员		
506	吕　宏	男	二车间	在职	生产人员		
601	陈　玮	女	仓储部	在职	企业管理人员	是	仓储部

〖岗位说明〗

【W01 张伟】设置机构人员档案。

〖操作指导〗

1. 设置部门档案

（1）在【基础设置】选项卡中，执行【基础档案】|【机构人员】|【部门档案】命令，打开【部门档案】窗口。

（2）单击【增加】按钮，输入部门编码【1】、部门名称【经理室】，如图 2-1 所示。

设置部门档案

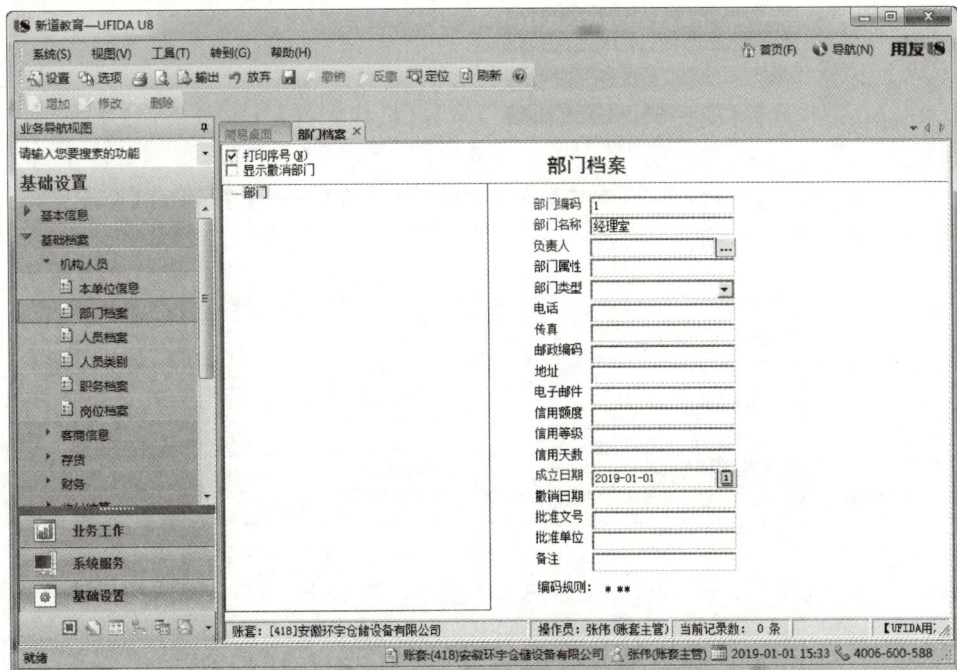

图 2-1 【部门档案】窗口

2

（3）单击【保存】按钮。以此方法依次输入其他部门档案，操作结果如图 2-2 所示。

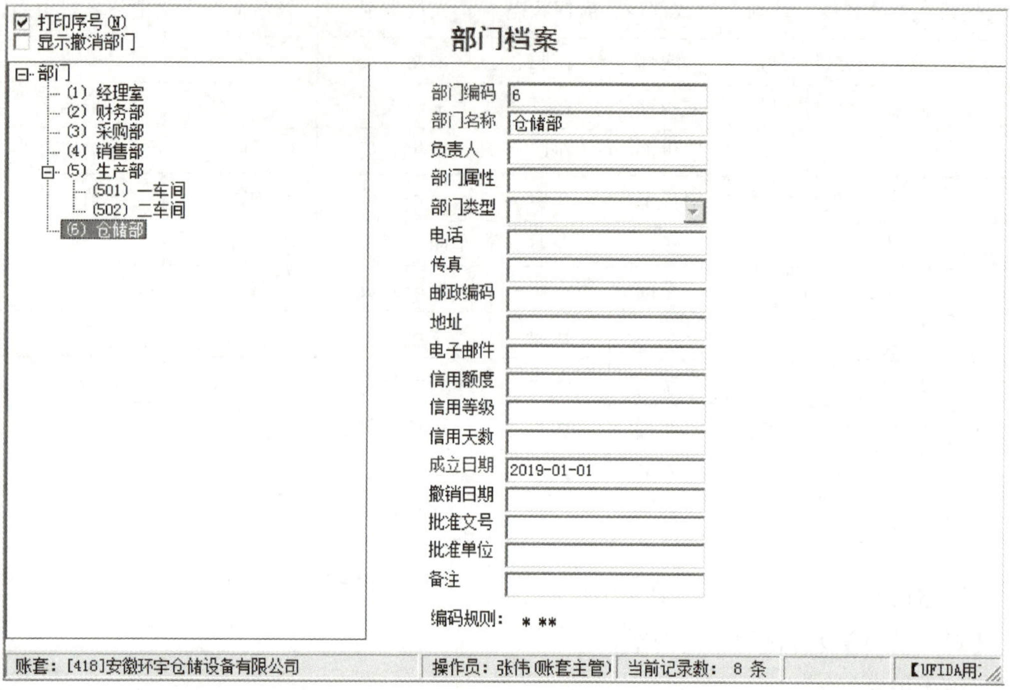

图 2-2　【部门档案】窗口

温馨提示

部门编码必须符合在分类编码中定义的编码规则。

2. 设置人员类别

（1）在【基础设置】选项卡中，执行【基础档案】|【机构人员】|【人员类别】命令，打开【人员类别】窗口。

（2）选择【正式工】类别，单击【增加】按钮，按表 2-2 在【正式工】下增加【企业管理人员】类别，操作结果如图 2-3 所示。

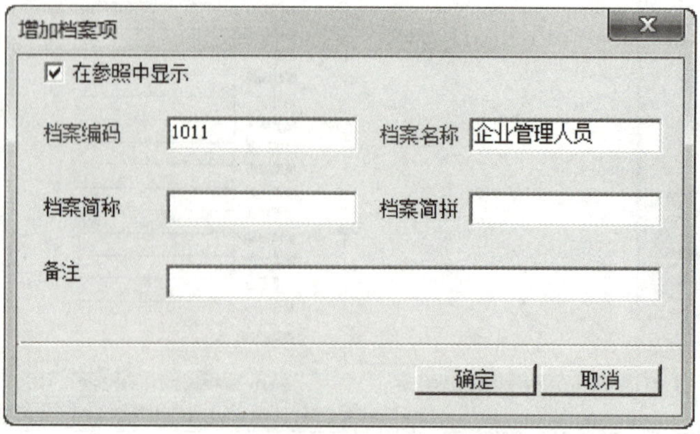

设置人员
类别

图 2-3　【增加档案项】窗口

（3）依次增加其他四类人员类别,操作结果如图 2-4 所示。

序号	档案编码	档案名称	档案简称	档案简拼	档案级别	上级代码	是否自定义
1	1011	企业管理人员	企业管理人员	QYGLRY	1	101	用户
2	1012	采购人员	采购人员	CGRY	1	101	用户
3	1013	销售人员	销售人员	XSRY	1	101	用户
4	1014	车间管理人员	车间管理人员	CJGLRY	1	101	用户
5	1015	生产人员	生产人员	SCRY	1	101	用户

图 2-4 【人员类别】窗口

温馨提示

◑ 人员类别与工资费用的分配、分摊有关,工资费用的分配及分摊是薪资管理系统的一项重要功能。人员类别设置的目的是为工资分摊生成凭证设置相应的入账科目做准备,可以按不同的入账科目需要设置不同的人员类别。

◑ 人员类别是人员档案中的必选项目,需要在人员档案建立之前设置。

◑ 人员类别名称可以修改,但已使用的人员类别名称不能删除。

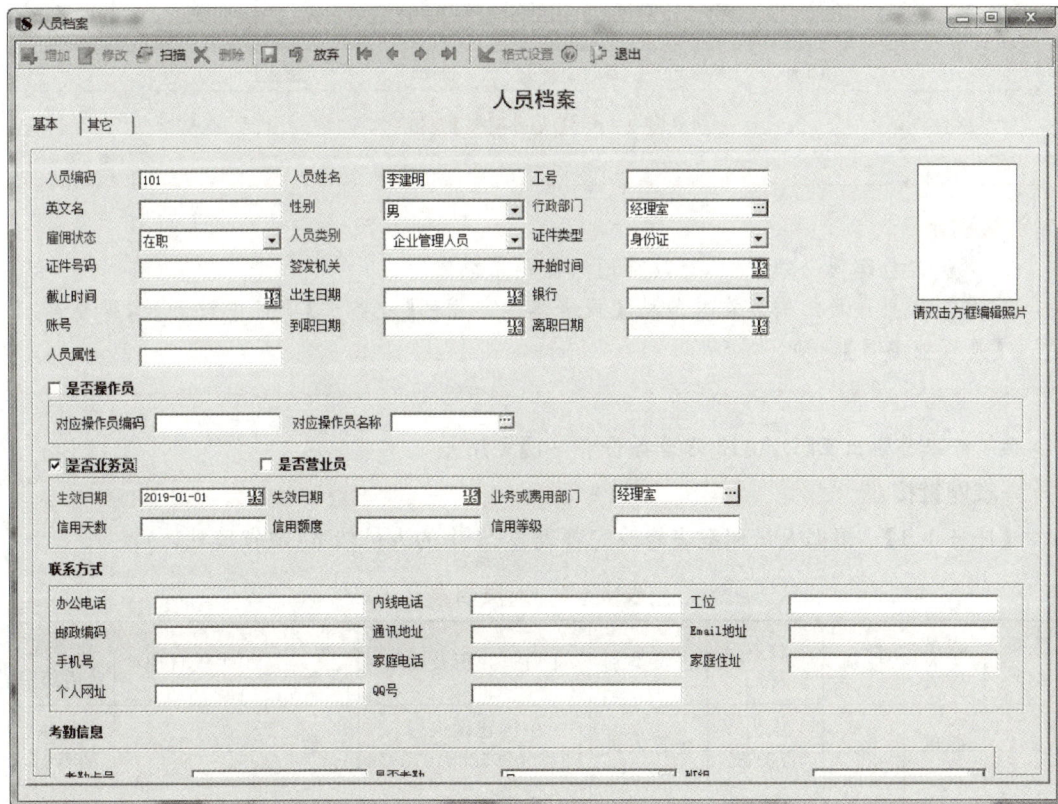

图 2-5 【人员档案】窗口

3. 设置人员档案

（1）在【基础设置】选项卡中，执行【基础档案】|【机构人员】|【人员档案】命令，打开【人员列表】窗口。

（2）单击左侧窗口中【部门分类】下的【经理室】。

（3）单击【增加】按钮，按表2-3资料输入人员信息，如图2-5所示。

（4）单击【保存】按钮。

（5）以此方法依次输入其他人员档案，操作结果如图2-6所示。

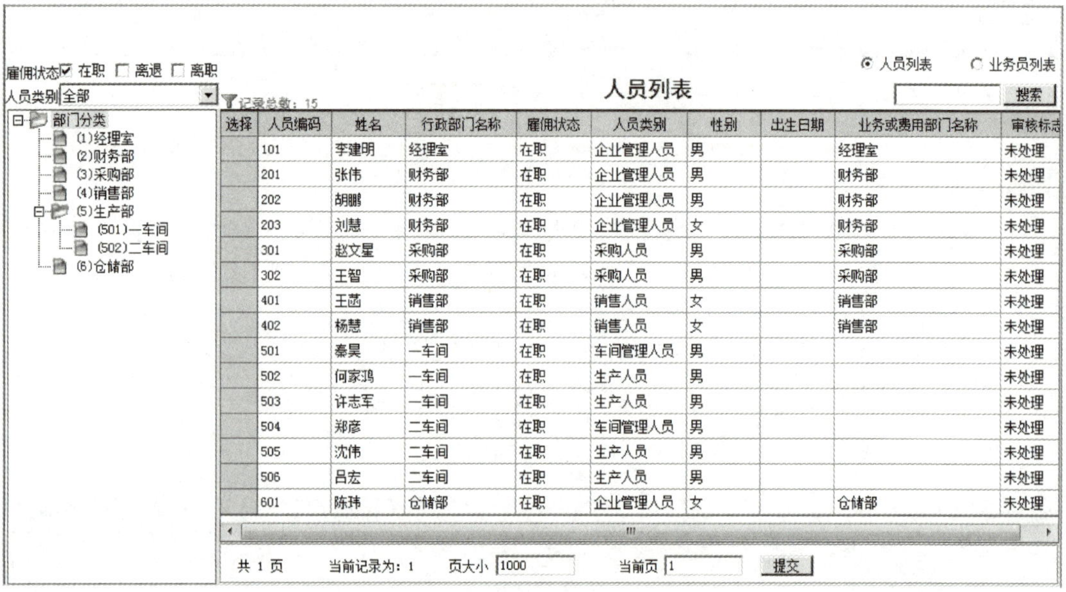

图2-6　【人员列表】窗口

温馨提示

　⬤　人员编码必须唯一，行政部门只能是末级部门。

　⬤　如果该员工需要在其他档案或者其他单据的【业务员】项目中被参照，需要选中【是否业务员】选项。

4. 将账套输出至【D:\418账套备份\2-1】文件夹

〖**赛题链接**〗

【**任务1.1**】　根据人员档案表修改完善表2-4中的人员档案（缺省请默认）。

表2-4　人员档案

人员编码	人员姓名	性别	行政部门	人员类别	工资开户行及账号	是否业务员	生效日期	业务或费用部门
F01	薛琪	女	人力资源部	企管人员	中国建设银行 5322002952334073874	是	2014-01-01	人力资源部
X01	崔浩	男	销售部	销售人员	中国建设银行 5322002952332073827	是	2014-01-01	销售部

实训二　客商信息设置

〖业务描述〗

2019 年 1 月 1 日,以账套主管【W01 张伟】身份登录企业应用平台,增加表 2-5 客户档案、表 2-6 供应商档案信息。

〖岗位说明〗

【W01 张伟】设置客商信息。

〖操作指导〗

1. 增加客户档案

(1) 在【基础设置】选项卡中,执行【基础档案】|【客商信息】|【客户档案】命令,打开【客户档案】窗口。窗口分为左右两部分,左窗口显示已经设置的客户分类,单击鼠标选中某一客户分类,右窗口显示该分类所有的客户列表。

(2) 单击【增加】按钮,打开【增加客户档案】窗口。窗口中共包括 4 个选项卡,即【基本】【联系】【信用】和【其他】,用于对客户不同的属性分别归类记录。

(3) 按表 2-5 资料输入【客户编码】【客户名称】【客户简称】【所属分类】【税号】【分管部门】【专管业务员】等相关信息,如图 2-7、图 2-8、图 2-9 所示。

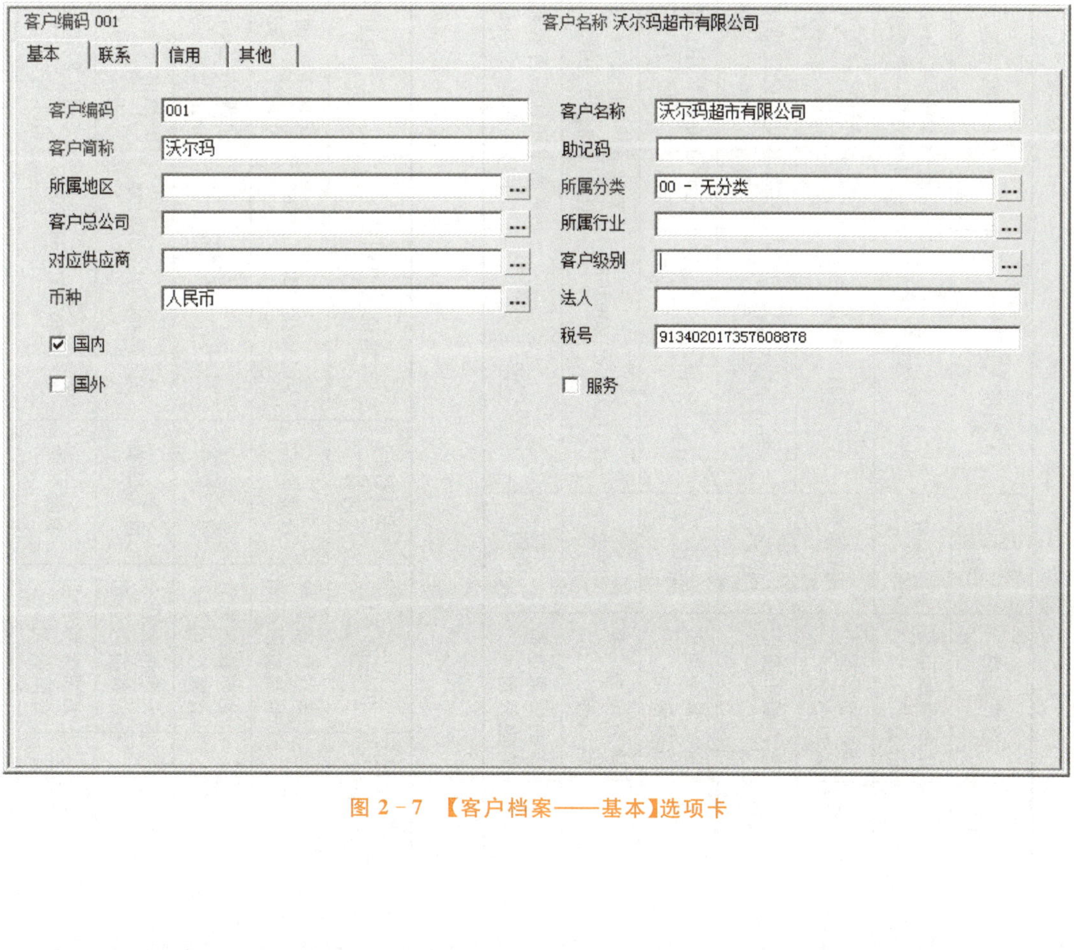

增加客户档案

图 2-7　【客户档案——基本】选项卡

2

表 2-5　客户档案

客户编码	客户名称	客户简称	纳税人识别号	地址电话	开户银行	账号	分管部门	专管员	默认值
001	沃尔玛超市有限公司	沃尔玛	913402017357608878	芜湖市镜湖区中山路308号，0553-3522166	中国工商银行芜湖中山路支行	13073101826002 4932	销售部	王菡	是
002	华润苏果超市有限公司	华润苏果	913402019747907576	芜湖市镜湖区赭山东路58号，0553-342463 2	中国银行芜湖赭山路支行	64776201956002 4346	销售部	王菡	是
003	欧尚超市有限公司	欧尚	913402028652303336	芜湖市弋江区花津南路28号，0553-479548 8	中国建设银行芜湖花津路支行	34786201956002 4642	销售部	王菡	是
004	世纪联华超市有限公司	世纪联华	913402013212603486	芜湖市镜湖区中山路8号，0553-3272287	交通银行芜湖中山路支行	58936801836002 4178	销售部	王菡	是
005	格力电器（芜湖）有限公司	格力	913402043212604688	芜湖市三山区联合路18号，0553-6916585	中国农业银行芜湖联合路支行	62828018660024 189	销售部	杨慧	是
006	美的厨卫电器有限公司	美的	913402033212602696	芜湖市鸠江区万春东路151号，0553-577954 8	中国银行芜湖万春路支行	64776201966002 4378	销售部	杨慧	是

表 2-6　供应商档案

供应商编码	供应商名称	供应商简称	纳税人识别号	地址电话	开户银行	账号	分管部门	专管员
001	嘉兴百盛脚轮制品有限公司	百盛脚轮	91230285723354866	嘉兴市滨湖区迎春路88号，0573-82301288	中国工商银行嘉兴迎春路支行	04020220292493 63661	采购部	赵文星
002	芜湖新兴铸管有限公司	新兴铸管	913402047773216638	芜湖市三山区聚工路27号，0553-6685898	中国银行芜湖聚工路支行	27006005979345 26278	采购部	赵文星
003	天津恒大合金焊条有限公司	恒大焊条	914403005457313477	天津市西青区明清路148号，022-81204793	交通银行天津明清路支行	23006002369345 26237	采购部	王智
004	芜湖金海木业有限公司	金海木业	91340203610265566	芜湖市鸠港工业园金海大道1号，0553-8269018	中国建设银行芜湖鸠港支行	26006002369345 26237	采购部	王智

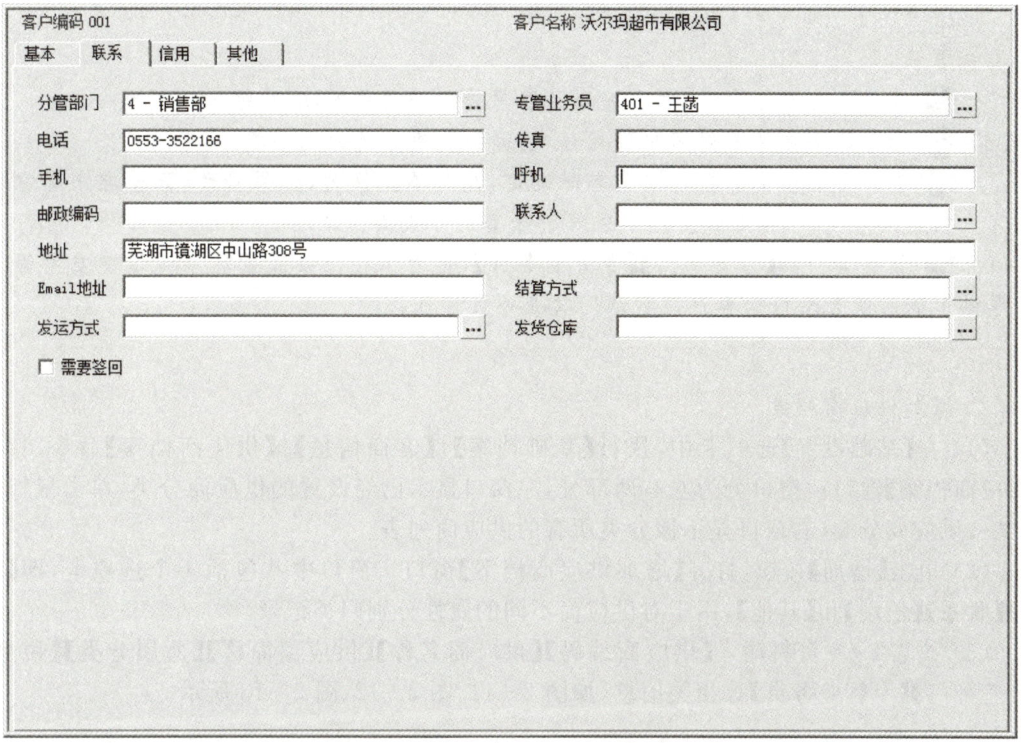

图 2-8　【客户档案——联系】选项卡

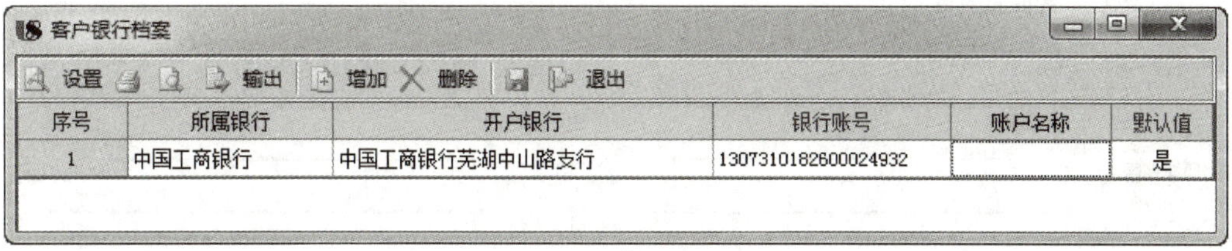

图 2-9　【客户银行档案】窗口

（4）单击【保存】按钮。

（5）以此方法依次输入其他的客户档案，操作结果如图 2-10 所示。

图 2-10　【客户档案】窗口

2

　　◐　在录入客户档案时,客户编码及客户简称必须录入,客户编码必须唯一。

　　◐　由于账套中并未对客户进行分类,因此所属分类为无分类。

　　◐　客户是否分类应在建立账套时确定,此时不能修改,如果修改,只能在未建立客户档案的情况下,在系统管理中以修改账套的方式操作。

　　◐　设置客户的【分管部门】【专管业务员】,是为了在应收款管理系统填制发票等原始单据时能自动根据客户显示部门及业务员信息。

　　2. 增加供应商档案

　　(1) 在【基础设置】选项卡中,执行【基础档案】|【客商信息】|【供应商档案】命令,打开【供应商档案】窗口。窗口分为左右两部分,左窗口显示已经设置的供应商分类,单击鼠标选中某一供应商分类,右窗口显示该分类所有的供应商列表。

　　(2) 单击【增加】按钮,打开【增加供应商档案】窗口。窗口中共包括 4 个选项卡,即【基本】【联系】【信用】和【其他】,用于对供应商不同的属性分别归类记录。

　　(3) 按表 2-6 资料输入【供应商编码】【供应商名称】【供应商简称】【所属分类】【税号】【分管部门】【专管业务员】等相关信息,如图 2-11、图 2-12、图 2-13 所示。

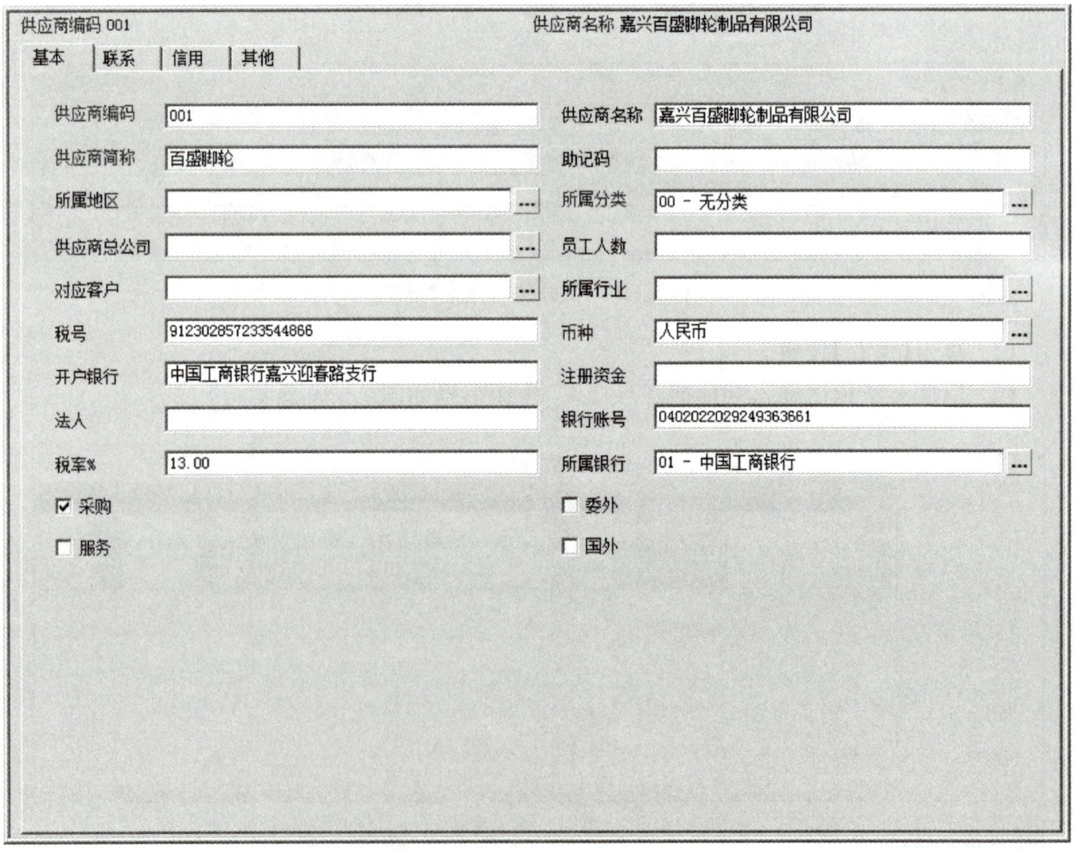

增加供应
商档案

图 2-11　【供应商档案——基本】选项卡

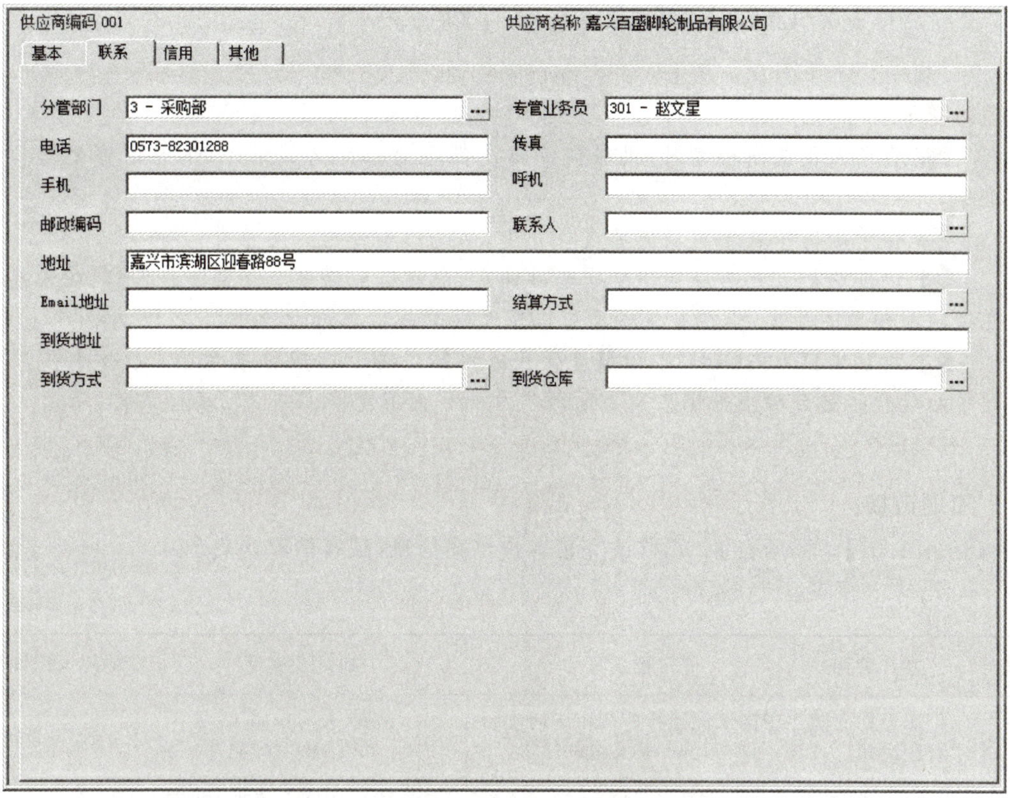

图 2-12　【供应商档案——联系】选项卡

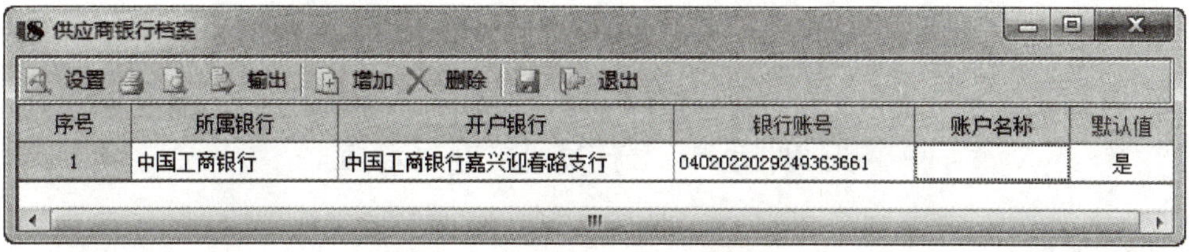

图 2-13　【供应商银行档案】窗口

（4）单击【保存】按钮。

（5）以此方法依次输入其他供应商档案,操作结果如图 2-14 所示。

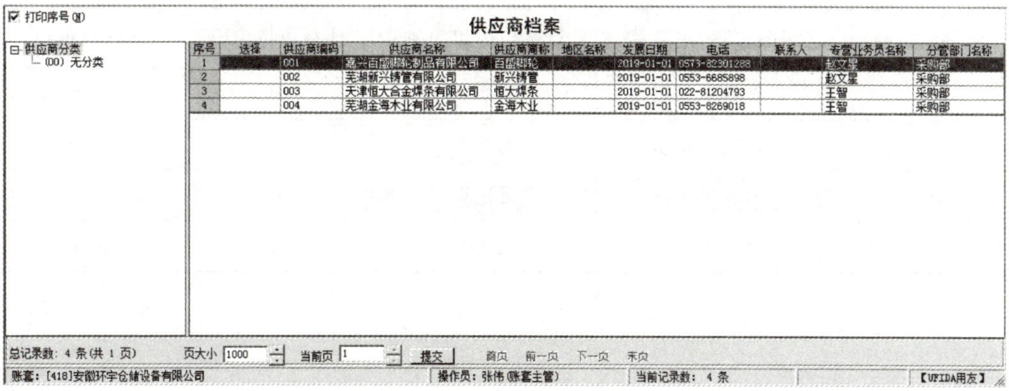

图 2-14　【供应商档案】窗口

3. 请将账套输出至【D：\418 账套备份\2-2】文件夹

> **温馨提示**
>
> ⬤ 在录入供应商档案时，供应商编码及供应商简称必须录入，供应商编码必须唯一。
>
> ⬤ 由于账套中并未对供应商进行分类，因此所属分类为无分类。
>
> ⬤ 供应商是否分类应在建立账套时确定，此时不能修改。如需修改，只能在未建立供应商档案的情况下，在系统管理中以修改账套的方式进行操作。
>
> ⬤ 设置供应商的【分管部门】【专管业务员】，是为了在应付款管理系统填制发票等原始单据时能自动根据供应商显示部门及业务员信息。

〖**赛题链接**〗

【**任务 1.01**】　根据表 2-7，修改完善客户档案信息（缺省请默认）。

表 2-7　客户档案

编号	客户名称	开户行及账号	地址及电话	纳税人识别号
0101	广东万源商贸有限公司	中国工商银行广州市天河支行 060013429089	广州市天河中路 18 号 020-89770344	710332516
0103	武汉远程商贸有限公司	中国工商银行武汉市汉江支行 060100045637	武汉市汉江区幸福路 113 号 027-84722888	342792456

实训三　存货信息设置

〖**业务描述**〗

2019 年 1 月 1 日，以账套主管【W01 张伟】身份登录企业应用平台，增加表 2-8 计量单位、表 2-9 存货分类、表 2-10 存货档案信息。

表 2-8　计量单位

计量单位组编码	计量单位组名称	计量单位组类别	计量单位编码	计量单位
01	自然单位组	无换算	01	米
01	自然单位组	无换算	02	个
01	自然单位组	无换算	03	盒
01	自然单位组	无换算	05	公里*

---

* 本书因配套软件中实际生成业务需要，以"公里"作为路程计量单位。

表 2-9　存货分类

分 类 编 码	分 类 名 称
01	原材料
02	产成品
03	周转材料
09	其他

表 2-10　存货档案

分类编码	所属类别	存货编码	存货名称	计量单位	税率	存货属性
01	原材料	0101	脚轮	个	13%	外购、生产耗用
		0102	钢管	米	13%	外购、生产耗用
		0103	方管	米	13%	外购、生产耗用
		0104	角钢	米	13%	外购、生产耗用
		0105	焊条	盒	13%	外购、生产耗用
		0106	木托盘	个	13%	外购、生产耗用
02	产成品	0201	货架	个	13%	自制、内销、外销
		0202	仓储笼	个	13%	自制、内销、外销
03	周转材料	0301	包装箱	个	13%	外购、生产耗用
09	其他	0901	运输费	公里	9%	内销、外购、应税劳务

〖岗位说明〗

【W01 张伟】设置存货信息。

〖操作指导〗

1. 设置计量单位

（1）在企业应用平台中，打开【基础设置】选项卡，执行【基础档案】|【存货】|【计量单位】命令，打开【计量单位】窗口。

（2）单击【分组】按钮，打开【计量单位组】窗口。

（3）单击【增加】按钮，录入【计量单位编码】为【01】，录入【计量单位组名称】为【自然单位组】，单击【计量单位组类别】栏的下三角按钮，选择【无换算率】，如图 2-15 所示。

（4）单击【保存】按钮，再单击【退出】按钮。

（5）单击【单位】按钮，打开【计量单位】窗口，进行计量单位设置。

（6）单击【增加】按钮，录入【计量单位编码】为【01】，【计量单位名称】为【米】，单击【保存】按钮，如图 2-16 所示。

（7）依次录入其他计量单位，录入完成所有计量单位后单击【退出】按钮，操作结果如图 2-17 所示。

设置计量单位

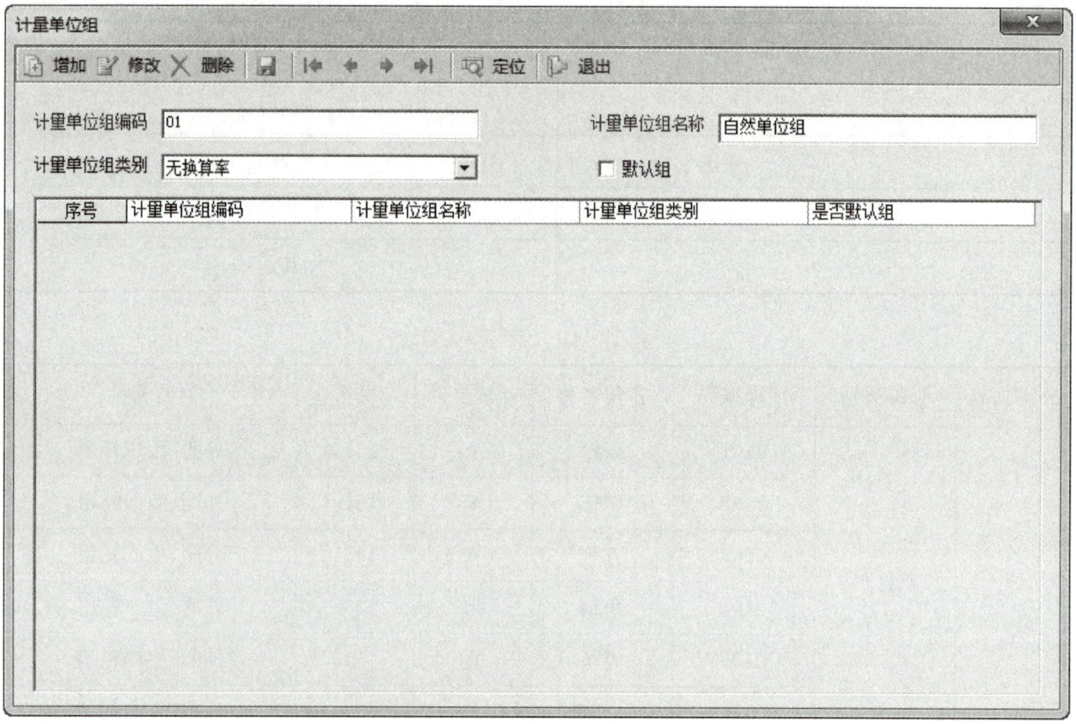

2

计量单位组

| 增加 | 修改 | 删除 | | | | | | 定位 | | 退出 |

计量单位组编码 01 　　　　　　　计量单位组名称 自然单位组

计量单位组类别 无换算率 ▼ 　　　　　□ 默认组

序号	计量单位组编码	计量单位组名称	计量单位组类别	是否默认组

图 2-15 【计量单位组】窗口

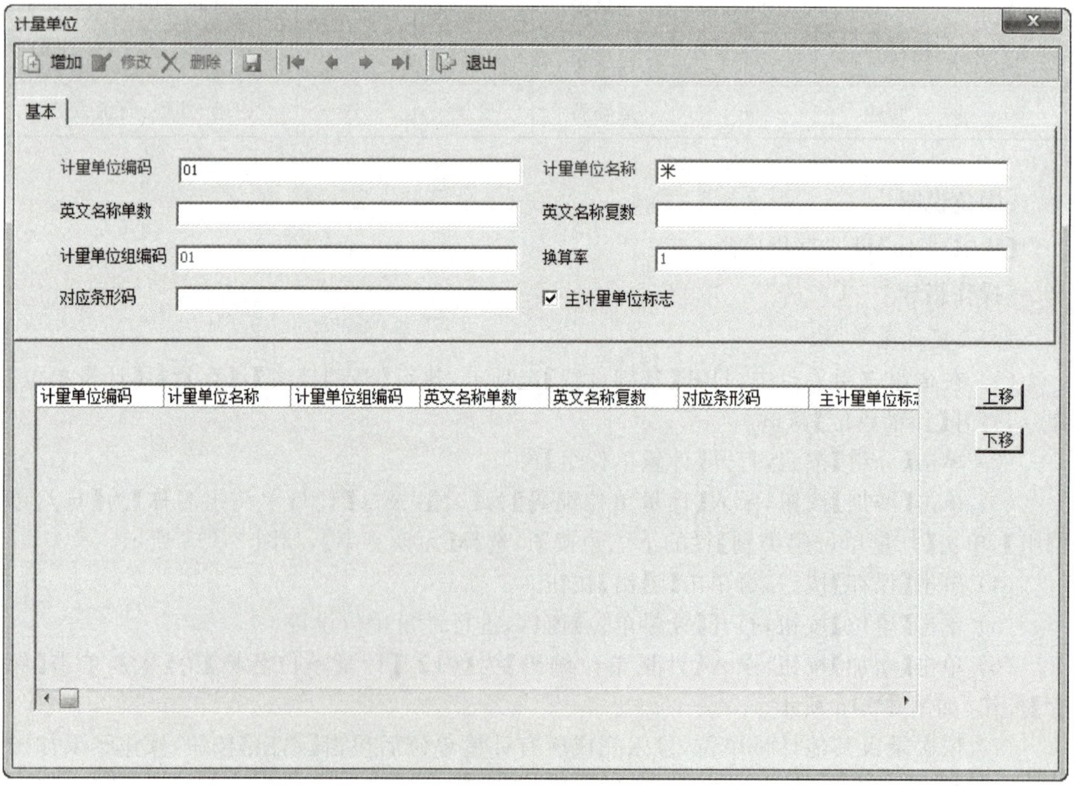

计量单位

| 增加 | 修改 | 删除 | | | | | | 退出 |

基本

计量单位编码 01 　　　　　　计量单位名称 米

英文名称单数 　　　　　　英文名称复数

计量单位组编码 01 　　　　　　换算率 1

对应条形码 　　　　　　☑ 主计量单位标志

计量单位编码	计量单位名称	计量单位组编码	英文名称单数	英文名称复数	对应条形码	主计量单位标志	上移
							下移

图 2-16 【计量单位】窗口

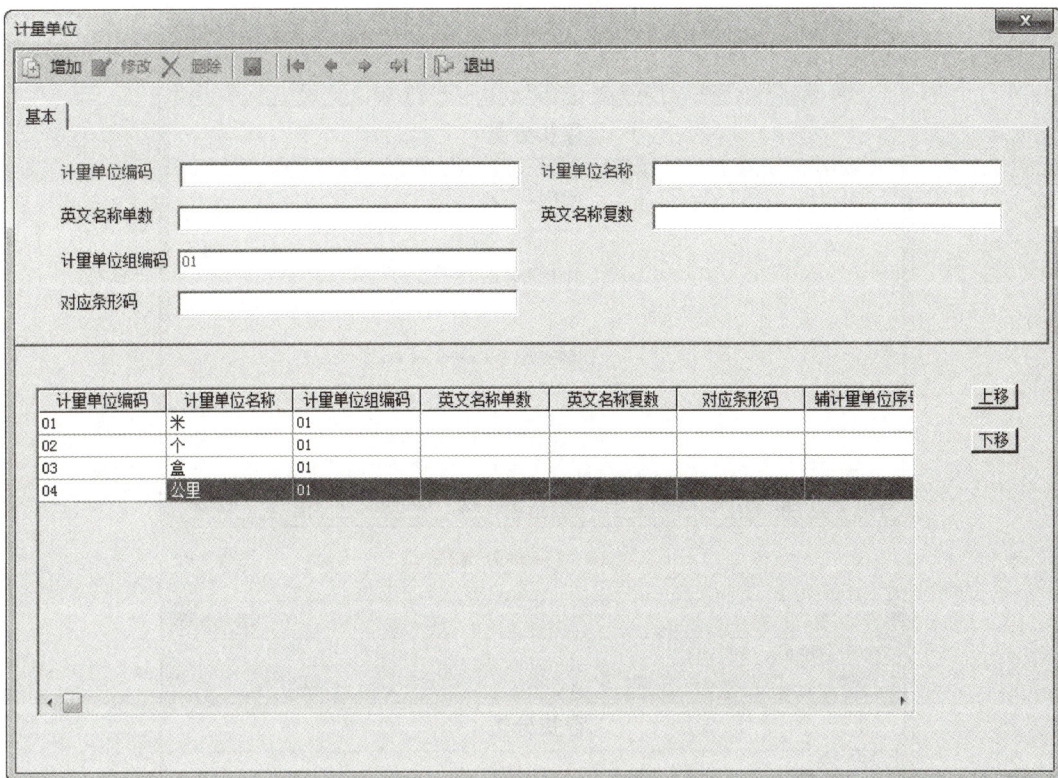

图 2-17　【计量单位】窗口(录入完成)

> **温馨提示**
>
> 　　在设置存货档案之前,必须先到企业应用平台的【基础档案】中设置计量单位,否则,存货档案中没有被选的计量单位,存货档案不能保存。
>
> 　　在设置计量单位时必须先设置计量单位分组,再设置各个计量单位组中的计量单位。
>
> 　　计量单位组分为无换算率、固定换算率和浮动换算率三种类型。如果需要换算,一般将最小计量单位作为主计量单位。

2. 设置存货分类

(1) 在企业应用平台中,打开【基础设置】选项卡,执行【基础档案】|【存货】|【存货分类】命令,打开【存货分类】窗口,如图 2-18 所示。

(2) 单击【增加】按钮,按表 2-9 资料录入存货分类信息,操作结果如图 2-19 所示。

3. 增加存货档案

(1) 在企业应用平台中,打开【基础设置】选项卡,执行【基础档案】|【存货】|【存货档案】命令,打开【存货档案】窗口。

(2) 单击【存货分类】中的【原材料】,再单击【增加】按钮;录入存货编码【0101】,存货名称【脚轮】,单击【计量单位组】栏的【参照】按钮,选择【01-自然单位组】;单击【主计量单位】栏的【参照】按钮,选择【02-个】;单击选中【存货属性】的【外购】和【生产耗用】复选框,如图 2-20 所示。

设置存货
分类

增加存货
档案

2

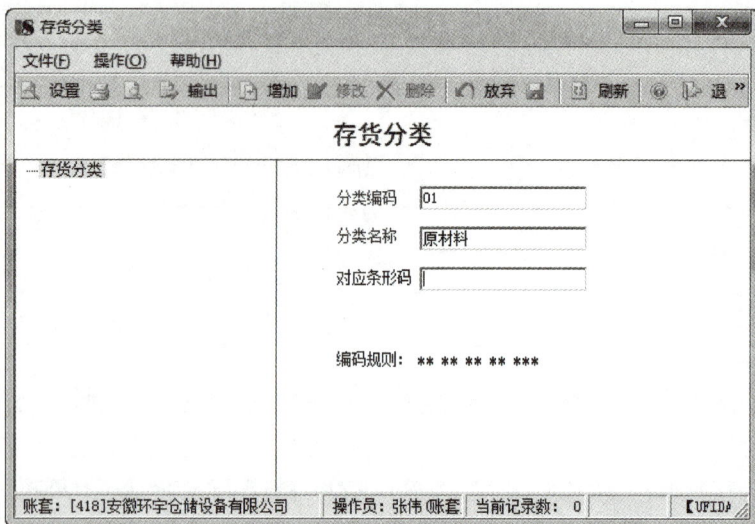

图 2 - 18 【存货分类】窗口

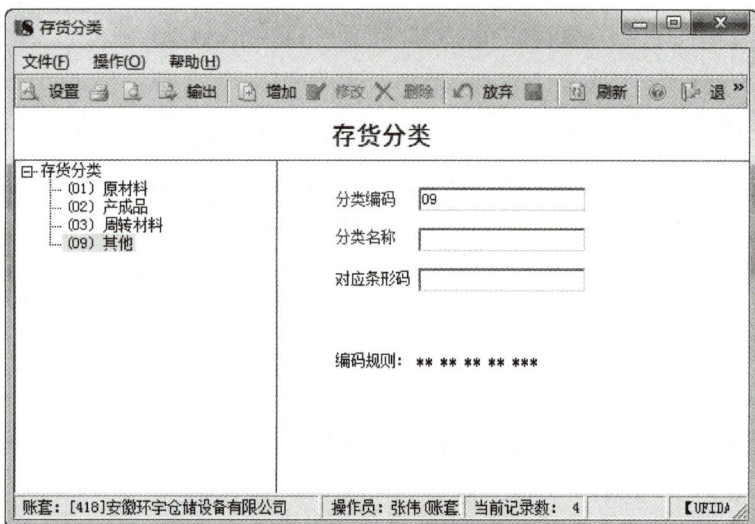

图 2 - 19 【存货分类】窗口

（3）单击【保存】按钮，以此方法继续录入其他的存货档案，录入完成后如图 2 - 21 所示。

4. 将账套输出至【D:\418 账套备份\2 - 3】文件夹

温馨提示

⬤ 存货档案在企业应用平台中录入。如果只启用财务系统且并不在应收、应付系统中填制发票，则不需要设置存货档案。

⬤ 在录入存货档案时，如果存货类别不符合要求，应重新进行选择。

⬤ 在录入存货档案时，如果直接列示的计量单位不符合要求，应先将不符合要求的计量单位删除，再单击【参照】按钮就可以在计量单位表中重新选择计量单位。

⬤ 存货档案中的存货属性必须选择正确，否则，在填制相应单据时就不会在存货列表中出现。

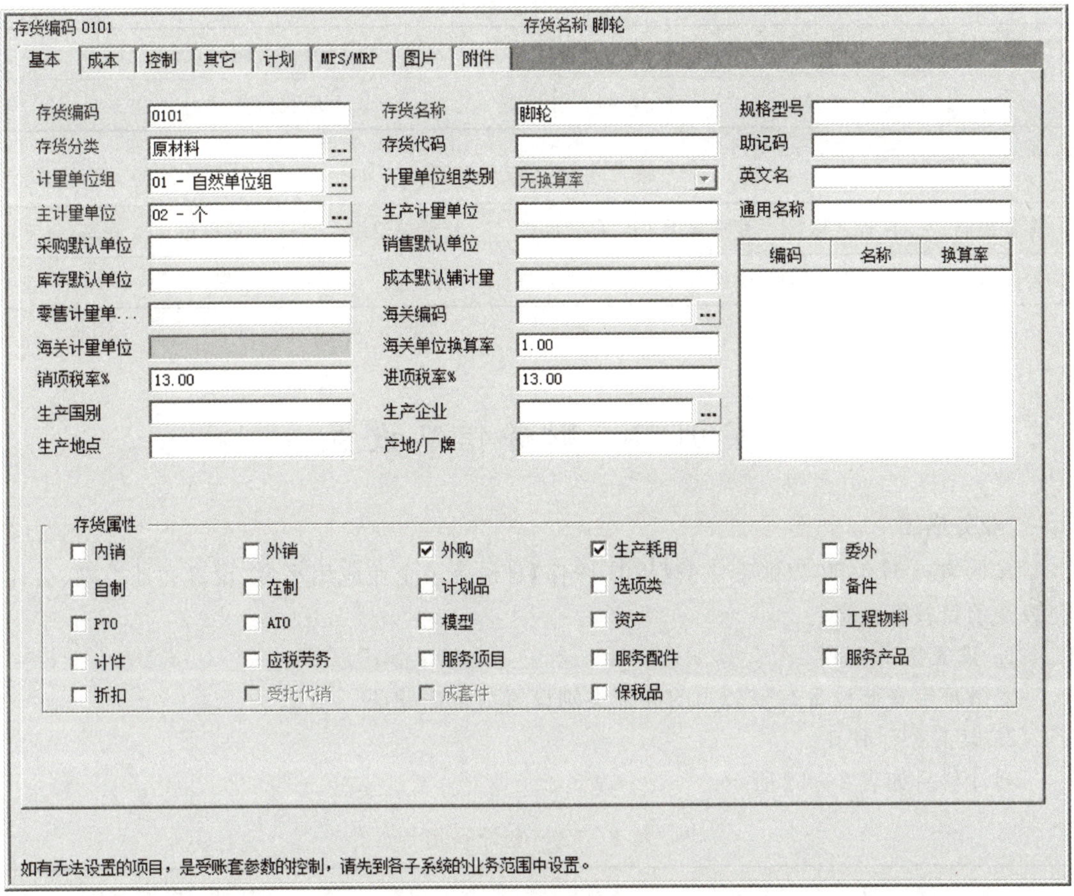

图 2-20 【增加存货档案】窗口

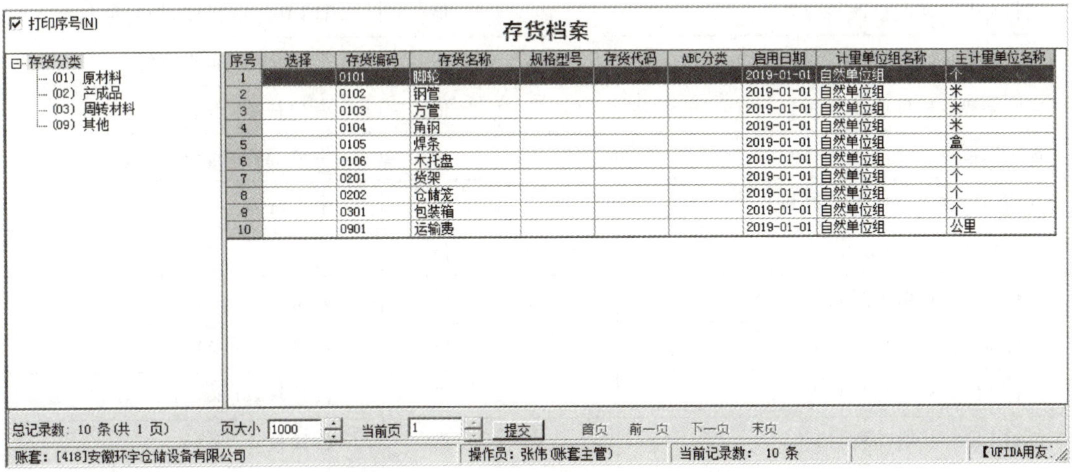

图 2-21 【存货档案】窗口（录入完成）

〖赛题链接〗

【任务 1.09】 根据表 2-11、表 2-12，增加存货分类、存货档案。

表 2 - 11 存货分类

分类编码	分类名称
04	应税劳务

表 2 - 12 存货档案

存货编码	存货名称	存货分类	存货属性	计量单位组	主计量单位	税率(%)
0401	运费	应税劳务	应税劳务	里程	公里	9

实训四 财务信息设置

〖业务描述〗

2019 年 1 月 1 日,以账套主管【W01 张伟】身份登录企业应用平台,设置凭证类别、会计科目及项目核算信息。

1. 设置凭证类别

安徽环宇仓储设备有限公司的凭证类别设置为记账凭证。

2. 设置会计科目

会计科目如表 2 - 13 所示。

表 2 - 13 会计科目

科 目 名 称	币 种	方 向	辅助核算
库存现金 1001(修改科目)		借	日记账,现金科目
银行存款 1002(修改科目)		借	日记账、银行账,银行科目
应收账款 1122(修改科目)		借	客户往来,应收系统
应收票据 1121(修改科目)		借	客户往来,应收系统
预付账款 1123(修改科目)		借	供应商往来,应付系统
其他应收款 1221(修改科目)		借	个人往来
原材料 1403		借	
脚轮 140301(增加科目)		借	数量核算(个)
钢管 140302(增加科目)		借	数量核算(米)
方管 140303(增加科目)		借	数量核算(米)
角钢 140304(增加科目)		借	数量核算(米)
焊条 140305(增加科目)		借	数量核算(盒)
木托盘 140306(增加科目)		借	数量核算(个)
库存商品 1405(修改科目)		借	项目、数量核算(个)
周转材料 1411		借	

2

科 目 名 称	币 种	方 向	辅 助 核 算
包装箱 141101(增加科目)		借	数量核算(个)
合同资产 1481(增加科目)		借	客户往来,应收系统
债权投资 1501(修改科目)		借	
债权投资减值准备 1502(修改科目)		贷	
其他债权投资 1503(修改科目)		借	
使用权资产 1607(增加科目)		借	
应付票据 2201(修改科目)		贷	供应商往来,应付系统
应付账款 2202(修改科目)		贷	供应商往来,应付系统
合同负债 2204(增加科目)		贷	客户往来,应收系统
应付职工薪酬 2211		贷	
工资 221101(增加科目)		贷	
职工福利费 221102(增加科目)		贷	
非货币性职工福利 221103(增加科目)		贷	
社会保险费 221104(增加科目)		贷	
设定提存计划 221105(增加科目)		贷	
住房公积金 221106(增加科目)		贷	
工会经费 221107(增加科目)		贷	
职工教育经费 221108(增加科目)		贷	
其他 221109(增加科目)		贷	
应交税费 2221		贷	
应交增值税 222101(增加科目)		贷	
进项税额 22210101(增加科目)		借	
销项税额 22210102(增加科目)		贷	
进项税额转出 22210103(增加科目)		贷	
转出未交增值税 22210104(增加科目)		贷	
未交增值税 222102(增加科目)		贷	
应交城建税 222103(增加科目)		贷	
应交教育费附加 222104(增加科目)		贷	
应交地方教育费附加 222105(增加科目)		贷	
应交企业所得税 222106(增加科目)		贷	
应交个人所得税 222107(增加科目)		贷	

科　目　名　称	币　种	方　向	辅　助　核　算
租赁负债 2703（增加科目）		贷	
利润分配 4104		贷	
未分配利润 410415（增加科目）		贷	
生产成本 5001		借	
直接材料 500101（增加科目）		借	项目、部门核算
直接人工 500102（增加科目）		借	项目、部门核算
制造费用 500103（增加科目）		借	项目、部门核算
制造费用 5101		借	
折旧费 510101（增加科目）		借	
工资 510102（增加科目）		借	
其他 510109（增加科目）		借	
主营业务收入 6001（修改科目）		收入	项目、数量核算（个）
资产处置损益 6115（增加科目）		收入	
其他收益 6117（增加科目）		收入	
主营业务成本 6401（修改科目）		支出	项目、数量核算（个）
销售费用 6601		支出	
工资 660101（增加科目）		支出	
福利费 660102（增加科目）		支出	
社会保险费 660103（增加科目）		支出	
广告费 660104（增加科目）		支出	
业务招待费 660105（增加科目）		支出	
折旧费 660106（增加科目）		支出	
差旅费 660107（增加科目）		支出	
其他 660109（增加科目）		支出	
管理费用 6602		支出	
工资 660201（增加科目）		支出	部门核算
福利费 660202（增加科目）		支出	部门核算
社会保险费 660203（增加科目）		支出	部门核算
办公费 660204（增加科目）		支出	部门核算
业务招待费 660205（增加科目）		支出	部门核算
折旧费 660206（增加科目）		支出	部门核算

续　表

科　目　名　称	币　种	方　向	辅　助　核　算
差旅费 660207（增加科目）		支出	部门核算
其他 660209（增加科目）		支出	部门核算
信用减值损失 6702（增加科目）		支出	

3. 设置项目

项目目录如表 2-14 所示。

表 2-14　项目目录

项目设置步骤	设　置　内　容
项目大类	01 产品项目
核算科目	生产成本——直接材料（500101） 生产成本——直接人工（500102） 生产成本——制造费用（500103） 库存商品（1405） 主营业务收入（6001） 主营业务成本（6401）
项目分类	1 自产产品
项目目录	项目编号：1；项目名称：货架 是否结算：否；所属分类码：1
	项目编号：2；项目名称：仓储笼 是否结算：否；所属分类码：1

4. 指定总账现金和银行总账科目

〖岗位说明〗

【W01 张伟】设置财务信息。

〖操作指导〗

1. 设置凭证类别

（1）执行【基础档案】|【财务】|【凭证类别】命令，打开【凭证类别预置】对话框。

（2）选中【记账凭证】前的单选按钮，如图 2-22 所示。

（3）单击【确定】按钮，打开【凭证类别】对话框。

（4）单击【退出】按钮。

温馨提示

🌑 已使用的凭证类别不能删除，也不能修改类别字。

设置凭证类别

图 2-22　【凭证类别预置】对话框

2. 修改会计科目

（1）在【会计科目】窗口中，双击【1001 库存现金】，单击【修改】按钮，打开【会计科目_修改】对话框。

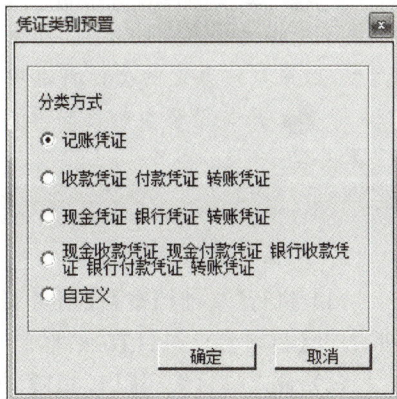

修改会计科目

2

（2）单击【修改】按钮，选中【日记账】前的复选框，如图 2-23 所示。

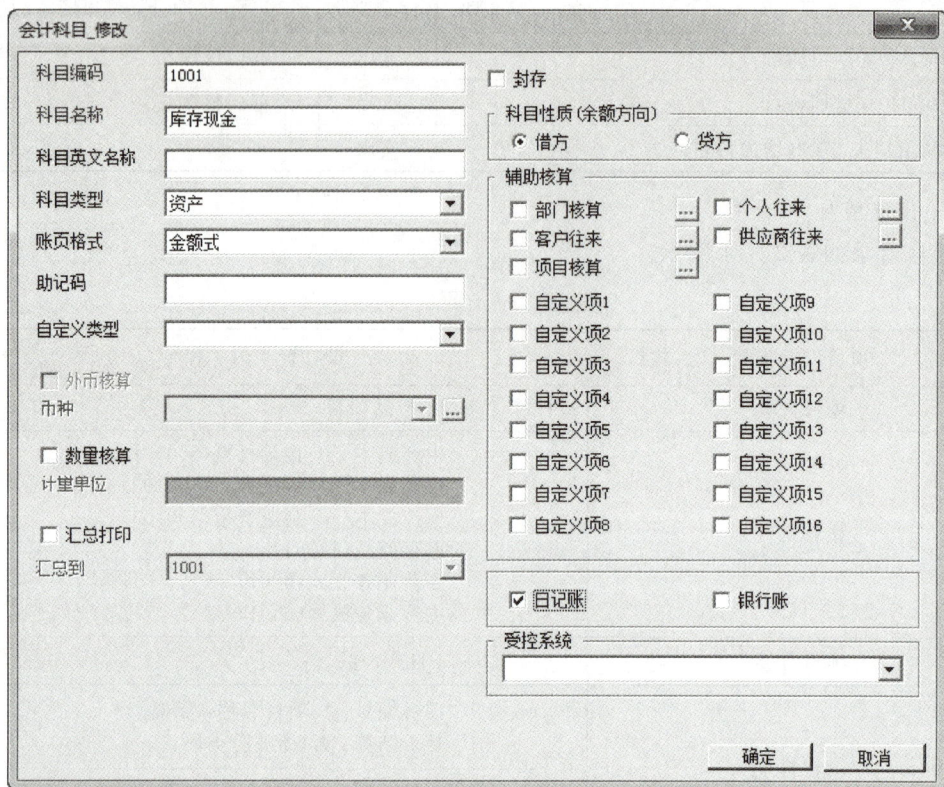

图 2-23　【会计科目——修改】对话框

（3）单击【确定】按钮。

（4）以上述方式修改其他科目。

温馨提示

　　⬤　【无受控系统】即该账套不使用【应收】及【应付】系统，【应收】及【应付】业务均以辅助账的形式在总账管理系统中进行核算。

　　⬤　在会计科目使用前一定要先检查系统预置的会计科目是否能够满足需求，如果不能满足需求，则以增加和修改的方式增加新的会计科目及修改已经存在的会计科目；如果系统预置的会计科目中有一些是不需要的，可以删除。

　　⬤　凡是设置有辅助核算内容的会计科目，在填制凭证时都需填制具体的辅助核算内容。

---

3. 增加会计科目

（1）执行【基础档案】|【财务】|【会计科目】命令，打开【会计科目】窗口，单击【增加】按钮，打开【新增会计科目】对话框。

（2）录入科目编码【140301】、科目名称【脚轮】，勾选【数量核算】，输入计量单位【个】，如图 2-24 所示。

增加会计
科目

2

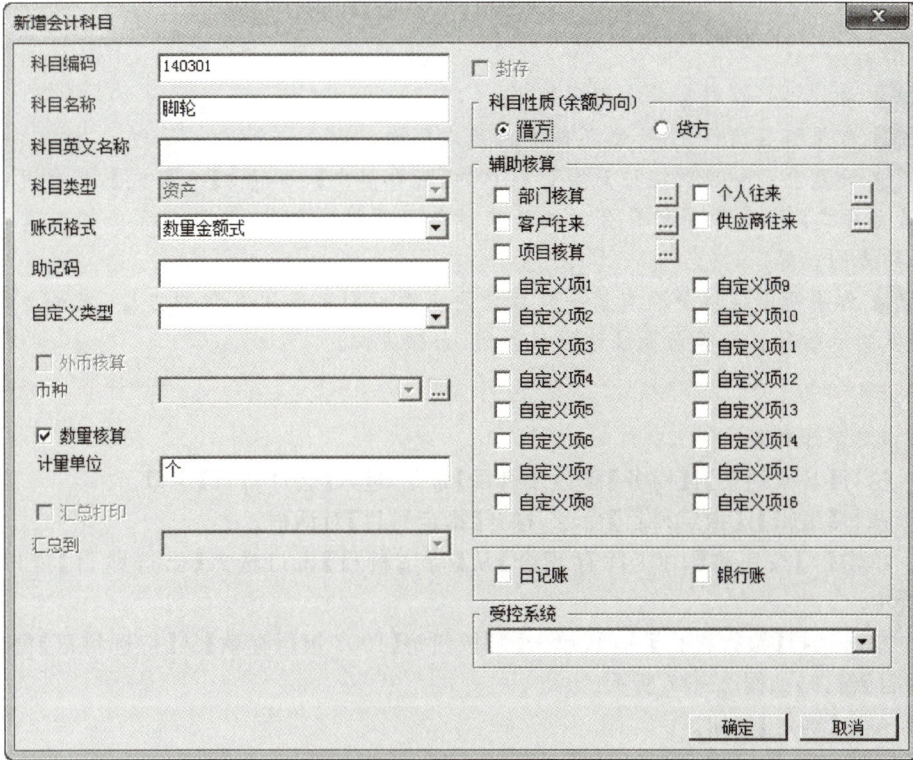

图 2-24 【新增会计科目】对话框

（3）同理，依次增加其他的会计科目，操作结果如图 2-25 所示。

图 2-25 【会计科目】窗口

2

温馨提示

⬤ 会计科目编码应符合编码规则。

⬤ 如果科目已经使用,则不能被修改或删除。

⬤ 设置会计科目时应注意会计科目的【账页格式】,一般为【金额式】,也有可能是【数量金额式】等,如果是数量金额式还应继续设置计量单位,否则仍不能同时进行数量金额式的核算。

⬤ 如果新增科目与原有某一科目相同或类似则可采用复制的方法,但是要特别注意复制后的科目是否需要修改科目性质(余额方向)。

4. 指定会计科目

(1)执行【基础档案】|【财务】|【会计科目】命令,进入【会计科目】窗口。

(2)执行【编辑】|【指定科目】命令,打开【指定科目】对话框。

(3)单击【〉】按钮将【1001 库存现金】从【待选科目】窗口选入【已选科目】窗口,如图2-26所示。

(4)单击选择【银行科目】选项,单击【〉】按钮将【1002 银行存款】从【待选科目】窗口选入【已选科目】窗口,如图2-27所示。

(5)单击【确定】按钮。

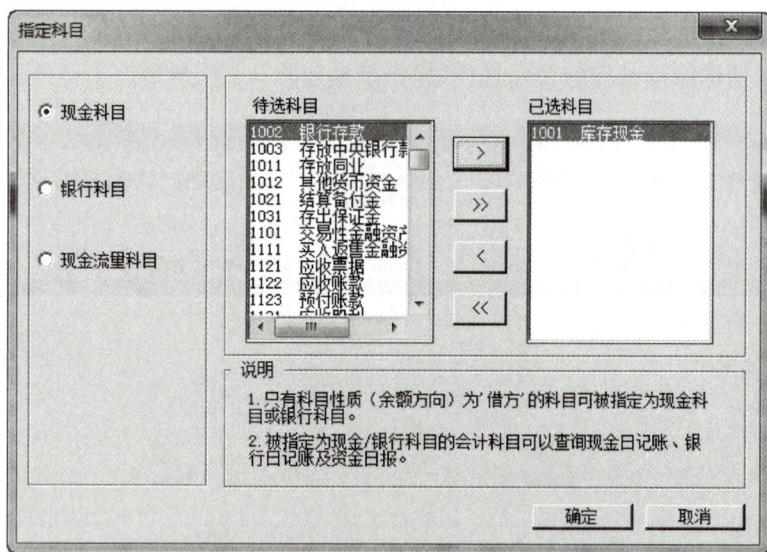

图2-26 【指定现金科目】对话框

温馨提示

⬤ 被指定的【现金总账科目】及【银行总账科目】必须是一级会计科目。

⬤ 只有指定现金及银行总账科目才能进行出纳签字的操作。

⬤ 只有指定现金及银行总账科目才能查询现金日记账和银行存款日记账。

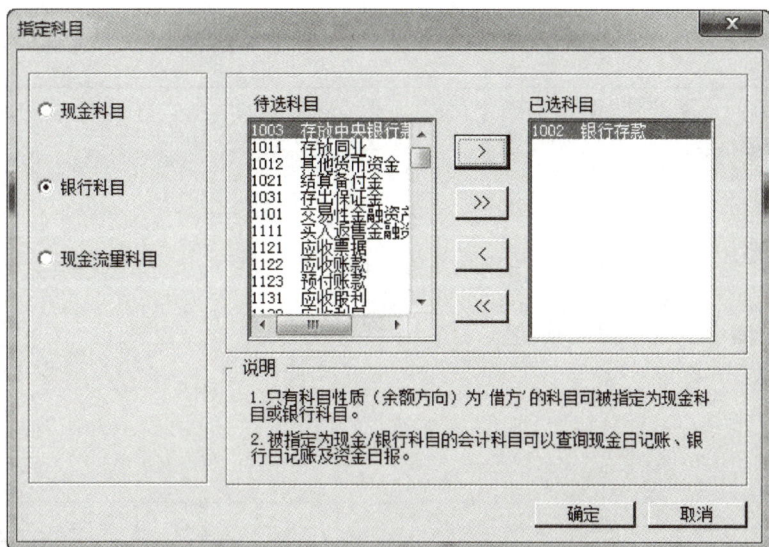

图 2 - 27 【指定银行科目】对话框

5. 设置项目目录

（1）在企业应用平台【基础设置】选项中，执行【基础档案】|【财务】|【项目目录】命令，打开【项目档案】窗口。

（2）单击【增加】按钮，打开【项目大类定义_增加】对话框。

（3）录入新项目大类名称【产品项目】，如图 2 - 28 所示。

设置项目
目录

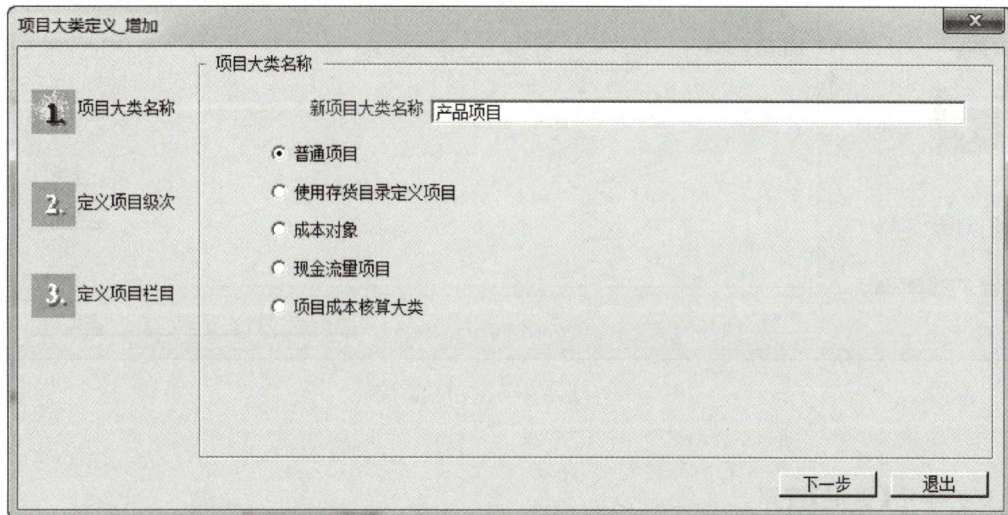

图 2 - 28 【项目大类定义_增加】对话框

（4）单击【下一步】按钮，打开【定义项目级次】对话框，如图 2 - 29 所示。

（5）默认系统设置，单击【下一步】按钮，打开【定义项目栏目】对话框，如图 2 - 30 所示。

（6）单击【完成】按钮，返回【项目档案】窗口。

（7）单击【项目大类】栏的下三角按钮，选择【产品项目】项目大类。

（8）单击【核算科目】选项卡，单击【》】按钮，将库存商品、主营业务收入、主营业务成本、生产成本明细科目从【待选科目】列表中选入【已选科目】列表，如图 2 - 31 所示。

2

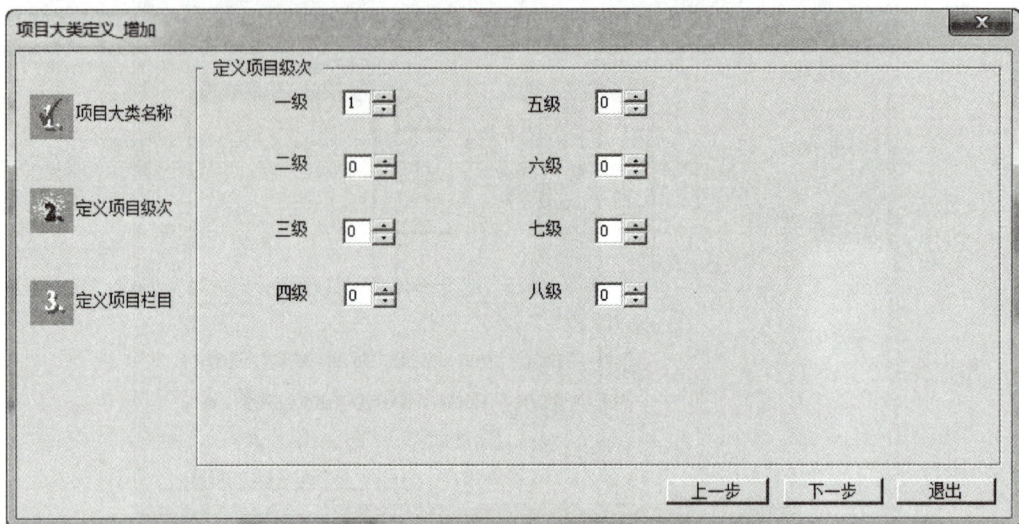

图 2-29　【定义项目级次】对话框

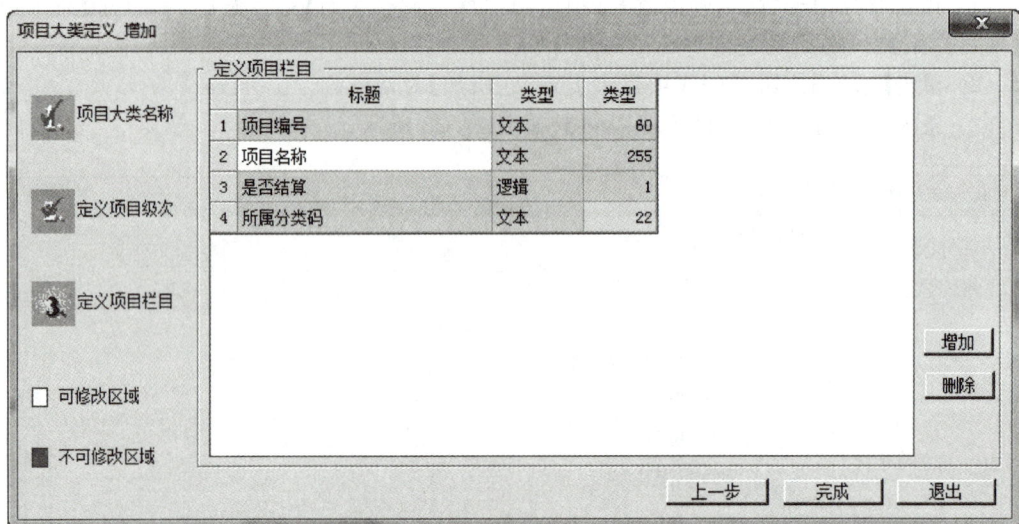

图 2-30　【定义项目栏目】对话框

（9）单击【确定】按钮。

（10）单击【项目分类定义】选项卡。

（11）录入分类编码【1】，分类名称【自产产品】，单击【确定】按钮，操作结果如图 2-32 所示。

（12）选中【项目目录】选项卡，单击【维护】按钮，打开【项目目录维护】窗口。

（13）单击【增加】按钮，录入项目编号【1】、项目名称【货架】，单击【所属分类码】栏【参照】按钮，选择【自产产品】，同理，增加其他项目，如图 2-33 所示。

（14）单击【退出】按钮。

2

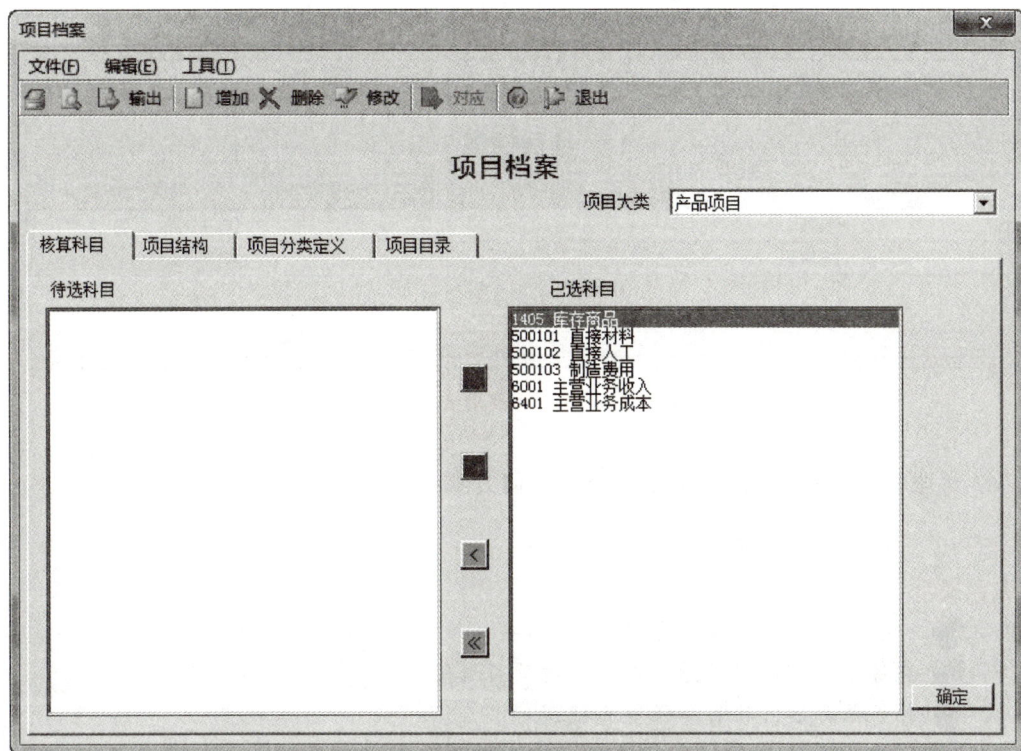

图 2 – 31 【项目档案——核算科目】选项卡

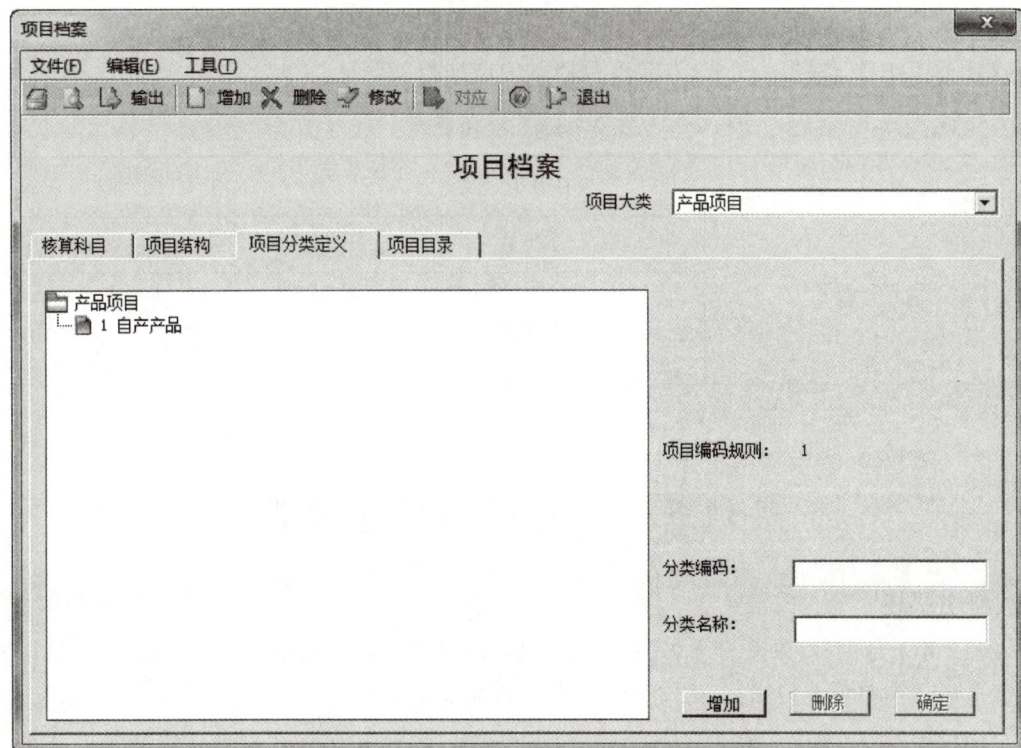

图 2 – 32 【项目档案——项目分类定义】选项卡

2

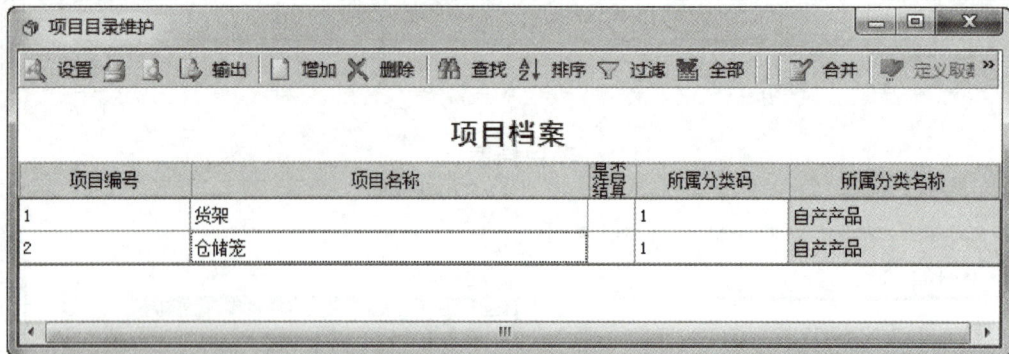

图 2－33 【项目目录维护】窗口

6. 将账套输出至【D:\418 账套备份\2－4】文件夹

> **温馨提示**
> ● 一个项目大类可以指定多个科目，一个科目只能属于一个项目大类。
> ● 在每年年初应将已结算或不用的项目删除。
> ● 标识结算后的项目将不能再使用。

〖赛题链接〗

【任务 1.07】 指定现金总账科目和银行总账科目。

【任务 1.15】 根据表 2－15，在项目档案中增加相关信息。

表 2－15 项目目录

项 目 大 类	项目分类定义	项 目 目 录
商品项目	1 男装	106 男式皮衣
	2 女装	206 女式皮衣
		207 女式皮手套

实训五 收付结算信息设置

〖业务描述〗

2019 年 1 月 1 日，以账套主管【W01 张伟】身份登录企业应用平台，增加表 2－16 结算方式、表 2－17 本单位开户银行、表 2－18 付款条件信息。

〖岗位说明〗

【W01 张伟】设置收付结算信息。

表 2-16 结算方式

编　号	结算方式名称	编　号	结算方式名称
1	现金	301	银行承兑汇票
2	支票	302	商业承兑汇票
201	现金支票	4	电汇
202	转账支票	9	其他
3	商业汇票		

表 2-17 本单位开户银行信息

项　　目	内　　容
企业开户银行编码	01
开户银行	中国工商银行芜湖经开区支行
账号	1307100026160024388
账户名称	安徽环宇仓储设备有限公司
币种	人民币
所属银行	中国工商银行

表 2-18 付款条件

付款条件编码	信用天数	优惠天数1	优惠率1	优惠天数2	优惠率2
01	30	10	2	20	1

〖操作指导〗

1. 设置结算方式

（1）执行【基础档案】|【收付结算】|【结算方式】命令，打开【结算方式】窗口。

（2）单击【增加】按钮，录入结算方式编码【1】，录入结算方式名称【现金】，单击【保存】按钮。以此方法继续录入表 2-16 中的其他结算方式，如图 2-34、图 2-35 所示。

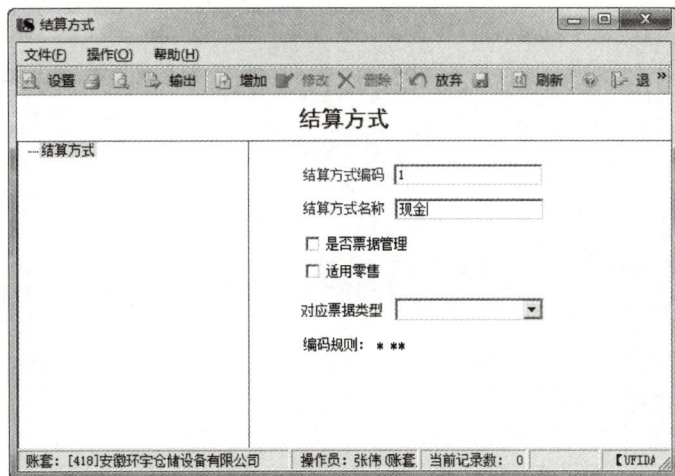

图 2-34 【结算方式】窗口

2

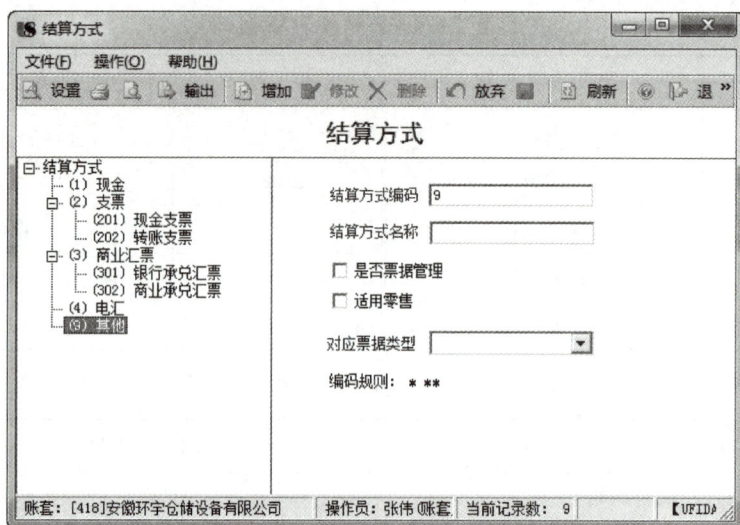

图 2-35　【结算方式】窗口(录入完成)

(3) 单击【退出】按钮。

温馨提示

　　⬤ 在总账管理系统中,结算方式将在使用【银行账】类科目填制凭证时使用,并可作为银行对账的一个参数。

设置本单位
开户银行

2. 设置本单位开户银行

(1) 执行【基础设置】|【基础档案】|【收付结算】|【银行档案】命令,打开【银行档案】窗口,选中【01 中国工商银行】,单击【修改】按钮,打开【修改银行档案】窗口,如图 2-36 所示。

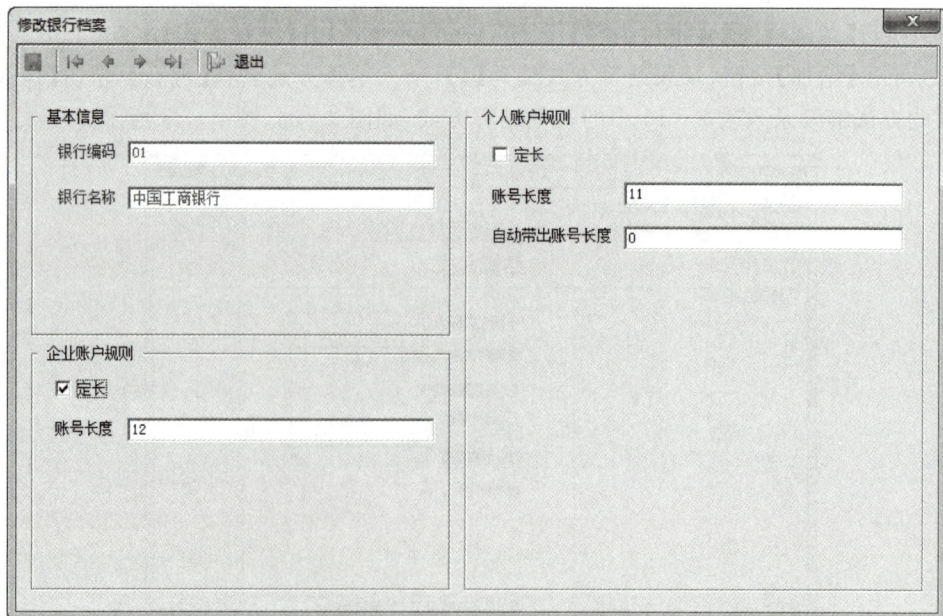

图 2-36　【修改银行档案】窗口

（2）取消企业账户规则【定长】复选框，单击【保存】按钮，如图 2-37 所示。

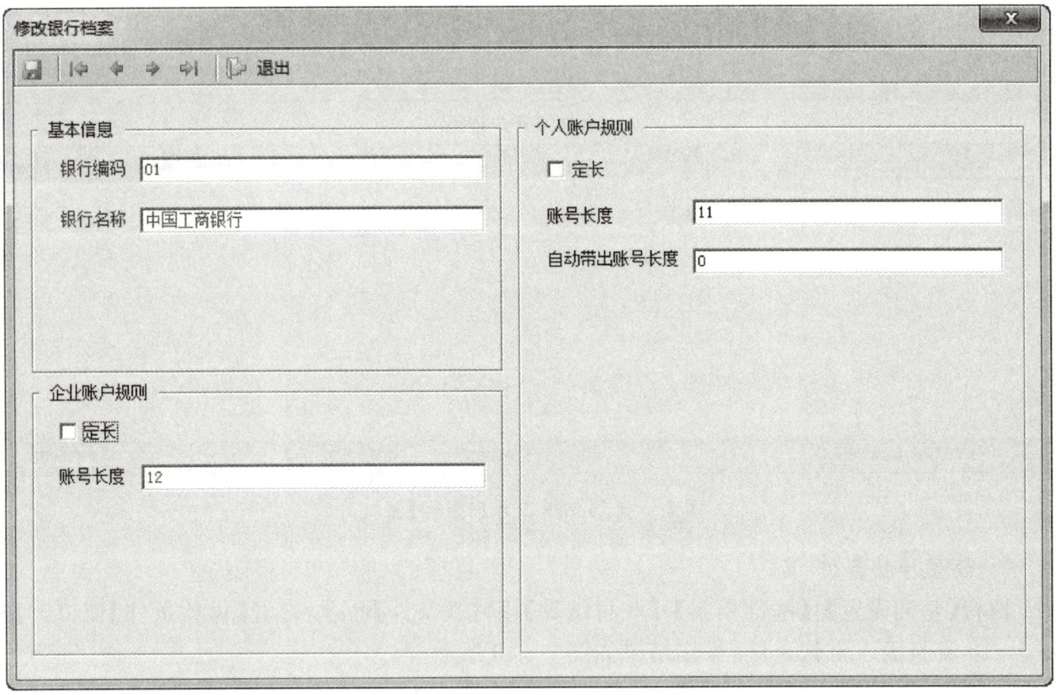

图 2-37 【修改银行档案】窗口（操作完成）

（3）执行【基础设置】|【基础档案】|【收付结算】|【本单位开户银行】命令，打开【本单位开户银行】窗口，按表 2-17 资料输入开户银行信息，操作结果如图 2-38 所示。

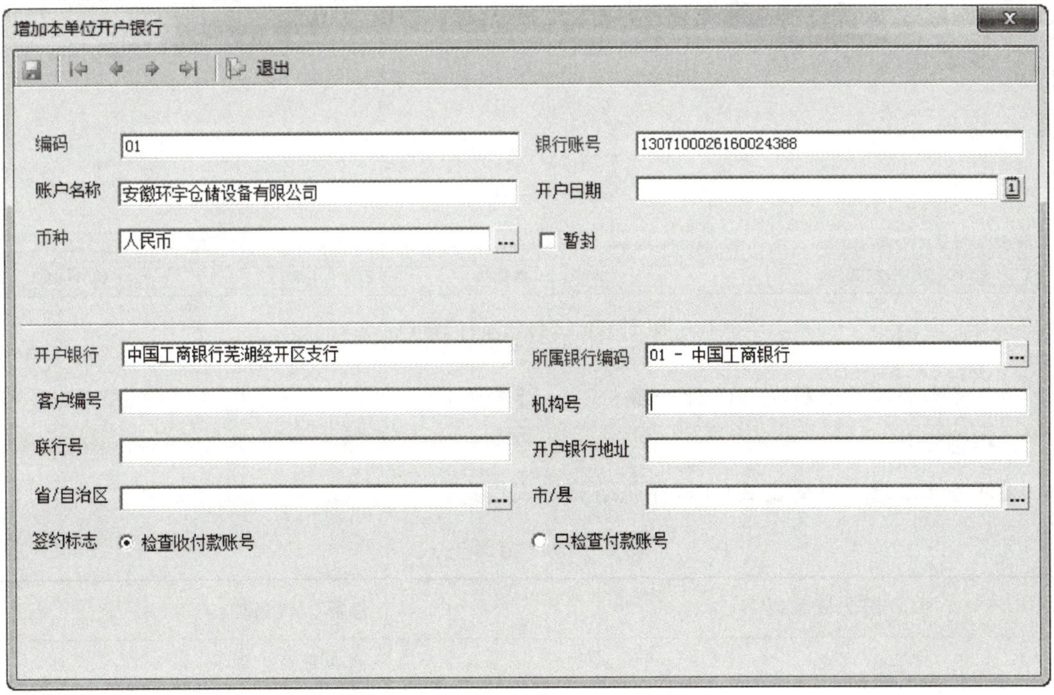

图 2-38 【增加本单位开户银行】窗口

2

　　（4）单击【保存】按钮，再单击【退出】按钮，如图 2-39 所示。

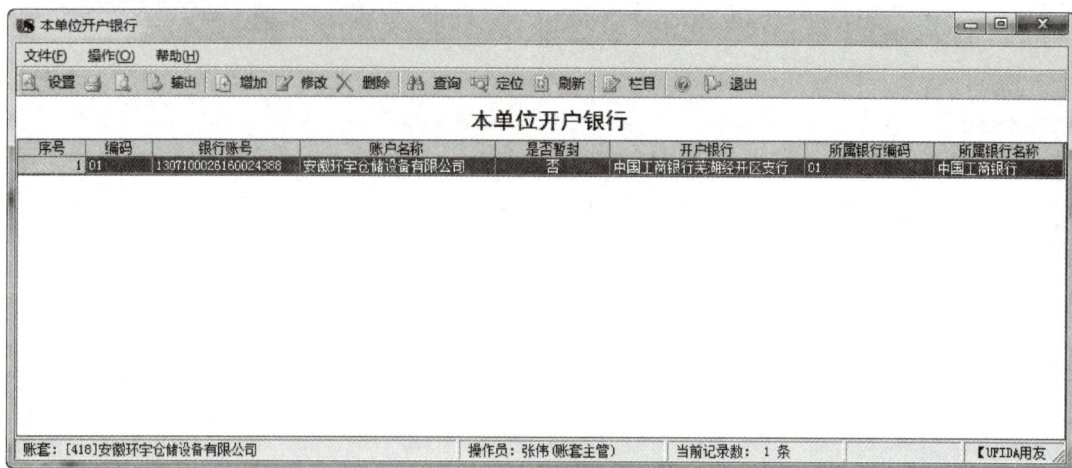

图 2-39　【本单位开户银行】窗口

　　3. 设置付款条件

　　执行【基础设置】|【基础档案】|【收付结算】|【付款条件】命令，打开【付款条件】窗口。按表 2-18 资料输入付款条件，操作结果如图 2-40 所示。

设置付款条件

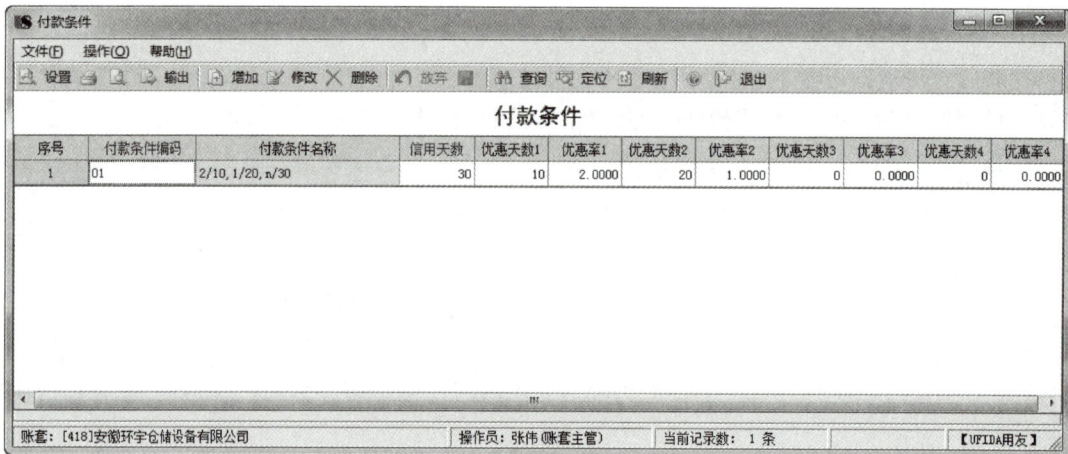

图 2-40　【付款条件】窗口

　　4. 将账套输出至【D:\418 账套备份\2-5】文件夹

〔赛题链接〕

【任务 1.02】　根据表 2-19，补充结算方式信息。

表 2-19　结算方式

结算方式编码	结算方式名称
402	商业承兑汇票
6	同城特约委托收款

实训六 单据设置

业务一 单据格式设置

〖业务描述〗

2019年1月1日，以账套主管【W01 张伟】身份登录企业应用平台，删除销售普通发票、销售专用发票表头项目【销售类型】。

〖岗位说明〗

【W01 张伟】设置单据格式。

〖操作指导〗

（1）执行【基础设置】|【单据设置】|【单据格式设置】命令，打开【单据格式设置】窗口，单击打开【销售专用发票】格式，单击选中表头项目【销售类型】，如图2-41所示。

图 2-41 【销售专用发票】窗口

（2）单击【删除】按钮，系统弹出【是否删除当前选择项目？】提示框，如图2-42所示，单击【是】按钮。

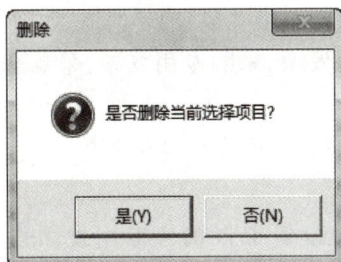

图 2-42 【删除】提示框

（3）单击【保存】按钮，修改后的【销售专用发票】格式如图 2 - 43 所示。

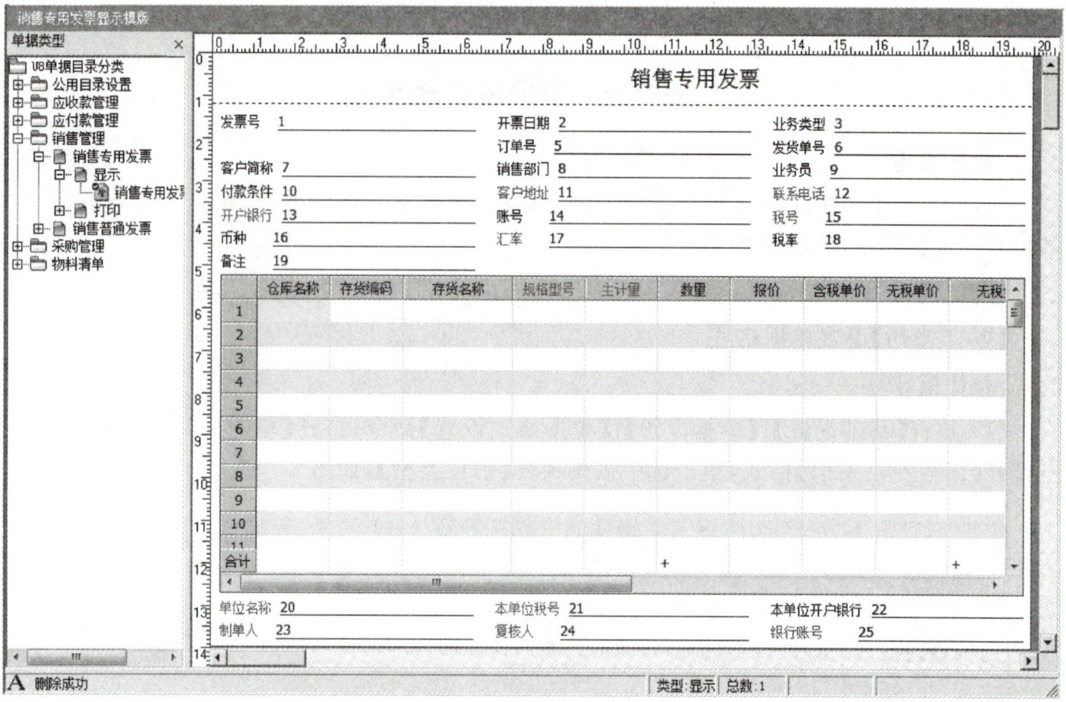

图 2 - 43　【销售专用发票】窗口（修改完成）

（4）以此方法删除【销售普通发票】的表头项目【销售类型】。

业务二　单据编号设置

〖业务描述〗

2019 年 1 月 1 日，以账套主管【W01 张伟】身份登录企业应用平台，修改采购普通发票、采购专用发票、销售普通发票、销售专用发票编号为完全手工编号。

〖岗位说明〗

【W01 张伟】设置单据编号。

〖操作指导〗

1. 设置单据编号

（1）执行【基础设置】|【单据设置】|【单据编号设置】命令，打开【单据编号设置】对话框，单击【编号设置】选项卡，如图 2 - 44 所示。

（2）单击【修改】按钮，选中【完全手工编号】复选框，如图 2 - 45 所示，单击【保存】按钮。

（3）以此方法修改销售普通发票、采购专用发票、采购普通发票的编号方式为【完全手工编号】。

2. 将账套输出至【D:\418 账套备份\2 - 6】文件夹

〖赛题链接〗

【任务 1.11】　在单据编号设置中将销售专用发票设置为"手工改动，重号时自动重取"。

2

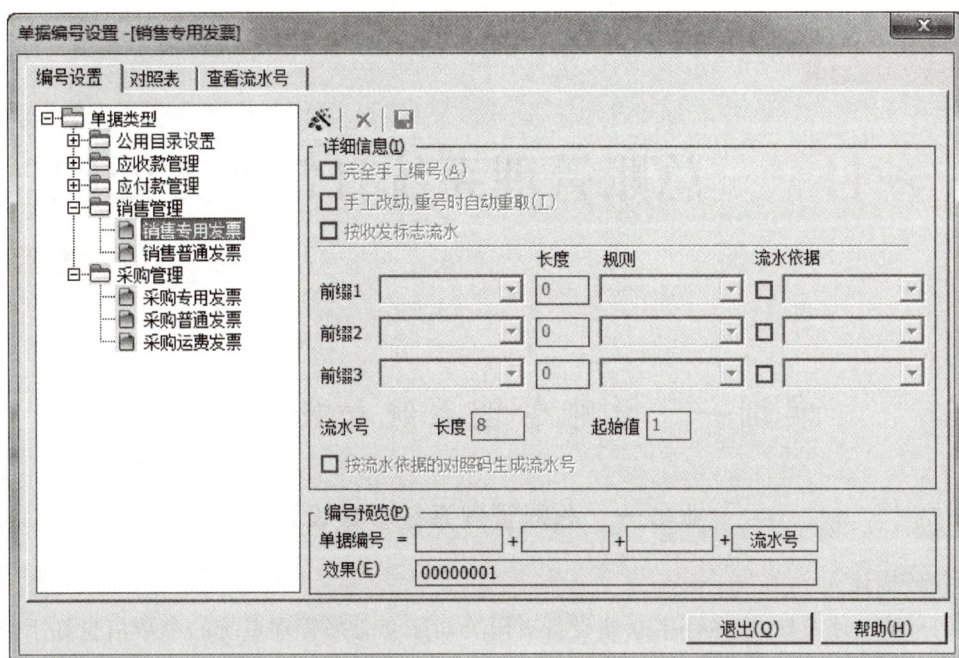

图 2－44 【销售专用发票——编号设置】选项卡

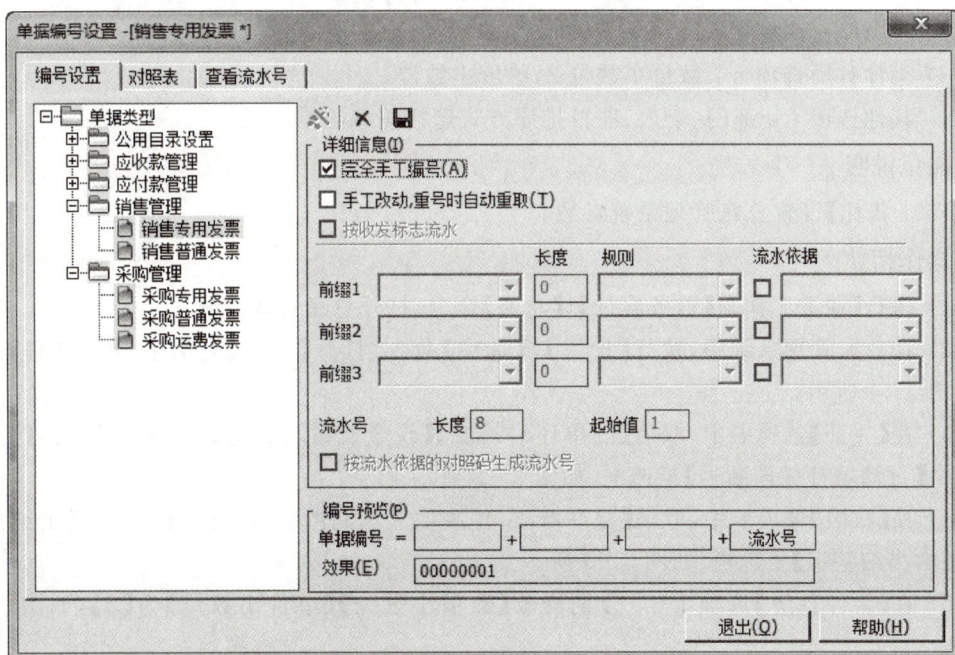

图 2－45 【销售专用发票——编号设置】选项卡(修改完成)

项目三　总账管理系统日常业务处理

3

实训一　总账管理系统初始化设置

业务一　总账管理系统参数设置

【业务描述】

2019年1月1日,安徽环宇仓储设备有限公司账套总账管理系统的参数信息如下,以账套主管(W01张伟)身份修改参数。

(1)凭证选项卡:取消现金流量科目必录现金流量项目;勾选自动填补凭证断号;取消制单序时控制;勾选支票控制。

(2)权限选项卡:不允许修改、作废他人填制的凭证;勾选出纳凭证必须经由出纳签字。

(3)会计日历选项卡:数量小数位2,单价小数位2。

(4)其他选项卡:部门、个人、项目排序方式选择按编码排序。

【岗位说明】

【W01张伟】设置总账管理系统参数。

【操作指导】

(1)执行【业务工作】|【财务会计】|【总账】命令,打开总账管理系统。

(2)在总账管理系统中,执行【设置】|【选项】命令,打开【选项】对话框,单击【编辑】按钮,如图3-1所示。

(3)在【凭证】选项卡中,取消【制单序时控制】【现金流量科目必录现金流量项目】复选框,选中【自动填补凭证断号】复选框,如图3-2所示。

(4)在【权限】选项卡中,取消【允许修改,作废他人填制的凭证】复选框,勾选【出纳凭证必须经由出纳签字】复选框,如图3-3所示。

(5)在【会计日历】选项卡中,分别修改【数量小数位】【单价小数位】为【2】,如图3-4所示。

(6)在【其他】选项卡中,分别修改【部门排序方式】【个人排序方式】【项目排序方式】为【按编码排序】,如图3-5所示。

(7)单击【确定】按钮保存并返回。

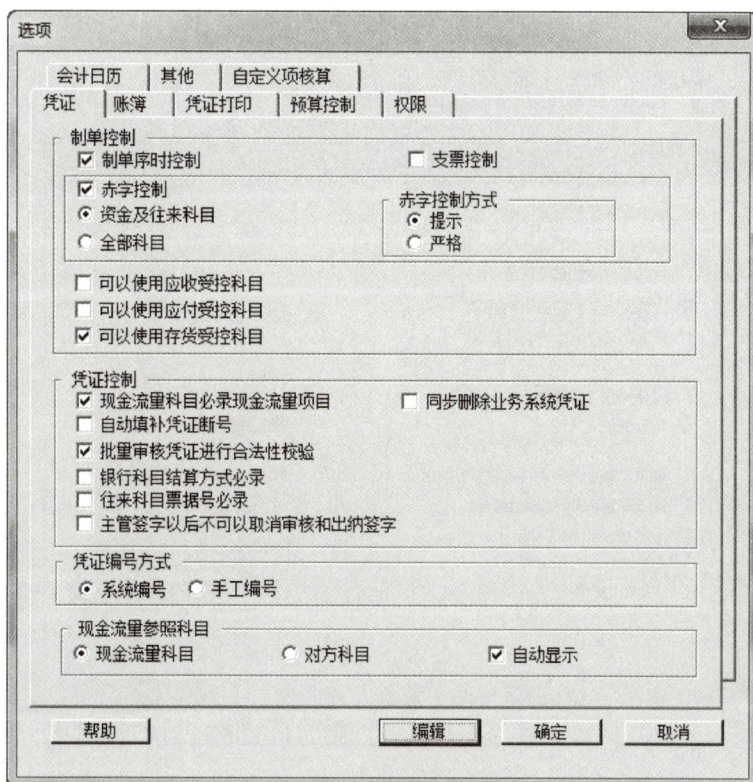

图 3 − 1　【选项】对话框

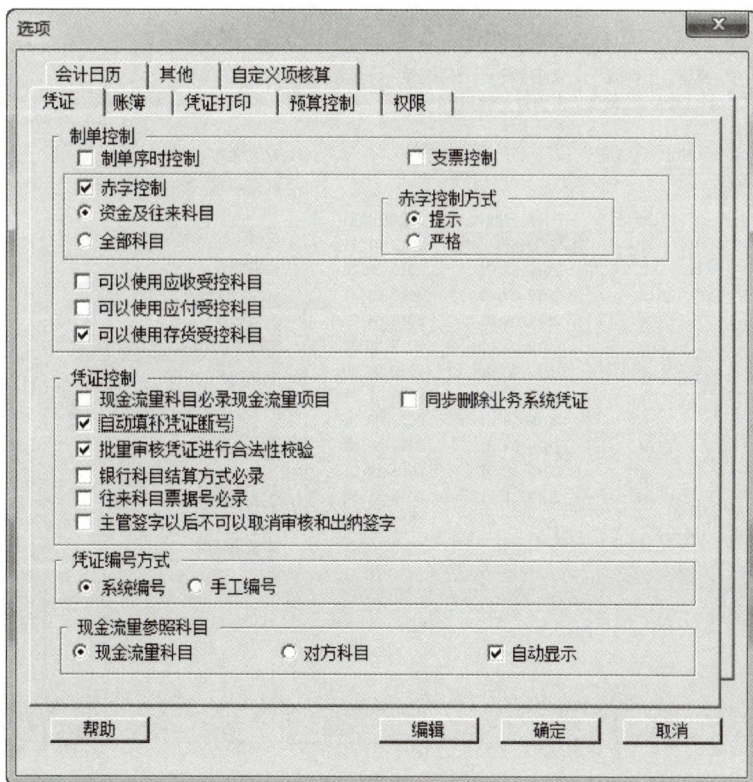

图 3 − 2　【选项——凭证】选项卡

3

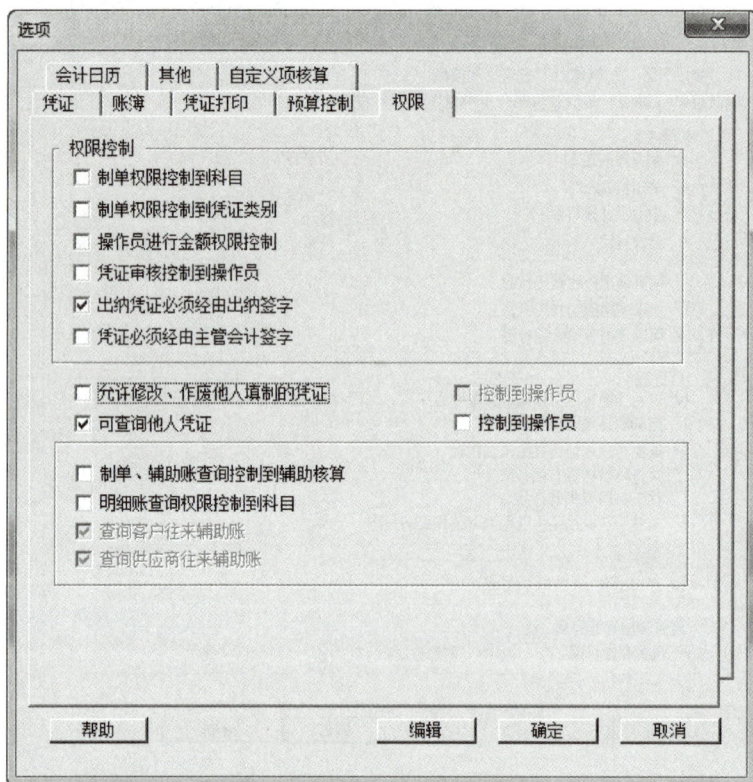

图 3-3 【选项——权限】选项卡

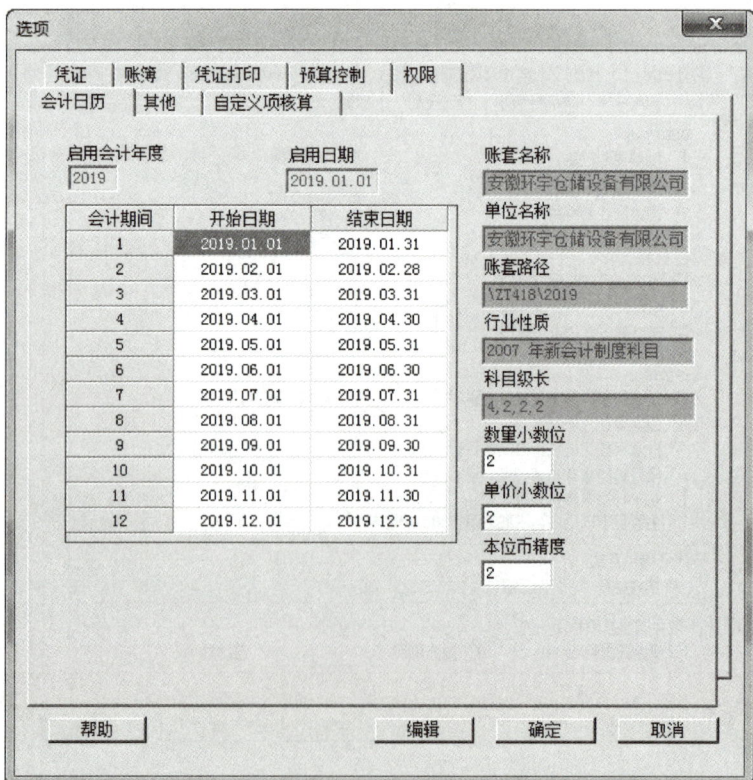

图 3-4 【选项——会计日历】选项卡

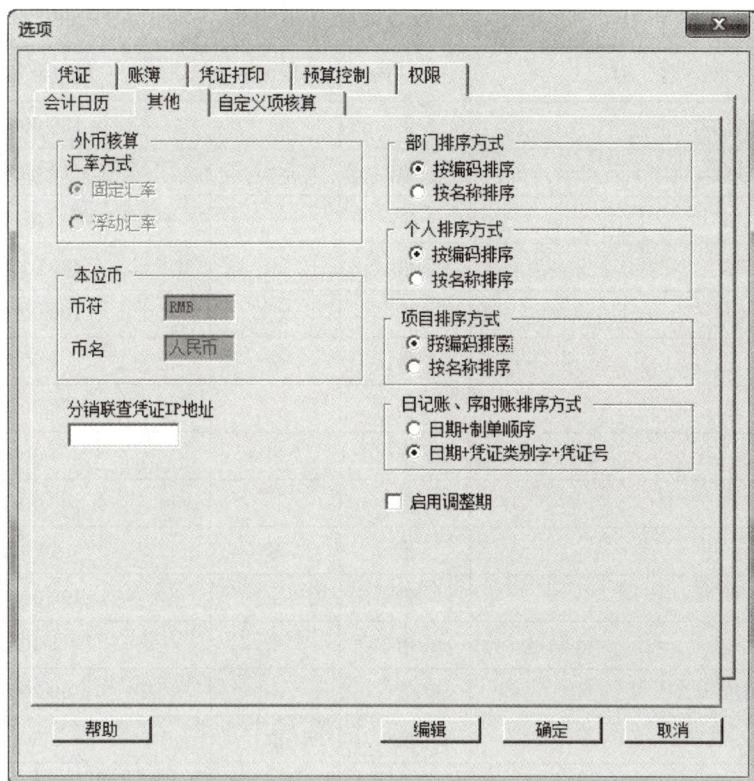

图 3-5　【选项——其他】选项卡

温馨提示

　　● 总账管理系统中的参数设置将决定总账管理系统的输入控制、处理方式、数据流向、输出格式等,设定后一般不能随意修改。

〚赛题链接〛

【任务1.2】　在总账中设置"数量小数位""单价小数位""本位币精度"分别为5、5、2。

业务二　录入总账期初余额

〚业务描述〛

　　2019年1月1日,安徽环宇仓储设备有限公司的期初余额如表3-1、表3-2、表3-3、表3-4、表3-5、表3-6、表3-7、表3-8所示,以账套主管(W01张伟)身份录入期初余额并试算平衡。

表 3-1　总账期初余额

科　目　名　称	方　向	计　量	期初余额(元)
库存现金 1001	借		11 394.00
银行存款 1002	借		259 990.20
应收票据 1121	借		54 240.00

续　表

科　目　名　称	方　向	计　量	期初余额（元）
应收账款 1122	借		135 600.00
预付账款 1123	借		10 000.00
坏账准备 1231	贷		678.00
原材料 1403	借		480 000.00
脚轮 140301	借		100 000.00
	借	个	1 000.00
钢管 140302	借		50 000.00
	借	米	1 000.00
方管 140303	借		80 000.00
	借	米	1 000.00
角钢 140304	借		100 000.00
	借	米	1 000.00
焊条 140305	借		90 000.00
	借	盒	500.00
木托盘 140306	借		60 000.00
	借	个	1 000.00
库存商品 1405	借		1 160 000.00
周转材料 1411	借		50 000.00
包装箱 141101	借		50 000.00
	借	个	1 000.00
固定资产 1601	借		347 000.00
累计折旧 1602	贷		47 183.33
短期借款 2001	贷		200 000.00
应付票据 2201	贷		20 340.00
应付账款 2202	贷		11 300.00
合同负债 2204	贷		10 000.00
应交税费 2221	贷		111 055.00
未交增值税 222102	贷		67 890.00
应交城建税 222103	贷		4 752.30
应交教育费附加 222104	贷		2 036.70
应交地方教育费附加 222105	贷		1 357.80
应交企业所得税 222106	贷		34 880.00
应交个人所得税 222107	贷		138.20

续　表

科　目　名　称	方　向	计　量	期初余额(元)
实收资本 4001	贷		2 000 000.00
资本公积 4002	贷		51 667.87
利润分配 4104	贷		56 000.00
未分配利润 410415	贷		56 000.00

表 3－2　应收票据(1121)期初余额

日　期	客户名称	摘　要	方向	余额(元)
2018－12－18	华润苏果	销售货架,100 个,480 元/个,票号 84378948	借	54 240.00

表 3－3　应收账款(1122)期初余额

日　期	客户名称	摘　要	方向	余额(元)
2018－12－16	世纪联华	销售货架,100 个,480 元/个,票号 64378946	借	54 240.00
2018－12－30	美的	销售仓储笼 160 台,450 元/台,票号 86549368	借	81 360.00

表 3－4　预付账款(1123)期初余额

日　期	供应商名称	摘　要	方向	余额(元)
2018－12－16	新兴铸管	采购钢管,1 000 米,50 元/米,票号 64334865	借	10 000.00

表 3－5　应付票据(2201)期初余额

日　期	供应商名称	摘　要	方向	余额(元)
2018－12－16	恒大焊条	采购焊条,100 个,180 元/个,票号 64374789	借	20 340.00

表 3－6　应付账款(2202)期初余额

日　期	供应商名称	摘　要	方向	余额(元)
2018－12－19	百盛脚轮	采购脚轮,100 个,100 元/个,票号 56738946	借	11 300.00

表 3－7　合同负债(2204)期初余额

日　期	客户名称	摘　要	方向	余额(元)
2018－12－28	欧尚	合同预收货架款,100 个,480 元/个,票号 84378958	贷	10 000.00

表 3－8　库存商品(1405)期初余额

项目编码	项目名称	方　向	金额(元)	数量(个)
1	货架	借	600 000.00	2 000
2	仓储笼	借	560 000.00	2 000

〖岗位说明〗

【W01 张伟】录入总账期初余额。

〖操作指导〗

1. 录入期初余额

（1）在总账管理系统中，执行【设置】|【期初余额】命令，打开【期初余额录入】窗口。

（2）白色的单元为末级科目，可以直接输入期初余额。如：库存现金 11 394.00、银行存款 259 990.20。

温馨提示

⬤ 灰色的单元为非末级科目，不允许录入期末余额，待下级科目余额录入完成后自动汇总生成。

（3）黄色的单元代表此科目设置了辅助核算，不允许直接录入余额，需要在该单元格中双击进入辅助账期初设置。在辅助账中输入期初数据，完成后自动返回总账期初余额表中。如双击【应收票据】所在行的【期初余额】栏，进入【辅助期初余额】窗口。

（4）单击【往来明细】按钮，进入【期初往来明细】窗口。单击【增行】按钮；单击【日期】栏【参照】按钮，选择【2018－12－18】；单击【客户】栏【参照】按钮，选择【华润苏果】；在【摘要】栏录入【销售货架】；在【金额】栏录入【54 240.00】等信息，如图 3－6 所示。

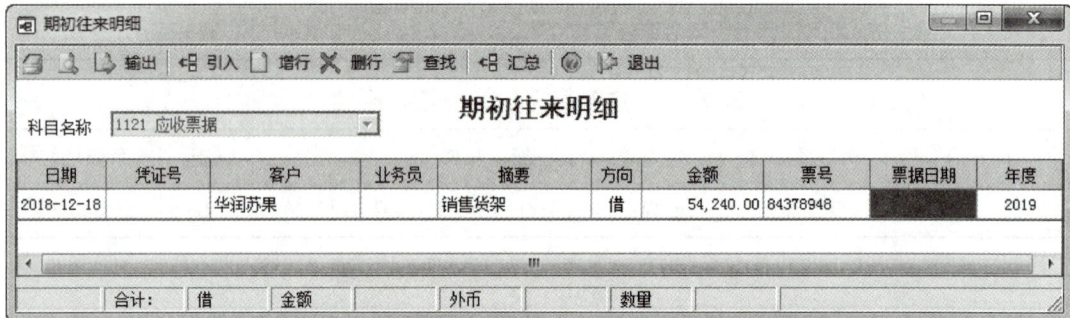

图 3－6　【期初往来明细】窗口

（5）单击【汇总】按钮，系统弹出【完成了往来明细到辅助期初表的汇总！】提示框，如图 3－7 所示。

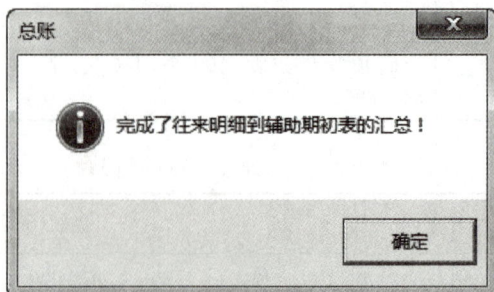

图 3－7　【完成了往来明细到辅助期初表的汇总】提示框

（6）单击【确定】按钮后，再单击【退出】按钮，在【辅助期初余额】窗口显示汇总结果，如图 3-8 所示。

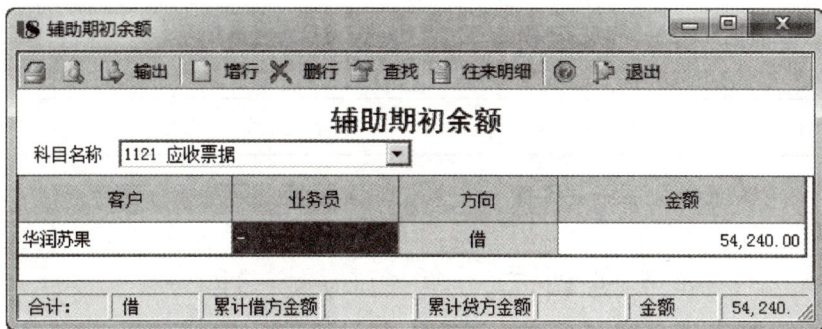

图 3-8　【辅助期初余额】窗口

（7）同理，录入其他带辅助核算的科目余额。

（8）单击【试算】按钮，系统进行试算平衡。试算结果如图 3-9 所示。

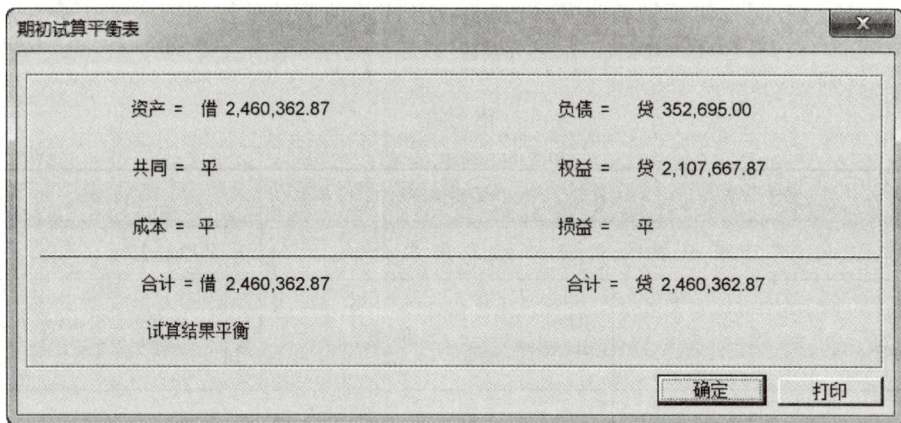

图 3-9　【期初试算平衡表】对话框

（9）单击【确定】按钮。

2. 将账套输出至【D:\418 账套备份\3-1】文件夹

温馨提示

　　● 如果要修改余额的方向，可以在未录入余额的情况下，单击【方向】按钮进行操作。

　　● 如果录入余额的科目有辅助核算的内容，则在录入余额时必须录入辅助核算的明细内容，而修改时也应修改明细内容。

　　● 如果某一科目有数量核算的要求，则录入余额时还应输入该余额的数量。

　　● 如果期初余额不平衡，可以填制凭证，但是不允许记账。

　　● 凭证记账后，期初余额变为只读状态，不能再进行修改。

〖赛题链接〗

【任务 1.3】 根据表 3－9 录入“在途物资”账户期初余额。

表 3－9 供应商档案

日 期	供应商	摘 要	金额(元)
2018－03－31	武汉佳慧电子	购买商品	450 000.00

实训二 凭 证 处 理

业务一 填 制 凭 证

〖业务描述〗

对安徽环宇仓储设备有限公司 2019 年 1 月发生的以下 8 笔业务进行账务处理。

(1) 1 日，财务部张伟预借差旅费，取得与业务相关的原始单据如图 3－10 所示。

借款单

2019年 01月 01日　　　第 0001号

借款部门	财务部	姓名	张伟	事由	出差
借款金额（大写）	零 万 贰 仟 零 佰 零 拾 零 元 零 角 零 分			¥	2000.00
部门负责人签署	略	借款人签章	张伟	注意事项	一、凡借用公款必须使用本单位 二、出差返回后三天内结算
单位领导批示	略	财务经理审核意见	略		

现金付讫

图 3－10 【业务一——借款单】(第一笔)

(2) 2 日，财务部开出现金支票提现备用，取得与业务相关的原始单据如图 3－11 所示。

(3) 3 日，一车间生产货架领用材料，取得与业务相关的原始单据如图 3－12 所示。

(4) 4 日，二车间生产仓储笼领用材料，取得与业务相关的原始单据如图 3－13 所示。

(5) 5 日，财务部张伟报销差旅费，取得与业务相关的原始单据如图 3－14 所示。

(6) 6 日，支付销售部广告费，取得与业务相关的原始单据如图 3－15 所示。

(7) 7 日，经理室报销业务招待费，现金付讫，取得与业务相关的原始单据如图 3－16、图 3－17 所示。

(8) 8 日，以现金支付一车间修理费。取得与业务相关的原始单据如图 3－18 所示。

图 3-11　【业务一——现金支票存根】(第二笔)

领料单

领料部门：一车间

用途：生产货架　　　　2019 年　　01 月　　03 日　　　　第　　0001 号

材料			单位	数量		成本											
						单价	总价										
编号	名称	规格		请领	实发		百	十	万	千	百	十	元	角	分		
003	方管		米	400.00	400.00												
004	角钢		米	200.00	200.00												
005	焊条		盒	200.00	200.00												
006	木托盘		个	400.00	400.00												
合计				1200.00	1200.00												

部门经理：略　　　　　　会计：略　　　　　　仓库：略　　　　　　经办人：略

图 3-12　【业务一——领料单】(第三笔)

领料单

领料部门　二车间

用途：生产仓储笼　　　　2019 年　　01 月　　04 日　　　　第　　0002 号

材料			单位	数量		成本											
						单价	总价										
编号	名称	规格		请领	实发		百	十	万	千	百	十	元	角	分		
002	钢管		米	800.00	800.00												
004	角钢		米	200.00	200.00												
005	焊条		盒	200.00	200.00												
合计				1200.00	1200.00												

部门经理：略　　　　　　会计　略　　　　　　仓库　略　　　　　　经办人　略

图 3-13　【业务一——领料单】(第四笔)

差旅费报销单

2019年 01月 05日

所属部门	财务部	姓名	张伟	出差天数	自01月02日至01月04日 共 3 天
出差事由	参加会议	借支差旅费		日期2019.01.01 结算金额：¥2160.00	金额：¥2000.00

出发		到达		起止地点	交通费	住宿费	伙食费	其他
月	日	月	日					
01	02	01	02	芜湖—北京西	480.00	660.00		540.00
01	04	01	04	北京西—芜湖	480.00			
							现金付讫	
合计				零拾 零万 贰仟 壹佰 陆拾 零元 零角 零分			¥2160.00	

总经理：略 财务经理：略 部门经理：略 会计：略 出纳：略 报销人：李明

图 3－14 【业务一——差旅费报销单】(第五笔)

中国工商银行
转账支票存根
34557686

附加信息

出票日期 2019年 01月 06日

收款人：
沸点广告有限公司

金 额：¥3000.00

用 途：支付广告费

单位主管 略 会计 略

图 3－15 【业务一——转账支票存根】(第六笔)

安徽增值税普通发票 NO.71982063 3402081240

71982063

开票日期：2019年01月07日

发票联

购买方	名称：安徽环宇仓储设备有限公司 纳税人识别号：913402076897786088 地址、电话：芜湖市经济技术开发区港湾路188号，0553-4471388 开户行及账号：中国工商银行芜湖经开区支行，1307100026160024388				密码区	略		
货物或应税劳务、服务名称		规格型号	单位	数量	单价	金额	税率	税额
*餐饮服务*餐费						1100.00	6.00%	66.00
合计						1100.00		66.00
价税合计（大写）		⊗壹仟壹佰陆拾陆圆整				（小写）¥1166.00		
销售方	名称：成都印象餐饮有限公司 纳税人识别号：913402469368768466 地址、电话：芜湖市镜湖区新芜路99号，0553-3231288 开户行及账号：中国工商银行芜湖新芜路支行，1300045678985446788				备注			

收款人：略 复核：略 开票人：略 销售方（章）：

第二联：发票联 购买方记账凭证

税总函〔2015〕124号南京印务有限公司

图 3－16 【业务一——发票】(第七笔)

报 销 单

填报日期：2019年 01月 07日

姓名	李建明	所属部门	经理室	报销形式	现金
				支票号码	
报销项目	金额	报销项目	金额		
业务招待费	1100.00				
			现金付讫		
		以上单据共 1 张			¥1,100.00
总金额（大写）	零拾零万壹仟壹佰零拾零元零角零分	预支备用金		应缴备用金额	

总经理：略　财务经理：略　部门经理：略　会计：略　出纳：略　报销人：略

图 3-17 【业务一——报销单】(第七笔)

安徽增值税专用发票

NO.71986848　3402072130

71986848

开票日期：2019年01月08日

购买方	名称：安徽环宇仓储设备有限公司 纳税人识别号：913402076897786088 地址、电话：芜湖市经济技术开发区港湾路188号，0553-4471388 开户行及账号：中国工商银行芜湖经开区支行，1307100026160024388	密码区	略				
货物或应税劳务、服务名称	规格型号	单位	数量	单价	金额	税率	税额
*劳务*设备维修费					500.00	13.00%	65.00
合计					500.00		65.00
价税合计（大写）	⊗伍佰陆拾伍圆整				（小写）¥565.00		
销售方	名称：埃夫特工程设备有限公司 纳税人识别号：913402069368762686 地址、电话：芜湖市镜湖区新芜路99号，0553-3231288 开户行及账号：中国工商银行芜湖新芜路支行，13000456789854467880	备注					

收款人：略　复核：略　开票人：略　销售方（章）：

图 3-18 【业务一——发票】(第八笔)

(9) 常用凭证的生成与调用。

〖岗位说明〗

【W02 胡鹏】填制记账凭证；【W01 张伟】设置常用凭证。

〖操作指导〗

1. 填制第一笔业务的记账凭证

(1) 2019 年 1 月 1 日，在企业应用平台中，单击【重注册】，以【W02 胡鹏】用户身份注册进入企业应用平台。

总账业务一

(2) 在【业务工作】选项卡中，执行【总账】|【凭证】|【填制凭证】，打开【填制凭证】窗口。

(3) 单击【增加】按钮或者按【F5】键。

(4) 修改凭证日期为【2019.01.01】。

(5) 在摘要栏录入【财务部张伟预借差旅费】。

(6) 按回车键，或用鼠标单击【科目名称】栏，单击科目名称栏的【参照】按钮（或按 F2 键），选择【资产】类科目【1221 其他应收款】，或者直接在科目名称栏输入【1221】。

（7）按回车键，系统弹出【辅助项】对话框，选择部门【财务部】，个人【张伟】，选择发生日期【2019-01-01】，如图3-19所示，单击【确定】按钮返回。

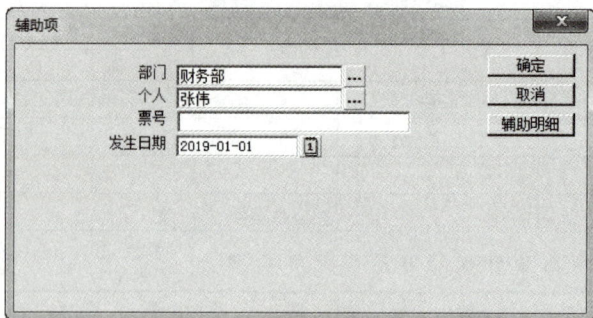

图 3-19 【辅助项】对话框

（8）按回车键，或用鼠标单击【借方金额】栏，录入借方金额【2000】。

（9）按回车键（复制上一行的摘要），再按回车键，或用鼠标单击【科目名称】栏（第二行），单击科目名称栏的【参照】按钮（或按 F2 键），选择【资产】类科目【1001 库存现金】，或者直接在科目名称栏输入【1001】。

（10）按回车键，或用鼠标单击【贷方金额】栏，录入贷方金额【2000】，或直接按【＝】键，操作结果如图3-20所示。

图 3-20 【第一笔业务记账凭证】页面

（11）单击【保存】按钮，系统弹出【凭证已成功保存！】提示框，如图3-21所示，单击【确定】按钮返回。

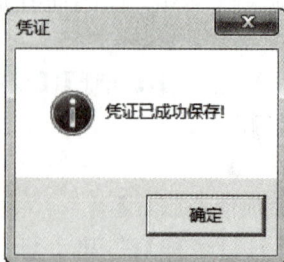

图 3-21 【凭证已成功保存】提示框

> **温馨提示**
>
> ◐ 检查当前用户,如果当前用户不是【W02 胡鹏】,则应以重注册的方式更换用户为【W02 胡鹏】。
>
> ◐ 凭证填制完成后可以单击【保存】按钮保存凭证,也可以单击【增加】按钮保存并增加下一张凭证。
>
> ◐ 凭证填制完成后,在未审核前可以直接修改。
>
> ◐ 如果凭证的金额录错了方向,可以按空格键改变金额方向。
>
> ◐ 凭证日期应满足总账选项中的设置,如果默认系统的选项,则不允许凭证日期逆序。

2. 填制第二笔业务的记账凭证

(1) 单击【增加】按钮或者按【F5】键。

(2) 修改凭证日期为【2019.01.02】。

(3) 在摘要栏录入【提现备用】。

(4) 按回车键,或用鼠标单击【科目名称】栏,单击科目名称栏的【参照】按钮(或按 F2 键),选择【资产】类科目【1001 库存现金】,或者直接在科目名称栏输入【1001】。

(5) 按回车键,或用鼠标单击【借方金额】栏,录入借方金额【2000】。

(6) 按回车键(复制上一行的摘要),再按回车键,或用鼠标单击【科目名称】栏(第二行),单击科目名称栏的【参照】按钮(或按 F2 键),选择【资产】类科目【1002 银行存款】,或者直接在科目名称栏输入【1002】。

(7) 按回车键,系统弹出【辅助项】对话框,输入结算方式【201】,票号【36585432】,选择发生日期【2019 - 01 - 02】,如图 3 - 22 所示,单击【确定】按钮返回。

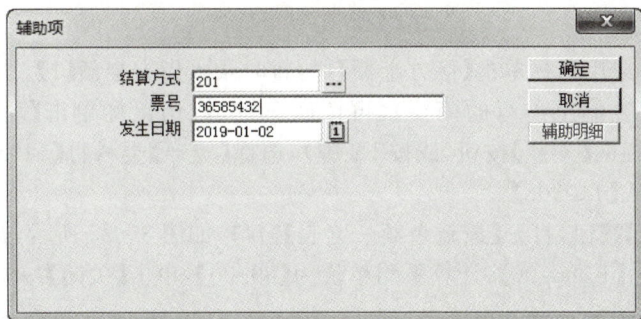

图 3 - 22 【辅助项】对话框

(8) 按回车键,或用鼠标单击【贷方金额】栏,录入贷方金额【2000】,或直接按【＝】键。如图 3 - 23 所示。

3. 填制第三笔业务的记账凭证

(1) 单击【增加】按钮或者按【F5】键。

(2) 修改凭证日期为【2019.01.03】。

(3) 在摘要栏录入【生产领料】。

(4) 按回车键,或用鼠标单击【科目名称】栏,单击科目名称栏的【参照】按钮(或按 F2 键),选择【成本】类科目【500101 直接材料】,或者直接在科目名称栏输入【500101】。

3

总账业务二

总账业务三

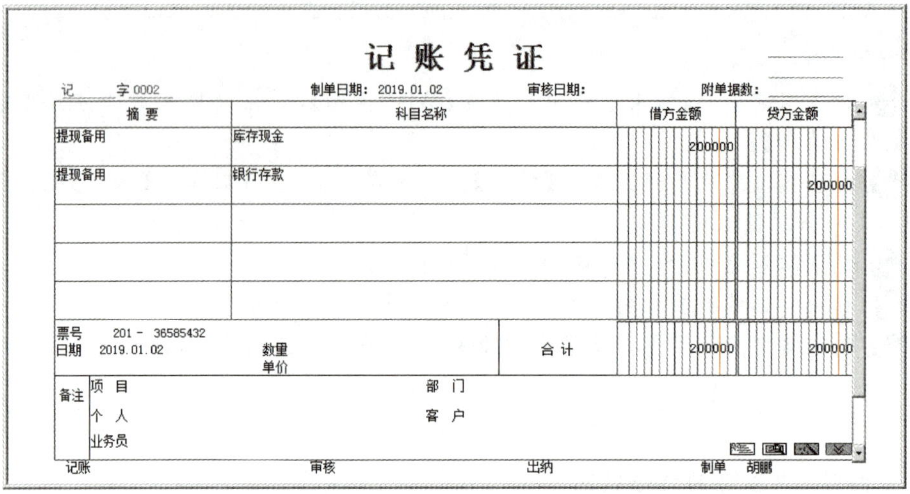

3

图 3 - 23 【第二笔业务记账凭证】页面

（5）按回车键，系统弹出【辅助项】对话框，选择部门【一车间】、项目名称【货架】，如图 3 - 24 所示，单击【确定】按钮返回。

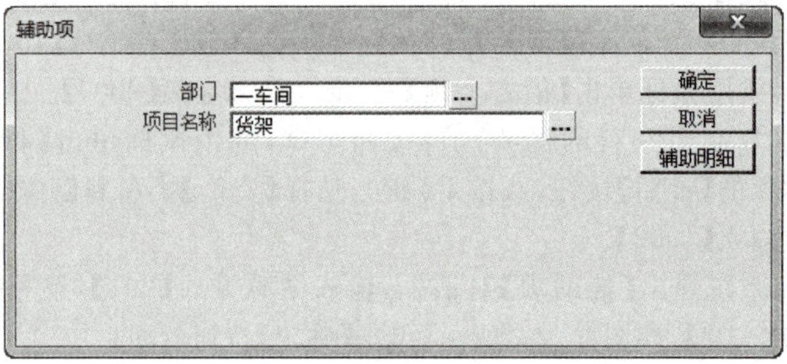

图 3 - 24 【辅助项】对话框

（6）按回车键，或用鼠标单击【借方金额】栏，暂时录入借方金额【1】。

（7）按回车键（复制上一行的摘要），再按回车键，或用鼠标单击【科目名称】栏（第二行），单击科目名称栏的【参照】按钮（或按 F2 键），选择【资产】类科目【140303 方管】，或者直接在科目名称栏输入【140303】。

（8）单击【余额】按钮，打开【最新余额一览表】窗口，如图 3 - 25 所示，查询到期初金额为【80 000.00】，数量为【1 000.00】，计算平均单价为【80.00】，单击【关闭】按钮返回。

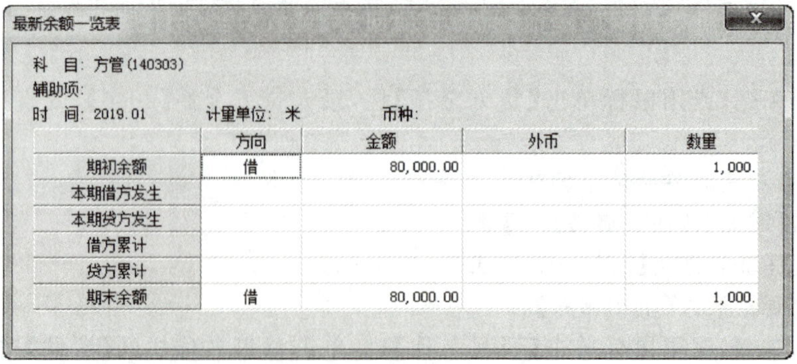

图 3 - 25 【最新余额一览表】窗口

（9）按回车键，系统弹出【辅助项】对话框，输入数量【400.00】，单价【80】，如图 3-26 所示，单击【确定】按钮返回。

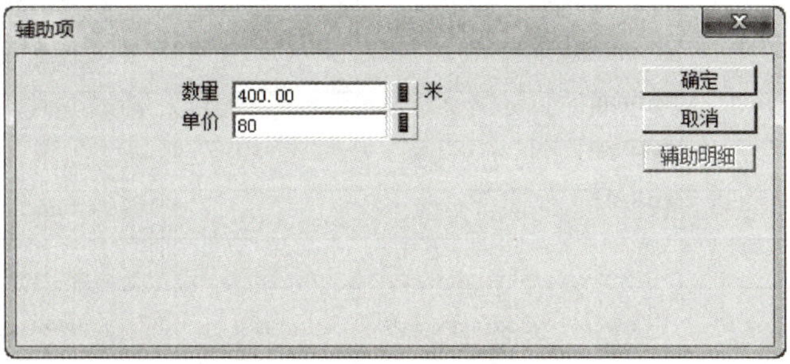

図 3-26　【辅助项】对话框

（10）系统自动根据数量及单价计算【140303 方管】的金额填列在借方，此时需按【空格键】调整方向为【贷方】。

（11）以此方式录入【140304 角钢】【140305 焊条】【140306 木托盘】的【数量】【单价】及【贷方金额】。

（12）单击【500101 直接材料】的借方金额，按【=】键，借方金额自动填上【112 000.00】。

（13）单击【保存】按钮或按【F5】键保存凭证，如图 3-27 所示。

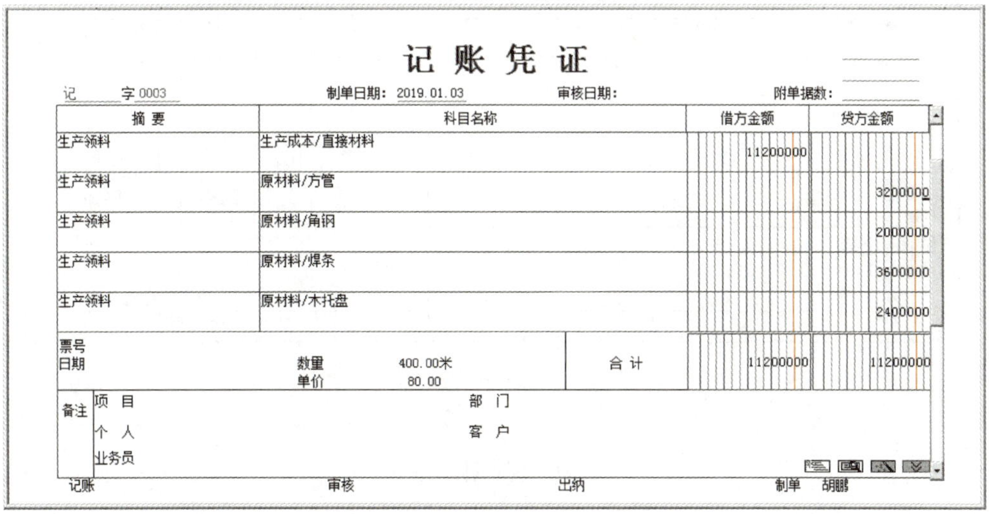

図 3-27　【第三笔业务记账凭证】页面

（14）以上述方法填制第四笔、第五笔、第六笔、第七笔、第八笔业务的记账凭证，如图 3-28、图 3-29、图 3-30、图 3-31、图 3-32 所示。

温馨提示

　　● 在填制凭证时如果使用含有辅助核算内容的会计科目，则应选择相应的辅助核算内容，否则将不能查询到辅助核算的相关资料。

　　● 【=】键意为取借贷方差额到当前光标位置，每张凭证上只能使用一次。

　　● 如果科目参照中没有相关科目，可以通过编辑科目添加所需要的科目。

总账业务四

3

记账凭证

记 字 0004 制单日期：2019.01.04 审核日期： 附单据数：

摘要	科目名称	借方金额	贷方金额
生产领料	生产成本/直接材料	9600000	
生产领料	原材料/钢管		4000000
生产领料	原材料/角钢		2000000
生产领料	原材料/焊条		3600000
票号 日期 数量 800.00米 单价 50.00	合计	9600000	9600000

备注 项目 部门
个人 客户
业务员

记账 审核 出纳 制单 胡鹏

图 3-28 【第四笔业务记账凭证】页面

总账业务五

记账凭证

记 字 0005 制单日期：2019.01.05 审核日期： 附单据数：

摘要	科目名称	借方金额	贷方金额
报销差旅费	管理费用/差旅费	216000	
报销差旅费	其他应收款		200000
报销差旅费	库存现金		16000
票号 日期 数量 单价	合计	216000	216000

备注 项目 部门 财务部
个人 客户
业务员

记账 审核 出纳 制单 胡鹏

图 3-29 【第五笔业务记账凭证】页面

总账业务六

记账凭证

记 字 0006 制单日期：2019.01.06 审核日期： 附单据数：

摘要	科目名称	借方金额	贷方金额
支付广告费	销售费用/广告费	300000	
支付广告费	银行存款		300000
票号 202 - 34557686 日期 2019.01.06 数量 单价	合计	300000	300000

备注 项目 部门
个人 客户
业务员

记账 审核 出纳 制单 胡鹏

图 3-30 【第六笔业务记账凭证】页面

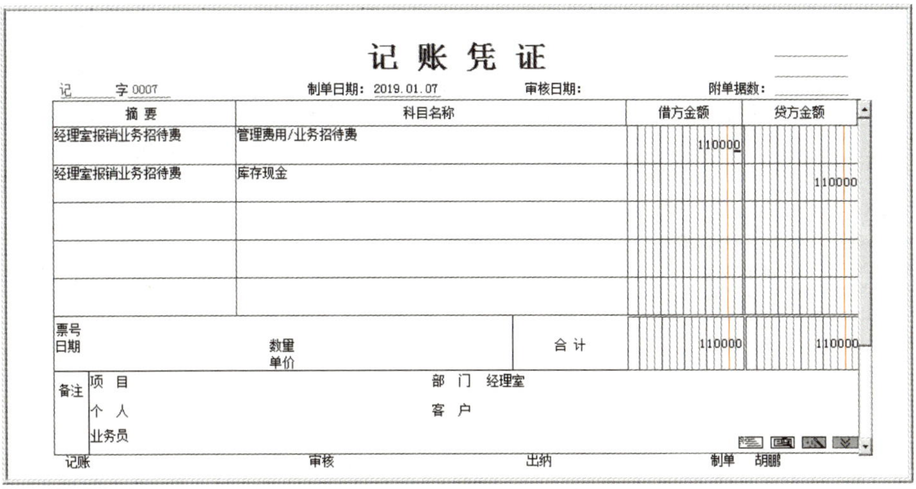

图 3-31 【第七笔业务记账凭证】页面

总账业务七

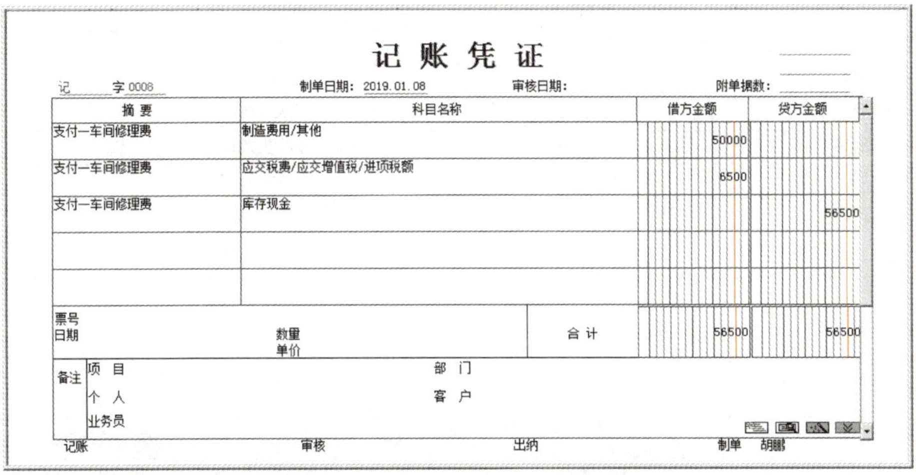

图 3-32 【第八笔业务记账凭证】页面

总账业务八

4. 设置常用凭证

（1）以【W01 张伟】的身份登录企业应用平台，执行【财务会计】|【总账】|【凭证】|【常用凭证】命令，打开【常用凭证】窗口。

（2）单击【增加】按钮。

（3）录入编码【1】，录入说明【提现备用】，单击【凭证类别】栏的下三角按钮，选择【记账凭证】。

（4）单击【详细】按钮，进入【记账凭证】窗口。

（5）单击【增分】按钮，在【科目名称】栏录入【1001】；再单击【增分】按钮，在第二行【科目名称】栏录入【1002】；选择结算方式【现金支票】，如图 3-33 所示。

（6）单击【退出】按钮，在【常用凭证】窗口可以看到一条常用凭证记录，如图 3-34 所示。

温馨提示

　　● 在填制凭证时可以执行【常用凭证】|【调用常用凭证】命令，调用事先定义的常用凭证，或在填制凭证功能中单击【F4】调用常用凭证。

　　● 调用的常用凭证可以进行修改。

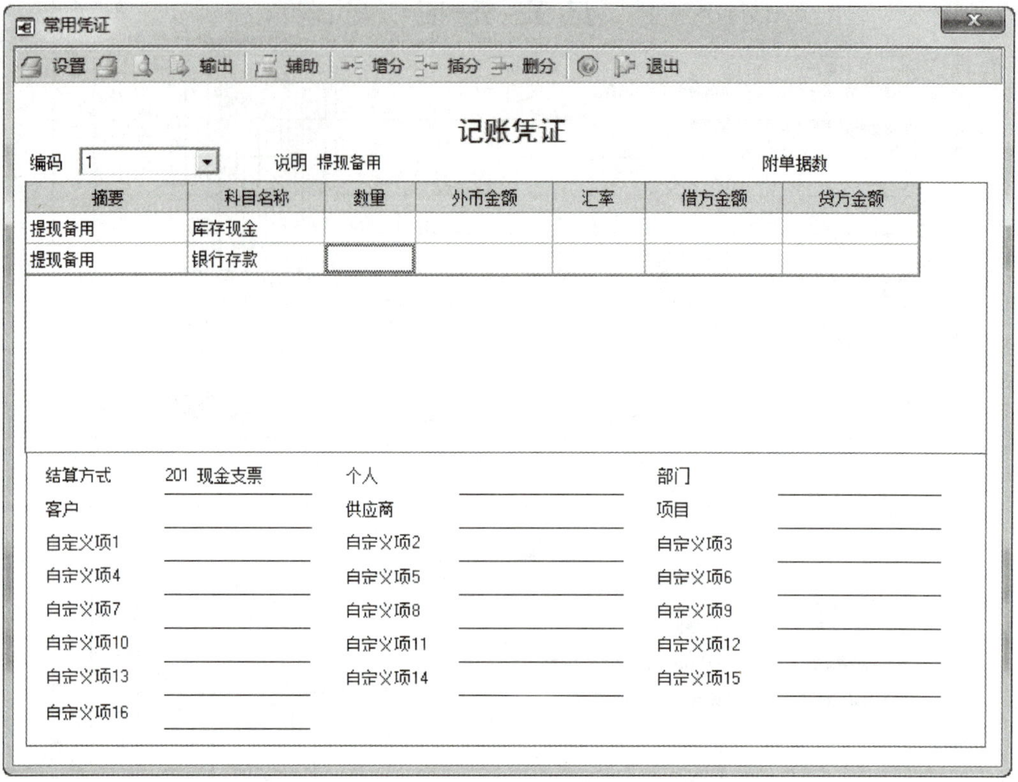

图 3-33 【常用凭证——记账凭证】窗口

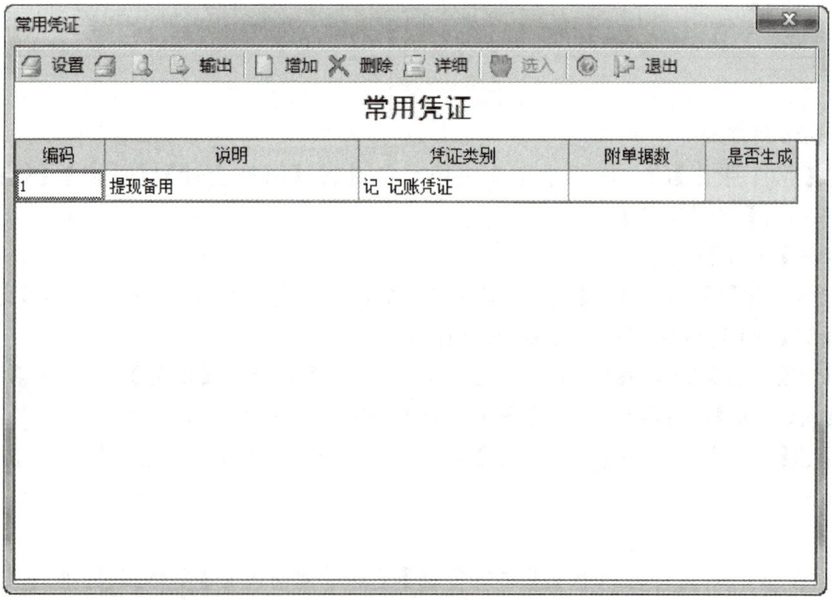

图 3-34 【常用凭证】窗口

〖赛题链接〗

【任务 2.01】 1 日,王红签发现金支票提取现金(现金支票等原始单据略)。

【任务 2.02】 2 日,销售部经理刘奇峰借支差旅费(借支单等原始单据略)。

【任务 2.22】 28 日,办公室报销招待费 3 000 元,以现金支付(业务招待费报销审批单等原始单据略)。

业务二 审 核 凭 证

〖业务描述〗

2019 年 1 月 8 日,对安徽环宇仓储设备有限公司 2019 年 1 月的 8 笔业务进行审核处理。

〖岗位说明〗

【W01 张伟】审核记账凭证。

〖操作指导〗

(1) 重新注册,更换用户为【W01 张伟】。

(2) 执行【总账】|【凭证】|【审核凭证】命令,打开【凭证审核】对话框,如图 3-35 所示。

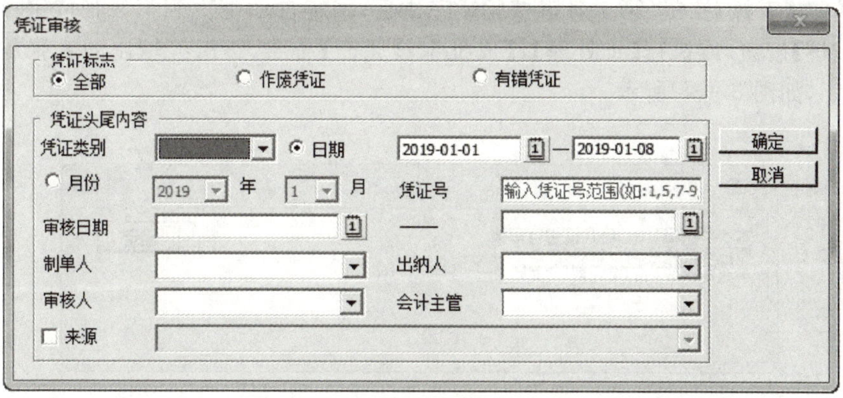

图 3-35 【凭证审核】对话框

(3) 单击【确定】按钮,进入【凭证审核列表】窗口,如图 3-36 所示。

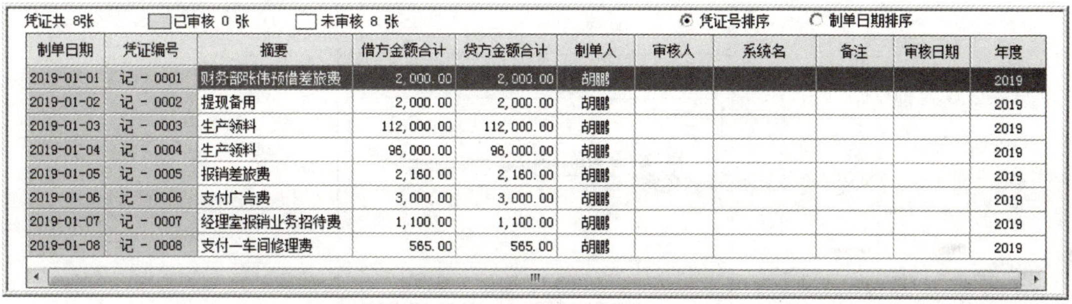

制单日期	凭证编号	摘要	借方金额合计	贷方金额合计	制单人	审核人	系统名	备注	审核日期	年度
2019-01-01	记-0001	财务部张伟预借差旅费	2,000.00	2,000.00	胡鹏					2019
2019-01-02	记-0002	提现备用	2,000.00	2,000.00	胡鹏					2019
2019-01-03	记-0003	生产领料	112,000.00	112,000.00	胡鹏					2019
2019-01-04	记-0004	生产领料	96,000.00	96,000.00	胡鹏					2019
2019-01-05	记-0005	报销差旅费	2,160.00	2,160.00	胡鹏					2019
2019-01-06	记-0006	支付广告费	3,000.00	3,000.00	胡鹏					2019
2019-01-07	记-0007	经理室报销业务招待费	1,100.00	1,100.00	胡鹏					2019
2019-01-08	记-0008	支付一车间修理费	565.00	565.00	胡鹏					2019

凭证共 8 张   □已审核 0 张   □未审核 8 张   ⊙凭证号排序 ○制单日期排序

图 3-36 【凭证审核列表】窗口

(4) 双击打开待审核的第 1 号【记账凭证】,如图 3-37 所示。

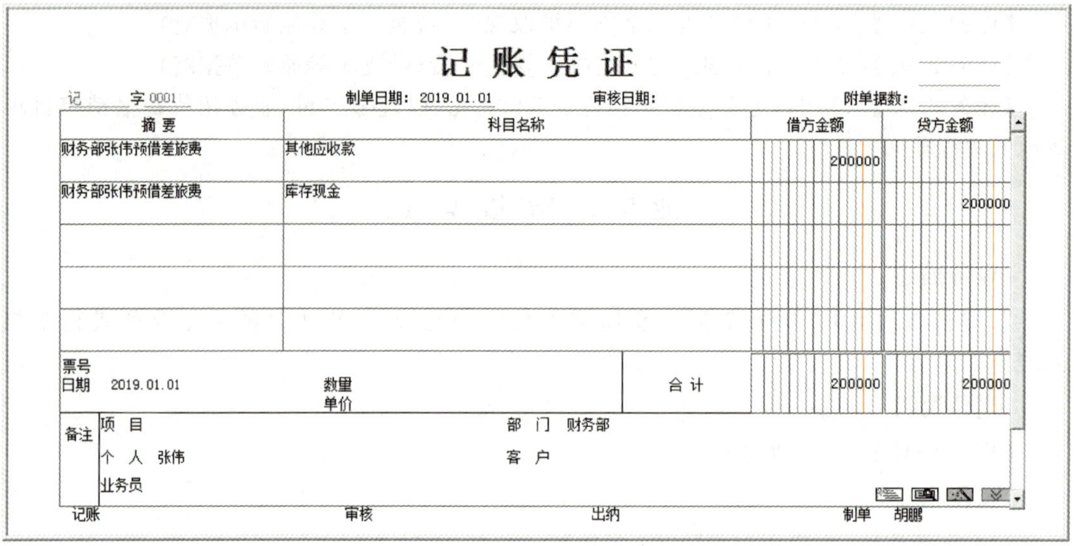

图 3 - 37 【审核凭证】窗口

(5) 单击【审核】按钮（第 1 号审核凭证完成后，系统自动翻页到第二张待审核的凭证），再单击【审核】按钮，或执行【批处理】|【成批审核凭证】命令，将已经填制的 8 张凭证全部进行审核签字，如图 3 - 38 所示。

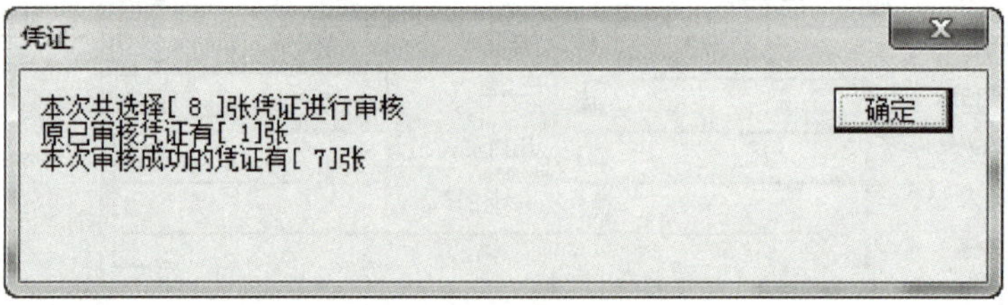

图 3 - 38 【凭证审核成功】提示框

(6) 单击【确定】按钮，系统弹出【是否重新刷新凭证列表数据】提示框，如图 3 - 39 所示，单击【是(Y)】按钮。

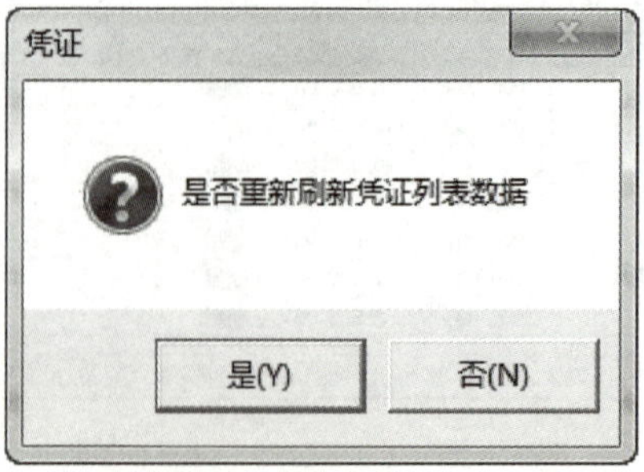

图 3 - 39 【是否重新刷新凭证列表数据】提示框

温馨提示

⬤ 系统要求制单人和审核人不能是同一个人,因此在审核凭证前一定要检查当前用户是否就是制单人,如果是,则应更换用户。

⬤ 凭证审核的操作权限应首先在【系统管理】的权限中进行赋权,其次还要注意在总账管理系统的选项中是否设置了【凭证审核控制到用户】的选项,如果设置了该选项,则应继续设置审核的明确权限,即【数据权限】中的【用户】权限,只有在【数据权限】中设置了某用户有权审核其他用户所填制凭证的权限,该用户才真正拥有了审核凭证的权限。

⬤ 在凭证审核的功能中除了可以分别对单张凭证进行审核外,还可以执行【批处理】的功能,对符合条件的待审核凭证进行成批审核。

⬤ 在审核凭证的功能中还可以对有错误的凭证进行【标错】处理,还可以【取消】审核。

⬤ 已审核的凭证将不能直接进行修改,只能在取消审核后在填制凭证的功能中进行修改。

业务三 出 纳 签 字

【**业务描述**】

2019 年 1 月 8 日,对安徽环宇仓储设备有限公司 2019 年 1 月的 6 笔业务进行出纳签字处理。

【**岗位说明**】

【W03 刘慧】审核出纳凭证,进行出纳签字。

【**操作指导**】

(1)重新注册,更新用户为【W03 刘慧】。

(2)执行【总账】|【凭证】|【出纳签字】命令,打开【出纳签字】对话框,如图 3-40 所示。

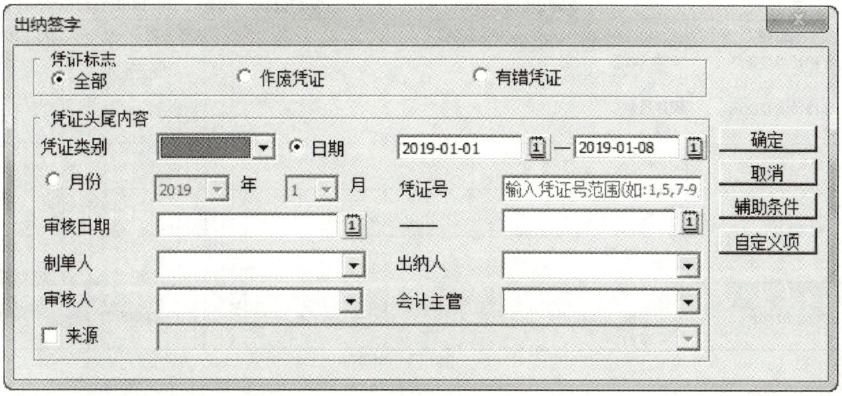

图 3-40 【出纳签字】对话框

(3)单击【确定】按钮,进入【出纳签字列表】窗口。

(4)双击打开待签字的第 1 号【记账凭证】页面,如图 3-41 所示。

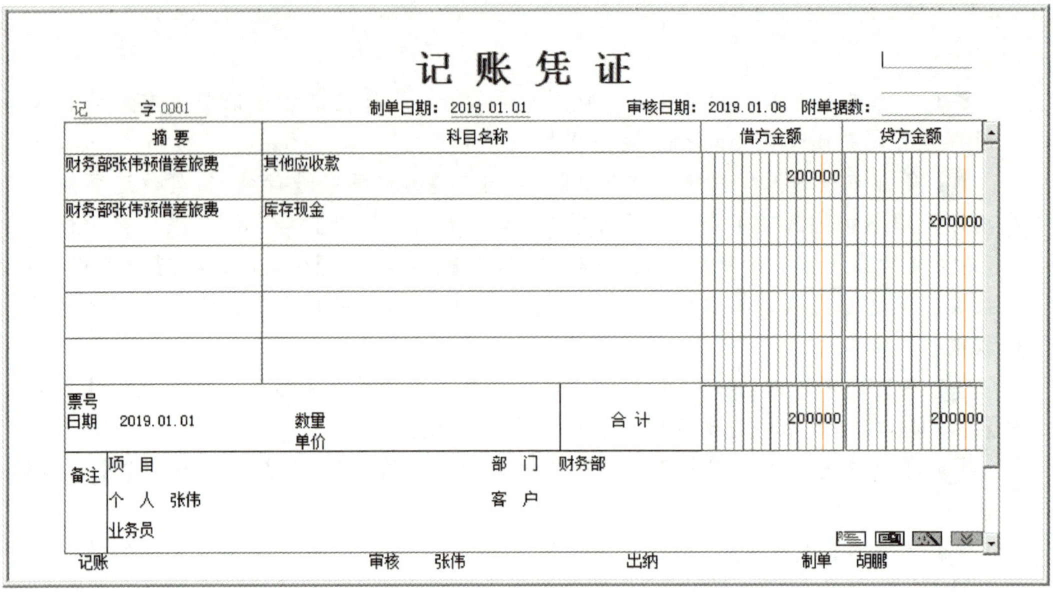

图 3-41 【记账凭证】页面

（5）单击【签字】按钮，接着单击【下张】按钮，再单击【签字】按钮，或执行【批处理】|【成批出纳签字】命令，将所有已经填制的记账凭证进行出纳签字，操作结果如图 3-42、图 3-43 所示。

图 3-42 【凭证出纳签字成功】提示框

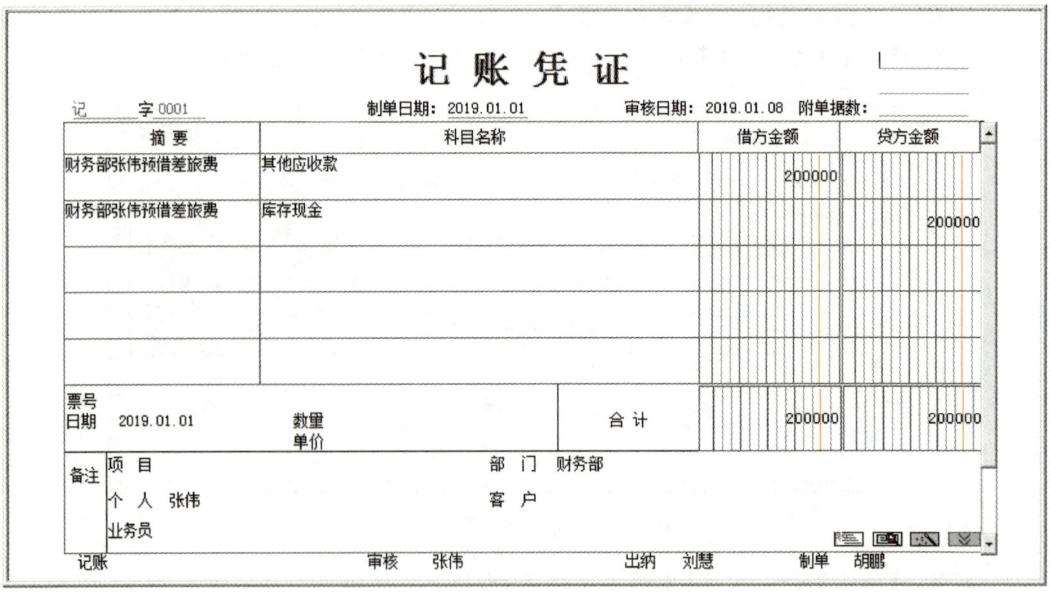

图 3-43 【已出纳签字记账凭证】页面

> **温馨提示**
>
> ● 出纳签字的操作既可以在【凭证审核】后进行,也可以在【凭证审核】前进行。
>
> ● 进行出纳签字的用户已在【系统管理】中赋予了【出纳签字】的权限。
>
> ● 要进行出纳签字的操作应满足以下三个条件:首先,在总账管理系统的选项中已经设置了【出纳凭证必须经由出纳签字】;其次,已经在会计科目中进行了【指定科目】的操作;最后,凭证中所使用的会计科目是已经在总账体系中设置为【日记账】辅助核算内容的会计科目。
>
> ● 如果已经进行了出纳签字的凭证有错误,则应在取消出纳签字后再在填制凭证功能中进行修改。

3

业务四　修改已审核凭证

〖**业务描述**〗

2019 年 1 月 8 日,修改安徽环宇仓储设备有限公司 2019 年 1 月的记字 7 号凭证。

〖**岗位说明**〗

【W01 张伟】取消凭证的审核,【W03 刘慧】取消凭证的出纳签字,【W02 胡鹏】修改凭证,【W03 刘慧】对凭证进行出纳签字,【W01 张伟】审核凭证。

〖**业务流程**〗

修改已审核的业务流程如图 3-44 所示。

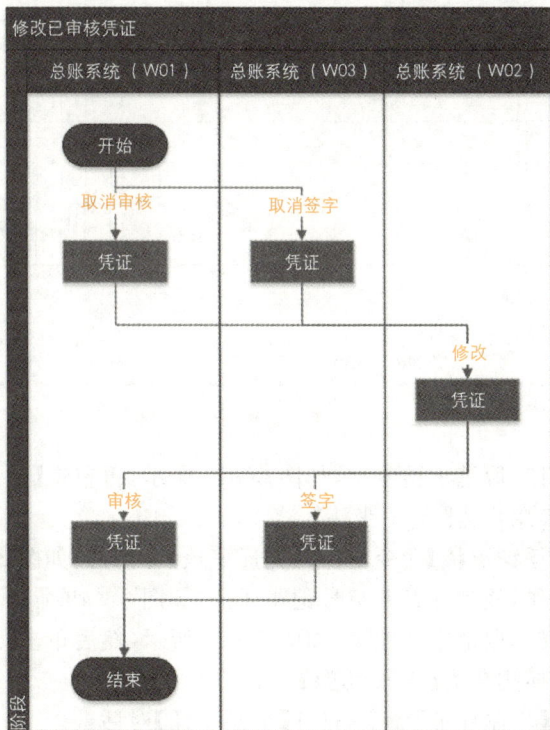

图 3-44　【修改已审核凭证】流程图

〖操作指导〗

（1）由用户【W03 刘慧】执行【凭证】|【出纳签字】命令，打开【出纳签字】对话框，如图 3－45 所示。

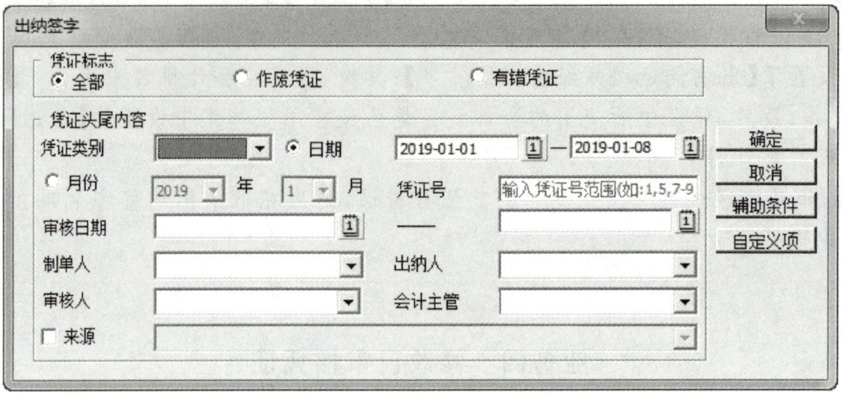

图 3－45　【出纳签字】对话框

（2）单击【月份】选项，在【凭证号】栏输入【7】

（3）单击【确定】按钮，进入【出纳签字列表】窗口。

（4）双击进入 7 号记账凭证页面，如图 3－46 所示。

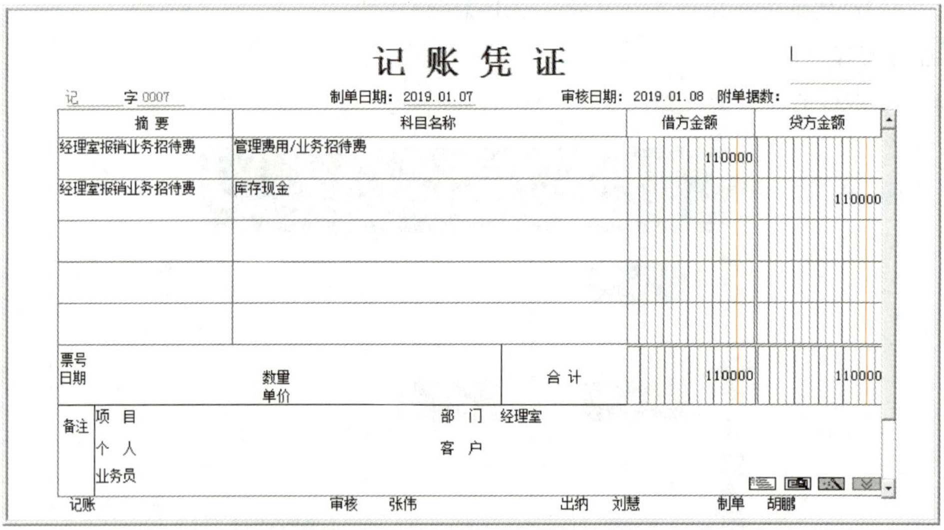

图 3－46　【记 7 号凭证】页面

（5）单击【取消】按钮，取消出纳签字，如图 3－47 所示，再单击【退出】按钮。

（6）重新注册，更换用户为【W01 张伟】。

（7）执行【凭证】|【凭证审核】命令，打开【凭证审核】对话框，如图 3－48 所示。

（8）以上述方式操作，找到并打开 7 号记账凭证，如图 3－49 所示。

（9）单击【取消】按钮，取消审核签字，如图 3－50 所示，然后单击【退出】按钮。

（10）重新注册，更换用户为【W02 胡鹏】。

（11）执行【凭证】|【填制凭证】命令，打开【填制凭证】对话框。

（12）单击【上张凭证】【下张凭证】按钮，找到 7 号记账凭证。

（13）在 7 号记账凭证中，将借贷方金额分别修改为【1166】，单击【保存】按钮，如图 3-51 所示。

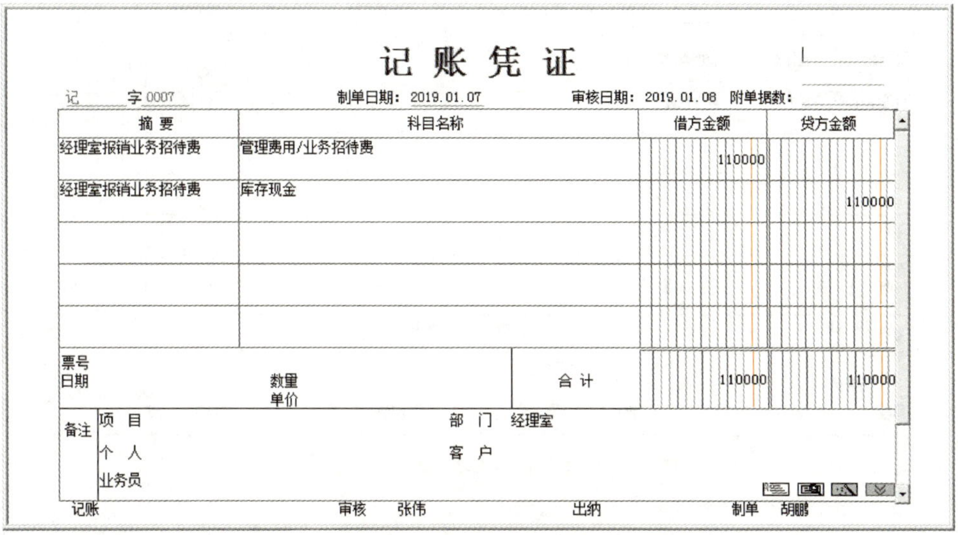

图 3-47　【已取消出纳签字记账凭证】页面

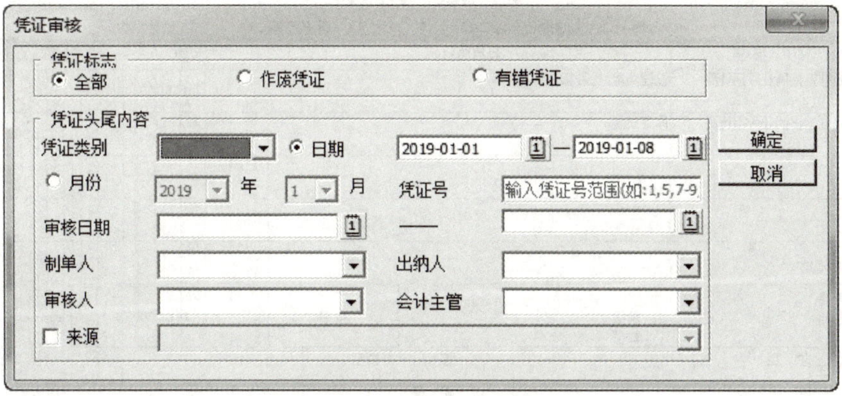

图 3-48　【凭证审核】对话框

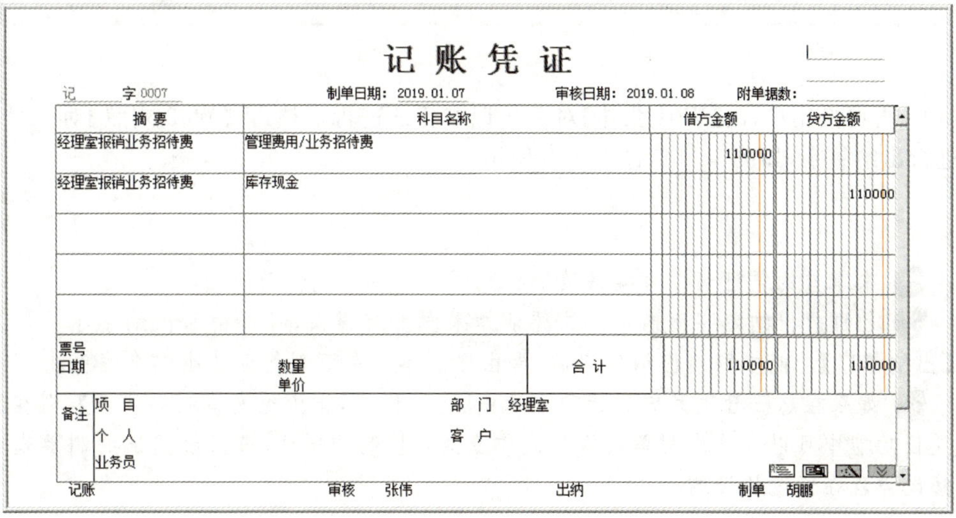

图 3-49　【记 7 号凭证】页面（W01 张伟操作）

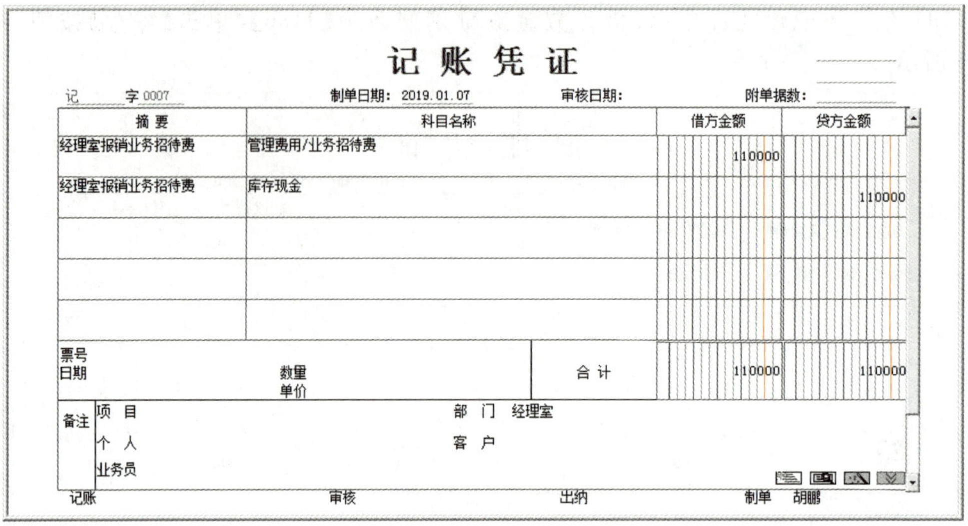

3

图 3-50 【已取消审核记账凭证】页面

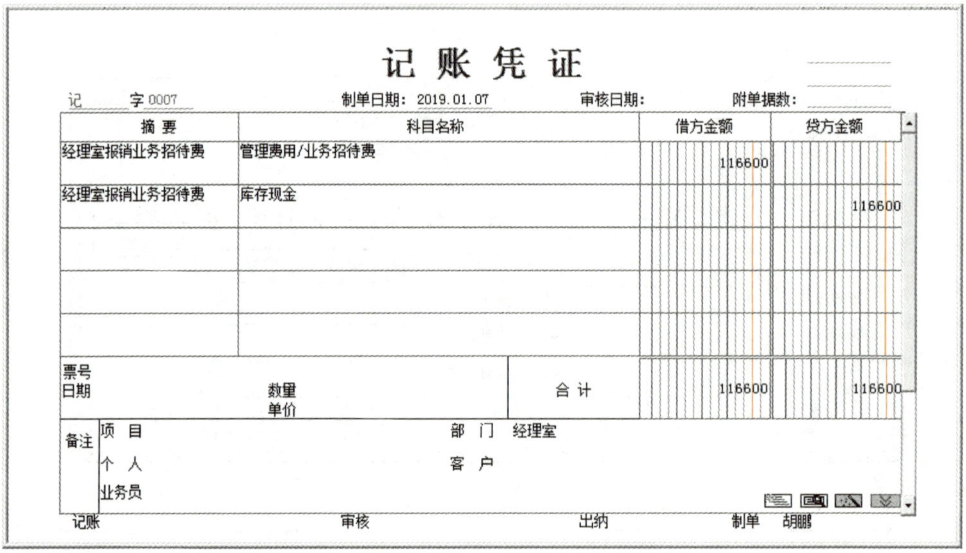

图 3-51 【修改凭证】页面

（14）再更换用户，由【W01 张伟】对 7 号记账凭证进行审核，由【W03 刘慧】对 7 号记账凭证进行出纳签字，如图 3-52、图 3-53 所示。

温馨提示
⚫ 未审核的凭证可以直接修改，但是，凭证类别不能修改。
⚫ 已进行出纳签字而未审核的凭证如果发现有错误，可以由原出纳签字的用户在【出纳签字】功能中取消出纳签字后，再由原制单人在填制凭证功能中修改备注。
⚫ 如果在总账管理系统的选项中选中【允许修改，作废他人填制的凭证】，则在填制凭证功能中可以由非原制单人修改或作废他人填制的凭证，被修改凭证的制单人将被修改为现在修改凭证的人。

3

> ● 如果在总账管理系统的选项中没有选中【允许修改,作废他人填制的凭证】,则只能由原制单人在填制凭证的功能中修改或作废凭证。
>
> ● 已审核的凭证如果发现有错误,应由原审核人在【审核凭证】功能中取消审核签字后,再由原制单人在填制凭证功能中修改凭证。
>
> ● 凭证的辅助项内容如果有错误,可以在单击含有错误项的会计科目后,将光标移到错误的辅助项所在位置,当出现【笔头状光标】时双击此处,弹出窗口,直接修改辅助项的内容,或者按 Ctrl+S 键调出辅助项录入窗口后修改。

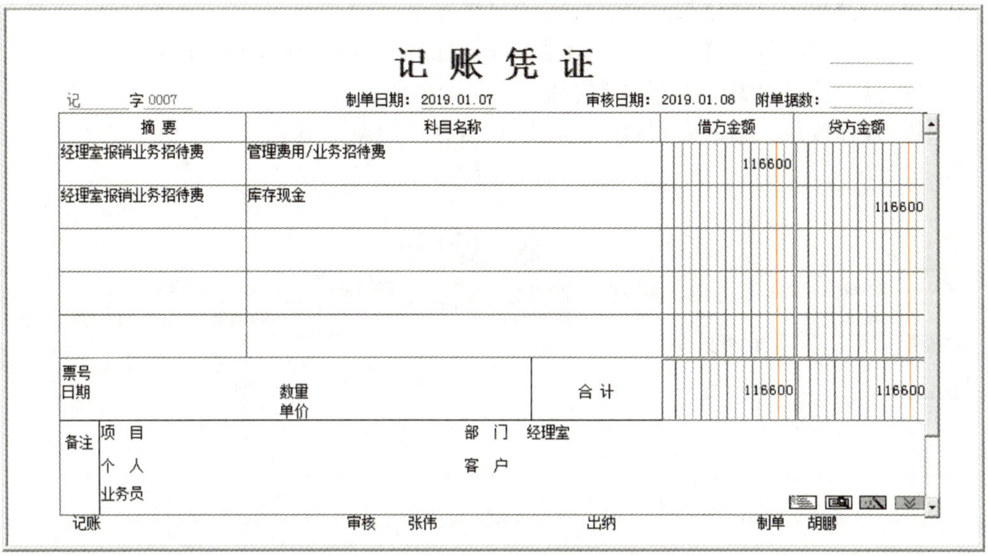

记 账 凭 证

记　字 0007　　　　制单日期: 2019.01.07　　　审核日期: 2019.01.08　附单据数:

摘　要	科目名称	借方金额	贷方金额
经理室报销业务招待费	管理费用/业务招待费	116600	
经理室报销业务招待费	库存现金		116600

票号 日期	数量 单价	合　计	116600	116600

备注　项　目　　　　　　　　部　门　经理室
　　　个　人　　　　　　　　客　户
　　　业务员

记账　　　　　审核　张伟　　　　出纳　　　　　制单　胡鹏

图 3-52　【已审核记账凭证】页面

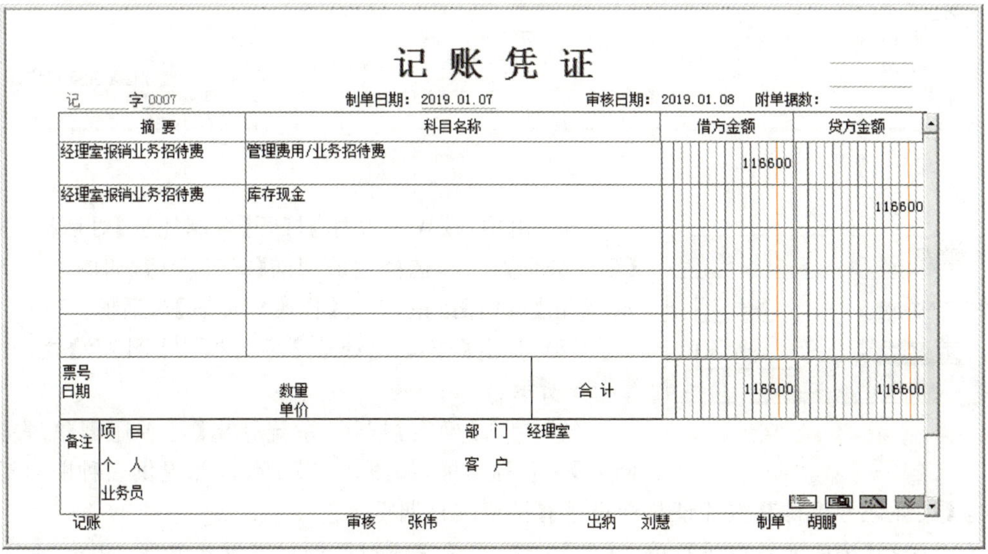

记 账 凭 证

记　字 0007　　　　制单日期: 2019.01.07　　　审核日期: 2019.01.08　附单据数:

摘　要	科目名称	借方金额	贷方金额
经理室报销业务招待费	管理费用/业务招待费	116600	
经理室报销业务招待费	库存现金		116600

票号 日期	数量 单价	合　计	116600	116600

备注　项　目　　　　　　　　部　门　经理室
　　　个　人　　　　　　　　客　户
　　　业务员

记账　　　　　审核　张伟　　　　出纳　刘慧　　　制单　胡鹏

图 3-53　【已出纳签字记账凭证】页面

业务五　删　除　凭　证

〖业务描述〗

2019 年 1 月 8 日,删除安徽环宇仓储设备有限公司 2019 年 1 月的记 2 号凭证。

〖岗位说明〗

【W01 张伟】取消凭证的审核,【W03 刘慧】取消凭证的出纳签字,【W02 胡鹏】作废凭证,【W02 胡鹏】整理凭证。

〖操作指导〗

(1) 由用户【W01 张伟】取消对该凭证的审核。

(2) 由用户【W03 刘慧】取消对该凭证的出纳签字。

(3) 由用户【W02 胡鹏】执行【凭证】|【填制凭证】命令,打开【填制凭证】对话框。

(4) 单击【上张凭证】【下张凭证】找到第二张记账凭证。

(5) 执行【作废/恢复】命令,将该张凭证打上【作废】标志,如图 3-54 所示。

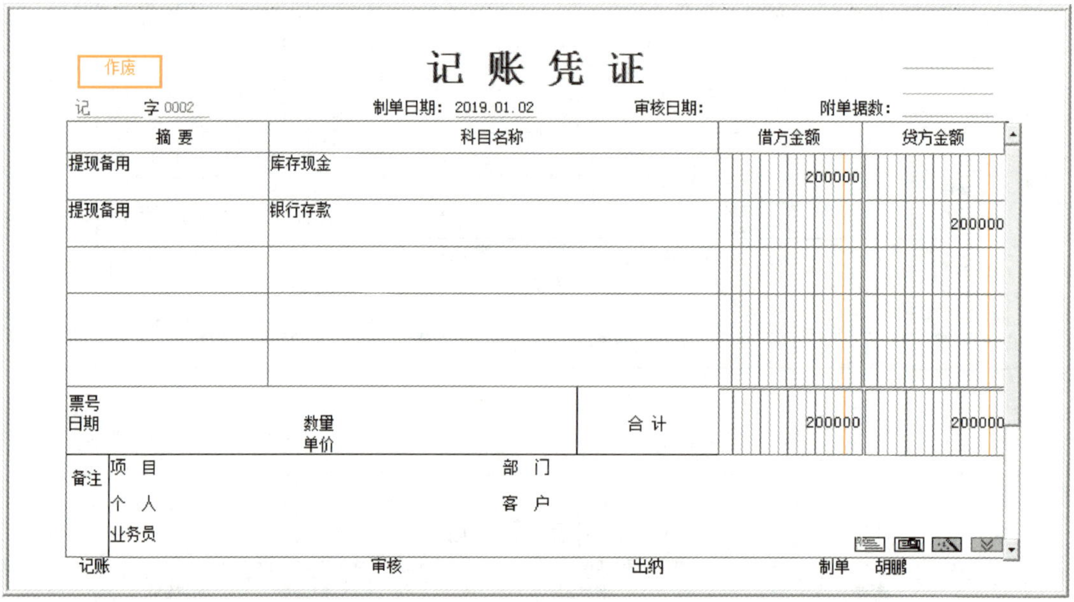

图 3-54　【作废凭证】页面

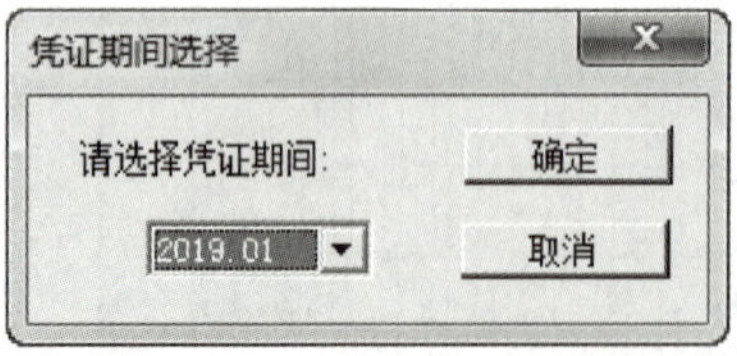

(6) 由用户【W02 胡鹏】打开【填制凭证】对话框,执行【整理凭证】命令,选择凭证期间【2019.01】,如图 3-55 所示,单击【确定】按钮,打开【作废凭证表】对话框。

(7) 双击【作废凭证表】对话框中【删除?】栏,如图 3-56 所示。

图 3-55　【凭证期间选择】对话框

(8) 单击【确定】按钮,系统弹出【是否还需整理凭证断号】信息提示框,如图 3-57 所示,并提供三种断号整理方式:【按凭证号重排】【按凭证日期重排】【按审核日期重排】。

(9) 选择【按凭证号重排】,单击【是】按钮,系统完成对凭证号的重新整理,如图 3-58 所示,原来的记 3 号(生产领料)凭证转为记 2 号凭证。

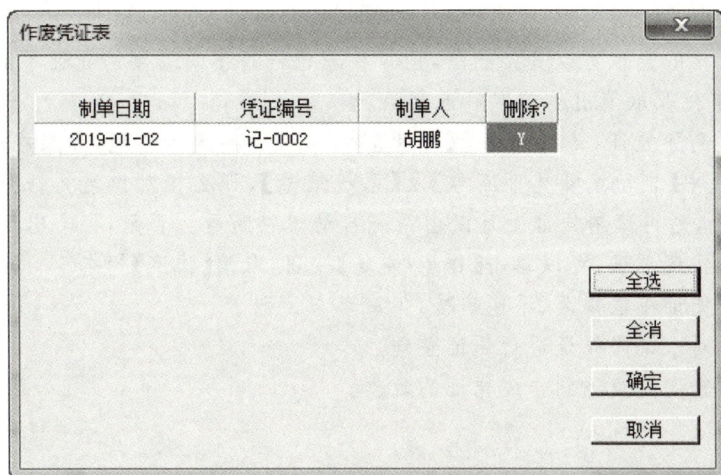

图 3-56 【作废凭证表】对话框

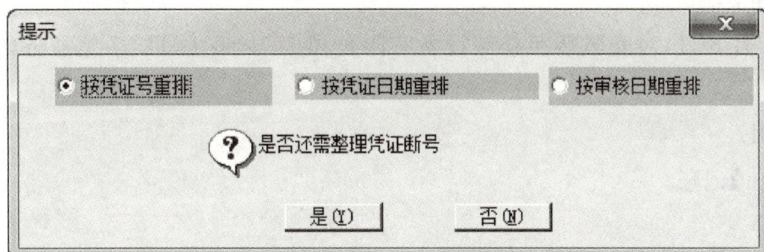

图 3-57 【是否还需整理凭证断号】提示框

图 3-58 整理后的【记 2 号凭证】页面

3

> **温馨提示**
>
> ◑ 未审核的凭证可以直接删除,已审核或已进行出纳签字的凭证不能直接删除,必须在取消审核及取消出纳签字后再删除。
>
> ◑ 若要删除凭证,必须先进行【作废】操作,而后再进行整理,如果在总账管理系统的选项中选中【自动填补凭证断号】及【系统编号】,那么在对作废凭证整理时,若选择不整理断号,则再填制凭证时可以由系统自动填补断号。否则,将会出现凭证断号。
>
> ◑ 对于作废凭证,可以单击【作废/恢复】按钮,取消【作废】标志。
>
> ◑ 作废凭证不能修改、不能审核,但应参与记账。
>
> ◑ 只能对未记账凭证进行凭证整理。
>
> ◑ 账簿查询时查不到作废凭证的数据。

业务六　记　　账

〖**业务描述**〗

2019 年 1 月 8 日,对安徽环宇仓储设备有限公司 2019 年 1 月的 7 笔业务的凭证进行记账处理。

〖**岗位说明**〗

【W01 张伟】记账。

〖**操作指导**〗

(1) 由用户【W01 张伟】执行【凭证】|【记账】命令,打开【记账】对话框。选择【2019.01月份凭证】,【记账范围】为【全选】,如图 3-59 所示。

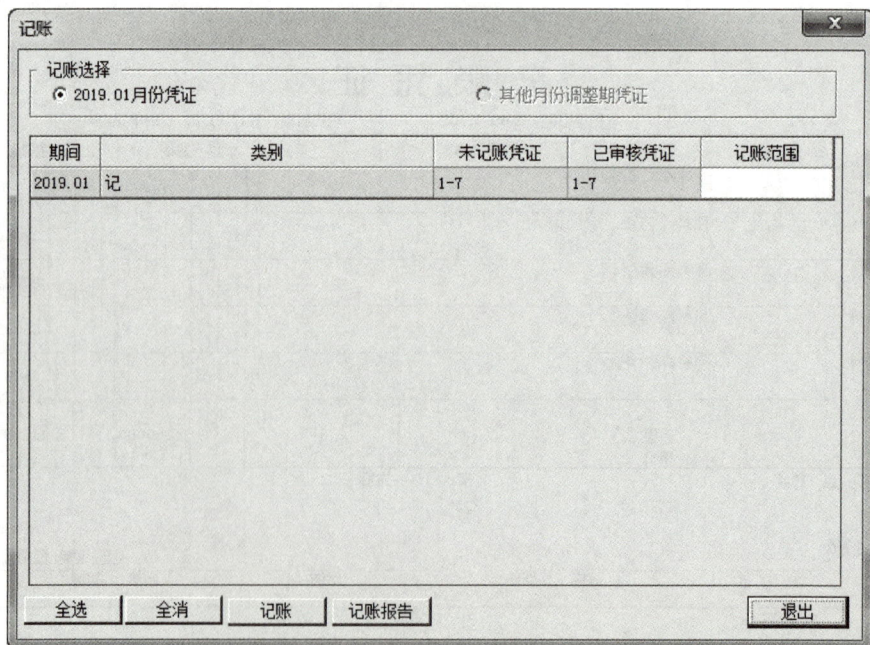

期间	类别	未记账凭证	已审核凭证	记账范围
2019.01	记	1-7	1-7	

记账选择
○ 2019.01月份凭证　　　　○ 其他月份调整期凭证

[全选]　[全消]　[记账]　[记账报告]　　　　[退出]

图 3-59　【记账——记账选择】对话框

（2）单击【记账】按钮，打开【期初试算平衡表】对话框，如图 3-60 所示。

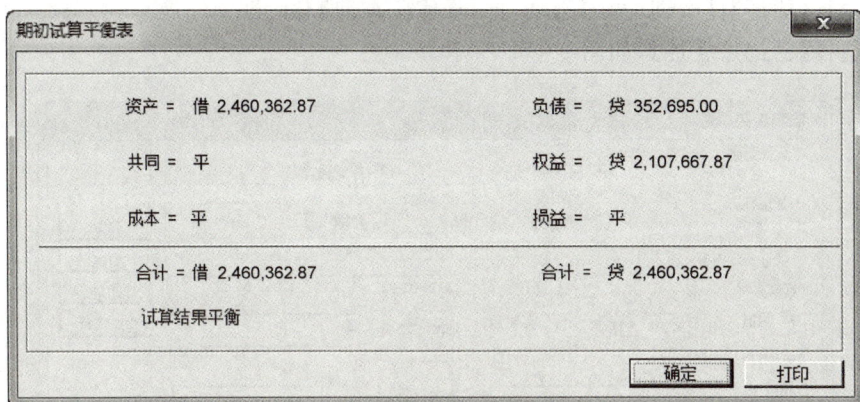

图 3-60　【期初试算平衡表】对话框

（3）单击【确定】按钮，系统自动进行记账，记账完成后，系统弹出【记账完毕！】提示框，如图 3-61 所示。

图 3-61　【记账完毕】提示框

（4）单击【确定】按钮。

温馨提示

　　🔘 如果期初余额试算不平衡，不允许记账；如果有未审核的凭证，不允许记账；上月未结账，本月不能记账。

　　🔘 如果不输入记账范围，系统默认为所有凭证。

　　🔘 记账后不能整理凭证断号。

　　🔘 已记账的凭证不能在【填制凭证】窗口中查询。

业务七　查　询　凭　证

〖业务描述〗

2019 年 1 月 8 日，查询安徽环宇仓储设备有限公司 2019 年 1 月的记 2 号凭证。

〖岗位说明〗

【W01 张伟】查询凭证。

〖操作指导〗

（1）执行【凭证】|【查询凭证】命令，打开【凭证查询】对话框。

（2）选择【已记账凭证】，如图 3-62 所示。

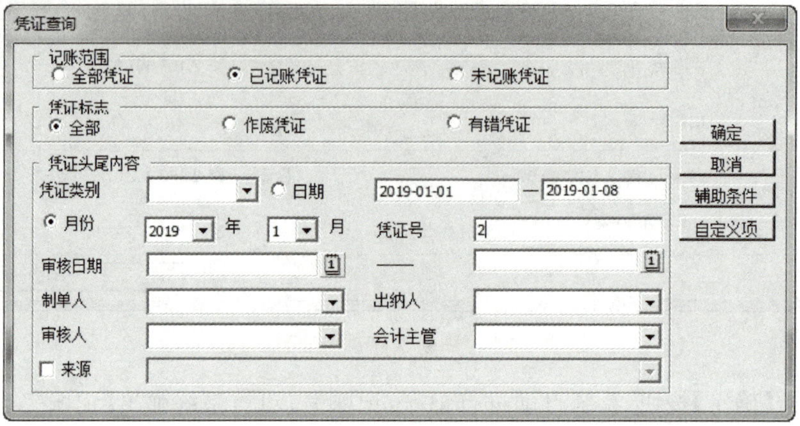

图 3-62　【凭证查询】对话框

（3）单击【确定】按钮，进入【凭证查询列表】窗口，如图 3-63 所示。

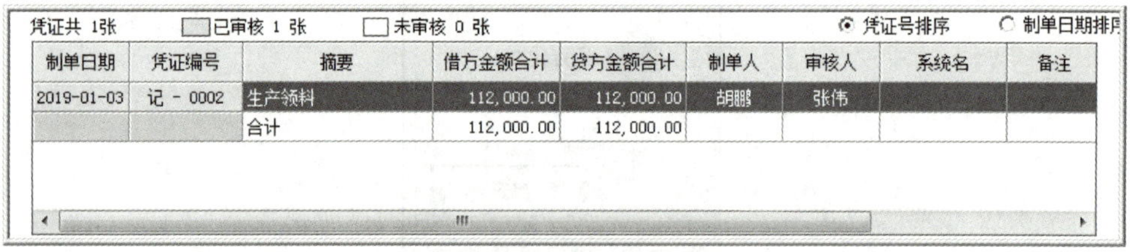

图 3-63　【凭证查询列表】窗口

（4）双击打开记 2 号凭证进行查看，如图 3-64 所示。

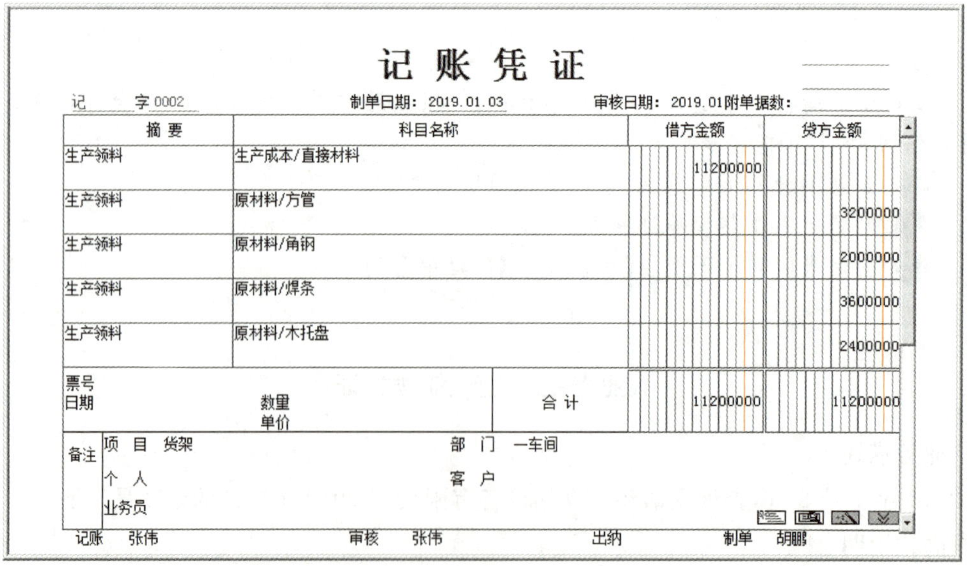

图 3-64　【查询凭证】页面

> **温馨提示**
>
> 🔵 在【查询凭证】功能中既可以查询已记账凭证,也可以查询未记账凭证。而在填制凭证功能中只能查询到未记账凭证。
>
> 🔵 通过设置查询条件还可以查询【作废凭证】【有错凭证】【某制单人填制的凭证】【其他子系统传递过来的凭证】,以及【一定日期区间、一定凭证号区间】的记账凭证。
>
> 🔵 已记账凭证除了可以在查询凭证功能中查询之外,还可以在查询账簿资料时,以联查的方式查询。

业务八 修改已记账凭证

〖**业务描述**〗

2019 年 1 月 10 日,修改记 7 号凭证借方科目为【管理费用——其他(660209)】,部门辅助项为【一车间】。

〖**岗位说明**〗

【W02 胡鹏】做冲销凭证和补充登记凭证,【W03 刘慧】出纳签字,【W01 张伟】审核凭证,【W01 张伟】记账。

〖**业务流程**〗

修改已记账凭证流程如图 3-65 所示。

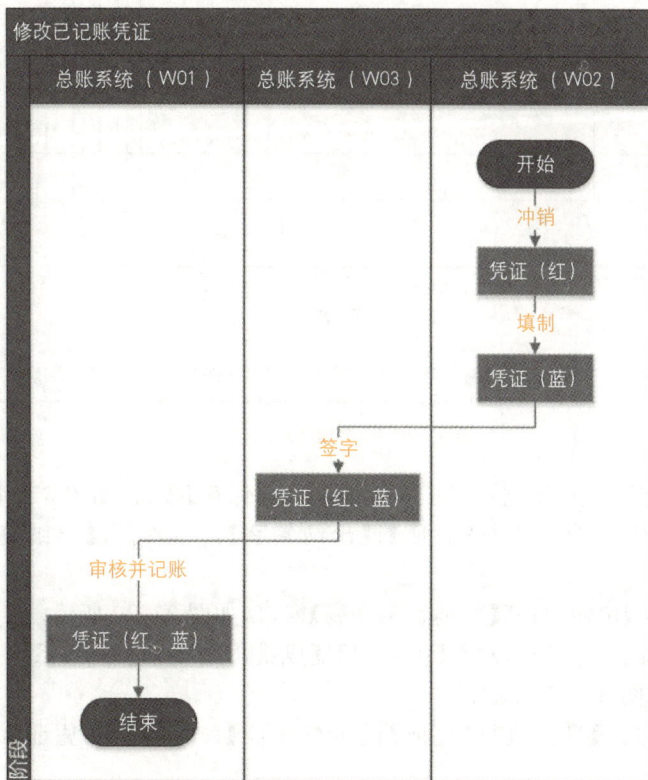

图 3-65 【修改已记账凭证】流程图

〖**操作指导**〗

1. 修改已记账凭证

（1）以【W02 胡鹏】身份执行【凭证】|【填制凭证】命令，打开【填制凭证】窗口。

（2）执行【冲销凭证】命令，打开【冲销凭证】对话框。

（3）在【凭证号】栏录入【7】，如图 3-66 所示。

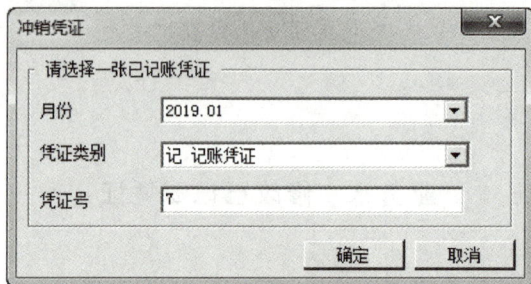

图 3-66　【冲销凭证】对话框

（4）单击【确定】按钮，弹出如图 3-67 所示的页面。

图 3-67　【记 8 号凭证】页面

（5）单击【增加】按钮，填制一张正确凭证，单击【保存】按钮，如图 3-68 所示。

（6）以【W03 刘慧】身份执行【凭证】|【出纳签字】命令，打开【出纳签字】对话框，如图 3-69 所示。

（7）单击【确定】按钮，打开【出纳签字列表】窗口，如图 3-70 所示。

（8）双击打开记 8 号凭证，执行【批处理】|【成批出纳签字】命令，系统弹出【成批出纳签字成功】提示框，如图 3-71 所示。

（9）以【W01 张伟】身份执行【凭证】|【审核凭证】命令，打开【凭证审核】对话框，如图 3-72 所示。

（10）单击【确定】按钮，打开【凭证审核列表】窗口，如图 3-73 所示。

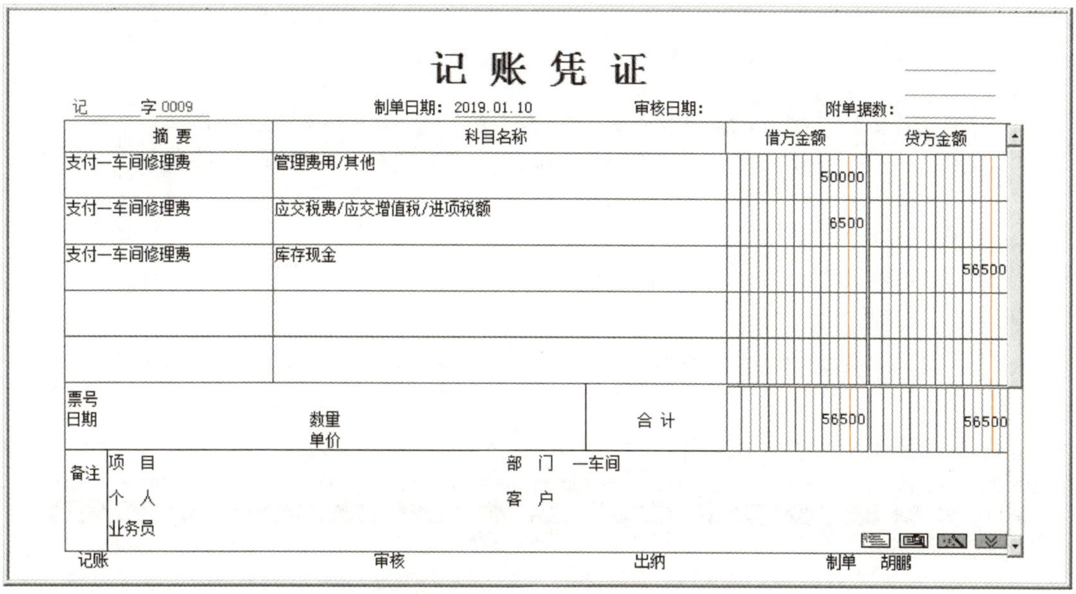
记 账 凭 证
记 字 0009
制单日期：2019.01.10
审核日期：
附单据数：
摘 要
科目名称
借方金额
贷方金额
支付一车间修理费
管理费用/其他
50000
支付一车间修理费
应交税费/应交增值税/进项税额
6500
支付一车间修理费
库存现金
56500
票号
日期
数量
单价
合 计
56500
56500
备注
项 目
部 门 一车间
个 人
客 户
业务员
记账
审核
出纳
制单 胡鹏

图 3-68 【记 9 号凭证】页面

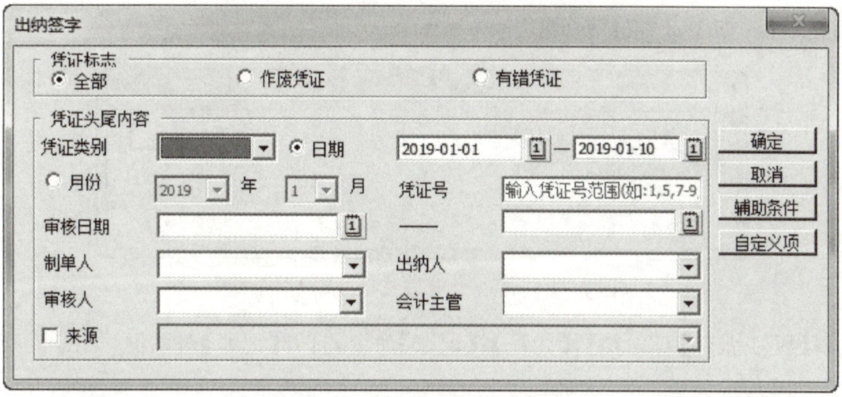
出纳签字
凭证标志
全部
作废凭证
有错凭证
凭证头尾内容
凭证类别
日期
2019-01-01
2019-01-10
确定
取消
辅助条件
自定义项
月份
2019
年
1
月
凭证号
输入凭证号范围(如:1,5,7-9
审核日期
制单人
出纳人
审核人
会计主管
来源

图 3-69 【出纳签字】对话框

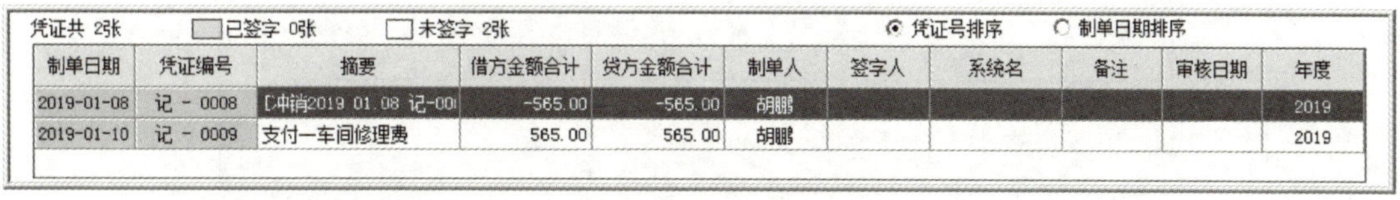
凭证共 2张
已签字 0张
未签字 2张
凭证号排序
制单日期排序
制单日期 凭证编号 摘要 借方金额合计 贷方金额合计 制单人 签字人 系统名 备注 审核日期 年度
2019-01-08 记 - 0008 [冲销2019.01.08 记-00 -565.00 -565.00 胡鹏 2019
2019-01-10 记 - 0009 支付一车间修理费 565.00 565.00 胡鹏 2019

图 3-70 【出纳签字列表】窗口

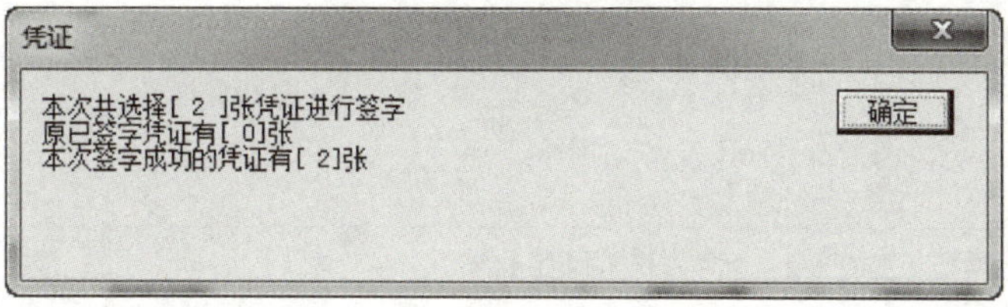
凭证
本次共选择[2]张凭证进行签字
原已签字凭证有[0]张
本次签字成功的凭证有[2]张
确定

图 3-71 【成批出纳签字成功】提示框

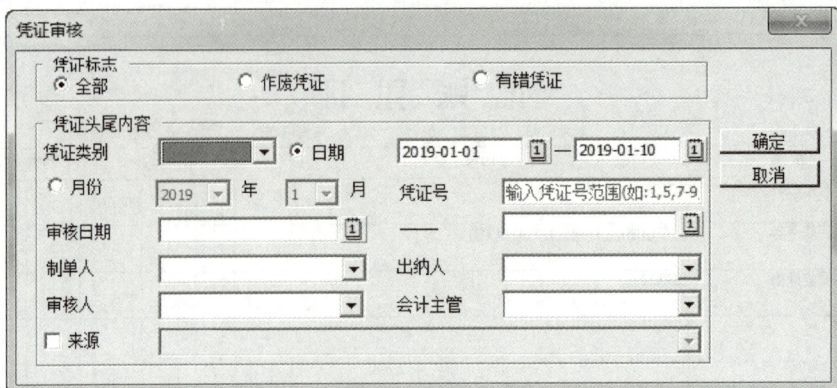

图 3－72　【凭证审核】对话框

图 3－73　【凭证审核列表】窗口

（11）双击打开记 8 号凭证，执行【批处理】|【成批审核凭证】命令，系统弹出【成批审核凭证成功】提示框，如图 3－74 所示。

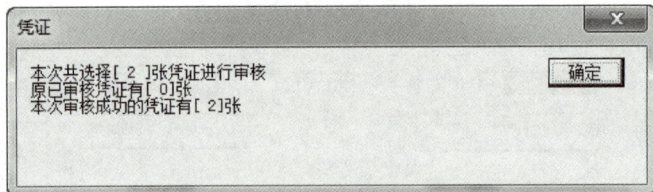

图 3－74　【成批审核凭证成功】提示框

（12）以【W01 张伟】身份执行【凭证】|【记账】命令，打开【记账】对话框，如图 3－75 所示。

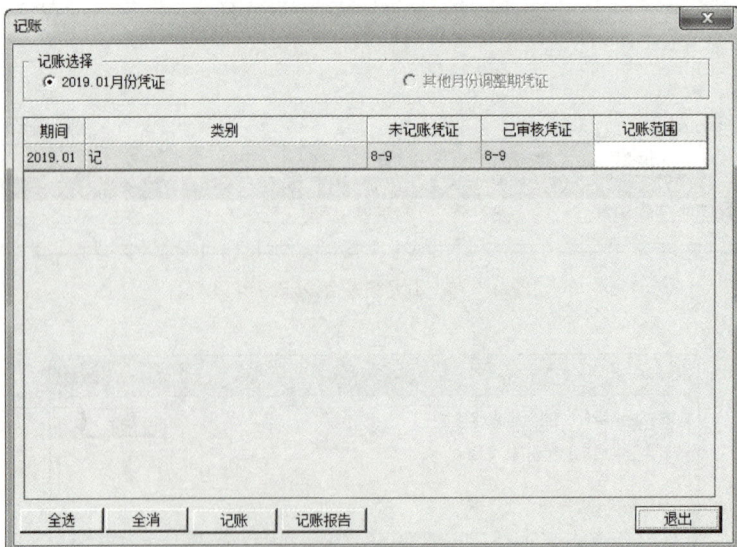

图 3－75　【记账】对话框

（13）单击【记账】按钮，系统弹出【记账完毕!】提示框，如图 3-76 所示。

图 3-76 【记账完毕】提示框

2. 将账套输出至【D:\418 账套备份\3-2】文件夹

3

实训三 出 纳 处 理

〖业务描述〗

2019 年 1 月 10 日，查询安徽环宇仓储设备有限公司 2019 年 1 月的现金日记账、银行日记账，并与银行对账。

〖岗位说明〗

【W03 刘慧】查询现金日记账、银行日记账、资金日报表、登记支票，并与银行对账。

〖操作指导〗

1. 查询现金日记账

（1）以【W03 刘慧】身份登录，执行【出纳】|【现金日记账】命令，打开【现金日记账查询条件】对话框，如图 3-77 所示。

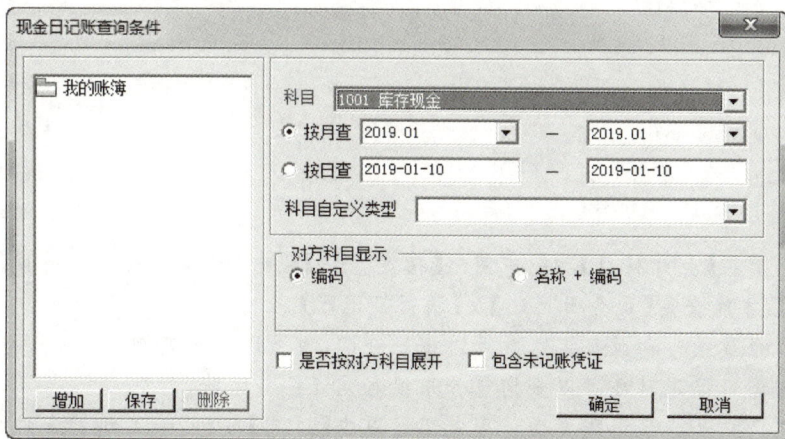

图 3-77 【现金日记账查询条件】对话框

（2）单击【确定】按钮，打开【现金日记账】页面，如图 3-78 所示。

（3）执行【出纳】|【银行日记账】命令，打开【银行日记账查询条件】对话框，单击【确定】按钮，打开【银行日记账】页面，如图 3-79 所示。

现金日记账

金额式 ▼

科目	1001 库存现金 ▼						月份：2019.01-2019.01

2019年 月	日	凭证号数	摘要	对方科目	借方	贷方	方向	余额
			上年结转				借	11,394.00
01	01	记-0001	财务部张伟预借差旅费	1221		2,000.00	借	9,394.00
01	01		本日合计			2,000.00	借	9,394.00
01	05	记-0004	报销差旅费	660207		160.00	借	9,234.00
01	05		本日合计			160.00	借	9,234.00
01	07	记-0006	经理室报销业务招待费	660205		1,166.00	借	8,068.00
01	07		本日合计			1,166.00	借	8,068.00
01	08	记-0007	支付一车间修理费	510109, 22210101		565.00	借	7,503.00
01	08	记-0008	[冲销2019.01.08 记-0007号凭证]支付一车间修理费	510109, 22210101		-565.00	借	8,068.00
01	08		本日合计				借	8,068.00
01	10	记-0009	支付一车间修理费	660209, 22210101		565.00	借	7,503.00
01	10		本日合计			565.00	借	7,503.00
01			当前合计			3,891.00	借	7,503.00
01			当前累计			3,891.00	借	7,503.00
			结转下年				借	7,503.00

图 3-78　【现金日记账】页面

银行日记账

金额式 ▼

科目	1002 银行存款 ▼						月份：2019.01-2019.01

2019年 月	日	凭证号数	摘要	结算号	对方科目	借方	贷方	方向	余额
			上年结转					借	259,990.20
01	06	记-0005	支付广告费_202_34557686_2019.01.06	转账支票-345576	660104		3,000.00	借	256,990.20
01	06		本日合计				3,000.00	借	256,990.20
01			当前合计				3,000.00	借	256,990.20
01			当前累计				3,000.00	借	256,990.20
			结转下年					借	256,990.20

图 3-79　【银行日记账】页面

温馨提示

● 只有在【会计科目】功能中使用【指定科目】功能指定【现金总账科目】及【银行总账科目】,才能查询【现金日记账】及【银行日记账】。

● 现金及银行存款日记账既可以按日查询,也可以按月查询。

● 查询日记账时还可以查询包含未记账凭证的日记账。

● 在已打开的日记账页面还可以通过单击【过滤】按钮,输入过滤条件快速查询日记账的具体内容。

● 在已打开的日记账页面还可以通过单击凭证按钮,查询该条记录所对应的记账凭证。

2. 查询1月1日的资金日报表

（1）执行【出纳】|【资金日报】命令，打开【资金日报表查询条件】对话框。

（2）选择日期【2019.01.01】，单击【确定】按钮，进入【资金日报表】页面，如图 3 - 80 所示。

资金日报表

日期:2019.01.01

科目编码	科目名称	币种	今日共借	今日共贷	方向	今日余额	借方笔数	贷方笔数
1001	库存现金			2,000.00	借	9,394.00		1
合计				2,000.00	借	9,394.00		1

图 3 - 80 【资金日报表】页面

温馨提示

使用【资金日报】功能可以查询现金、银行存款科目某日的发生额及余额情况。

查询资金日报表时可以查询包含未记账凭证的资金日报表。

如果在【资金日报表查询条件】对话框中选中【有余额无发生额也显示】，则即使现金或银行科目在查询日中没有发生业务，只要有余额也显示。

3. 登记支票登记簿

（1）执行【出纳】|【支票登记簿】命令，打开【银行科目选择】对话框。

（2）单击【增加】按钮，录入或选择领用日期【2019.01.06】，领用部门【销售部】，领用人【刘慧】，支票号【34557686】，预计金额【3000】及用途【支付广告费】，如图 3 - 81 所示。

支票登记簿

科目：银行存款(1002)　　　　　　　　　　　　　　　　　　　　　　支票张数：0(其中：已报0 未报

领用部门	领用人	支票号	预计金额	用途	收款人	对方科目	付款银行名称	银行账号
销售部		34557686	3,000.00	支付广告费	沸点广告有限公司	660104	中国工商银行芜湖经开区支行	1307100026160024388

预计未报金额　　　0.00 科目截止余额　　借 256990.20　　　　　　　　　　　　　　　□ 已报销 □ 未报销

图 3 - 81 【支票登记簿】页面

（3）在报销日期栏填上报销日期为【2019.01.06】，单击【保存】按钮，如图 3 - 82 所示。

支票登记簿

科目：银行存款(1002)　　　　　　　　　　　　　　　　　　　　　　支票张数：1(其中：已报1 未报

领用日期	领用部门	领用人	支票号	预计金额	用途	收款人	对方科目	付款银行名称	银行账号	预计转账日期	报销日期
2019.01.06	销售部		34557686	3,000.00	支付广告费	沸点广告有限公司	660104	中国工商银行芜湖经开区支行	1307100026160024388		2019.01.06

预计未报金额　　　0.00 科目截止余额　　借 256990.20　　　　　　　　　　　　　　　□ 已报销 □ 未报销

图 3 - 82 【已报销支票】页面

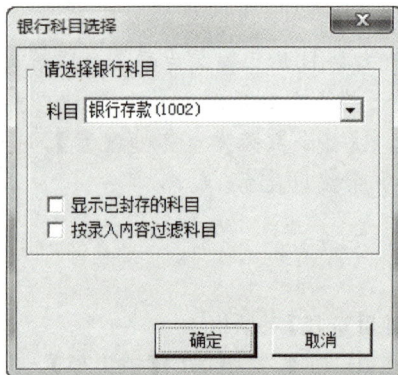

> **温馨提示**
>
> ⬤ 只有在总账管理系统的【初始设置】选项中已选择【支票控制】,并在【结算方式】设置中已设置【票据结算】标志,在【会计科目】中已指定银行账的科目,才能使用支票登记簿。
>
> ⬤ 当支票登记簿中的报销日期为空时,表示该支票未报销,否则系统认为该支票已报销。
>
> ⬤ 当支票支出后,在填制凭证时输入该支票的结算方式和结算号,系统会自动在支票登记簿中将该号支票写上报销日期,该支票即为已报销。

4. 录入银行对账期初数据

(1) 执行【出纳】|【银行对账】|【银行对账期初录入】命令,打开【银行科目选择】对话框。

(2) 选择【银行存款(1002)】,如图 3－83 所示,单击【确定】按钮,打开【银行对账期初】窗口。

图 3－83　【银行科目选择】对话框　　　图 3－84　【银行对账单余额方向调整】提示框

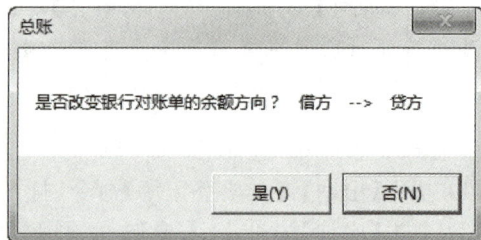

(3) 单击【方向】按钮,调整银行对账单的余额方向为【贷方】,如图 3－84 所示。

(4) 在单位日记账的【调整前余额】栏录入【259990.20】,在银行对账单的【调整前余额】栏录入【257990.20】,如图 3－85 所示。

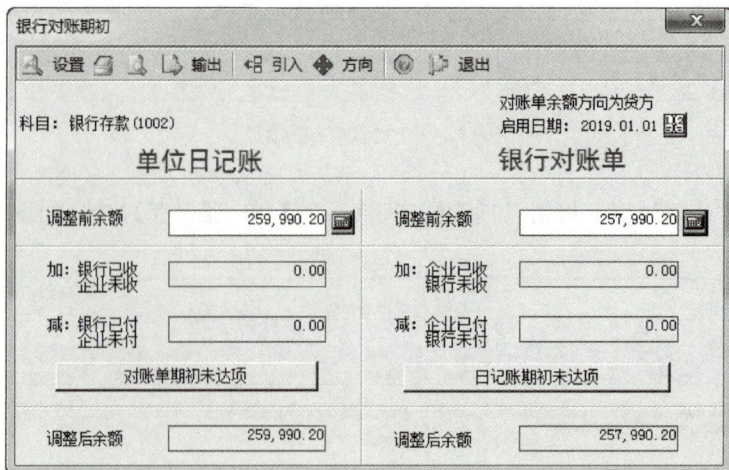

图 3－85　【银行对账期初】窗口

（5）单击【对账单期初未达项】按钮，打开【银行方期初】窗口。

（6）单击【增加】按钮，在【日期】栏录入或选择【2018 - 12 - 30】，在【结算方式】栏选择【202】转账支票，在【票号】栏录入【23567643】，在【借方金额】栏录入【2000】，如图 3 - 86 所示。

图 3 - 86　【银行方期初】窗口

（7）单击【保存】按钮，再单击【退出】按钮，返回【银行对账期初】窗口，如图 3 - 87 所示。

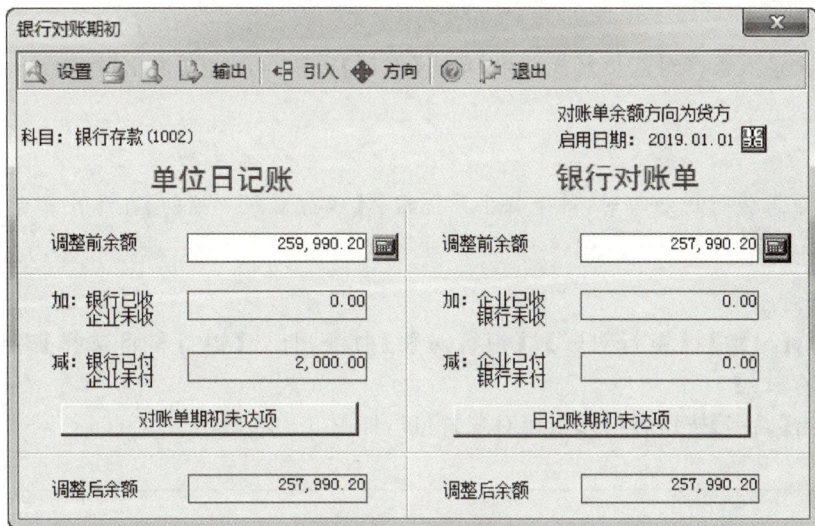

图 3 - 87　保存后返回【银行对账期初】窗口

温馨提示

　　在第一次使用银行对账功能时，应录入单位日记账及银行对账单的期初数据，包括期初余额及期初未达账项。

　　系统默认银行对账单余额方向为借方，即银行对账单中借方发生额为银行存款增加，贷方发生额为银行存款减少，通过【方向】按钮可以调整银行对账单的余额方向，如果把余额方向调整为贷方，则银行对账单中借方发生额为银行存款减少，而贷方发生额为银行存款增加。

5．录入银行对账单

（1）执行【出纳】|【银行对账】|【银行对账单】命令，打开【银行科目选择】对话框。

（2）单击【确定】按钮，打开【银行对账单】窗口。

（3）单击【增加】按钮。

（4）在【日期】栏录入或选择【2019－01－08】，在【结算方式】栏选择【202】转账支票在【票号】栏录入【85632782】，在【借方金额】栏录入【1600】，如图 3－88 所示。

科目：银行存款(1002)　　　　　　　　　　**银行对账单**　　　　　对账单账面余额：253,390.20

日期	结算方式	票号	借方金额	贷方金额	余额
2018.12.30	202	23567643	2,000.00		257,990.20
2019.01.08	202	85632782	1,600.00		256,390.20
2019.01.10	202	34557686	3,000.00		253,390.20

□ 已勾对　　□ 未勾对

图 3－88　【银行对账单】窗口

（5）依次录入银行对账单其他记录，单击【保存】按钮，再单击【退出】按钮。

温馨提示

录入银行对账单时，其余额由系统根据【银行对账单期初】自动计算生成。

6．银行对账

（1）执行【出纳】|【银行对账】|【银行对账】命令，打开【银行科目选择】对话框，选择【1002（银行存款）】。

（2）单击【确定】按钮，打开【银行对账】窗口，如图 3－89 所示。

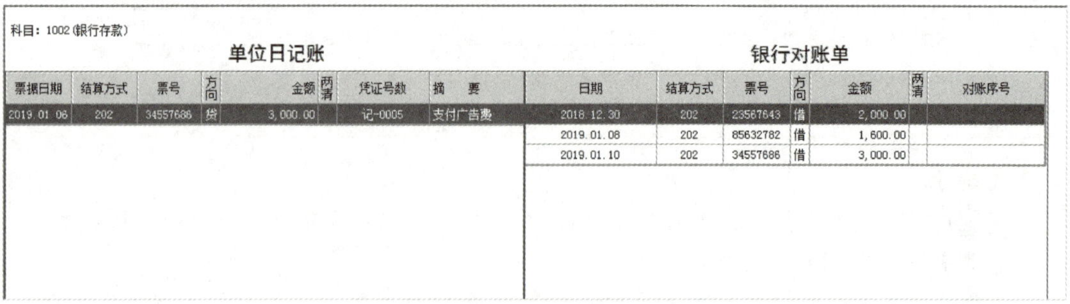

科目：1002(银行存款)

单位日记账							**银行对账单**						
票据日期	结算方式	票号	方向	金额	两清	凭证号数	摘　要	日期	结算方式	票号	方向	金额	两清	对账序号
2019.01.06	202	34557686	贷	3,000.00		记-0005	支付广告费	2018.12.30	202	23567643	借	2,000.00		
								2019.01.08	202	85632782	借	1,600.00		
								2019.01.10	202	34557686	借	3,000.00		

图 3－89　【银行对账】窗口

（3）单击【对账】按钮，打开【自动对账】对话框，如图 3－90 所示。

（4）在【自动对账】条件选择对话框中，单击【确定】按钮。

（5）单击【对账】按钮，出现对账结果，如图 3－91 所示。

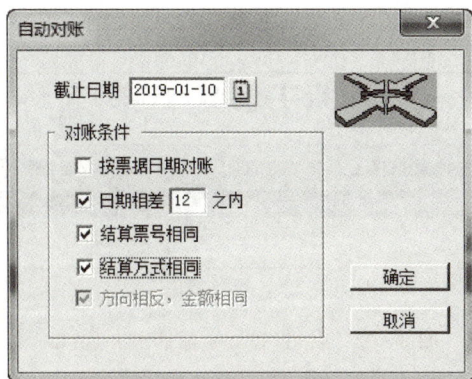

图 3 - 90　【自动对账】对话框

图 3 - 91　【银行对账勾对】窗口

温馨提示

⬤　如果在【银行对账期初】中默认银行对账单方向为【借方】,则对账条件为方向相同、金额相同的日记账与对账单进行勾对。如果在【银行对账期初】中将银行对账单的余额方向修改成【贷方】,则对账条件为方向相反、金额相同的日记账与对账单进行勾对。

⬤　银行对账包括自动对账和手工对账两种形式。自动对账是系统根据对账依据自动进行核对、勾销,自动对账两清的标志为【O】。手工对账是自动对账的一种补充,手工对账两清的标志为【Y】。

⬤　系统默认的自动对账的对账条件为【日期相差 12 天】【结算方式相同】【结算票号相同】,单击每一项对账条件前的复选框可以取消相应的对账条件,即在对账时不考虑相应的对账条件。

⬤　在自动对账后如果发现一些应勾对而未勾对上的账项,可以分别双击【两清】栏,直接进行手工调整。

⬤　如果在对账单中有两笔以上的记录与日记账对应,则所有对应的对账单都应标上两清标记。

⬤　如果想取消对账可以采用自动取消和手工取消两种方式。单击【取消】按钮可以自动取消所有的两清标记;如果手工取消,则可以双击要取消对账标志业务的【两清】栏,取消两清标记。

7. 查看余额调节表

(1) 执行【出纳】|【银行对账】|【余额调节表查询】命令,打开【银行存款余额调节表】窗

口,如图 3－92 所示。

银行存款余额调节表

银行科目(账户)	对账截止日期	单位账账面余额	对账单账面余额	调整后存款余额
银行存款(1002)	2019.01.10	256,990.20	253,390.20	253,390.20

图 3－92 【银行存款余额调节表】窗口

(2) 单击【查看】按钮,进入【银行存款余额调节表】窗口,如图 3－93 所示。

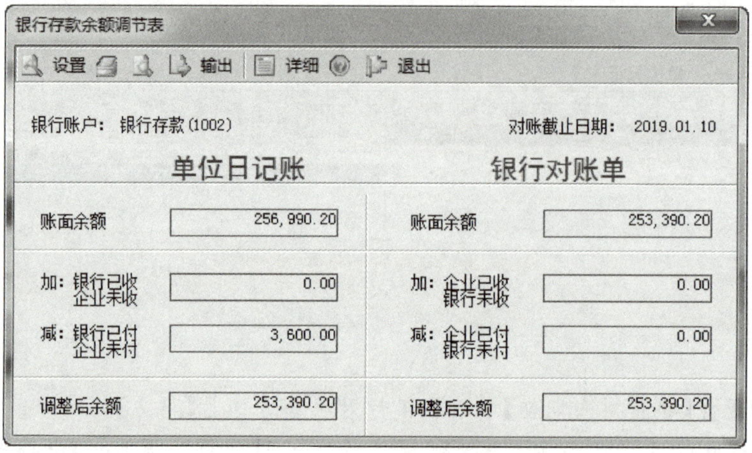

图 3－93 【银行存款余额调节表】窗口

(3) 单击【详细】按钮,打开【余额调节表(详细)】页面,如图 3－94 所示。

余额调节表(详细)

科目: 银行存款(1002)

对账截止日期: 2019.01.10

企业账面存款余额:256,990.20					
加: 银行已收企业未收			减: 银行已付企业未付		
日期	票号	金额	日期	票号	金额
			2018.12.30	23567643	2,000.00
			2019.01.08	85632782	1,600.00
	合计	0.00		合计	3,600.00
		调整后企业账面	存款余额:		253,390.20

银行账面存款余额:253,390.20											
加: 企业已收银行未收						减: 企业已付银行未付					
凭证日期	凭证号	票据日期	票号	摘要	金额	凭证日期	凭证号	票据日期	票号	摘要	金额
				合计	0.00					合计	0.00
					调整后银行账面	存款余额:					253,390.20

图 3－94 【余额调节表(详细)】页面

8. 将账套输出至【D:\418 账套备份\3－3】文件夹

温馨提示

银行存款余额调节表应显示账面余额平衡,如果不平衡应分别查看银行对账期初、银行对账单及银行对账是否正确。

在银行对账之后可以查询对账勾对情况,如果确认银行对账结果是正确的,可以使用【核销银行账】功能核销已达账。

项目四　应收款管理系统业务处理

实训一　应收款管理系统初始化设置

业务一　应收款管理系统参数设置

【业务描述】

以【W01张伟】的身份登录平台，设置应收款管理系统的以下参数：

单据审核日期依据为【单据日期】，坏账处理方式为【应收余额百分比法】，勾选【自动计算现金折扣】，受控科目制单方式为【明细到单据】。

【岗位说明】

【W01张伟】设置应收款管理系统参数。

【操作指导】

（1）执行【财务会计】|【应收款管理】|【设置】|【选项】命令，打开【账套参数设置】对话框，单击【编辑】按钮，系统弹出【选项修改需要重新登录才能生效】提示框，如图4-1所示。

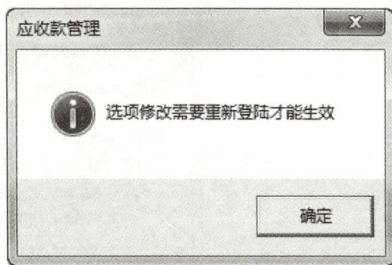

（2）单击【确定】按钮，返回【账套参数设置】对话框，打开【常规】选项卡，单击【单据审核日期依据】栏的下三角按钮，选择【单据日期】；单击【坏账处理方式】栏的下三角按钮，选择【应收余额百分比法】；单击选中【自动计算现金折扣】前的复选框，如图4-2所示。

图4-1　【选项修改需要重新登录才能生效】提示框

（3）打开【凭证】选项卡，单击【受控科目制单方式】栏的下三角按钮，选择【明细到单据】，如图4-3所示。

（4）单击【确定】按钮。

温馨提示

⚫ 如果选择单据日期为审核日期，则月末结账时单据必须全部审核。

⚫ 关于应收账款核算模型，在系统启用时或者还没有进行任何业务处理的情况下才允许从简单核算改为详细核算；从详细核算改为简单核算随时可以进行。

4

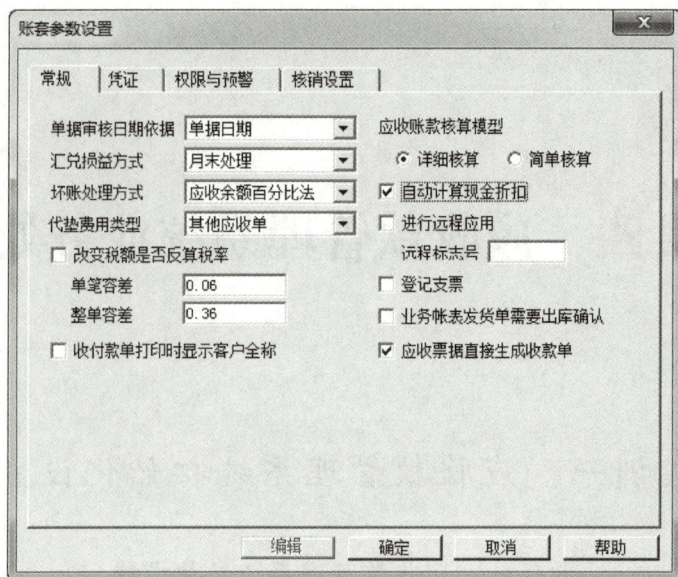

图 4-2 【账套参数设置——常规】选项卡

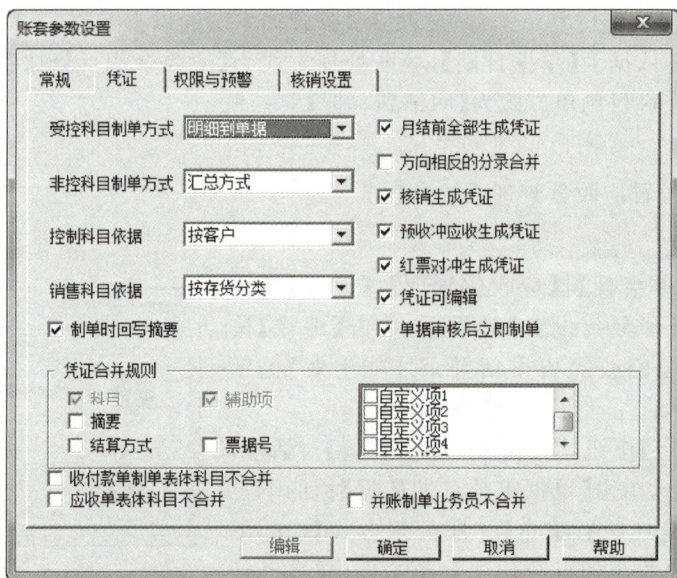

图 4-3 【账套参数设置——凭证】选项卡

〖赛题链接〗

【任务 1.5】　在应收款管理系统中设置"单据审核后立即制单"。

【任务 1.14】　在应收款管理系统中将坏账处理方式设置为"应收余额百分比法",并设置"提取比率"和"期初余额"。

业务二　初始设置

〖业务描述〗

以【W01 张伟】的身份登录平台,进行应收款管理系统的以下初始设置:

1. 基本科目

应收科目为【1122 应收账款】,预收科目为【2204 合同负债】,税金科目为【22210102 应交税费——应交增值税——销项税额】,现金折扣科目为【6603 财务费用】,票据利息科目为【6603 财务费用】,票据费用科目为【6603 财务费用】,商业承兑科目为【1121 应收票据】,银行承兑科目为【1121 应收票据】,坏账入账科目为【1231 坏账准备】。

2. 控制科目设置

客户编码为【001】至【006】的客户的应收科目为【1122 应收账款】,预收科目为【2204 合同负债】。

3. 产品科目设置

产成品销售收入科目为【6001 主营业务收入】,应交增值税科目为【22210102 应交税费——应交增值税——销项税额】,销售退回科目为【6001 主营业务收入】,增值税税率为【13%】。

4. 结算方式科目设置

现金结算方式科目为【1001 库存现金】,现金支票结算方式科目为【1002 银行存款】,转账支票结算方式为【1002 银行存款】,电汇结算方式科目为【1002 银行存款】,其他结算方式科目为【1002 银行存款】。

5. 坏账准备设置

坏账提取比率为【0.5%】,坏账准备期初余额为【678.00】元,坏账准备科目为【1231 坏账准备】,坏账准备对方科目为【信用减值损失 6702】。

【岗位说明】

【W01 张伟】设置应收款管理系统科目。

【操作指导】

1. 基本科目设置

(1) 在应收款管理系统中,执行【设置】|【初始设置】命令,打开【初始设置】窗口,如图 4-4 所示。

应收基本科目设置

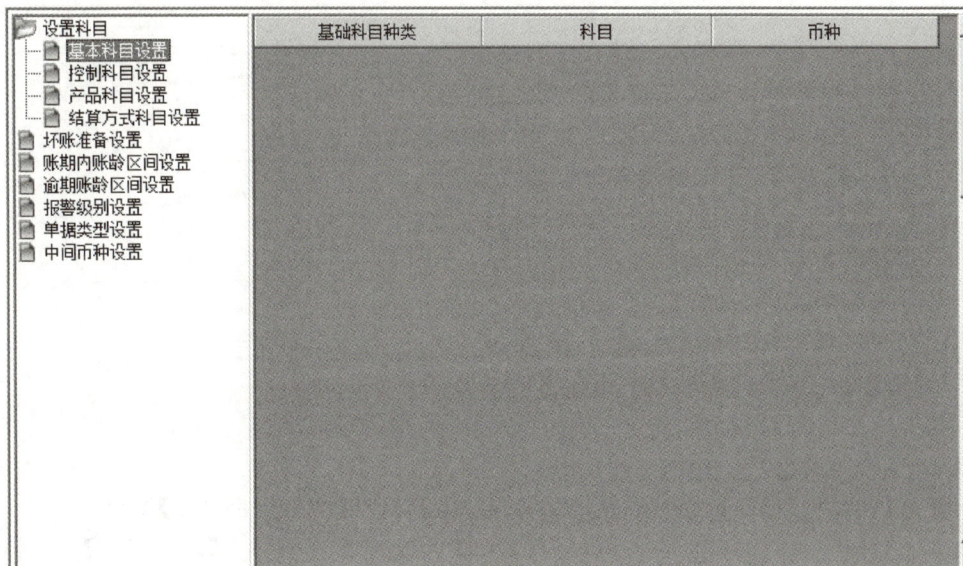

图 4-4　【初始设置】窗口

（2）选择【设置科目】|【基本科目设置】，单击【增加】按钮，从【基本科目种类】列表中选择【应收科目】，科目选择【1122】；同理增加其他基本科目，如图 4 - 5 所示。

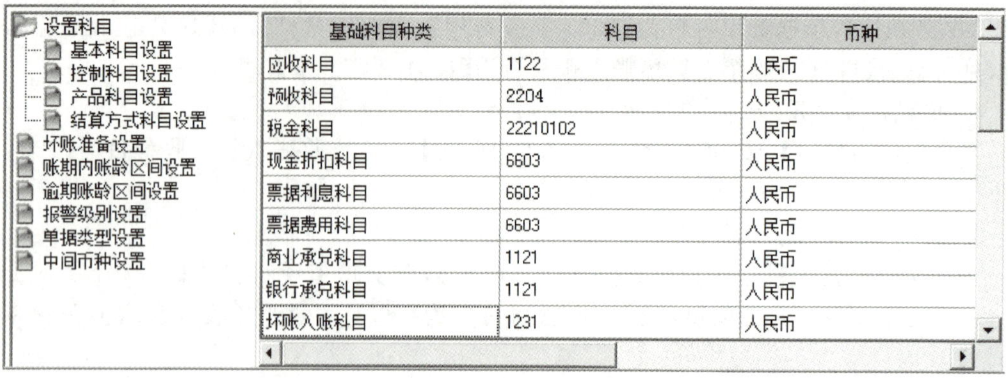

设置科目	基础科目种类	科目	币种
基本科目设置	应收科目	1122	人民币
控制科目设置	预收科目	2204	人民币
产品科目设置	税金科目	22210102	人民币
结算方式科目设置	现金折扣科目	6603	人民币
坏账准备设置	票据利息科目	6603	人民币
账期内账龄区间设置	票据费用科目	6603	人民币
逾期账龄区间设置	商业承兑科目	1121	人民币
报警级别设置	银行承兑科目	1121	人民币
单据类型设置	坏账入账科目	1231	人民币
中间币种设置			

图 4 - 5 【初始设置——基本科目设置】窗口

> **温馨提示**
>
> 　　● 在基本科目设置中所设置的应收科目【1122 应收账款】、预收科目【2203 预收账款】及【1121 应收票据】，应在总账管理系统中设置其辅助核算内容为【客户往来】，并且其受控系统为【应收系统】，否则在这里不能被选中。
>
> 　　● 只有在这里设置了基本科目，在生成凭证时才能直接生成凭证中的会计科目，否则凭证中将没有会计科目，相应的会计科目只能手工录入。

2. 控制科目设置

选择【设置科目】|【控制科目设置】，单击【增加】按钮，从【客户编码】列表中选择【001】，应收科目选择【1122】，预收科目选择【2204】；同理，增加其他控制科目，如图 4 - 6 所示。

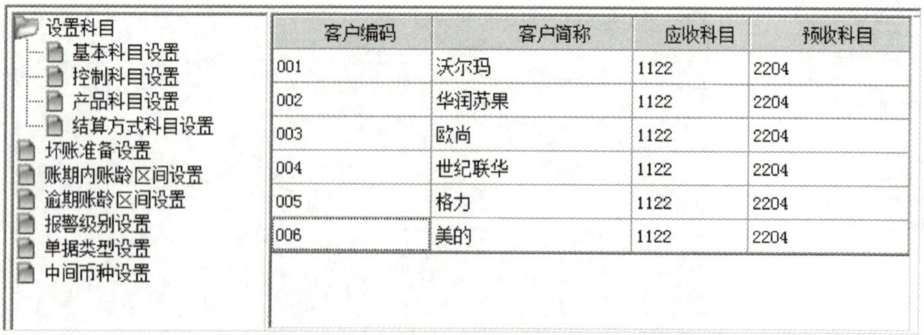

应收控制
科目设置

设置科目	客户编码	客户简称	应收科目	预收科目
基本科目设置	001	沃尔玛	1122	2204
控制科目设置	002	华润苏果	1122	2204
产品科目设置	003	欧尚	1122	2204
结算方式科目设置	004	世纪联华	1122	2204
坏账准备设置	005	格力	1122	2204
账期内账龄区间设置	006	美的	1122	2204
逾期账龄区间设置				
报警级别设置				
单据类型设置				
中间币种设置				

图 4 - 6 【初始设置——控制科目设置】窗口

3. 产品科目设置

（1）在【初始设置】窗口中，选择【产品科目设置】，打开【产品科目设置】窗口。

（2）设置【产成品】的销售收入科目为【6001】、应交增值税科目为【22210102】、销售退回科目为【6001】、税率为【13】，如图 4 - 7 所示。

应收产品
科目设置

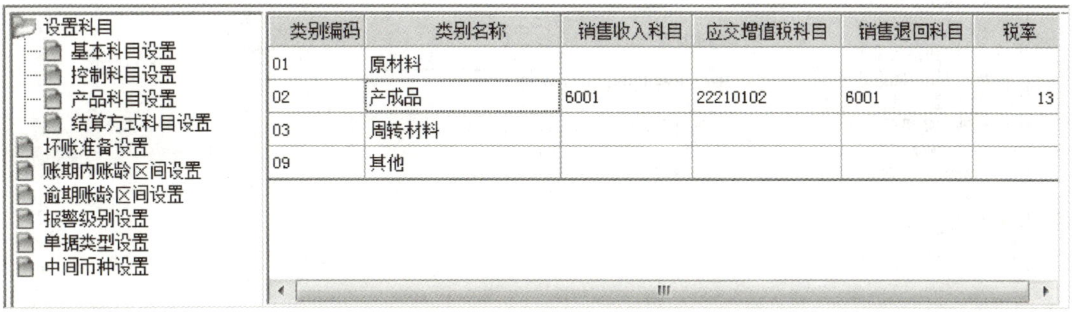

类别编码	类别名称	销售收入科目	应交增值税科目	销售退回科目	税率
01	原材料				
02	产成品	6001	22210102	6001	13
03	周转材料				
09	其他				

图 4-7 【初始设置——产品科目设置】窗口

应收结算方式科目设置

4. 结算方式科目设置

(1) 在【初始设置】窗口中，选择【结算方式科目设置】，打开【结算方式科目设置】窗口。

(2) 单击【增加】按钮，在【结算方式】栏下拉列表中选择【现金】；单击【币种】栏，选择【人民币】；在【科目】栏录入或选择【1001】，按回车键。以此方法继续录入其他结算方式科目，如图 4-8 所示。

4

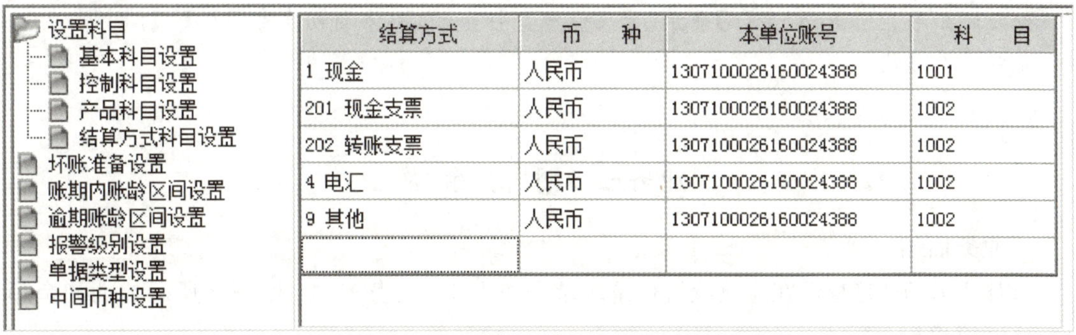

结算方式	币 种	本单位账号	科 目
1 现金	人民币	1307100026160024388	1001
201 现金支票	人民币	1307100026160024388	1002
202 转账支票	人民币	1307100026160024388	1002
4 电汇	人民币	1307100026160024388	1002
9 其他	人民币	1307100026160024388	1002

图 4-8 【初始设置——结算方式科目设置】窗口

温馨提示

结算方式科目设置时，应针对已经设置的结算方式设置相应的结算科目。即在收款或付款时只要告诉系统结算时使用的结算方式，就可以由系统自动生成该种结算方式所使用的会计科目。

如果在此不设置结算方式科目，则在收款或付款时，可以手工录入不同结算方式对应的会计科目。

5. 坏账准备

坏账准备设置

(1) 在【初始设置】窗口中，选择【坏账准备设置】，打开【坏账准备设置】窗口，录入提取比率【0.500】，坏账准备期初余额为【678.00】，坏账准备科目为【1231】，坏账准备对方科目为【6702】，如图 4-9 所示。

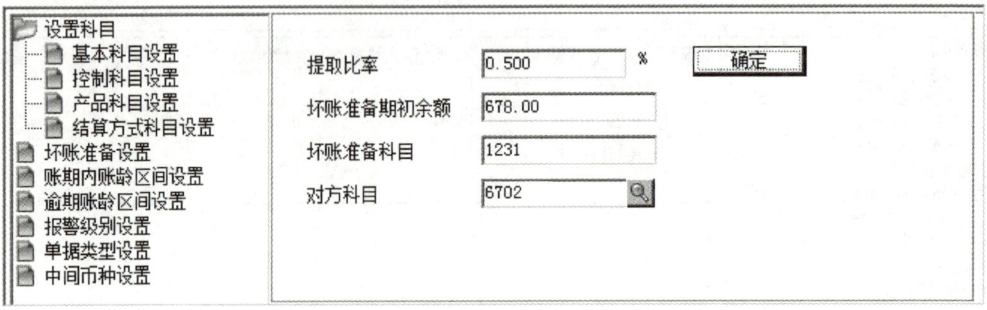

图 4 - 9 【坏账准备设置】窗口

（2）单击【确定】按钮。

温馨提示

　　　如果在选项中并未选中坏账处理的方式为【应收余额百分比法】，则在此处就不能录入【应收余额百分比法】所需要的初始设置，即此处的初始设置是与选项中所选择的坏账处理方式相对应的。

　　　坏账准备的期初余额应与总账管理系统中所录入的坏账准备的期初余额相一致，但是，系统没有坏账准备期初余额的自动对账功能，只能人工核对。坏账准备的期初余额如果在借方，则用【-】表示，如果没有期初余额，应将期初余额录入【0】，否则，系统将不予确认。

业务三　期 初 余 额

〔**业务描述**〕

　　以【W01 张伟】身份在应收款管理系统录入如表 4 - 1、表 4 - 2、表 4 - 3 所示的期初余额（存货增值税税率均为 13%）。

表 4 - 1　应收账款(1122)期初余额

日　期	客户名称	摘　要	方向	余额（元）
2018 - 12 - 16	世纪联华	销售货架，100 个，480 元/个，发票号 64378946	借	54 240.00
2018 - 12 - 30	美的	销售仓储笼 160 个，450 元/台，发票号 86549368	借	81 360.00

表 4 - 2　应收票据(1121)期初余额

日　期	客户名称	摘　要	方向	余额（元）
2018 - 12 - 18	华润苏果	销售货架，100 个，480 元/个，银行承兑票号 84378948，票面利率 6%，到期日 2019 - 01 - 18，承兑银行：中国银行	借	54 240.00

表 4-3　合同负债(2204)期初余额

日　　期	客户名称	摘　　要	方向	余额(元)
2018-12-28	欧尚	预收货架款,100 个,480 元/个,转账支票票号 84378958	贷	10 000.00

〖岗位说明〗

【W01 张伟】录入应收款管理系统期初余额。

〖操作指导〗

1. 录入期初销售发票

(1) 在应收款管理系统中,执行【设置】|【期初余额】命令,打开【期初余额——查询】对话框,如图 4-10 所示。

(2) 单击【确定】按钮,打开【期初余额明细表】窗口。

(3) 单击【增加】按钮,打开【单据类别】对话框,如图 4-11 所示。

应收账款
期初余额
录入

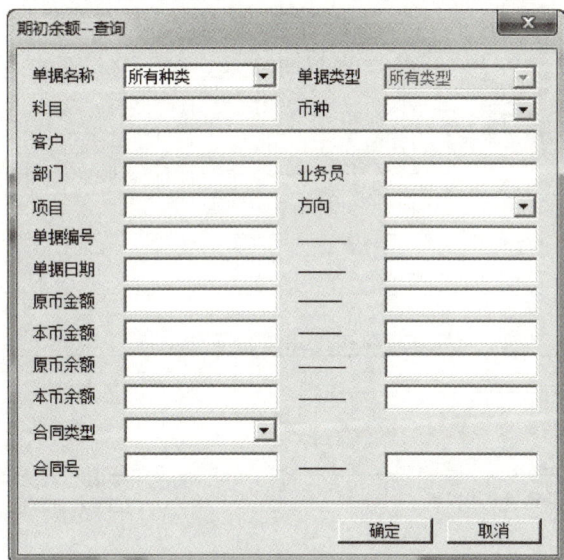

4

图 4-10　【期初余额——查询】对话框　　　　图 4-11　【单据类别】对话框

(4) 选择单据名称为【销售发票】,单据类型为【销售专用发票】,然后单击【确定】按钮,打开【销售专用发票】窗口。

(5) 单击【增加】按钮,修改开票日期为【2018-12-16】;录入发票号【64378946】;单击【客户名称】栏的【参照】按钮,选择【世纪联华】,系统自动带出客户相关信息;在【税率】栏录入【13.00】;在【货物编号】栏选择【0201】;在【数量】栏录入【100.00】,在【无税单价】栏录入【480.00】,如图 4-12 所示。

(6) 单击【保存】按钮,以此方法继续录入第二张销售专用发票,如图 4-13 所示。

> **温馨提示**
>
> 🌑　在初次使用应收款管理系统时,应将启用应收款管理系统时未处理完的所有科目的应收账款、预收账款、应收票据等数据录入本系统。当进入第二年度时,系统自

动将上年度未处理完的单据转为下一年度的期初余额。在下一年度的第一会计期间里,可以进行期初余额的调整。

⬤　如果退出了录入期初余额的单据,在【期初余额明细表】窗口中并没有看到新录入的期初余额,应单击【刷新】按钮,就可以列示出所有的期初余额的内容。

⬤　在录入期初余额时一定要注意期初余额的会计科目。应收款管理系统的期初余额应与总账进行对账,如果科目错误将会导致对账错误。

销售专用发票

打印模板
期初专用发票打印栏 ▼

表体排序 ▢▢▢▢ ▼

开票日期 2018-12-16　　　　　发票号 64378946　　　　　　订单号
客户名称 世纪联华　　　　　　 客户地址 芜湖市镜湖区中山路8号　　电话 0553-3272287
开户银行 交通银行芜湖中山路支行　银行账号 5893680183600024178　　税号 913402013212603486
付款条件　　　　　　　　　　 税率(%) 13.00　　　　　　　　　科目 1122
币种　人民币　　　　　　　　 汇率　1　　　　　　　　　　　销售部门 销售部
业务员 王茜　　　　　　　　　 项目　　　　　　　　　　　　备注

	货物编号	货物名称	规格型号	主计量单位	税率(%)	数量	无税单价	含税单价	税额	无税金额	价税合计	批号	累积收款	累积收款(本币)	科目
1	0201	货架		个	13.00	100.00	480.00	542.40	6240.00	48000.00	54240.00			0.00	1122
2															
3															
4															
5															
6															
7															
8															
9															
10															
11															
12															
13															
14															
合计						100.00			6240.00	48000.00	54240.00		0.00	0.00	

制单人　张伟　　　　　　　　审核人　张伟

图 4-12　【期初销售发票】窗口(录入第一张发票)

销售专用发票

打印模板
期初专用发票打印栏 ▼

表体排序 ▢▢▢▢ ▼

开票日期 2018-12-30　　　　　发票号 86549368　　　　　　订单号
客户名称 美的　　　　　　　　 客户地址 芜湖市鸠江区万春东路151号　电话 0553-5779548
开户银行 中国银行芜湖万春路支行　银行账号 6477620196600024378　　税号 913402033212602696
付款条件　　　　　　　　　　 税率(%) 13.00　　　　　　　　　科目 1122
币种　人民币　　　　　　　　 汇率　1　　　　　　　　　　　销售部门 销售部
业务员 杨慧　　　　　　　　　 项目　　　　　　　　　　　　备注

	货物编号	货物名称	规格型号	主计量单位	税率(%)	数量	无税单价	含税单价	税额	无税金额	价税合计	批号	累积收款	累积收款(本币)	科目
1	0202	仓储笼		个	13.00	160.00	450.00	508.50	9360.00	72000.00	81360.00			0.00	1122
2															
3															
4															
5															
6															
7															
8															
9															
10															
11															
12															
13															
14															
15															
合计						160.00			9360.00	72000.00	81360.00		0.00	0.00	

制单人　张伟　　　　　　　　审核人　张伟

图 4-13　【期初销售发票】窗口(录入第二张发票)

2．录入期初票据

（1）在【期初余额明细表】窗口中，单击【增加】按钮，打开【单据类别】对话框。

（2）选择单据名称为【应收票据】，单据类型为【银行承兑汇票】，如图 4－14 所示，然后单击【确定】按钮，打开【期初票据】窗口。

（3）单击【增加】按钮，录入票据编号【84378948】，承兑银行选择【中国银行】，单击【开票单位】栏的【参照】按钮，选择【华润苏果】，系统自动带出客户相关信息；在【票据面值】栏录入【54240.00】；在【面值利率】栏录入【6】；单击【科目】栏【参照】按钮，选择【1121 应收票据】；在【签发日期】栏选择【2018－12－18】；在【收到日期】栏选择【2018－12－18】；在【到期日】栏选择【2019－01－18】；在【摘要】栏录入【销售货架】，如图 4－15 所示。

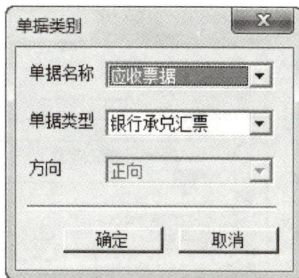

图 4－14 【单据类别】对话框（银行承兑汇票）

应收票据期初余额录入

期初票据

打印模版 期初应收票据打印模板

汇率 _____

票据编号 84378948　　　　　　　　　　开票单位 华润苏果

承兑银行 中国银行　　　　　　　　　　背书单位

票据面值 54240.00　　　　　　　　　　票据余额 54240.00

面值利率 6.00000000　　　　　　　　　科目　1121

签发日期 2018-12-18　　　　　　　　　收到日期 2018-12-18

到期日　2019-01-18　　　　　　　　　部门　销售部

业务员 王菡　　　　　　　　　　　　项目

摘要　销售货架

图 4－15 【期初单据录入——期初票据】窗口

图 4－16 【单据类别】对话框（收款单）

（4）单击【保存】按钮，关闭【期初票据】窗口，返回【期初余额明细表】窗口。

3．录入预收款单

（1）在【期初余额明细表】窗口中，单击【增加】按钮，打开【单据类别】对话框。

（2）单击【单据名称】栏的下三角按钮，选择【预收款】，【单据类型】选择【收款单】，如图 4－16 所示。

（3）单击【确定】按钮，打开【收款单】窗口。

预收账款期初余额录入

（4）修改日期为【2018－12－28】，在【客户】栏【参照】按钮，选择【欧尚】；单击【结算方式】栏的【参照】按钮，选择【转账支票】；【金额】栏录入【10000.00】；【票据号】栏录入【84378958】；【摘要】栏录入【合同预收款】；在收款单下半部分中的【款项类型】栏选择【预收款】，如图 4－17 所示。

（5）单击【保存】按钮，单击【退出】按钮。

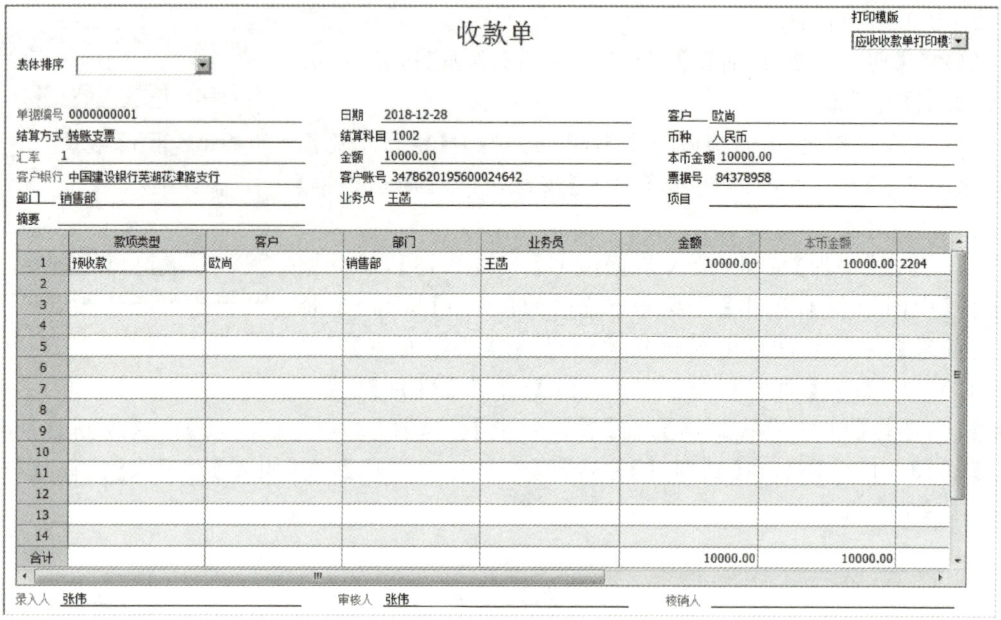

图 4-17 【期初单据录入——收款单】窗口

> **温馨提示**
> ● 录入预收款的单据类型仍然是【收款单】,但是款项类型为【预收款】。

4. 应收款管理系统与总账管理系统对账

(1) 在【期初余额明细表】窗口中,单击【对账】按钮,打开【期初对账】窗口,如图 4-18 所示。

编号	科目	科目 名称	应收期初 原币	应收期初 本币	总账期初 原币	总账期初 本币	差额 原币	差额 本币
1121		应收票据	54,240.00	54,240.00	54,240.00	54,240.00	0.00	0.00
1122		应收账款	135,600.00	135,600.00	135,600.00	135,600.00	0.00	0.00
1481		合同资产	0.00	0.00	0.00	0.00	0.00	0.00
2204		合同负债	-10,000.00	-10,000.00	-10,000.00	-10,000.00	0.00	0.00
		合计		179,840.00		179,840.00		0.00

图 4-18 【期初对账】窗口

(2) 单击【退出】按钮退出。

5. 将账套输出至【D:\418 账套备份\4-1】文件夹

> **温馨提示**
> ● 当完成全部应收期初余额录入后,应通过【对账】功能将应收款管理系统期初余额与总账管理系统期初余额进行核对。
> ● 应收款管理系统与总账管理系统对账,必须在总账与应收系统同时启用后才可以进行。

实训二　单据处理

业务一　销售仓储笼(一)

〖业务描述〗

2019 年 1 月 8 日,向格力销售仓储笼(付款条件 2/10,1/20,n/30,计算现金折扣时不考虑增值税),取得与业务相关的原始单据如图 4-19 所示。

安徽增值税专用发票　NO.45684336　3402082148　45684336

此联不能报销、不能凭证使用　开票日期:2019年01月08日

| 购买方 | 名　称:格力电器(芜湖)有限公司
纳税人识别号:913402043212604688
地　址、电话:芜湖市三山区联合路18号,0553-6916585
开户行及账号:中国农业银行芜湖联合路支行,6217680186600024189 | | | | | 密码区 | | 略 | |

货物或应税劳务、服务名称	规格型号	单位	数量	单价	金额	税率	税额
*搬运设备*仓储笼		个	80.00	450.00	36000.00	13.00%	4680.00
合　计			80.00		36000.00		4680.00

价税合计(大写)　⊗肆万零陆佰捌拾圆整　(小写)￥40680.00

| 销售方 | 名　称:安徽环宇仓储设备有限公司
纳税人识别号:913402076897786088
地　址、电话:芜湖市经济技术开发区港湾路188号,0553-4471388
开户行及账号:中国工商银行芜湖经开区支行,1307100026160024388 |

收款人:略　复核:略　开票人:略　销售方(章)

图 4-19 【业务一——增值税专用发票】

〖岗位说明〗

【W02 胡鹏】录入销售专用发票、审核、制单。

〖操作指导〗

(1)【W02 胡鹏】在应收款管理系统中,执行【应收单据处理】|【应收单据录入】命令,打开【单据类别】对话框,如图 4-20 所示。

(2)在【单据名称】栏选择【销售发票】,在【单据类型】栏选择【销售专用发票】,在【方向】栏选择【正向】,单击【确定】按钮,打开【销售专用发票】窗口。

(3)单击【增加】按钮,录入发票号【45684336】,修改开票日期为【2019-01-08】,单击【客户简称】栏的【参照】按钮,选择【格力】,在【付款条件】栏选择【01】,在【税率】栏录入【13.00】。

(4)在【存货编码】栏录入【0202】,或单击【存货名称】栏的【参照】按钮,选择【仓储笼】,在【数量】栏录入【80.00】,在【无税单价】栏录入【450.00】,如图 4-21 所示。

(5)单击【保存】按钮。

单据类别

单据名称　[销售发票]

单据类型　[销售专用发票]

方向　[正向]

[确定]　[取消]

图 4-20 【单据类别】对话框
(销售专用发票)

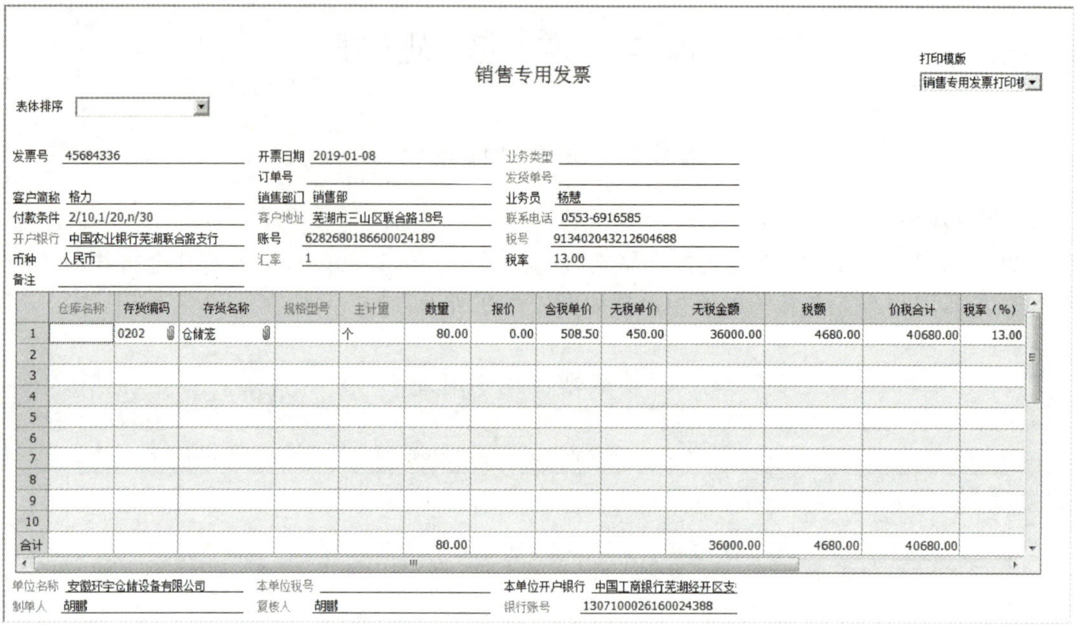

图4-21　【销售专用发票】窗口(仓储笼一)

(6) 单击【审核】按钮,系统弹出提示【是否立即制单?】。

(7) 单击【是】,系统弹出【生成凭证】窗口,修改科目6001(主营业务收入)的项目辅助项为【2】(仓储笼),如图4-22所示。

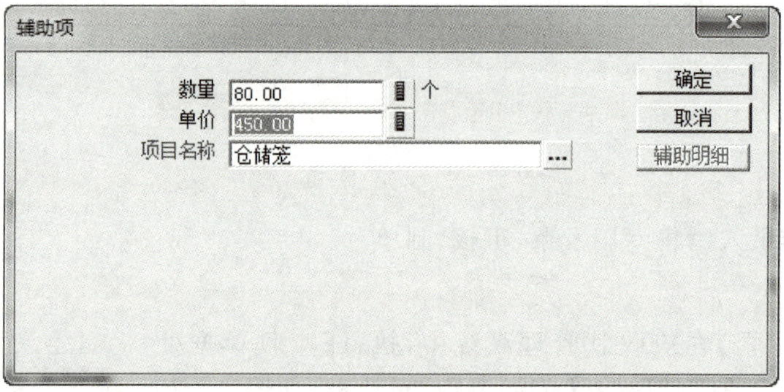

图4-22　【主营业务收入辅助项】对话框(仓储笼一)

(8) 单击【确定】按钮,再单击【保存】按钮,系统提示【已生成】,如图4-23所示。

> **温馨提示**
>
> ◗ 已审核的单据不能修改和删除,已生成凭证或进行过核销的单据在单据界面中不再显示。
>
> ◗ 在录入销售发票后可以直接进行审核,在直接审核后系统会提示【是否立即制单】,此时可以直接制单。如果录入销售发票后不直接审核,可以在审核功能中审核,再到制单功能中制单。
>
> ◗ 已审核的单据在未进行其他处理之前,应取消审核后再修改。

已生成

记 账 凭 证

记 字 0010 制单日期：2019.01.08 审核日期： 附单据数：1

摘要	科目名称	借方金额	贷方金额
销售专用发票	应收账款	4068000	
销售专用发票	主营业务收入		3600000
销售专用发票	应交税费/应交增值税/销项税额		468000
票号 日期	数量 单价	合计 4068000	4068000

备注 项目 部门

个人 客户 格力

业务员 杨慧

记账 审核 出纳 制单 胡鹏

图 4-23 【记 10 号凭证】页面

〖赛题链接〗

【任务 2.16】 11 日，销售部业务员周兵与威海宏图百货公司签订销售合同，货已发出，并于当天开出增值税发票（购销合同、增值税专用发票记账联等原始单据略）。

业务二 销售仓储笼（二）

〖业务描述〗

2019 年 1 月 9 日，向沃尔玛销售仓储笼，开出转账支票代垫运费，取得与业务相关的原始单据如图 4-24、图 4-25 所示。

安徽增值税专用发票

NO.45684337 3402072130 45684337

此联不作报销、扣税凭证使用 开票日期：2019年01月09日

税总函〔2015〕562号上海印钞有限公司

购买方	名称：沃尔玛超市有限公司 纳税人识别号：913402017357608878 地址、电话：芜湖市镜湖区中山路308号，0553-3522166 开户行及账号：中国工商银行芜湖中山路支行，1307310182600024932			密码区	略		
货物或应税劳务、服务名称	规格型号	单位	数量	单价	金额	税率	税额
*搬运设备*仓储笼		个	100.00	450.00	45000.00	13.00%	5850.00
合计			100.00		45000.00		5850.00
价税合计（大写）	⊗伍万零捌佰伍拾圆整				（小写）¥50850.00		
销售方	名称：安徽环宇仓储设备有限公司 纳税人识别号：913402076897786088 地址、电话：芜湖市经济技术开发区港湾路188号，0553-4471388 开户行及账号：中国工商银行芜湖经开区支行，1307100026160024388			备注			

第一联：记账联 销货方记账凭证

收款人：略 复核：略 开票人：略 销售方（章）：

图 4-24 【业务二——增值税专用发票】

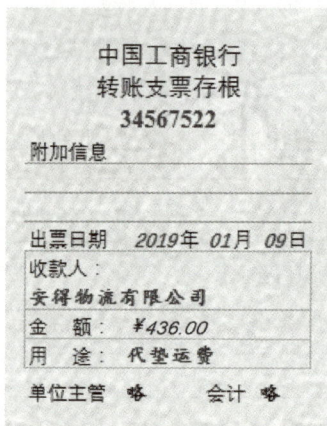

图 4-25　【业务二——转账支票存根】

〖**岗位说明**〗

【W02 胡鹏】录入销售专用发票、录入其他应收单、审核、制单。

〖**操作指导**〗

1. 录入销售专用发票

（1）【W02 胡鹏】在应收款管理系统中，执行【应收单据处理】|【应收单据录入】命令，打开【单据类别】对话框，在【单据名称】栏选择【销售发票】，在【单据类型】栏选择【销售专用发票】，在【方向】栏选择【正向】，单击【确定】按钮，打开【销售专用发票】窗口。单击【增加】按钮，录入发票号【45684337】；修改开票日期为【2019-01-09】；单击【客户简称】栏的【参照】按钮，选择【沃尔玛】；在【税率】栏入【13.00】；在【备注】栏入【销售仓储笼】。

（2）在【存货编码】栏录入【0202】，或单击【存货名称】栏的【参照】按钮，选择【仓储笼】，在【数量】栏录入【100.00】，在【无税单价】栏录入【450.00】。

（3）单击【保存】按钮，如图 4-26 所示。

图 4-26　【销售专用发票】窗口（仓储笼二）

（4）单击【审核】按钮，系统弹出提示【是否立即制单?】。

（5）单击【是】，系统弹出【生成凭证】窗口，修改科目 6001（主营业务收入）的项目辅助项为【2】（仓储笼），如图 4-27 所示。

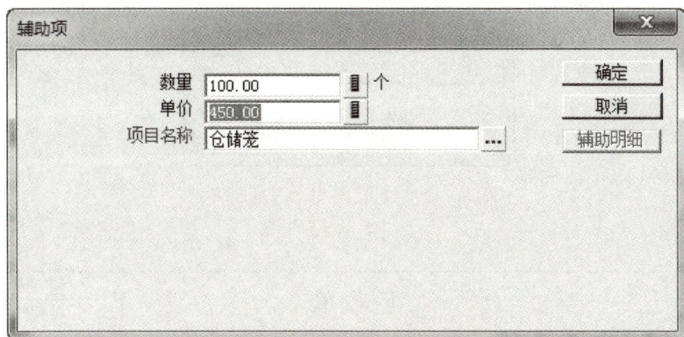

图 4-27 【主营业务收入辅助项】对话框（仓储笼二）

（6）单击【确定】按钮，再单击【保存】按钮，系统弹出提示【凭证已生成】，如图 4-28 所示。

图 4-28 【记 11 号凭证】页面

2. 录入其他应收单

（1）在应收款管理系统中，执行【应收单据处理】|【应收单据录入】命令，打开【单据类别】对话框，如图 4-29 所示。

（2）在【单据名称】栏选择【应收单】，在【单据类型】栏选择【其他应收单】，在【方向】栏选择【正向】，单击【确定】按钮，打开【应收单】窗口。

（3）单击【增加】按钮，修改单据日期为【2019-01-09】，单击【客户】栏的【参照】按钮，选择【沃尔玛】；在【金额】栏录入【436.00】，在【摘要】栏录入【代垫销售仓储笼运费】。

（4）单击表体中的【科目】栏的【参照】按钮，选择【1002】，如图 4-30 所示。

（5）单击【保存】按钮。

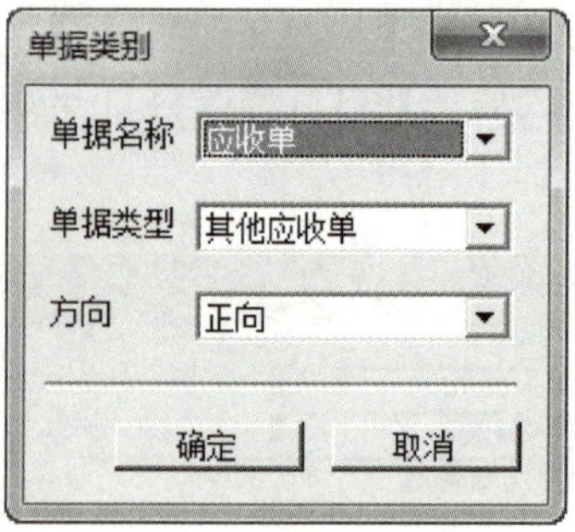

图 4-29 【单据类别】对话框
（其他应收单）

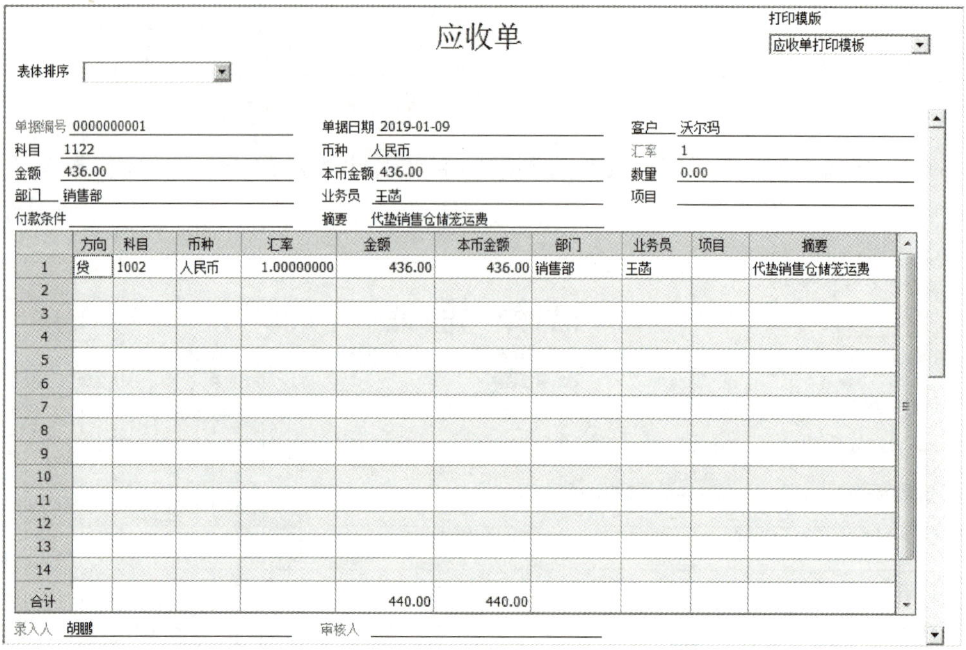

图 4-30 【应收单】窗口

（6）单击【审核】按钮，系统弹出提示【是否立即制单？】。

（7）单击【是】，系统弹出【生成凭证】窗口，修改贷方科目 1002（银行存款）的结算方式辅助项为【202】（转账支票），票号为【34567522】，发生日期为【2019-01-09】，如图 4-31 所示，单击【确定】按钮，再单击【保存】按钮，系统提示【已生成】。

温馨提示

◉ 在填制应收单时，只需要录入表头部分的内容，表体部分的内容除对方科目外均由系统自动生成。表体部分的对方科目如果不录入可以在生成凭证后再手工录入。

◉ 应收单和销售发票一样可以在保存后直接审核，如果在审核功能中审核则只能到制单功能中制单。

◉ 如果同时使用销售系统，在应收款管理系统中只能录入应收单而不能录入销售发票。

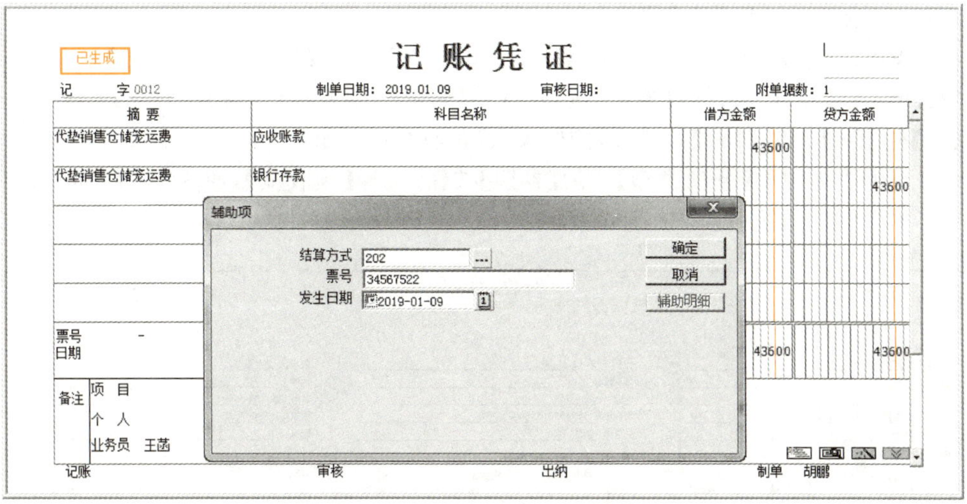

图 4-31 【辅助项修改】对话框

后疫情时代
之现金为王

业务三 预 收 合 同 款

4

〖业务描述〗

2019 年 1 月 10 日，预收向世纪联华销售仓储笼合同款，取得与业务相关的原始单据如图 4-32 所示。

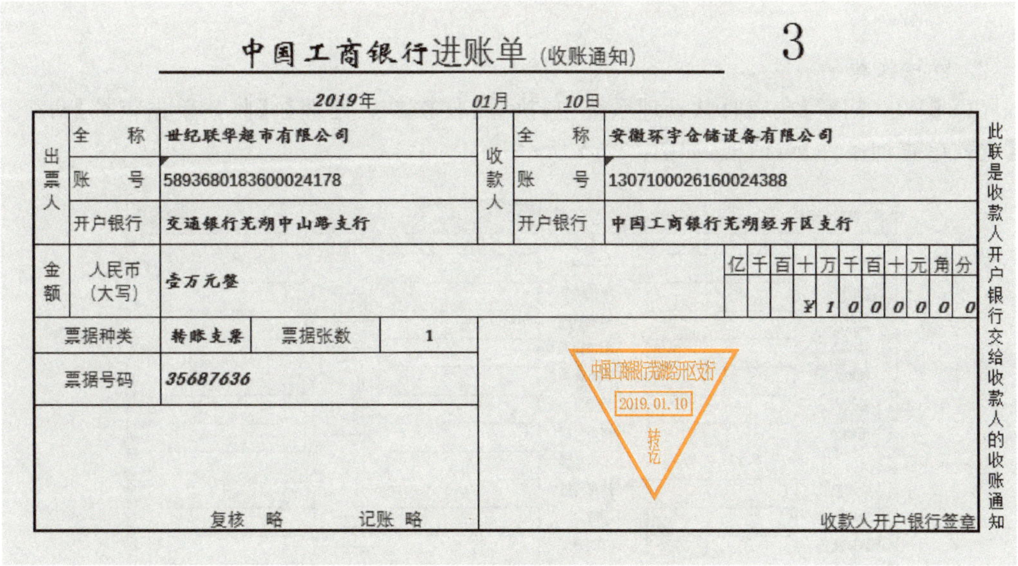

中国工商银行进账单（收账通知） 3

2019年 01月 10日

出票人	全称	世纪联华超市有限公司	收款人	全称	安徽环宇仓储设备有限公司
	账号	5893680183600024178		账号	1307100026160024388
	开户银行	交通银行芜湖中山路支行		开户银行	中国工商银行芜湖经开区支行
金额	人民币（大写）	壹万元整		亿千百十万千百十元角分	￥1000000
票据种类	转账支票	票据张数	1		
票据号码	35687636				
复核 略	记账 略			收款人开户银行签章	

中国工商银行芜湖经开区支行 2019.01.10 转讫

此联是收款人开户银行交给收款人的收账通知

图 4-32 【业务三——进账单（收账通知）】

〖岗位说明〗

【W03 刘慧】录入收款单，【W02 胡鹏】审核收款单并制单。

〖操作指导〗

1. 录入收款单

(1)【W03 刘慧】在应收款管理系统中，执行【收款单据处理】|【收款单据录入】命令，打

开【收付款单录入——收款单】窗口。

（2）单击【增加】按钮，修改日期为【2019-01-10】，单击【客户】栏的【参照】按钮，选择【世纪联华】；单击【结算方式】栏的【参照】按钮，选择【转账支票】；在【金额】栏录入【10000.00】；在【票据号】栏录入【35687636】；在【摘要】栏录入【预收合同款】。

（3）单击表体中的【款项类型】栏的【参照】按钮，选择【预收款】，如图4-33所示。

（4）单击【保存】按钮。

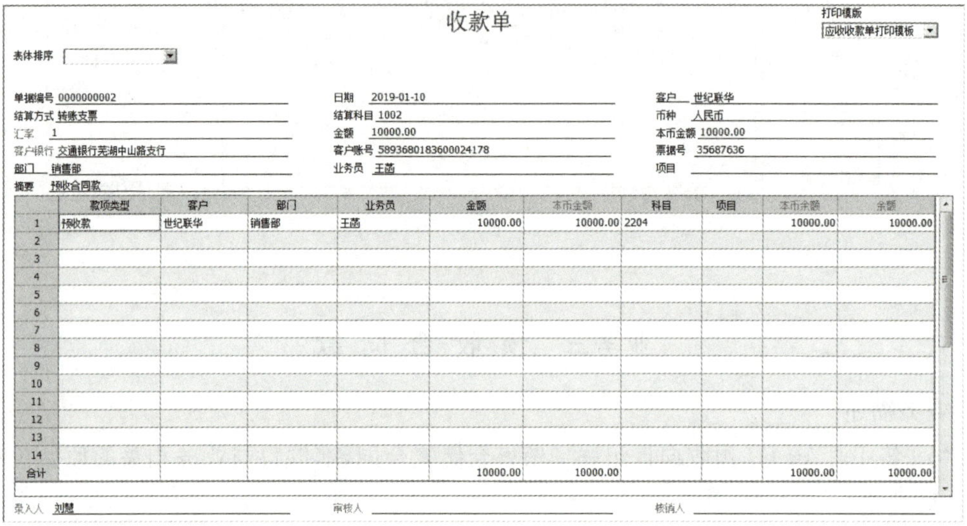

图 4-33　【收付款单录入——收款单】窗口

2. 审核收款单

（1）【W02 胡鹏】在应收款管理系统中，执行【收款单据处理】|【收款单据审核】命令，打开【收款单查询条件】对话框，如图4-34所示。

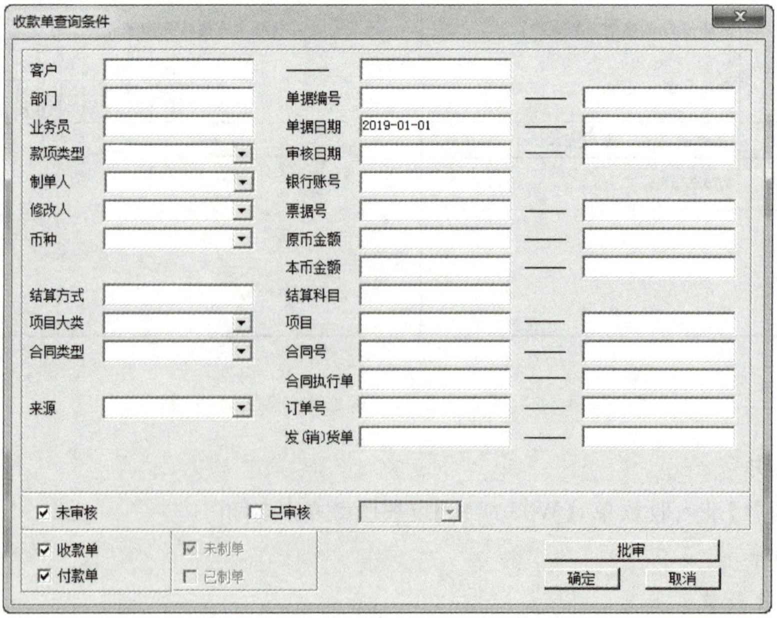

图 4-34　【收款单查询条件】对话框

（2）单击【确定】按钮，打开【收付款单列表】窗口。

（3）单击【全选】按钮，如图 4-35 所示。

					收付款单列表								
记录总数：1													
选择	审核人	单据日期	单据类型	单据编号	客户名称	部门	业务员	结算方式	票据号	币种	汇率	原币金额	本币金额	备注
T		2019-01-10	收款单	0000000002	世纪联华超市有限公司	销售部	王函	转账支票	35687636	人民币	1.00000000	10,000.00	10,000.00	销售仓储笼预收款
合计												10,000.00	10,000.00	

图 4-35　【收付款单列表】窗口

（4）单击【审核】按钮，系统提示【本次审核成功单据［1］张】，如图 4-36 所示。

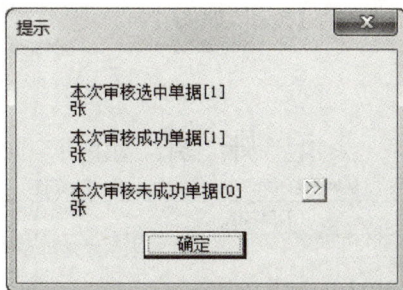

图 4-36　【审核成功】提示框

（5）单击【确定】按钮。

3．制单

（1）【W02 胡鹏】在应收款管理系统中，执行【制单处理】命令，打开【制单查询】对话框。

（2）在【制单查询】窗口中，选择【收付款单制单】复选框，如图 4-37 所示。

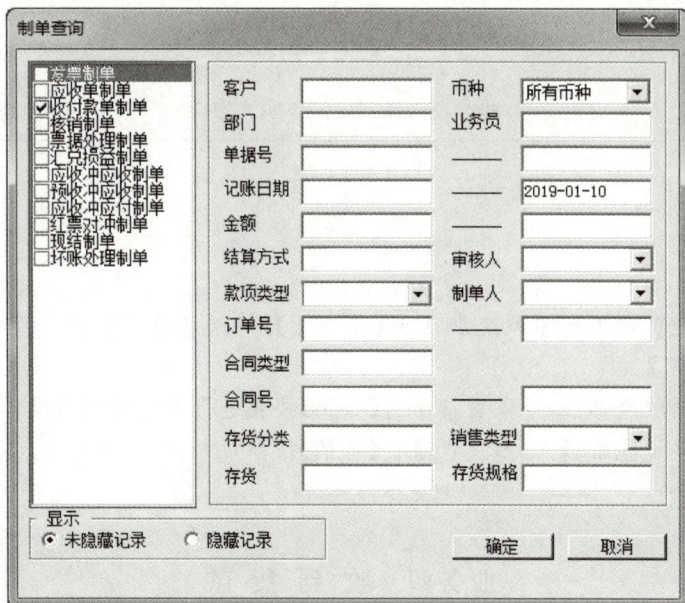

图 4-37　【制单查询】对话框

（3）单击【确定】按钮，打开【收付款单制单】窗口。

（4）单击【全选】按钮，如图 4-38 所示。

图 4 - 38 【收付款单制单】窗口

（5）单击【制单】按钮，单击【保存】按钮，如图 4 - 39 所示。

图 4 - 39 【记 13 号凭证】页面

温馨提示

　　● 表体中的款项类型系统默认为【应收款】，可以修改。款项类型还包括【预收款】和【其他费用】。

　　● 在填制收款单后，可以直接单击【核销】按钮进行单据核销的操作。

　　● 如果是退款给客户，则可以单击【切换】按钮，填制红字收款单。

业务四 收到货款

〔业务描述〕

　　2019 年 1 月 11 日，收到格力的转账支票一张，系销售仓储笼 80 个的价税款，取得与业务相关的原始单据如图 4 - 40 所示。

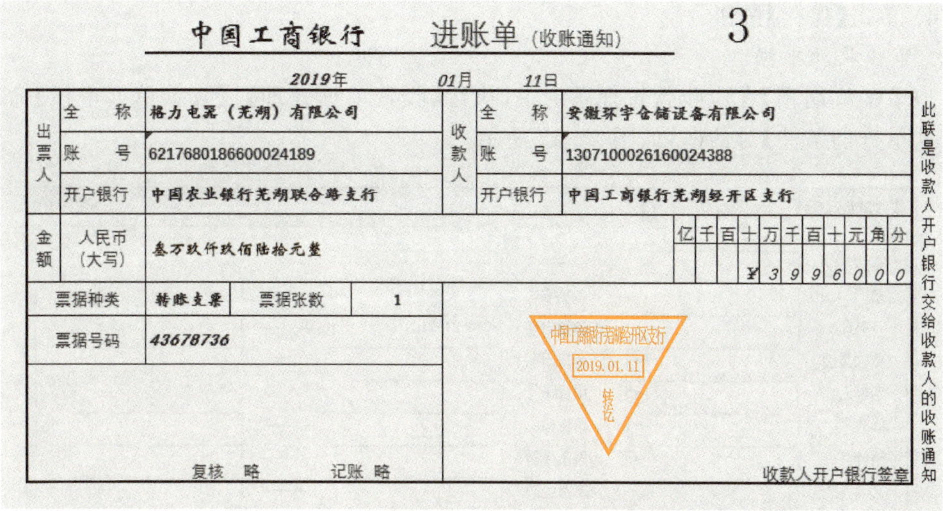
中国工商银行 进账单（收账通知） 3

2019年 01月 11日

出票人	全称	格力电器（芜湖）有限公司	收款人	全称	安徽环宇仓储设备有限公司
	账号	6217680186600024189		账号	1307100026160024388
	开户银行	中国农业银行芜湖联合路支行		开户银行	中国工商银行芜湖经开区支行
金额	人民币（大写）	叁万玖仟玖佰陆拾元整			¥3996000
票据种类	转账支票	票据张数 1			
票据号码	43678736				

复核 略　记账 略

中国工商银行芜湖经开区支行 2019.01.11 转讫

收款人开户银行签章

此联是收款人开户银行交给收款人的收账通知

图 4－40 【业务四——进账单（收账通知）】

〔岗位说明〕

【W03 刘慧】录入收款单，【W02 胡鹏】审核收款单、核销、制单。

〔操作指导〕

1. 录入收款单

（1）【W03 刘慧】在应收款管理系统中，执行【收款单据处理】|【收款单据录入】命令，打开【收付款单录入——收款单】窗口。

（2）单击【增加】按钮，修改日期为【2019－01－11】；单击【客户】栏的【参照】按钮，选择【格力】；单击【结算方式】栏的【参照】按钮，选择【转账支票】；在【金额】栏录入【39960.00】；在【票据号】栏录入【43678736】；在【摘要】栏录入【收到货款】。

（3）单击表体中的【款项类型】栏的【参照】按钮，选择【应收款】，打开【收款单】窗口，如图 4－41 所示。

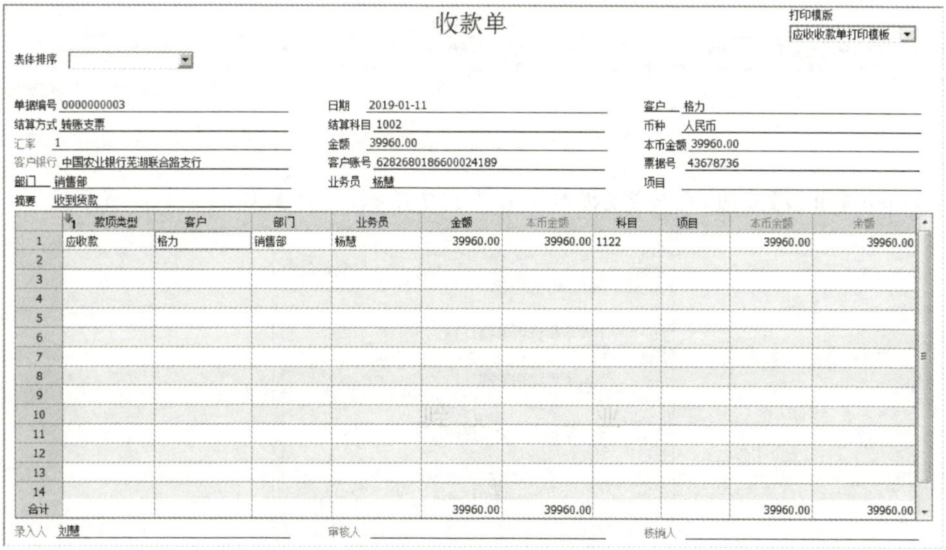
收款单

打印模版 应收收款单打印模板

表体排序

单据编号 0000000003　日期 2019-01-11　客户 格力

结算方式 转账支票　结算科目 1002　币种 人民币

汇率 1　金额 39960.00　本币金额 39960.00

客户银行 中国农业银行芜湖联合路支行　客户账号 6282680186600024189　票据号 43678736

部门 销售部　业务员 杨慧　项目

摘要 收到货款

	款项类型	客户	部门	业务员	金额	本币金额	科目	项目	本币余额	余额
1	应收款	格力	销售部	杨慧	39960.00	39960.00	1122		39960.00	39960.00
2										
3										
4										
5										
6										
7										
8										
9										
10										
11										
12										
13										
14										
合计					39960.00	39960.00			39960.00	39960.00

录入人 刘慧　审核人　核销人

图 4－41 【收款单】窗口

4

（4）单击【保存】按钮。

2. 审核收款单据

（1）【W02 胡鹏】在应收款管理系统中，执行【收款单据处理】|【收款单据审核】命令，打开【收款单查询条件】对话框，如图 4-42 所示。

图 4-42 【收款单查询条件】对话框

（2）单击【确定】按钮，打开【收付款单列表】窗口。

（3）单击【全选】按钮，如图 4-43 所示。

收付款单列表

选择	审核人	单据日期	单据类型	单据编号	客户名称	部门	业务员	结算方式	票据号	币种	汇率	原币金额	本币金额	备注
1		2019-01-11	收款单	0000000003	格力电器（芜湖）有限公司	销售部	杨慧	转账支票	43678736	人民币	1.00000000	39,960.00	39,960.00	收到货款
合计												39,960.00	39,960.00	

图 4-43 【收付款单列表】窗口

（4）单击【审核】按钮，系统提示【本次审核成功单据[1]张】，如图 4-44 所示。

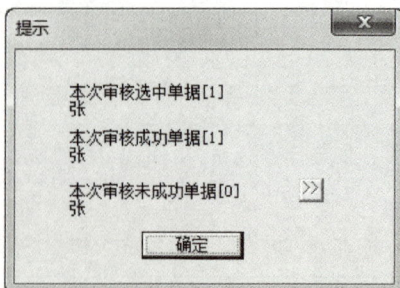

图 4-44 【审核成功】提示框

3. 核销

（1）【W02 胡鹏】在应收款管理系统中，执行【核销处理】|【手工核销】命令，打开【核销条件】对话框。

（2）单击【客户】栏的【参照】按钮，选择【005】，如图 4 - 45 所示。

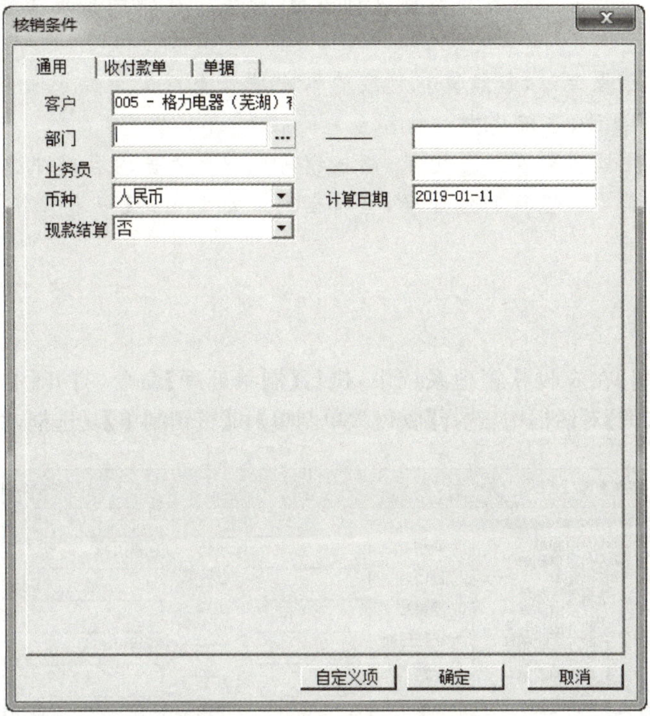

图 4 - 45 【核销条件】对话框

（3）单击【确定】按钮，打开【单据核销】窗口。在【单据核销】窗口中，将上半部分款项类型为【应收款】的收款单的【本次结算金额】栏的数据修改为【39960.00】，在下半部分的【本次结算】栏录入【39960.00】，【本次折扣】栏入【720.00】，如图 4 - 46 所示。

单据日期	单据类型	单据编号	客户	款项类型	结算方式	币种	汇率	原币金额	原币余额	本次结算金额	订单号
2019-01-11	收款单	0000000003	格力	应收款	转账支票	人民币	1.00000000	39,960.00	39,960.00	39,960.00	
合计								39,960.00	39,960.00	39,960.00	

单据日期	单据类型	单据编号	到期日	客户	币种	原币金额	原币余额	可享奖折扣	本次折扣	本次结算	订单号	凭证号
2019-01-08	销售专用发票	45684336	2019-02-07	格力	人民币	40,680.00	40,680.00	813.60	720.00	39,960.00		记-0010
合计						40,680.00	40,680.00	813.60	720.00	39,960.00		

图 4 - 46 【单据核销】窗口

（4）单击【保存】按钮。

温馨提示

🔘 在保存核销内容后，【单据核销】窗口中将不再显示已被核销的内容。

> 🔵 核销时,结算单列表中款项类型为应收款的记录默认本次结算金额为该记录上的原币金额;款项类型为预收款的记录默认的本次结算金额为空。核销时可以修改本次结算金额,但是不能大于该记录的原币金额。
>
> 🔵 一次只能对一种结算单类型进行核销,即手工核销的情况下需要将收款单和付款单分开核销。
>
> 🔵 手工核销保存时,若结算单列表的本次结算金额大于或小于被核销单据列表的本次结算金额合计,系统将提示结算金额不相等,不能保存。
>
> 🔵 若发票中同时存在红蓝记录,则核销时先进行单据内容对冲。
>
> 🔵 如果核销后未进行其他处理,可以在期末处理中的【取消操作】功能中取消核销操作。

4. 制单

(1)【W02 胡鹏】在应收款管理系统中,执行【制单处理】命令,打开【制单查询】对话框。

(2)在【制单查询】对话框中,选择【收付款单制单】和【核销制单】复选框,如图 4 - 47 所示。

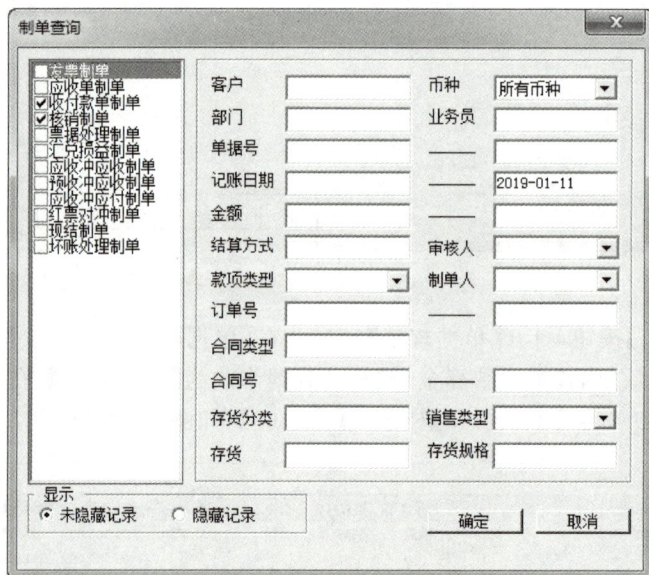

图 4 - 47 【制单查询】对话框

(3)单击【确定】按钮,打开【应收制单】窗口。

(4)单击【全选】按钮,单击【合并】按钮,如图 4 - 48 所示。

应收制单

凭证类别 [记账凭证 ▼]   制单日期 [2019-01-11] 🔢   共 2 条

选择标志	凭证类别	单据类型	单据号	日期	客户编码	客户名称	部门	业务员	金额
1	记账凭证	收款单	0000000003	2019-01-11	005	格力电器(芜湖)有限公司	销售部	杨慧	39,960.00
1	记账凭证	核销	ZKAR0000000000001	2019-01-11	005	格力电器(芜湖)有限公司	销售部	杨慧	40,680.00

图 4 - 48 【应收制单】窗口

(5) 单击【制单】按钮，单击【保存】按钮，在应收款管理系统中生成1张记账凭证，如图4-49所示。

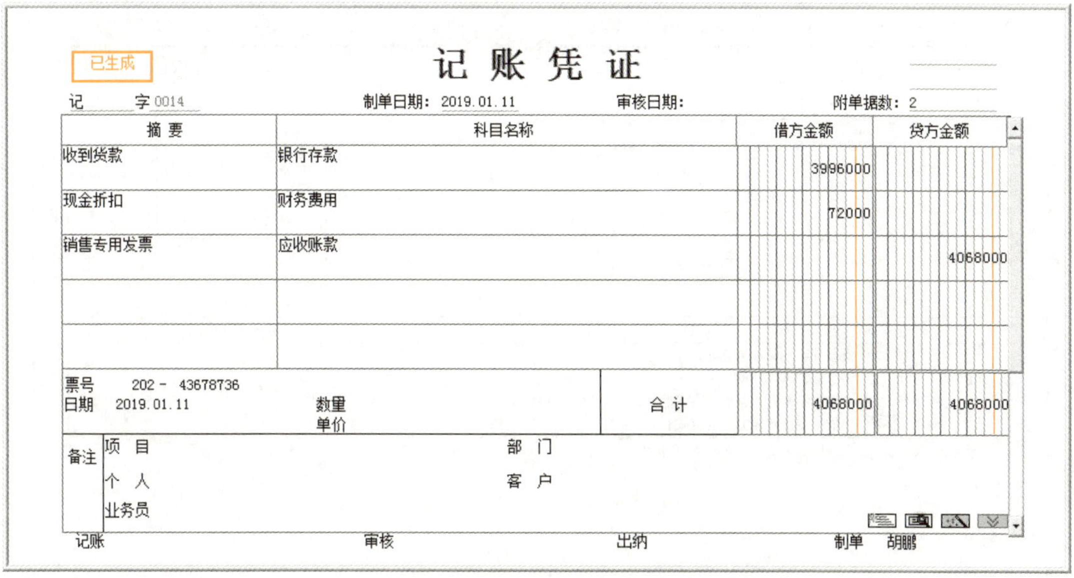

已生成

记 账 凭 证

记 字 0014 制单日期：2019.01.11 审核日期： 附单据数：2

摘 要	科目名称	借方金额	贷方金额
收到货款	银行存款	3996000	
现金折扣	财务费用	72000	
销售专用发票	应收账款		4068000
票号 202 - 43678736 日期 2019.01.11 数量 单价	合 计	4068000	4068000

备注 项 目 部 门
个 人 客 户
业务员

记账 审核 出纳 制单 胡鹏

图4-49 【记14号凭证】页面

5. 将账套输出至【D:\418账套备份\4-2】文件夹

〖赛题链接〗

【任务2.23】 20日，接银行收账通知，收到威海宏图百货公司货款，根据合同结算(进账单等原始单据略)。

实训三 票 据 管 理

诚信经营之合作共赢

业务一 销售仓储笼

〖业务描述〗

2019年1月11日，向美的销售仓储笼，收到美的签发并承兑的商业承兑汇票，取得与业务相关的原始单据如图4-50、图4-51所示。

〖岗位说明〗

【W02 胡鹏】录入发票，【W03 刘慧】录入商业承兑汇票；【W02 胡鹏】审核应收单和收款单并制单。

〖业务流程〗

销售产品收到商业承兑汇票的流程如图4-52所示。

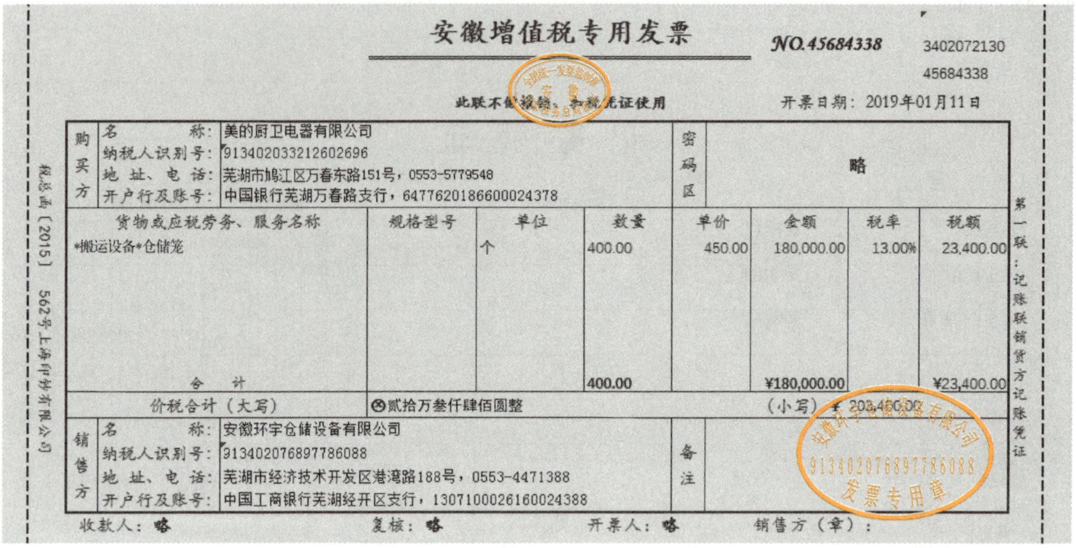

安徽增值税专用发票

NO.45684338　3402072130　45684338

此联不作报销、扣税凭证使用　开票日期：2019年01月11日

购买方	名　　称：美的厨卫电器有限公司 纳税人识别号：913402033212602696 地 址、电 话：芜湖市鸠江区万春东路151号，0553-5779548 开户行及账号：中国银行芜湖万春路支行，6477620186600024378				密码区	略	
货物或应税劳务、服务名称	规格型号	单位	数量	单价	金额	税率	税额
*搬运设备*仓储笼		个	400.00	450.00	180,000.00	13.00%	23,400.00
合　计			400.00		¥180,000.00		¥23,400.00
价税合计（大写）	⊗贰拾万叁仟肆佰圆整				（小写）¥203,400.00		
销售方	名　　称：安徽环宇仓储设备有限公司 纳税人识别号：913402076897786088 地 址、电 话：芜湖市经济技术开发区港湾路188号，0553-4471388 开户行及账号：中国工商银行芜湖经开区支行，1307100026160024388				备注		

收款人：略　复核：略　开票人：略　销售方（章）：

税总函〔2015〕562号上海印钞有限公司

第一联：记账联　销货方记账凭证

图 4-50 【业务一——增值税专用发票】

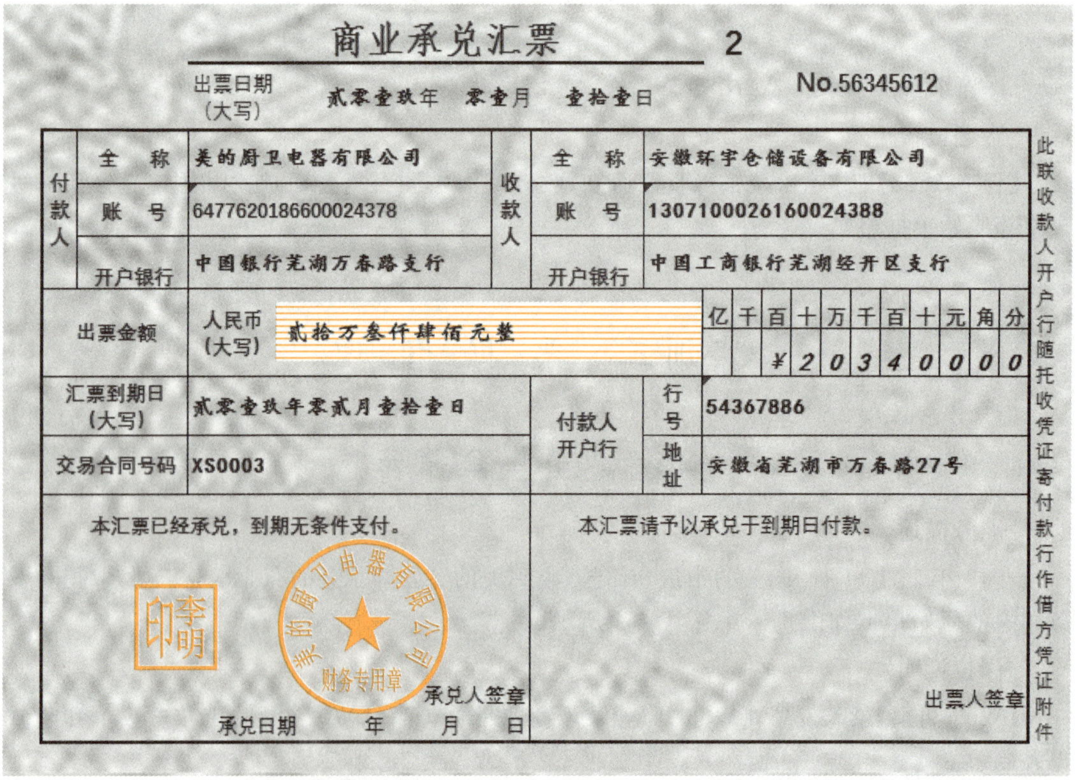

商业承兑汇票　2

出票日期（大写）　贰零壹玖年　零壹月　壹拾壹日　No.56345612

付款人	全　称	美的厨卫电器有限公司	收款人	全　称	安徽环宇仓储设备有限公司
	账　号	6477620186600024378		账　号	1307100026160024388
	开户银行	中国银行芜湖万春路支行		开户银行	中国工商银行芜湖经开区支行
出票金额	人民币（大写）	贰拾万叁仟肆佰元整		亿千百十万千百十元角分	¥20340000
汇票到期日（大写）	贰零壹玖年零贰月壹拾壹日		付款人开户行	行号	54367886
交易合同号码	XS0003			地址	安徽省芜湖市万春路27号
本汇票已经承兑，到期无条件支付。 承兑人签章 承兑日期　年　月　日			本汇票请予以承兑于到期日付款。 出票人签章		

此联收款人开户行随托收凭证寄付款行作借方凭证附件

图 4-51 【业务一——商业承兑汇票】

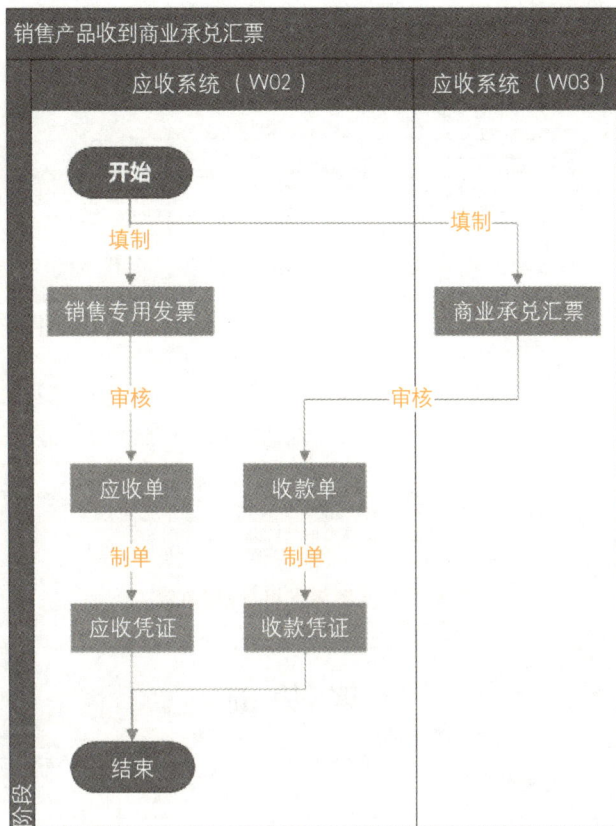

图 4-52　销售产品收到商业承兑汇票流程图

〖操作指导〗

1. 录入销售专用发票

（1）【W02 胡鹏】在应收款管理系统中，执行【应收单据处理】|【应收单据录入】命令，打开【单据类别】对话框，在【单据名称】栏选择【销售发票】；在【单据类型】栏选择【销售专用发票】；在【方向】栏选择【正向】；单击【确定】按钮，打开【销售专用发票】窗口，单击【增加】按钮，录入发票号【45684338】；修改开票日期为【2019-01-11】；单击【客户】栏的【参照】按钮，选择【美的】；在【税率】栏录入【13.00】；在【备注】栏录入【销售仓储笼】。

（2）在【存货编码】栏录入【0202】，或单击【存货名称】栏的【参照】按钮，选择【仓储笼】，在【数量】栏录入【400.00】，在【无税单价】栏录入【450.00】。

（3）单击【保存】按钮，如图 4-53 所示。

（4）单击【审核】按钮，系统弹出提示【是否立即制单？】。

（5）单击【是】，系统弹出【记账凭证】窗口，修改科目【6001】（主营业务收入）的项目辅助项为【2】（仓储笼），单击【确定】按钮，系统提示【已生成】，如图 4-54 所示。

2. 录入商业承兑汇票

（1）【W03 刘慧】在应收款管理系统中，执行【票据管理】命令，打开【查询条件选择】对话框。

（2）单击【确定】按钮，打开【票据管理】窗口。

（3）单击【增加】按钮，打开【商业汇票】窗口。

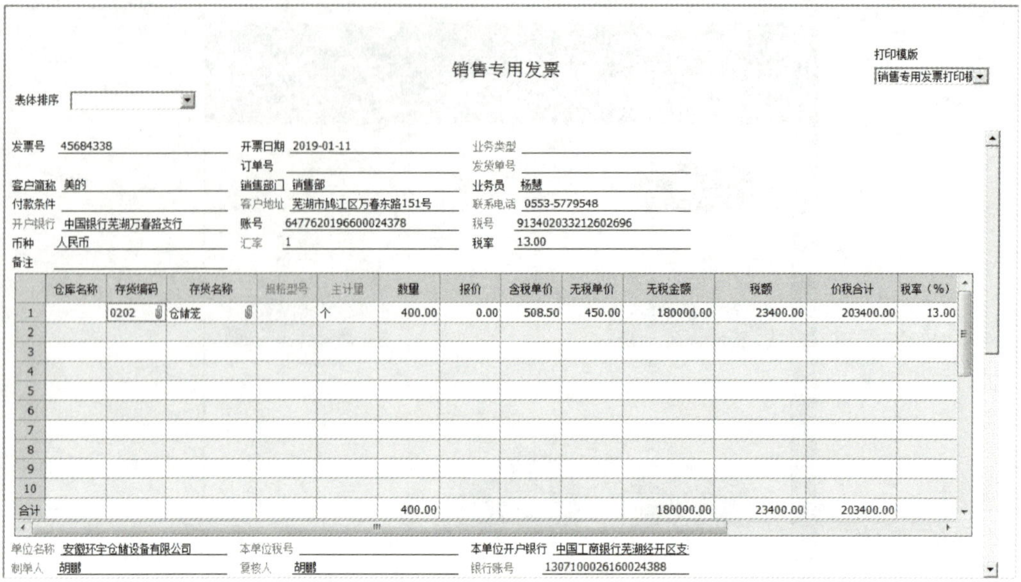

图 4 - 53　【销售专用发票】窗口

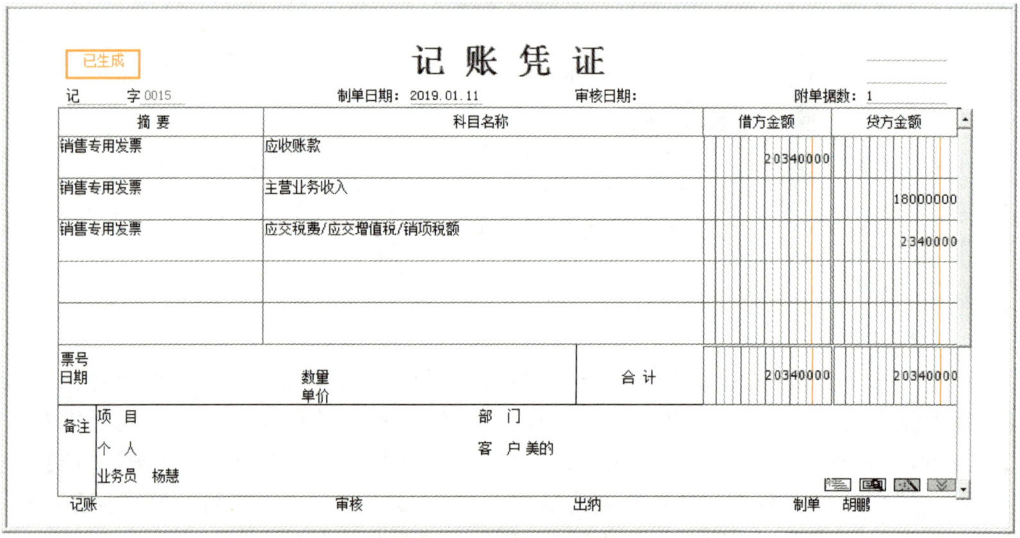

图 4 - 54　【记 15 号凭证】页面

（4）在【票据类型】栏选择【商业承兑汇票】；在【票据编号】栏输入【56345612】；单击【结算方式】栏，选择【商业承兑汇票】；在【收到日期】栏选择【2019 - 01 - 11】；在【出票日期】栏选择【2019 - 01 - 11】；在【到期日】栏选择【2019 - 02 - 11】；在【出票人】栏的【参照】按钮，选择【美的厨卫电器有限公司】；在【金额】栏录入【203400.00】，如图 4 - 55 所示。

（5）单击【保存】按钮。

温馨提示

　　🌑　保存一张商业票据之后，系统会自动生成一张收款单。这张收款单还需经过审核之后才能生成记账凭证。

- 由票据生成的收款单不能修改。
- 在【票据管理】功能中可以对商业承兑汇票和银行承兑汇票进行日常业务处理，包括票据的收入、结算、贴现、背书、转出、计息等。
- 商业承兑汇票不能有承兑银行，银行承兑汇票必须有承兑银行。

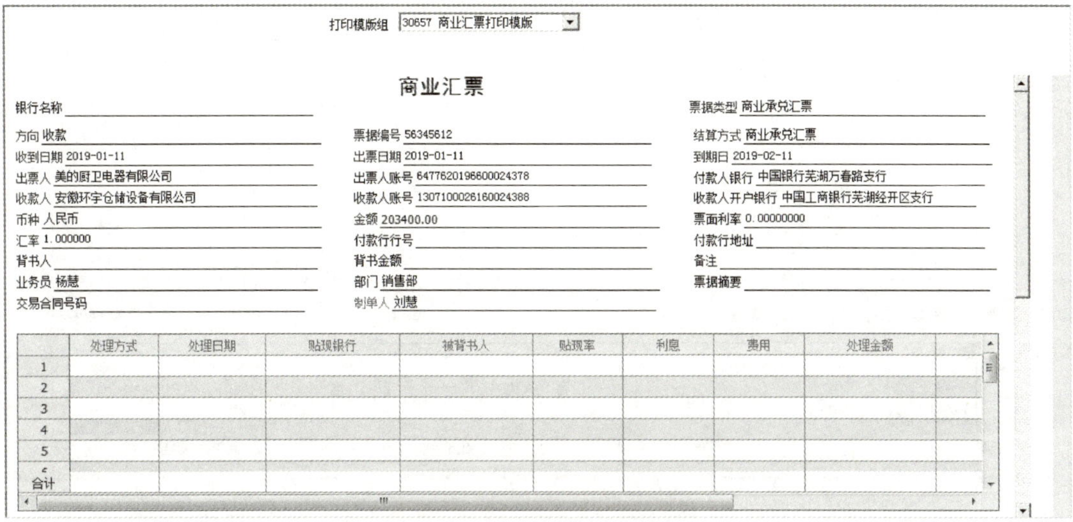

图 4－55 【商业汇票】窗口

3. 审核收款单

(1)【W02 胡鹏】在应收款管理系统中，执行【收款单据处理】|【收款单据审核】命令，打开【收款单查询条件】对话框。

(2) 单击【确定】按钮，进入【收付款单列表】窗口。

(3) 单击【全选】按钮，再单击【审核】按钮，系统弹出【本次审核成功单据[1]张】信息提示框，如图 4－56 所示。

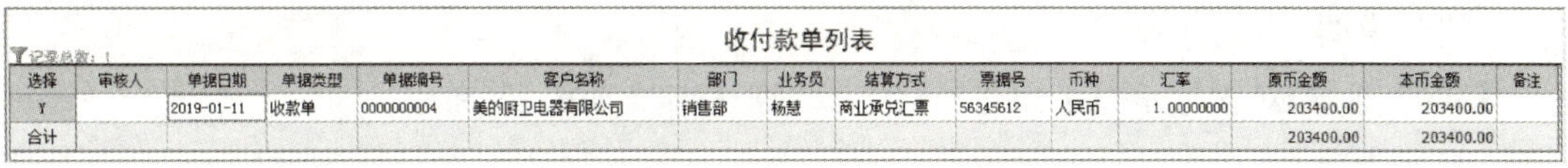

收付款单列表

选择	审核人	单据日期	单据类型	单据编号	客户名称	部门	业务员	结算方式	票据号	币种	汇率	原币金额	本币金额	备注
Y		2019-01-11	收款单	0000000004	美的厨卫电器有限公司	销售部	杨慧	商业承兑汇票	56345612	人民币	1.00000000	203400.00	203400.00	
合计												203400.00	203400.00	

图 4－56 【收付款单列表】窗口

(4) 单击【确定】按钮。

温馨提示

- 在票据保存后由系统自动生成了一张收款单，这张收款单应在审核后再生成记账凭证，才完成了应收账款转为应收票据的核算过程。

4. 制单

(1)【W02 胡鹏】在应收款管理系统中，执行【制单处理】命令，打开【制单查询】对话框。

（2）单击选中【收付款单制单】复选框。

（3）单击【确定】按钮，打开【收付款单制单】窗口，单击【全选】按钮。

（4）单击【制单】按钮，出现 1 张记账凭证，单击【保存】按钮，保存此张记账凭证，如图 4-57 所示。

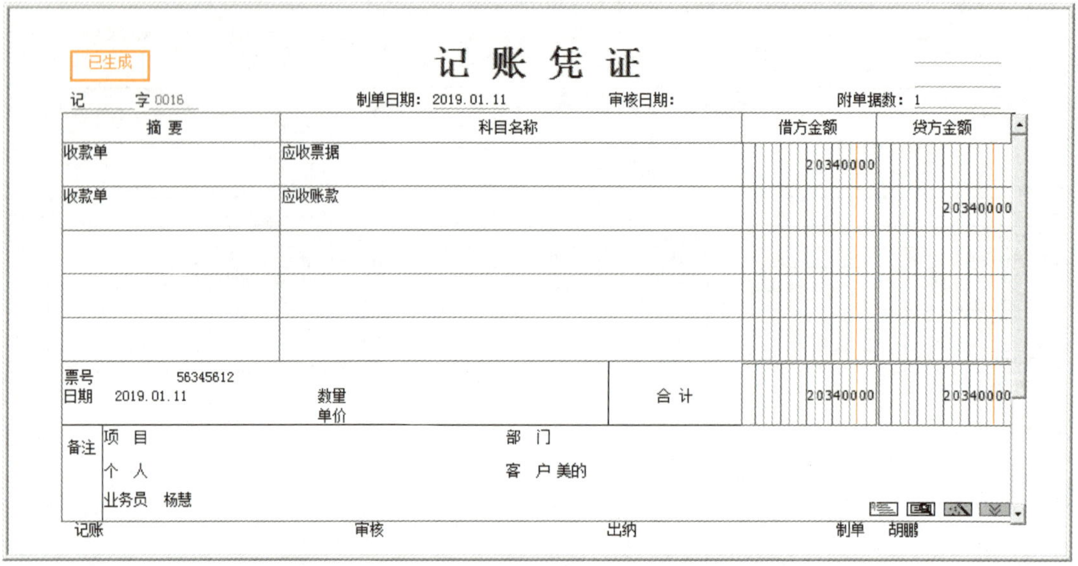

图 4-57　【记 16 号凭证】页面

〖赛题链接〗

【任务 2.26】　22 日，销售部经理刘奇峰与长沙家乐福有限公司签订销售合同，货已发出。23 日收到银行承兑汇票和转账支票（购销合同、增值税专用发票、银行承兑汇票等原始单据略）。

业务二　票据计息及结算

〖业务描述〗

2019 年 1 月 18 日，将银行承兑汇票（票号：84378948，面值：54 240 元）计息、结算。

〖岗位说明〗

【W03 刘慧】对银行承兑汇票进行计息、结算，【W02 胡鹏】制单。

〖操作指导〗

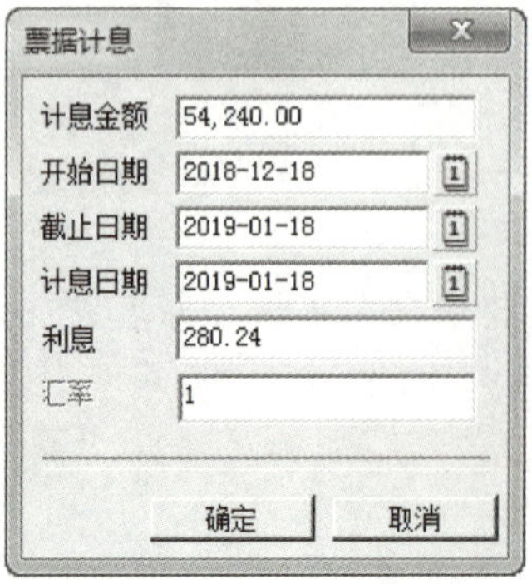

图 4-58　【票据计息】对话框

1．银行承兑汇票计息

（1）【W03 刘慧】在【票据管理】窗口中，单击选中 2018 年 12 月 18 日的银行承兑汇票（84378948）。

（2）单击【计息】按钮，打开【票据计息】对话框，如图 4-58 所示。

（3）单击【确定】按钮，出现【是否立即制单？】提示。

（4）单击【否】按钮。

2．银行承兑汇票结算

（1）【W03 刘慧】在【票据管理】窗口中，单击选中 2018 年 12 月 18 日的银行承兑汇票（84378948）。

（2）单击【结算】按钮，打开【票据结算】对话框。修改结算日期【2019-01-18】，录入结算金额【54520.24】；在【结算科目】栏录入【1002】，或单击【结算科目】栏的【参照】按钮，选择【1002】；【托收单位】选择【中国工商银行芜湖经开区支行】，如图4-59所示。

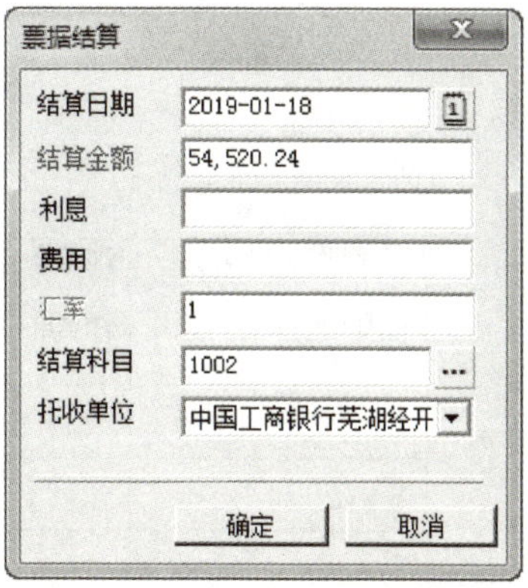

（3）单击【确定】按钮，出现【是否立即制单？】提示。

（4）单击【否】按钮。

3.制单

（1）【W02胡鹏】在应收款管理系统中，执行【制单处理】命令，打开【制单查询】对话框。

（2）单击选中【票据处理制单】复选框，如4-60所示。

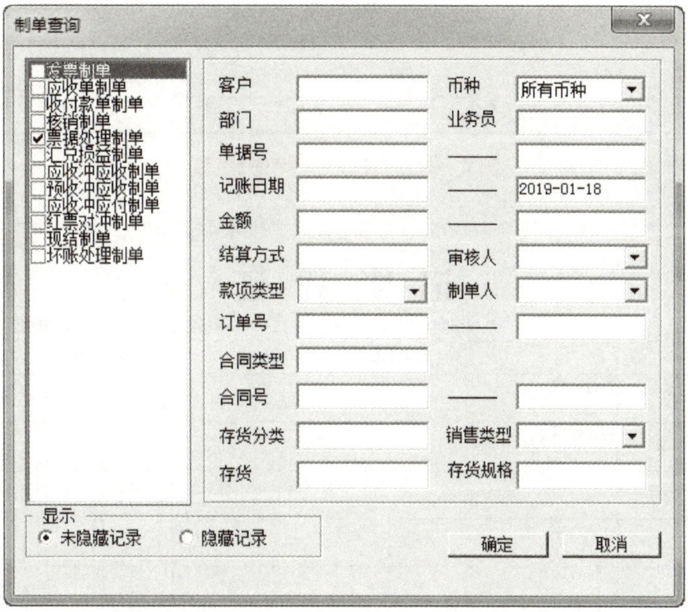

图4-59 【票据结算】对话框

图4-60 【制单查询】对话框

（3）单击【确定】按钮，打开【票据处理制单】窗口，单击【全选】按钮，如图4-61所示。

票据处理制单

选择标志	凭证类别	单据类型	单据号	日期	客户编码	客户名称	部门	业务员	金额
1	记账凭证	票据计息	84378948	2019-01-18	002	华润苏果超市有限公司	销售部	王菡	280.24
2	记账凭证	票据结算	84378948	2019-01-18	002	华润苏果超市有限公司	销售部	王菡	54,520.24

凭证类别 记账凭证　制单日期 2019-01-18　共2条

图4-61 【票据处理制单】窗口

（4）单击【制单】按钮，出现1张记账凭证，调整【6603财务费用】科目的方向为【借方红字】，单击【保存】按钮，保存此张记账凭证。单击【下张】按钮，单击【保存】按钮，保存第二张记账凭证，如图4-62、图4-63所示。

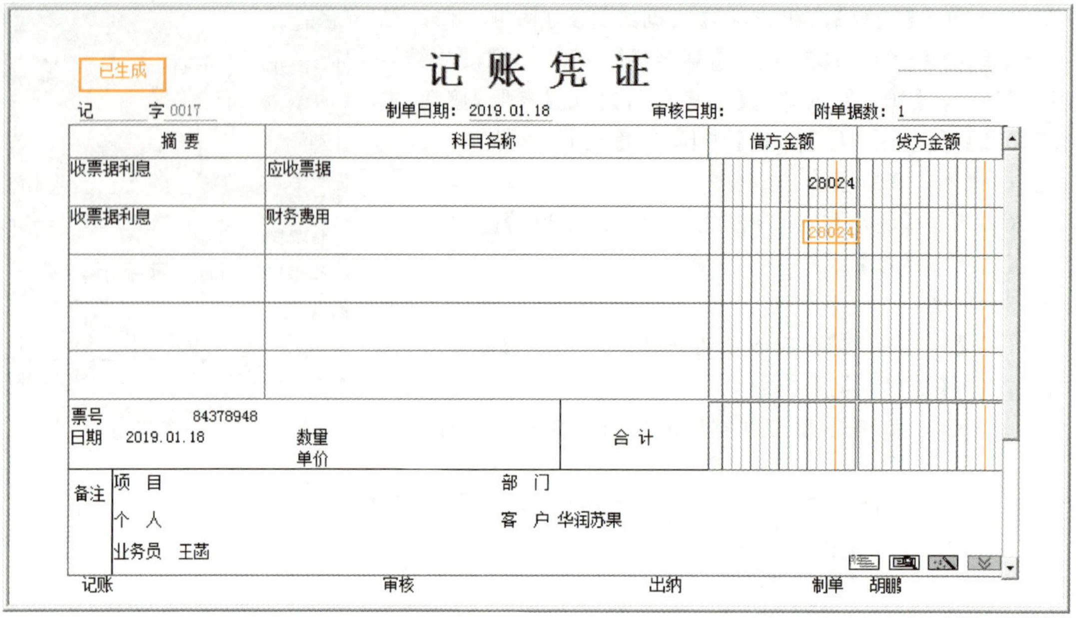

图 4 - 62 【记 17 号凭证】页面

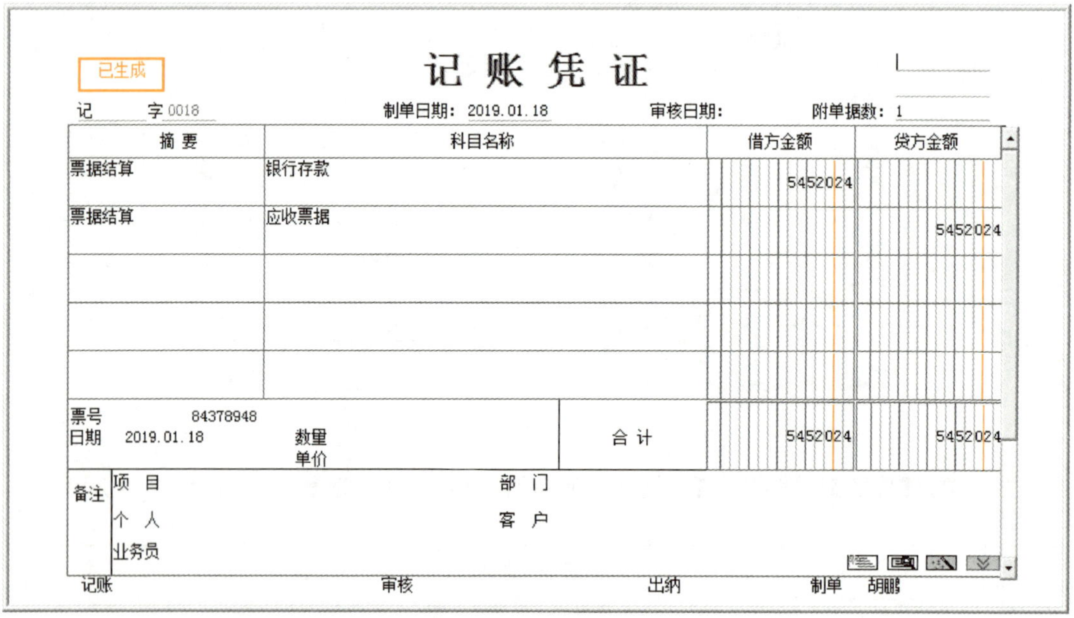

图 4 - 63 【记 18 号凭证】页面

> **温馨提示**
> - 当票据到期持票收款时,执行票据结算处理。
> - 进行票据结算时,结算金额应是通过结算实际收到的金额。
> - 结算金额加上利息减去费用的金额要大于等于票据金额。
> - 票据结算后,不能再进行其他与票据相关的处理。

业务三　票 据 贴 现

〖业务描述〗

2019 年 1 月 18 日，将 2019 年 1 月 11 日收到的美的签发并承兑的商业承兑汇票(56345612)到银行贴现，贴现率为 6%。

〖岗位说明〗

【W03 刘慧】对商业承兑汇票进行贴现，【W02 胡鹏】制单。

〖操作指导〗

1. 商业承兑汇票贴现

(1)【W03 刘慧】在应收款管理系统中，执行【票据管理】命令，打开【查询条件选择】对话框。

(2) 单击【确定】按钮，打开【票据管理】窗口。

(3) 在【票据管理】窗口中，选中 2019 年 1 月 11 日收到的商业承兑汇票，如图 4－64 所示。

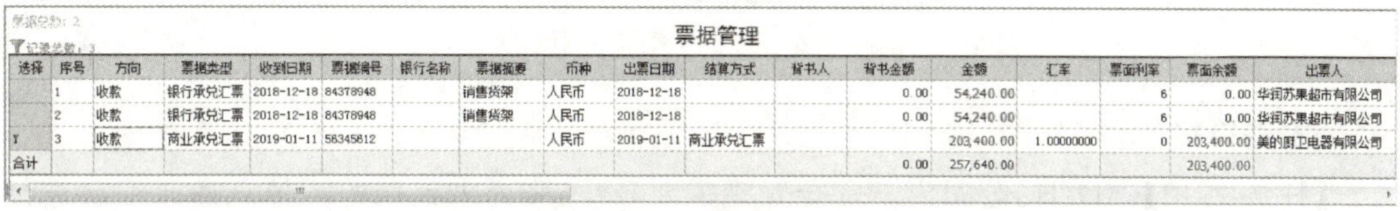

票据总数：2
记录总数：3

票据管理

选择	序号	方向	票据类型	收到日期	票据编号	银行名称	票据摘要	币种	出票日期	结算方式	背书人	背书金额	金额	汇率	票面利率	票面余额	出票人
	1	收款	银行承兑汇票	2018-12-18	84378948		销售货架	人民币	2018-12-18			0.00	54,240.00		6	0.00	华润苏果超市有限公司
	2	收款	银行承兑汇票	2018-12-18	84378948		销售货架	人民币	2018-12-18			0.00	54,240.00		6	0.00	华润苏果超市有限公司
Y	3	收款	商业承兑汇票	2019-01-11	56345612			人民币	2019-01-11	商业承兑汇票			203,400.00	1.00000000	0	203,400.00	美的厨卫电器有限公司
合计												0.00	257,640.00			203,400.00	

图 4－64　【票据管理】窗口

(4) 单击【贴现】按钮，打开【票据贴现】对话框。

(5) 在【贴现率】栏录入【6】，在【结算科目】栏录入【1002】，如图 4－65 所示。

(6) 单击【确定】按钮，系统弹出【是否立即制单?】信息提示框。

(7) 单击【否】按钮。

2. 制单

(1)【W02 胡鹏】在应收款管理系统中，执行【制单处理】命令，打开【制单查询】对话框。

(2) 单击选中【票据处理制单】复选框。

(3) 单击【确定】按钮，打开【票据处理制单】窗口，单击【全选】按钮。

(4) 单击【制单】按钮，出现 1 张记账凭证，单击【保存】按钮，如图 4－66 所示。

3. 将账套输出至【D:\418 账套备份\4－3】文件夹

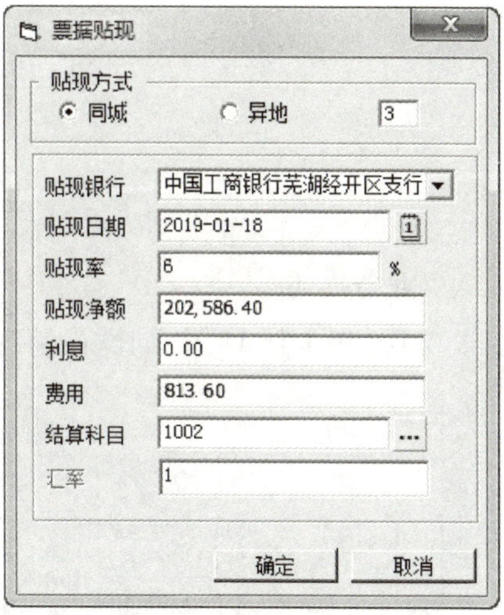

图 4－65　【票据贴现】对话框

温馨提示

◆ 如果贴现净额大于余额，系统自动将其差额作为利息，不能修改；如果贴现净额小于票据余额，系统自动将其差额作为费用，不能修改。

◆ 票据贴现后，将不能对其作其他处理。

已生成

记 账 凭 证

记 字 0019 制单日期：2019.01.18 审核日期： 附单据数：1

摘 要	科目名称	借方金额	贷方金额
票据贴现	银行存款	20258640	
票据费用	财务费用	81360	
票据贴现	应收票据		20340000
票号 56345612 日期 2019.01.18 数量 单价	合 计	20340000	20340000

备注 项 目 部 门
个 人 客 户
业务员

记账 审核 出纳 制单 胡鹏

图 4－66 【记 19 号凭证】页面

4

〖赛题链接〗

【任务 2.12】 11 日，公司出于资金管理需要，将一张尚未到期的不带息商业汇票进行贴现（贴现凭证等原始单据略）。

实训四 转 账 处 理

业务一 销 售 货 架

〖业务描述〗

2019 年 1 月 18 日，向欧尚销售货架，取得与业务相关的原始单据如图 4－67 所示。

安徽增值税专用发票

NO.45684339 3402072130 45684339

此联不作报销、扣税凭证使用 开票日期：2019年01月18日

购买方 名称：欧尚超市有限公司
纳税人识别号：913402028652303336
地址、电话：芜湖市弋江区花津南路28号，0553-4795488
开户行及账号：中国建设银行芜湖花津路支行，3478620185600024642
密码区 略

货物或应税劳务、服务名称	规格型号	单位	数量	单价	金额	税率	税额
*搬运设备*货架		个	1000.00	480.00	480,000.00	13.00%	62,400.00
合 计			1000.00		¥480,000.00		¥62,400.00

价税合计（大写） ⊗伍拾肆万贰仟肆佰圆整 （小写）¥542400.00

销售方 名称：安徽环宇仓储设备有限公司
纳税人识别号：913402076897786088
地址、电话：芜湖市经济技术开发区港湾路188号，0553-4471388
开户行及账号：中国工商银行芜湖经开区支行，1307100026160024388
备注

收款人：略 复核：略 开票人：略 销售方（章）：

税总函〔2015〕562号上海印钞有限公司

第一联：记账联 销货方记账凭证

图 4－67 【业务一——增值税专用发票】

〚岗位说明〛

【W02 胡鹏】录入销售专用发票、审核、制单。

〚操作指导〛

（1）【W02 胡鹏】在应收款管理系统中，执行【应收单据处理】|【应收单据录入】命令，打开【单据类别】对话框，在【单据名称】栏选择【销售发票】，在【单据类型】栏选择【销售专用发票】，在【方向】栏选择【正向】，单击【确定】按钮，打开【销售专用发票】窗口，单击【增加】按钮，录入发票号【45684339】；修改开票日期为【2019－01－18】；单击【客户】栏的【参照】按钮，选择【欧尚】；在【税率】栏录入【13.00】；在【备注】栏录入【销售货架】。

（2）在【存货编码】栏录入【0201】，或单击【存货名称】栏的【参照】按钮，选择【货架】，在【数量】栏录入【1000.00】，在【无税单价】栏录入【480.00】。

（3）单击【保存】按钮，如图 4－68 所示。

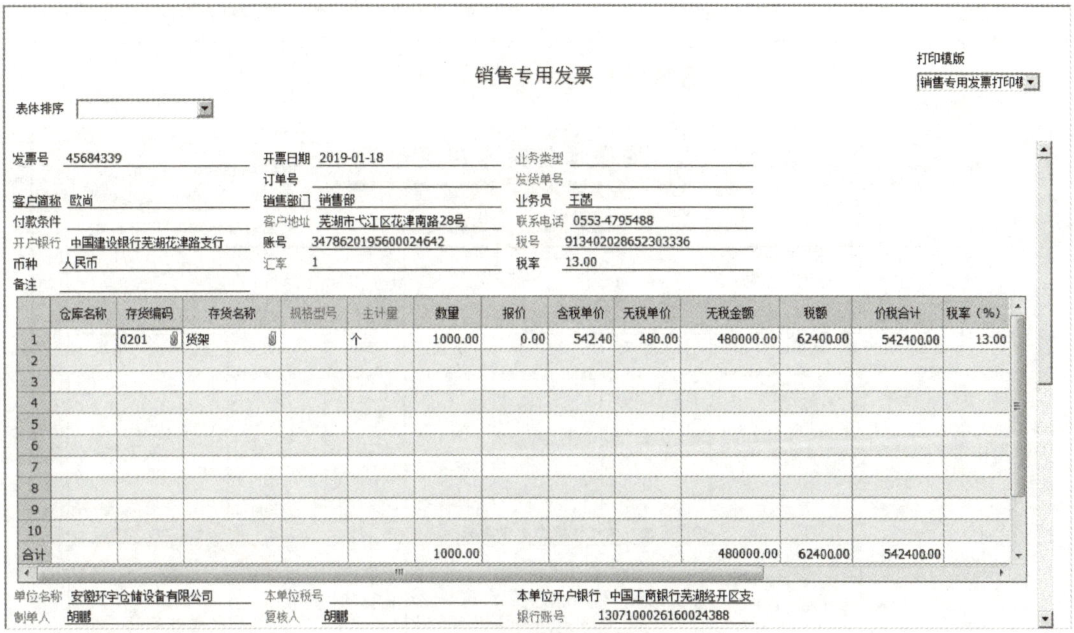

销售专用发票

打印模版 销售专用发票打印模

	仓库名称	存货编码	存货名称	规格型号	主计量	数量	报价	含税单价	无税单价	无税金额	税额	价税合计	税率（%）
1		0201	货架		个	1000.00	0.00	542.40	480.00	480000.00	62400.00	542400.00	13.00
2													
3													
4													
5													
6													
7													
8													
9													
10													
合计						1000.00				480000.00	62400.00	542400.00	

发票号 45684339　开票日期 2019-01-18　业务类型
订单号　发货单号
客户简称 欧尚　销售部门 销售部　业务员 王茵
付款条件　客户地址 芜湖市弋江区花津南路28号　联系电话 0553-4795488
开户银行 中国建设银行芜湖花津路支行　账号 3478620195600024642　税号 913402028652303336
币种 人民币　汇率 1　税率 13.00
备注

单位名称 安徽环宇仓储设备有限公司　本单位税号　本单位开户银行 中国工商银行芜湖经开区支
制单人 胡鹏　复核人 胡鹏　银行账号 1307100026160024388

图 4－68 【销售专用发票】窗口

（4）单击【审核】按钮，系统弹出提示【是否立即制单？】。

（5）单击【是】，系统弹出【记账凭证】窗口，修改科目【6001】（主营业务收入）的项目辅助项为【1】（货架），单击【保存】按钮，系统提示【已生成】，如图 4－69 所示。

业务二 销 售 退 回

〚业务描述〛

2019 年 1 月 20 日，销售给欧尚的部分货架有质量问题，双方协商退货，已开具红字发票，取得与业务相关的原始单据 4－70 所示。

〚岗位说明〛

【W02 胡鹏】录入红字销售专用发票、审核、制单。

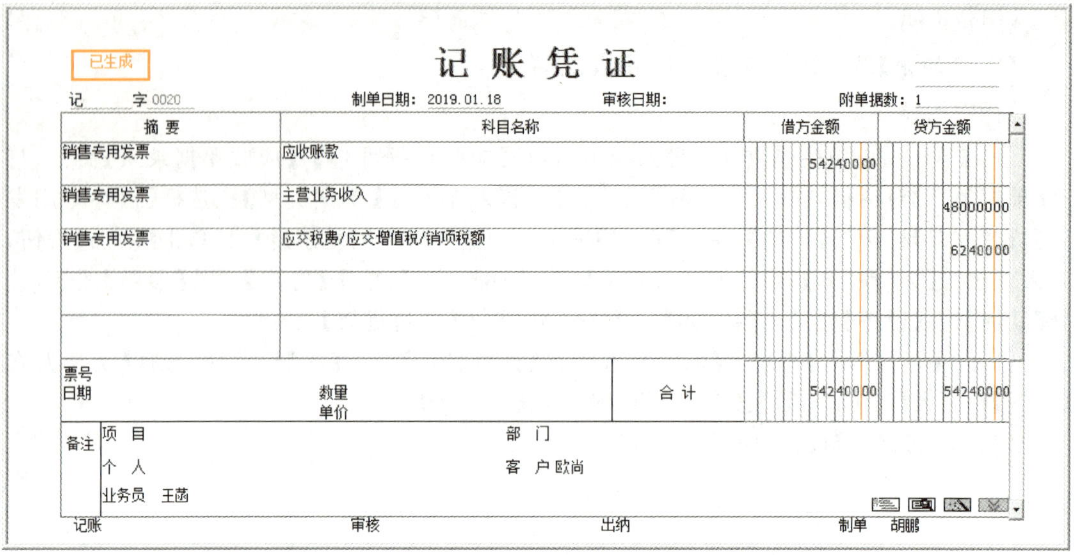

图 4-69 【记 20 号凭证】页面

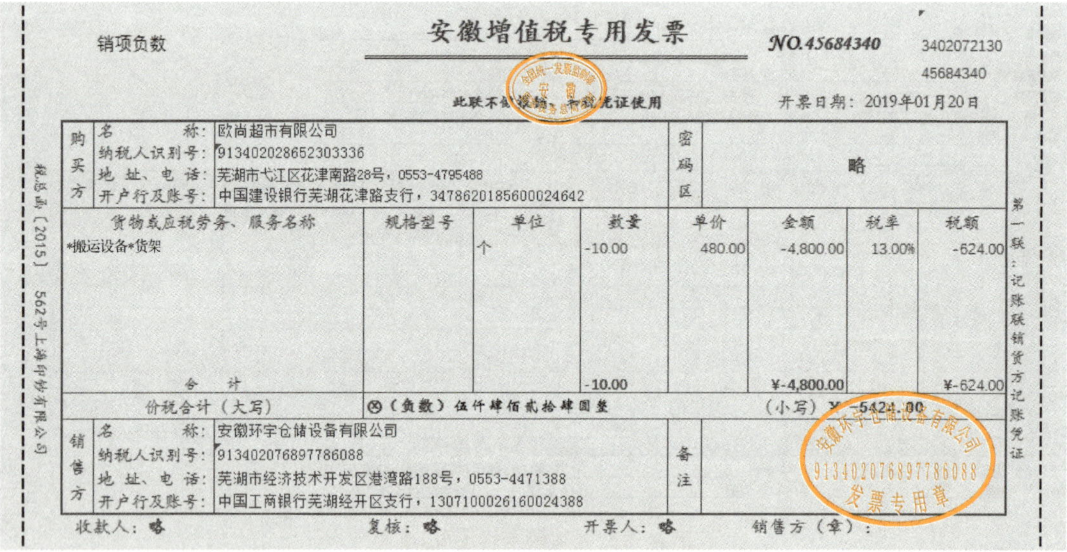

图 4-70 【业务二——增值税专用发票】

[操作指导]

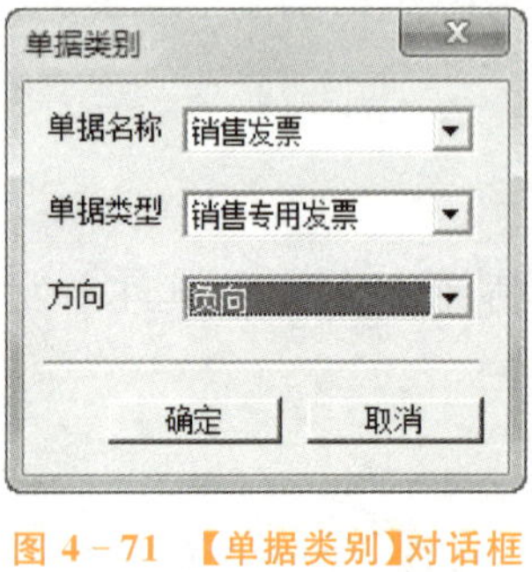

图 4-71 【单据类别】对话框

（1）在应收款管理系统中，执行【应收单据处理】|【应收单据录入】命令，打开【单据类别】对话框。

（2）选择【单据名称】为【销售发票】，【单据类型】为【销售专用发票】，【方向】为【负向】，如图 4-71 所示。

（3）单击【确定】按钮，打开【销售专用发票】窗口。

（4）单击【增加】按钮，录入发票号【45684340】；修改开票日期为【2019-01-20】；单击【客户】栏的【参照】按钮，选择【欧尚】；在【税率】栏录入【13.00】；在【备注】栏录入【货架退回】。

（5）在【存货编码】栏录入【0201】，或单击【存货名称】栏的

【参照】按钮,选择【货架】,在【数量】栏录入【－10.00】,在【无税单价】栏录入【480.00】。

(6) 单击【保存】按钮,如图 4-72 所示。

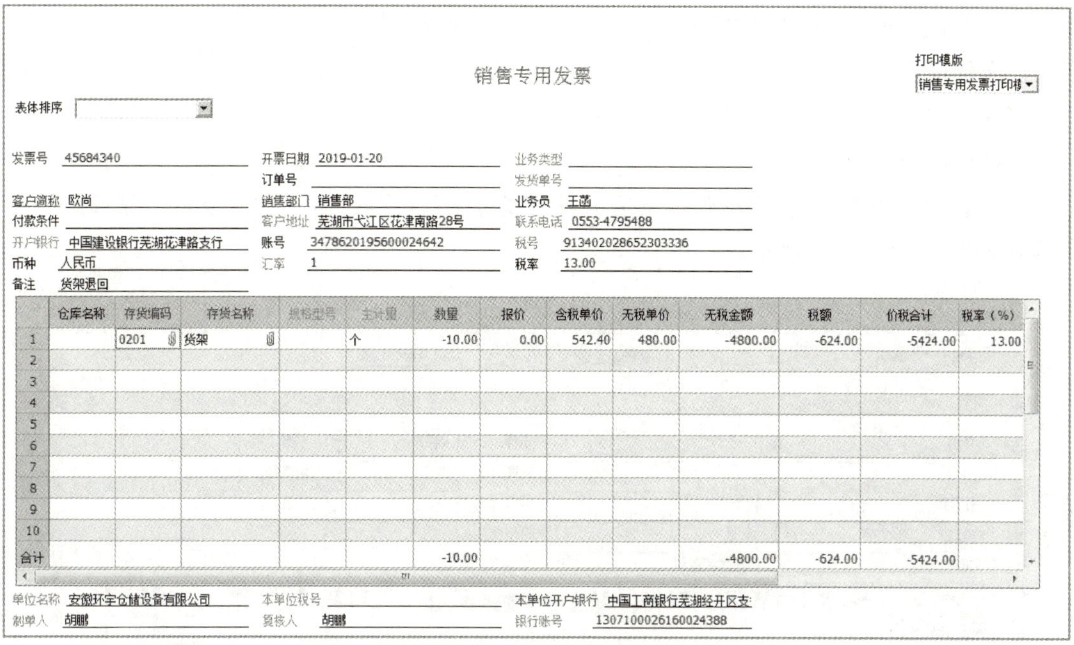

图 4-72 【红字销售专用发票】窗口

(7) 单击【审核】按钮,系统弹出提示【是否立即制单?】。

(8) 单击【是】,系统弹出【记账凭证】窗口,修改科目【6001】(主营业务收入)的项目辅助项为【1】(货架),单击【保存】按钮,系统提示【已生成】,如图 4-73 所示。

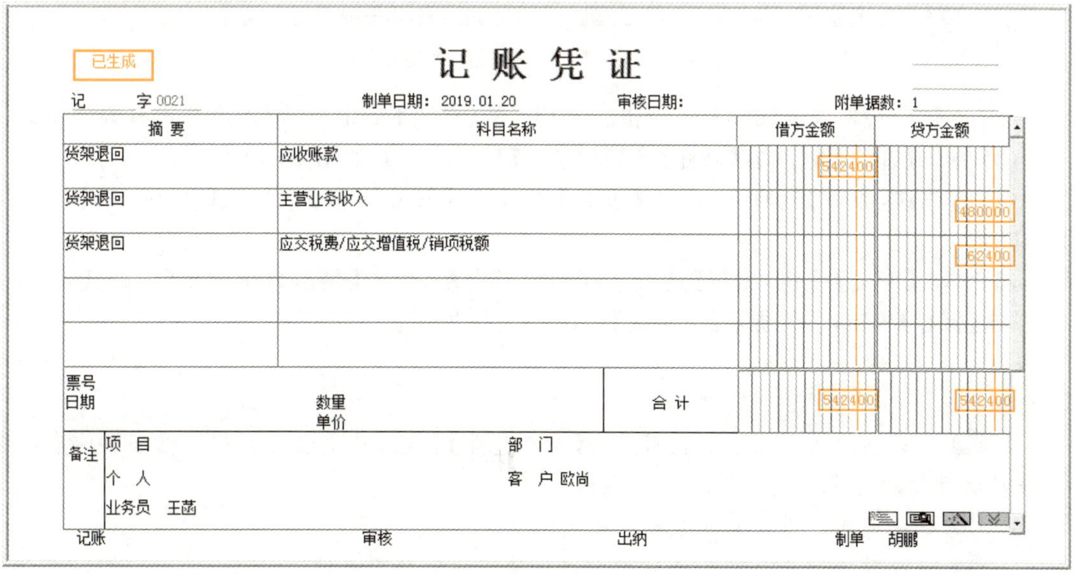

图 4-73 【记 21 号凭证】页面

业务三　预 收 冲 应 收

〖业务描述〗

2019 年 1 月 20 日,欧尚的预收款 10 000.00 元冲应收款。

〖岗位说明〗

【W02 胡鹏】进行预收冲应收的转账操作、制单。

〖操作指导〗

(1)【W02 胡鹏】在应收款管理系统中,执行【转账】|【预收冲应收】命令,打开【预收冲应收】对话框,如图 4-74 所示。

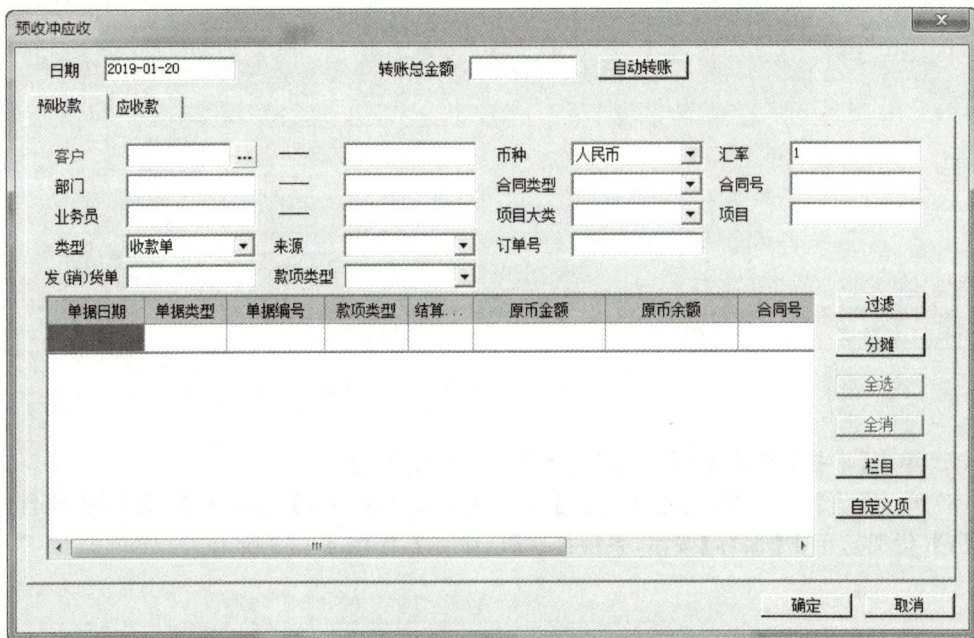

图 4-74　【预收冲应收】对话框

(2)在【客户】栏录入【003】,或单击【客户】栏的【参照】按钮,选择【欧尚超市有限公司】。

(3)单击【过滤】按钮,在【转账金额】栏录入【10000.00】,如图 4-75 所示。

(4)单击【应收款】选项卡,单击【过滤】按钮,在【转账金额】栏录入【10000.00】,如图 4-76 所示。

(5)单击【确定】按钮,出现【是否立即制单?】提示,单击【是】,系统弹出【记账凭证】窗口,单击【保存】按钮,系统提示【已生成】,如图 4-77 所示。

> **温馨提示**
>
> ◗ 可以在输入转账总金额后单击【自动转账】按钮,系统自动根据过滤条件进行成批的预收冲抵应收款工作。
>
> ◗ 每一笔应收款的转账金额不能大于其金额。
>
> ◗ 应收款的转账金额合计应等于预收款的转账金额合计。

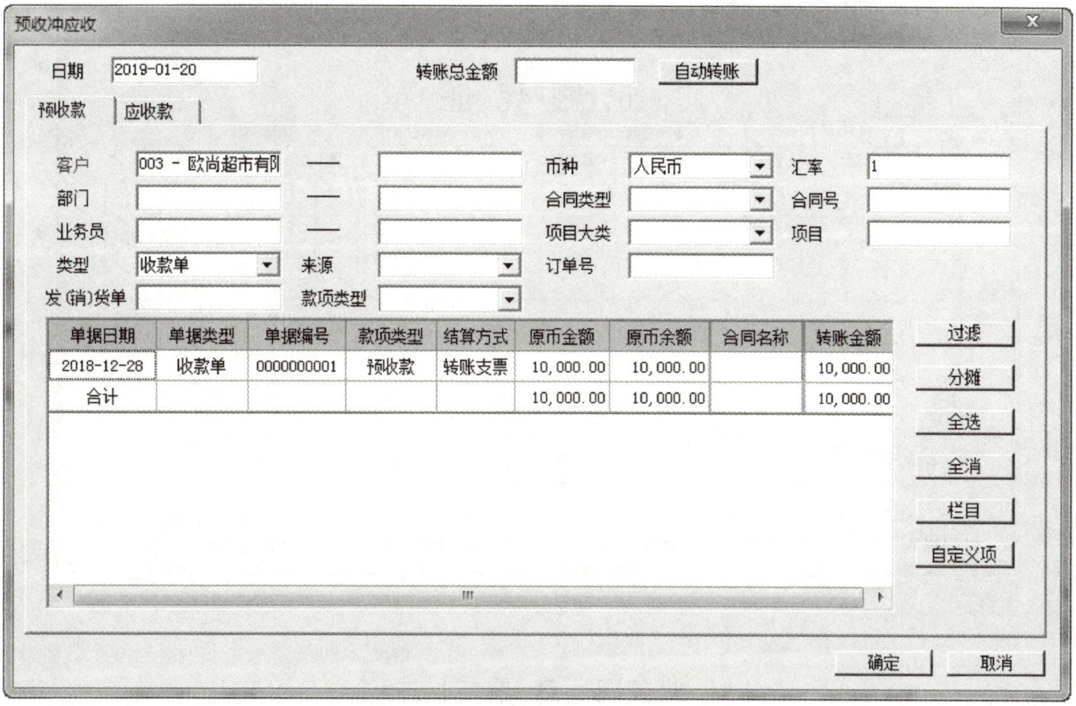

图 4-75 【预收冲应收——预收款】对话框

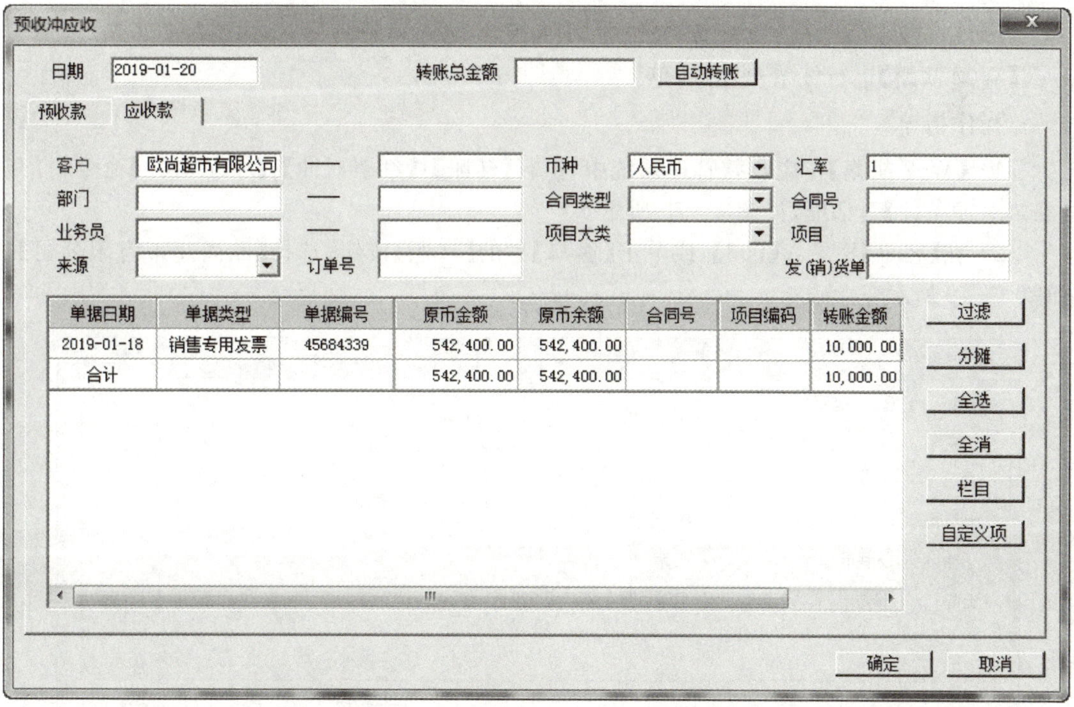

图 4-76 【预收冲应收——应收款】对话框

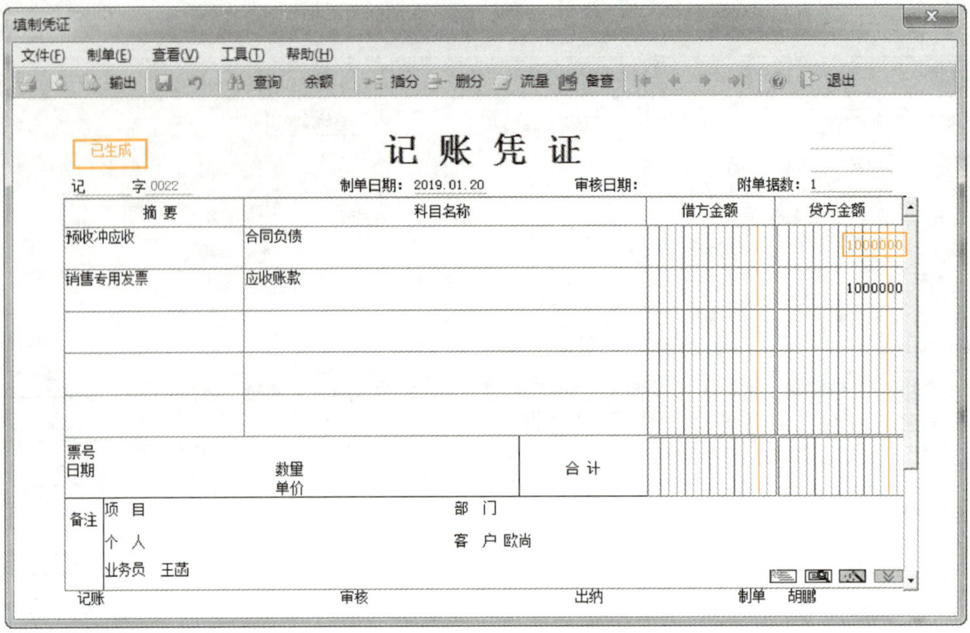

图 4 - 77 【记 22 号凭证】页面

业务四   红票对冲

〔业务描述〕

2019 年 1 月 20 日,对欧尚的红票对冲。

〔岗位说明〕

【W02 胡鹏】进行红票对冲、制单。

〔操作指导〕

(1)【W02 胡鹏】在应收款管理系统中,执行【转账】|【红票对冲】|【手工对冲】命令,打开【红票对冲条件】对话框,如图 4 - 78 所示。

(2)在【客户】栏录入【003】,或单击【客户】栏的【参照】按钮,选择【欧尚超市有限公司】,如图 4 - 79 所示。

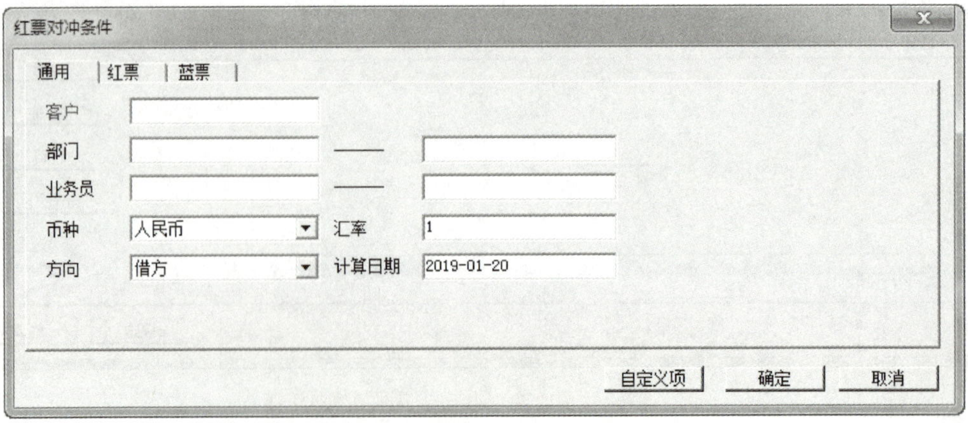

图 4 - 78 【红票对冲条件】对话框

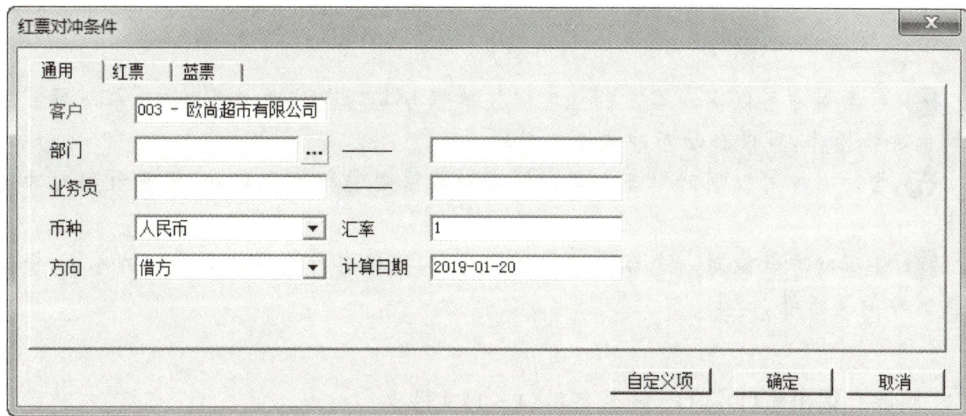

图 4-79 【红票对冲条件】对话框（客户栏录入）

（3）单击【确定】按钮，打开【红票对冲】窗口。

（4）在【2019-01-18】所填制的销售专用发票【对冲金额】栏中录入【5424.00】，如图 4-80 所示。

单据日期	单据类型	单据编号	客户	币种	原币金额	原币余额	对冲金额	部门	业务员	合同名称
2019-01-20	销售专...	45684340	欧尚	人民币	5,424.00	5,424.00	5,424.00	销售部	王茵	
合计					5,424.00	5,424.00	5,424.00			

单据日期	单据类型	单据编号	客户	币种	原币金额	原币余额	对冲金额	部门	业务员	合同名称
2019-01-18	销售专用发票	45684339	欧尚	人民币	542,400.00	532,400.00	5,424.00	销售部	王茵	
合计					542,400.00	532,400.00	5,424.00			

图 4-80 【红票对冲】窗口

（5）单击【保存】按钮，系统提示【是否立即制单?】，单击【是】按钮，系统弹出【记账凭证】窗口，单击【保存】按钮，系统提示【已生成】，如图 4-81 所示。

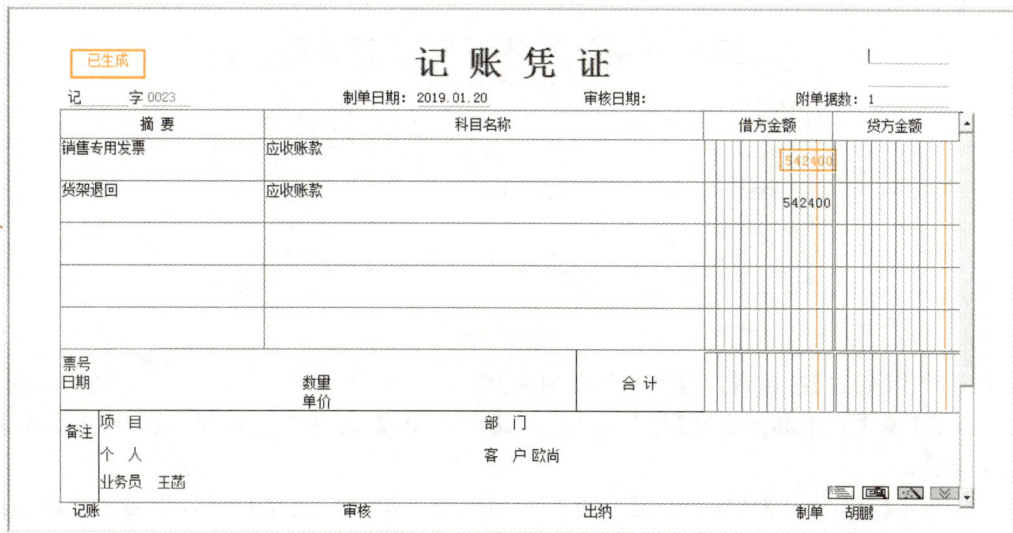

图 4-81 【记 23 号凭证】页面

4

> **温馨提示**
>
> ● 红票对冲可以实现客户的红字应收单据与其蓝色应收单据、收款单与付款单之间的冲抵操作,可以自动对冲或手工对冲。
>
> ● 自动对冲可以同时对多个客户依据对冲原则进行红票对冲,提高红票对冲的效率。
>
> ● 手工对冲只能对一个客户进行红票对冲,可以自行选择红票对冲的单据,提高红票对冲的灵活性。

(6)将账套输出至【D:\418账套备份\4-4】文件夹。

实训五　坏账处理

业务一　坏账发生

〖业务描述〗

2019年1月20日,将1月9日形成的应向沃尔玛收取的应收账款1 436元(其中货款1 000元,代垫运费436元)转为坏账。

〖岗位说明〗

【W02 胡鹏】进行坏账处理并制单。

〖操作指导〗

(1)【W02 胡鹏】在应收款管理系统中,执行【坏账处理】|【坏账发生】命令,打开【坏账发生】对话框。

(2)将日期修改为【2019-01-20】,在【客户】栏录入【001】,或单击【客户】栏的【参照】按钮,选择【沃尔玛超市有限公司】,如图4-82所示。

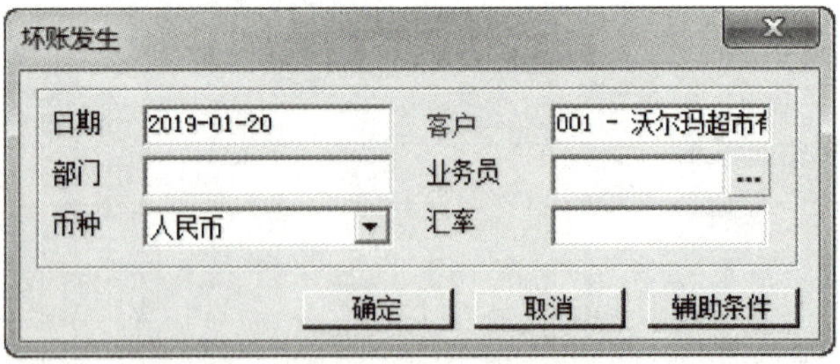

坏账发生

日期	2019-01-20	客户	001 - 沃尔玛超市有
部门		业务员	⋯
币种	人民币 ▼	汇率	

[确定] [取消] [辅助条件]

图4-82 【坏账发生】对话框

(3)单击【确定】按钮,打开【发生坏账损失】窗口。

(4)在【本次发生坏账金额】栏第一行录入【1000.00】,再在第二行录入【436.00】,如图4-83所示。

(5)单击【OK确认】按钮,出现【是否立即制单?】提示,单击【是】按钮,生成发生坏账的记账凭证,单击【保存】按钮,如图4-84所示。

坏账发生

坏账发生单据明细

单据类型	单据编号	单据日期	合同号	合同名称	到期日	余额	部门	业务员	本次发生坏账金额
销售专用发票	45684337	2019-01-09			2019-01-09	50850.00	销售部	王菡	1,000.00
其他应收单	0000000001	2019-01-09			2019-01-09	436.00	销售部	王菡	436.00
合计						51286.00			1,436.00

图 4-83 【坏账发生单据明细】窗口

记 账 凭 证

已生成

记 字 0024	制单日期：2019.01.20	审核日期：	附单据数：1

摘要	科目名称	借方金额	贷方金额
坏账发生	坏账准备	143600	
销售专用发票	应收账款		100000
代垫销售仓储笼运费	应收账款		43600
票号 日期	数量 单价	合计	143600 / 143600
备注	项目	部门	
	个人	客户	
	业务员		

| 记账 | 审核 | 出纳 | 制单 胡鹏 |

图 4-84 【记 24 号凭证】页面

温馨提示

🌑 本次坏账发生金额只能小于或等于单据余额。

〖赛题链接〗

【任务 2.08】 7 日，深圳华银旺和有限公司货款未能按期偿还(已计提坏账准备 50 000元)。现与我公司达成债务重组协议，该公司抵债商品发票已到，货已入库(债务重组合同等原始单据略)。

业务二　坏账收回

〖业务描述〗

2019 年 1 月 31 日，收到银行通知，收回已作为坏账处理的，应向沃尔玛收取的应收账款，取得与业务相关的原始单据如图 4-85 所示。

〖岗位说明〗

【W03 刘慧】录入收款单，【W02 胡鹏】做坏账收回处理并制单。

坏账收回

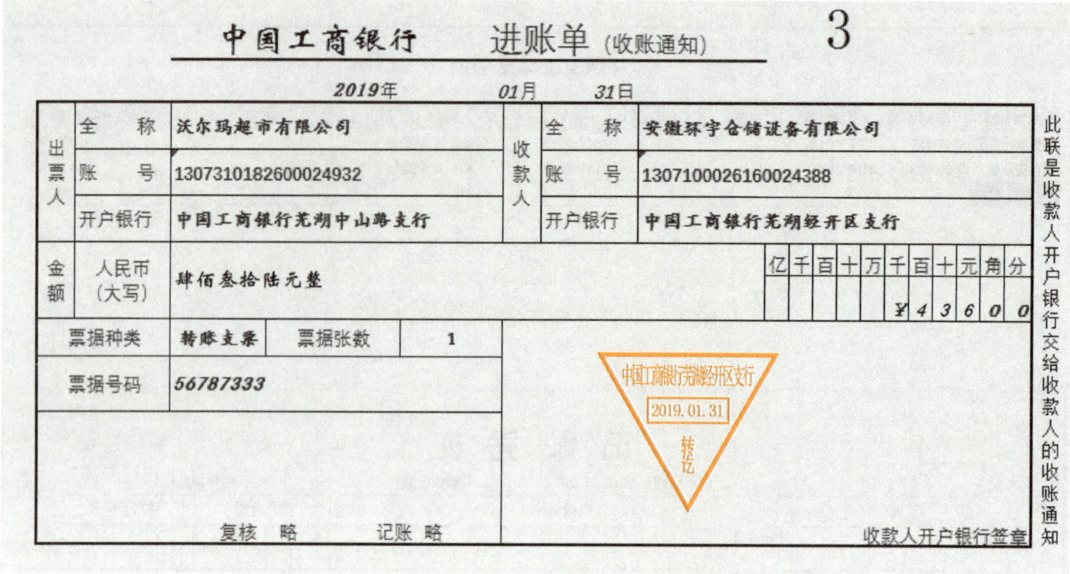

中国工商银行 进账单（收账通知） 3

2019年 01月 31日

出票人	全称	沃尔玛超市有限公司	收款人	全称	安徽环宇仓储设备有限公司
	账号	1307310182600024932		账号	1307100026160024388
	开户银行	中国工商银行芜湖中山路支行		开户银行	中国工商银行芜湖经开区支行
金额	人民币（大写）	肆佰叁拾陆元整		亿千百十万千百十元角分	¥43600
票据种类	转账支票	票据张数	1		
票据号码	56787333				
	复核 略	记账 略		收款人开户银行签章	

此联是收款人开户银行交给收款人的收账通知

图 4-85 【业务二——进账单（收账通知）】

[操作指导]

1. 录入收款单

（1）【W03 刘慧】在应收款管理系统中，执行【收款单据处理】|【收款单据录入】命令，打开【收款单】窗口。

（2）单击【增加】按钮。在【客户】栏录入【001】，或单击【客户】栏的【参照】按钮，选择【沃尔玛】；单击【结算方式】栏的【参照】按钮，选择【转账支票】；在【金额】栏录入【436.00】，在【票据号】栏录入【56787333】，在【摘要】栏录入【坏账收回】，如图 4-86 所示。

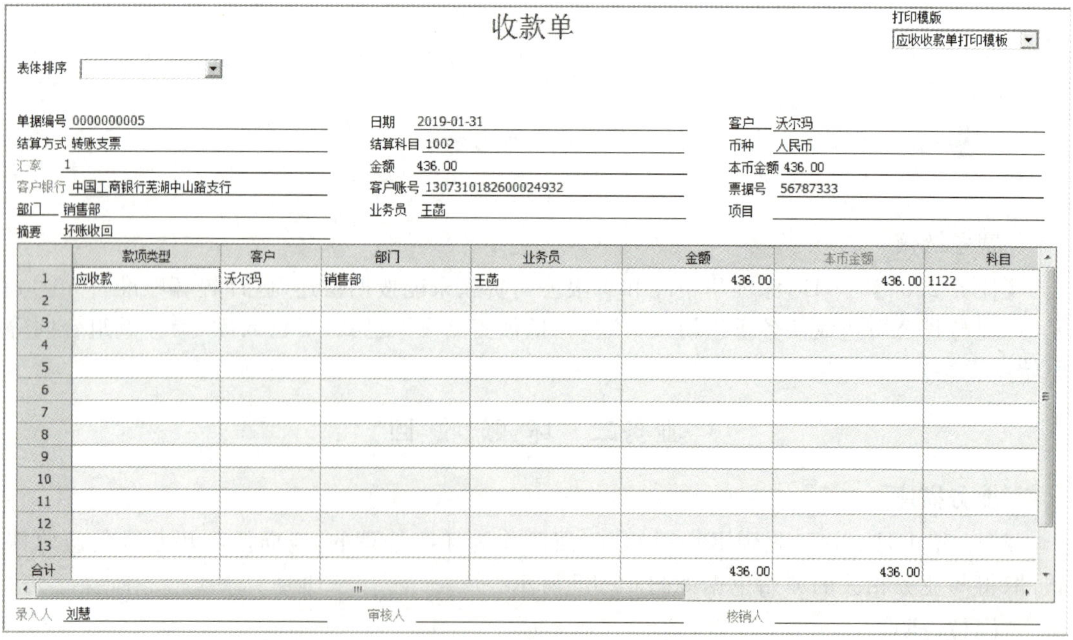

收款单

打印模版 应收收款单打印模板

表体排序

单据编号 0000000005　日期 2019-01-31　客户 沃尔玛
结算方式 转账支票　结算科目 1002　币种 人民币
汇率 1　金额 436.00　本币金额 436.00
客户银行 中国工商银行芜湖中山路支行　客户账号 1307310182600024932　票据号 56787333
部门 销售部　业务员 王茜　项目
摘要 坏账收回

	款项类型	客户	部门	业务员	金额	本币金额	科目
1	应收款	沃尔玛	销售部	王茜	436.00	436.00	1122
2							
3							
4							
5							
6							
7							
8							
9							
10							
11							
12							
13							
合计					436.00	436.00	

录入人 刘慧　审核人　核销人

图 4-86 【收款单】窗口

（3）单击【保存】按钮。

2．坏账收回

（1）【W02 胡鹏】在应收款管理系统中，执行【坏账处理】|【坏账收回】命令，打开【坏账收回】对话框。

（2）在【客户】栏录入【001】，或单击【客户】栏的【参照】按钮，选择【沃尔玛超市有限公司】，如图4-87所示。

（3）单击【结算单号】栏的【参照】按钮，选择【0000000005】结算单，单击【确定】按钮，如图4-88、图4-89所示。

（4）单击【确定】按钮，系统提示【是否立即制单？】，单击【是】按钮，生成一张凭证，单击【保存】按钮，如图4-90所示。

图4-87 【坏账收回】对话框

图4-88 【收款单参照】对话框   图4-89 【坏账收回】对话框（选择结算单）

记 账 凭 证

记　字 0025　　　制单日期：2019.01.31　　　审核日期：　　　　附单据数：1

摘 要	科目名称	借方金额	贷方金额
坏账收回(结算)	银行存款	43600	
坏账收回	应收账款	43600	
坏账收回	应收账款		43600
坏账收回	坏账准备		43600

票号　202 - 56787333
日期　2019.01.31　　数量　单价　　　　合 计　　87200　　87200

备注　项　目　　　　部　门
　　　个　人　　　　客　户
　　　业务员

记账　　　　审核　　　　出纳　　　　制单　胡鹏

图4-90 【记25号凭证】页面

> **温馨提示**
>
> ⚫ 在录入一笔坏账收回的款项时,注意不要把该客户的其他应收款业务与该笔坏账收回业务录入到一张收款单中。
>
> ⚫ 坏账收回制单不受系统选项中【方向相反分录是否合并】选项的控制。

业务三　计提坏账准备

〖业务描述〗

2019 年 1 月 31 日,计提坏账准备。

〖岗位说明〗

【W02 胡鹏】做计提坏账准备的会计处理并制单。

〖操作指导〗

（1）【W02 胡鹏】在应收款管理系统中,执行【坏账处理】|【计提坏账准备】命令,打开【应收账款百分比法】窗口,如图 4-91 所示。

应收账款总额	计提比率	坏账准备	坏账准备余额	本次计提
702,426.00	0.500%	3,512.13	-322.00	3,834.13

图 4-91　【应收账款百分比法】窗口

（2）单击【OK 确认】按钮,系统提示【是否立即制单?】,单击【是】按钮,生成坏账准备凭证,单击【保存】按钮,如图 4-92 所示。

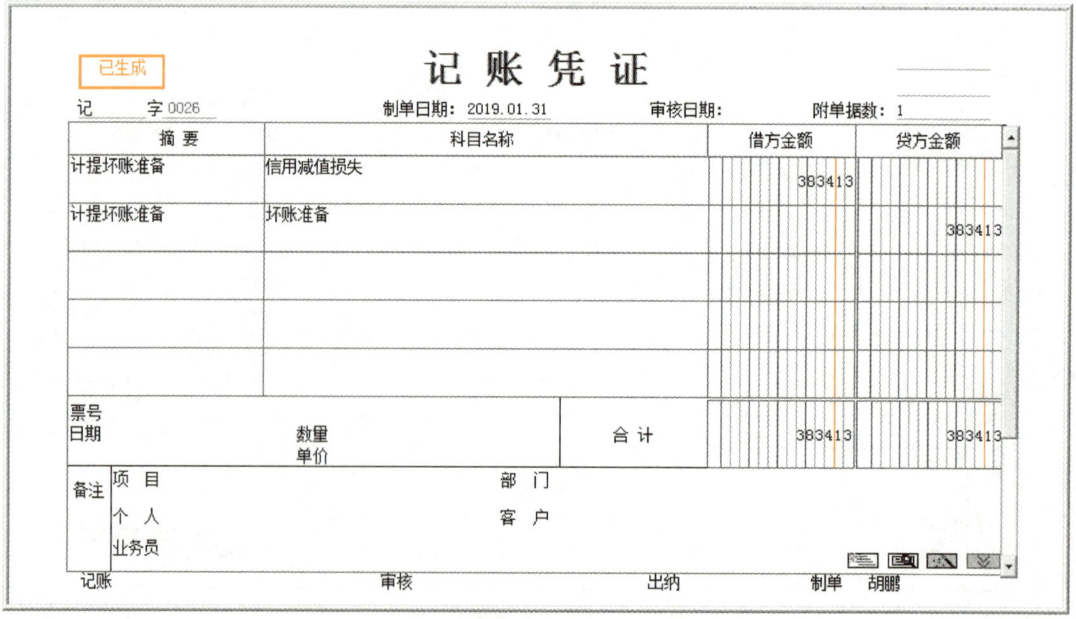

记 账 凭 证				
已生成				
记　字 0026	制单日期: 2019.01.31	审核日期:	附单据数: 1	
摘　要	科目名称		借方金额	贷方金额
计提坏账准备	信用减值损失		383413	
计提坏账准备	坏账准备			383413
票号 日期	数量 单价		合　计	383413	383413
备注	项　目 个　人 业务员	部　门 客　户		
记账	审核	出纳	制单 胡鹏	

图 4-92　【记 26 号凭证】页面

（3）将账套输出至【D:\418 账套备份\4-5】文件夹。

〖赛题链接〗

【任务 2.30】 30 日，比照年末，计提坏账准备。

实训六 单据、账表查询及结账

〖业务描述〗

2019 年 1 月 31 日，以【W01 张伟】身份查询应收款管理系统相关账簿并结账。

〖岗位说明〗

【W01 张伟】查询相关账表并将应收款管理系统结账。

〖操作指导〗

1. 查询 1 月份填制的所有销售专用发票

（1）在应收款管理系统中，执行【单据查询】|【发票查询】命令，打开【查询条件选择——发票查询】对话框。

（2）【包含余额＝0】选择【是】，如图 4-93 所示。

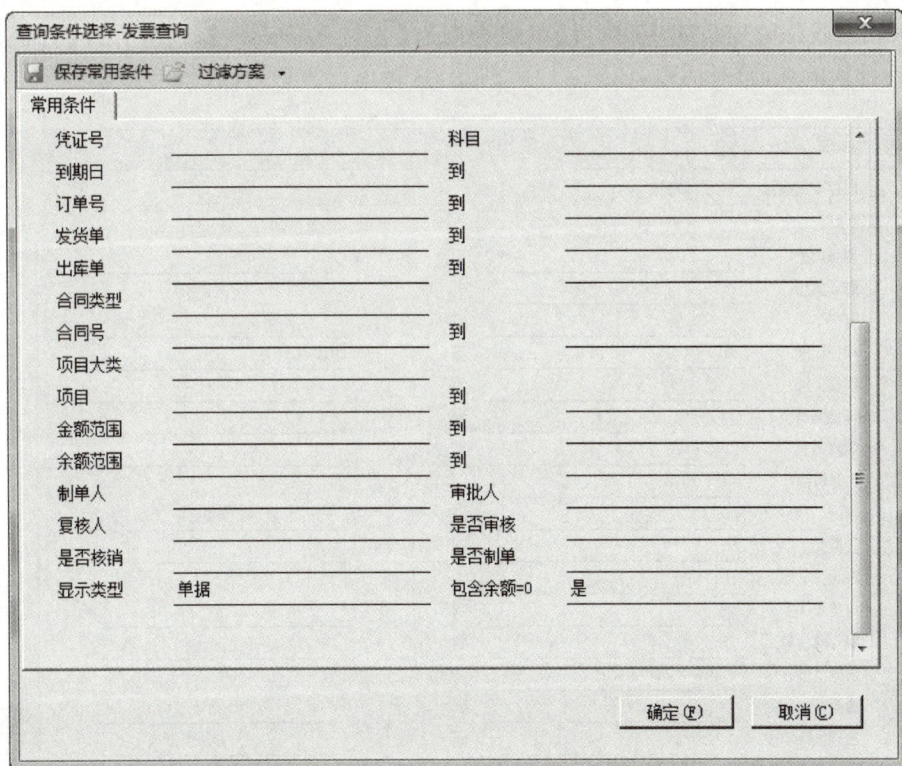

图 4-93 【查询条件选择——发票查询】对话框

（3）单击【确定】按钮，打开【发票查询】窗口，如图 4-94 所示。

（4）单击【退出】按钮。

图 4 - 94　【发票查询】窗口

温馨提示

◑ 在【发票查询】功能中可以分别查询【已审核】【未审核】【已核销】及【未核销】的发票,还可以按【发票号】【单据日期】【金额范围】或【余额范围】等条件进行查询。

◑ 在【发票查询】窗口中,单击【查询】按钮,可以重新输入查询条件;单击【单据】按钮,可以调出原始单据;单击【详细】按钮,可以查看当前单据的详细结算情况;单击【凭证】按钮,可以查询单据所对应的凭证;单击【栏目】按钮,可以设置当前查询列表的显示栏目、栏目顺序、栏目名称、排序方式,可以保存设置内容。

2. 查询 1 月份所有的收款单

(1) 在应收款管理系统中,执行【单据查询】|【收付款单查询】命令,打开【查询条件选择——收付款单查询】对话框,如图 4 - 95 所示,选择单据类型为【收款单】。

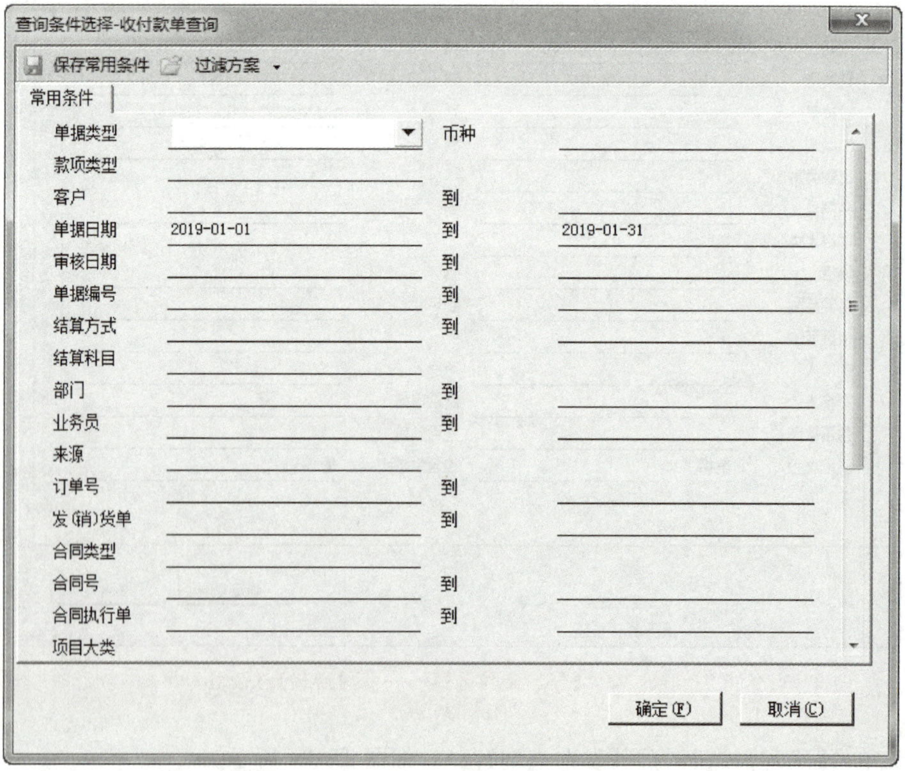

图 4 - 95　【查询条件选择——收付款单查询】对话框

（2）单击【确定】按钮，打开【收付款单查询】窗口，如图 4－96 所示。

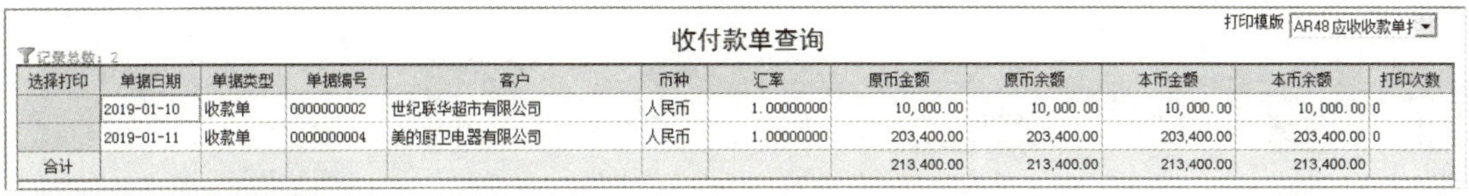
收付款单查询

打印模版 AR48 应收收款单打

记录总数：2

选择打印	单据日期	单据类型	单据编号	客户	币种	汇率	原币金额	原币余额	本币金额	本币余额	打印次数
	2019-01-10	收款单	0000000002	世纪联华超市有限公司	人民币	1.00000000	10,000.00	10,000.00	10,000.00	10,000.00	0
	2019-01-11	收款单	0000000004	美的厨卫电器有限公司	人民币	1.00000000	203,400.00	203,400.00	203,400.00	203,400.00	0
合计							213,400.00	213,400.00	213,400.00	213,400.00	

图 4－96 【收付款单查询】窗口

（3）单击【退出】按钮。

温馨提示

在【收付款单查询】功能中可以分别查询【已核销】【未核销】【应收款】【预收款】及【费用】的结算情况，还可以按【单据编号】【金额范围】【余额范围】或【单据日期】等条件进行查询。

在【收付款单查询】窗口中，也可以分别单击【查询】【详细】【单据】及【凭证】等按钮，查询到相应的内容。

3. 查询科目余额表

（1）在应收款管理系统中，执行【账表管理】|【科目账查询】|【科目余额表】命令，打开【客户往来科目余额表】对话框，如图 4－97 所示。

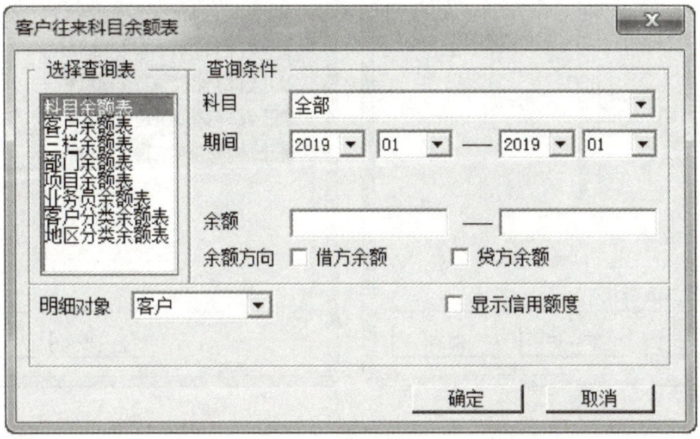

图 4－97 【客户往来科目余额表】对话框

（2）单击【确定】按钮，打开【科目余额表】窗口，如图 4－98 所示。

（3）单击【退出】按钮。

温馨提示

科目账查询明细账和科目余额表。

科目余额表查询表可以查询应收受控科目各个客户的期初余额、本期借方发生额合计、本期贷方发生额合计、期末余额。细分为科目余额表、客户余额表、三栏余额表、部门余额表、项目余额表、业务员余额表、客户分类余额表及地区分类余额表。

图 4 - 98　【科目余额表】窗口

4. 结账

（1）在应收款管理系统中，执行【期末处理】|【月末结账】命令，打开【月末处理】对话框。

（2）双击 1 月份【结账标志】栏，如图 4 - 99 示。

（3）单击【下一步】按钮，出现【月末处理——处理情况】表，如图 4 - 100 所示。

4

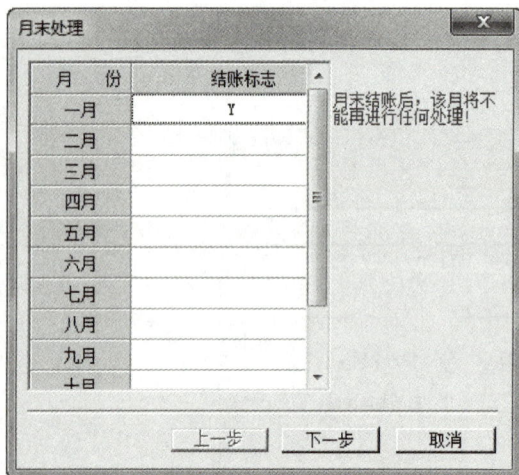

图 4 - 99　【月末处理】对话框

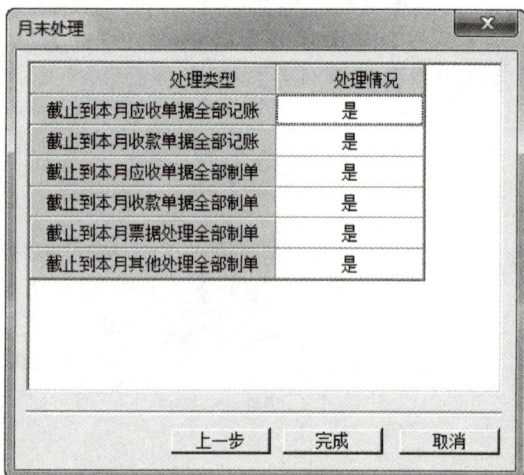

图 4 - 100　【月末处理】对话框

（4）单击【完成】按钮，系统弹出【1 月份结账成功】信息提示框，如图 4 - 101 所示。

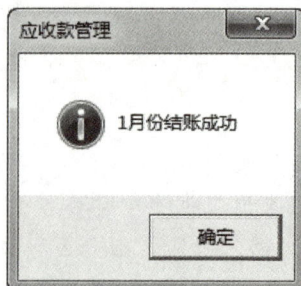

图 4 - 101　【结账成功】提示框

5. 将账套输出至【D:\418 账套备份\4 − 6】文件夹

温馨提示

　　⬤ 如果当月业务已经全部处理完毕,应进行月末结账。只有当月结账后,才能开始下月的工作。

　　⬤ 进行月末处理时,一次只能选择一个月进行结账,前一个月未结账,则本月不能结账。

　　⬤ 在执行了月末结账后,该月将不能再进行任何处理。

4

项目五　应付款管理系统业务处理

5

实训一　应付款管理系统初始化设置

业务一　应付款管理系统参数设置

〖业务描述〗

2019年1月1日，以【W01 张伟】身份登录平台，修改应付款管理系统的以下参数：单据审核日期依据为【单据日期】，自动计算现金折扣。受控科目制单方式为【明细到单据】，采购科目依据为【按存货】。

〖岗位说明〗

【W01 张伟】设置应付款管理系统参数。

〖操作指导〗

（1）在企业应用平台中，执行【财务会计】|【应付款管理】|【设置】|【选项】命令，打开【账套参数设置】对话框，如图 5-1 所示。

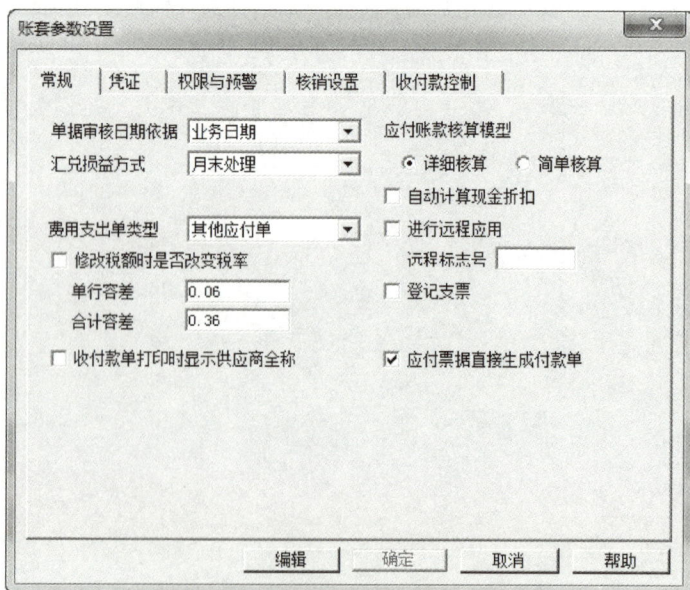

图 5-1 【账套参数设置】对话框

（2）单击【编辑】按钮，系统弹出提示【选项修改需要重新登录才能生效】，如图 5-2 所示。

（3）单击【确定】按钮。打开【常规】选项卡，修改【单据审核日期依据】为【单据日期】，勾选【自动计算现金折扣】复选框，如图 5-3 所示。

（4）打开【凭证】选项卡，修改【受控科目制单方式】为【明细到单据】、【采购科目依据】为【按存货】，如图 5-4 所示。

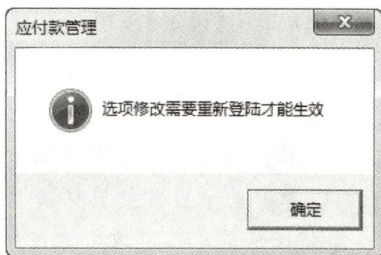

图 5-2　【选项修改需要重新登录才能生效】提示框

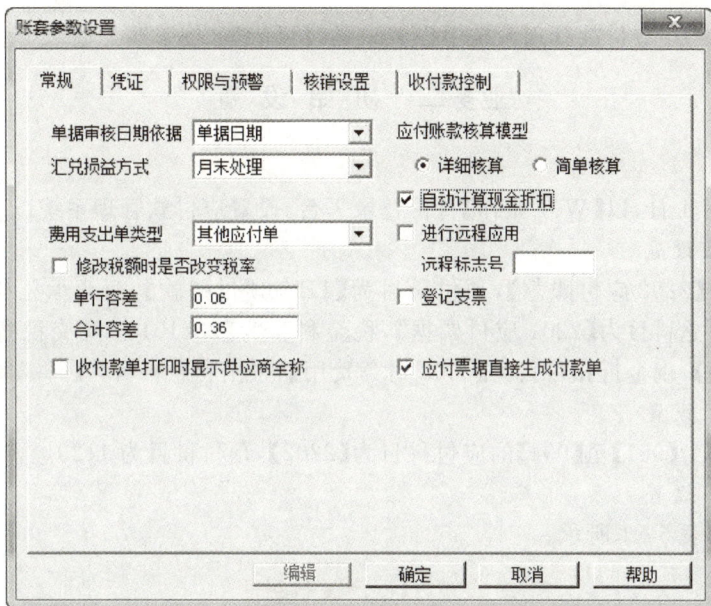

图 5-3　【账套参数设置——常规】选项卡

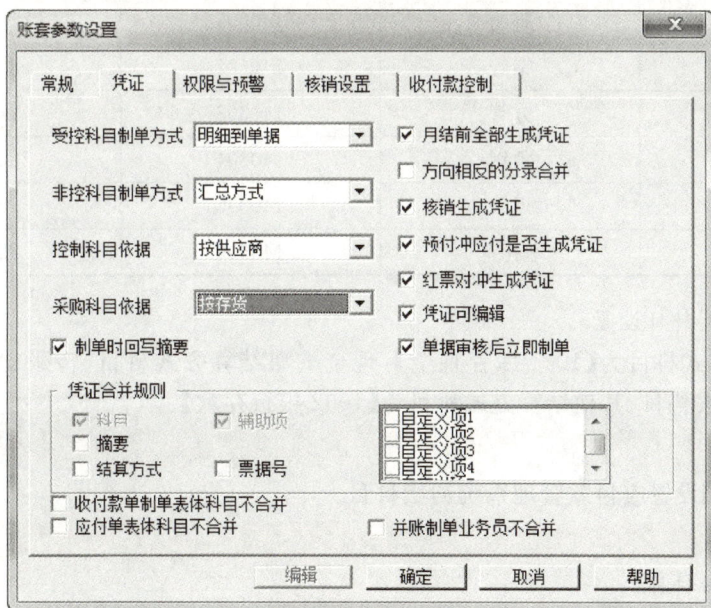

图 5-4　【账套参数设置——凭证】选项卡

（5）单击【确定】按钮。

> **温馨提示**
>
> 　如果选择单据日期为审核日期，则月末结账时单据必须全部审核。
>
> 　关于应付款核算模型，在系统启用时或者还没有进行任何业务处理的情况下，才允许从简单核算改为详细核算；从详细核算改为简单核算随时可以修改。

〖赛题链接〗

【任务 1.6】　在应付款管理系统中设置采购科目依据"按采购类型"。

业务二　初始设置

〖业务描述〗

2019 年 1 月 1 日，以【W01 张伟】身份登录平台，设置应付款管理系统以下科目：

1. 基本科目设置

应付科目为【2202 应付账款】，预付科目为【1123 预付账款】，商业承兑科目为【2201 应付票据】，银行承兑科目为【2201 应付票据】，税金科目为【22210101 应交税费——应交增值税——进项税额】，现金折扣科目为【6603 财务费用】，票据利息科目为【6603 财务费用】。

2. 控制科目设置

供应商编码为【001】至【004】的应付科目为【2202】，预付科目为 1123。

3. 产品科目设置

产品科目如表 5-1 所示。

表 5-1　产品科目表

存货编码	存货名称	采购科目	产品采购税金科目
001	脚轮	140301	22210101
002	钢管	140302	22210101
003	方管	140303	22210101
004	角钢	140304	22210101
005	焊条	140305	22210101
006	木托盘	140306	22210101

4. 结算方式科目设置

现金结算方式科目为【1001 库存现金】，现金支票结算方式科目、转账支票结算方式科目、电汇结算方式科目、其他结算方式科目为【1002 银行存款】。

〖岗位说明〗

【W01 张伟】设置应付款管理系统初始科目。

〖操作指导〗

1. 设置基本科目

（1）在应付款管理系统中，执行【设置】|【初始设置】命令，进入【初始设置】窗口。

（2）选择【基本科目设置】，单击【增加】按钮，选择基础科目种类为【应付科目】，录入或选择应付科目【2202】，按回车键，以此方式设置其他基本科目，如图5-5所示。

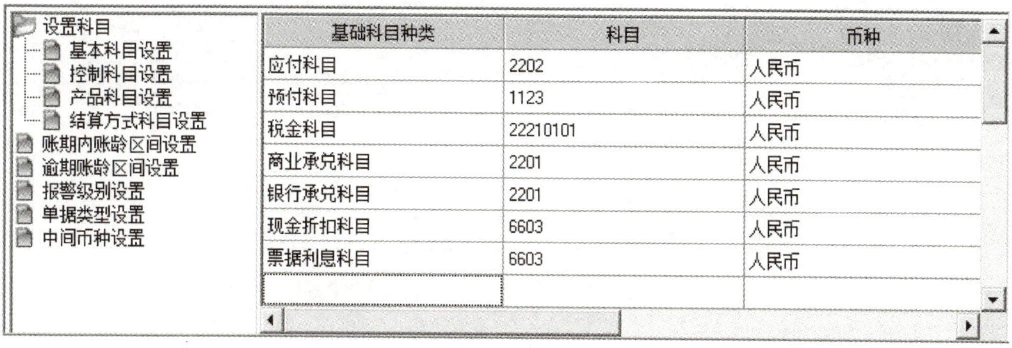

	基础科目种类	科目	币种
设置科目	应付科目	2202	人民币
基本科目设置	预付科目	1123	人民币
控制科目设置	税金科目	22210101	人民币
产品科目设置	商业承兑科目	2201	人民币
结算方式科目设置	银行承兑科目	2201	人民币
账期内账龄区间设置	现金折扣科目	6603	人民币
逾期账龄区间设置	票据利息科目	6603	人民币
报警级别设置			
单据类型设置			
中间币种设置			

图5-5　【初始设置——基本科目设置】窗口

> **温馨提示**
>
> ◐ 在【基本科目设置】中所设置的应付科目【2202应付账款】、预付科目【1123预付账款】及票据科目【2201应付票据】，应在总账管理系统中设置其辅助核算内容为【供应商往来】，且其受控系统为【应付系统】，否则在此不能被选中。
>
> ◐ 只有在此设置了基本科目，在生成凭证时才能出现会计科目，否则凭证中将没有会计科目，相应的会计科目只能手工录入。
>
> ◐ 如果应付科目、预付科目按不同的供应商或供应商分类分别设置，则可在【控制科目设置】中进行设置。
>
> ◐ 如果针对不同的存货分别设置采购核算科目，可以在【产品科目设置】中进行设置。

2. 设置控制科目

（1）选择【控制科目设置】，单击【增加】按钮，选择供应商编码【001】所在行，录入或选择应付科目【2202】，录入或选择预付科目【1123】，以此方式设置其他供应商的控制科目，如图5-6所示。

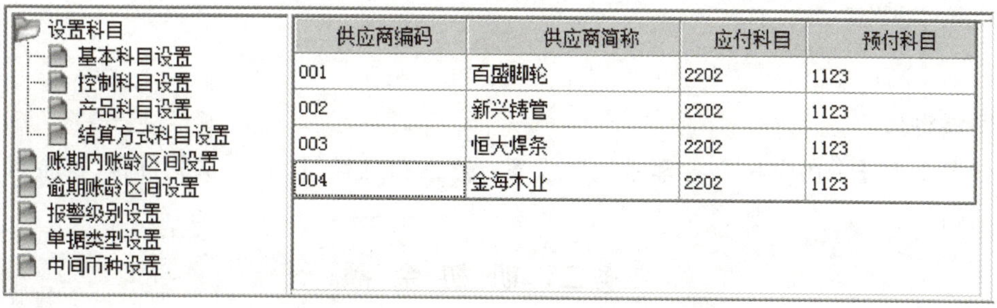

	供应商编码	供应商简称	应付科目	预付科目
设置科目	001	百盛脚轮	2202	1123
基本科目设置	002	新兴铸管	2202	1123
控制科目设置	003	恒大焊条	2202	1123
产品科目设置	004	金海木业	2202	1123
结算方式科目设置				
账期内账龄区间设置				
逾期账龄区间设置				
报警级别设置				
单据类型设置				
中间币种设置				

图5-6　【初始设置——控制科目设置】窗口

3. 设置产品科目

选择【产品科目设置】，录入或选择存货编码【001】的采购科目为【140301】、产品采购税金科目【22210101】，以此方式设置其他存货的采购科目及税金科目，如图5-7所示。

应付控制科目设置

应付产品科目设置

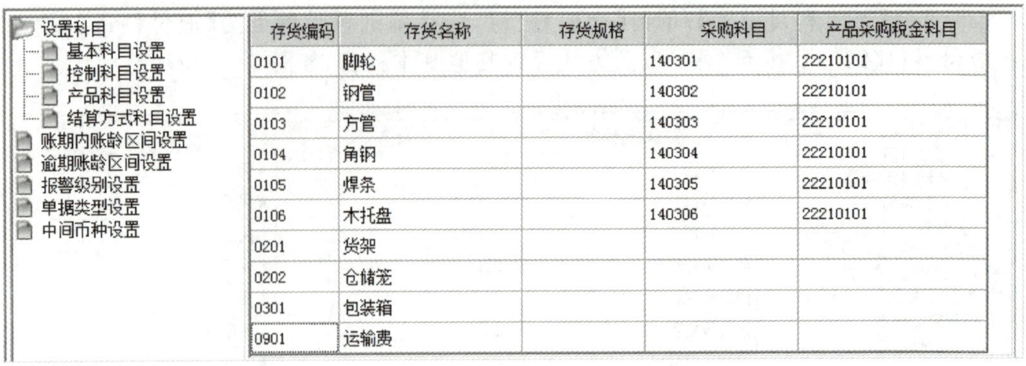

图 5-7 【初始设置——产品科目设置】窗口

4. 结算方式科目设置

选择【结算方式科目设置】，单击【结算方式】栏的下三角按钮，选择【现金】结算；单击【币种】栏，选择【人民币】；在【科目】栏录入或选择【1001】，按【回车】键。以此方法录入其他结算方式科目，如图 5-8 所示。

应付结算
方式科目
设置

图 5-8 【初始设置——结算方式科目设置】窗口

> **温馨提示**
>
> ● 结算方式科目设置是针对已经设置的结算方式设置相应的结算科目。即在付款或收款时，只要录入结算时使用的结算方式，就可以由系统自动生成该种结算方式所用的会计科目。
>
> ● 如果在此不设置结算方式科目，则在付款或收款时可以手工输入不同的结算方式所对应的会计科目。

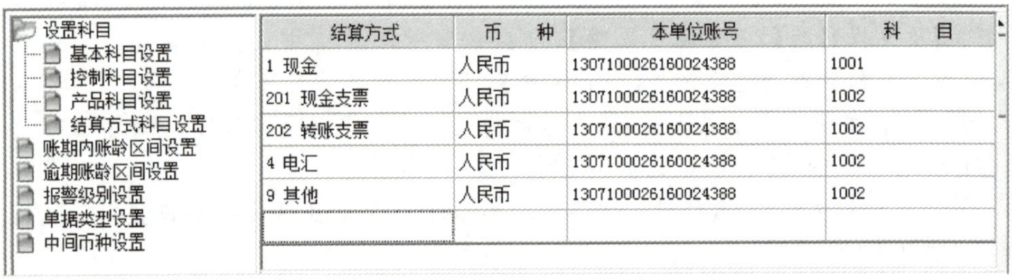

〖赛题链接〗

【任务 1.05】　在应付款管理系统中设置：票据利息科目、商业承兑科目、税金科目、现金折扣科目。

业务三　期　初　余　额

〖业务描述〗

以【W01 张伟】身份登录平台，录入应付款管理系统如表 5-2、表 5-3、表 5-4 所示的期初余额。

期初余额中存货增值税税率均为 13%，开票日期均为 2018 年。

表 5 − 2　应付账款期初余额

日　期	供应商名称	摘　要	方　向	余额(元)
2018 − 12 − 19	百盛脚轮	采购脚轮,100 个,100 元/个,发票号 56738946	贷	11 300.00

表 5 − 3　应付票据期初余额

日　期	供应商名称	摘　要	方　向	余额(元)
2018 − 12 − 16	恒大焊条	采购焊条,100 盒,180 元/盒,银行承兑汇票票号 64374789,承兑银行中国工商银行,票面利率 6%,到期日 2019 − 01 − 16	贷	20 340.00

表 5 − 4　预付账款期初余额

日　期	供应商名称	摘　要	方　向	余额(元)
2018 − 12 − 16	新兴铸管	采购钢管,1 000 米,50 元/米,转账支票票号 64334865	借	10 000.00

〖岗位说明〗

【W01 张伟】录入应付款管理系统期初余额。

〖操作指导〗

1. 录入期初采购发票

(1)在应付款管理系统中,执行【设置】|【期初余额】命令,打开【期初余额——查询】对话框,如图 5 − 9 所示。

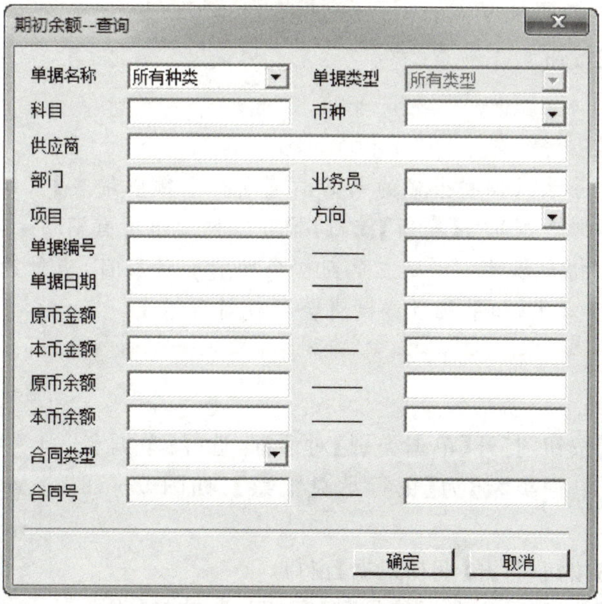

应付账款
期初余额
录入

图 5 − 9　【期初余额——查询】对话框

(2)单击【确定】按钮,打开【期初余额明细表】窗口。

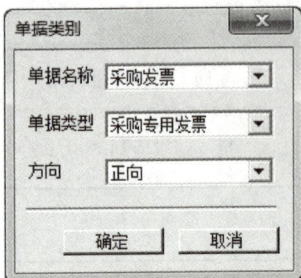

图 5-10 【单据类别】对话框
（采购专用发票）

（3）单击【增加】按钮，打开【单据类别】对话框，选择【单据名称】为【采购发票】，【单据类型】为【采购专用发票】，【方向】为【正向】，如图 5-10 所示。

（4）单击【确定】按钮，打开【采购专用发票】窗口。

（5）单击【增加】按钮，修改开票日期为【2018-12-19】；录入发票号【56738946】；单击【供应商】栏的【参照】按钮，选择【百盛脚轮】；在【备注】栏录入【采购脚轮】；在【存货编码】栏录入【0101】，或单击【存货编码】栏的【参照】按钮，选择【0101】；在【数量】栏录入【100.00】；在【原币单价】栏录入【100.00】，如图 5-11 所示。

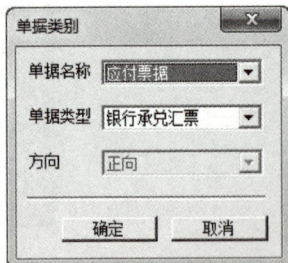

图 5-11 【采购专用发票】窗口

（6）单击【保存】按钮。

温馨提示

🔘 如果退出了录入期初余额的单据，在【期初余额明细表】窗口中并没有看到新录入的期初余额，此时如单击【刷新】按钮，就可以列示出所有期初余额的内容。

🔘 在录入期初余额时一定要注意期初余额的会计科目，应付款管理系统的期初余额应与总账进行对账，如果科目错误将会导致对账错误。

2. 录入期初票据

（1）单击【增加】按钮，打开【单据类别】对话框，选择【单据名称】为【应付票据】，【单据类型】为【银行承兑汇票】，如图 5-12 所示。

（2）单击【确定】按钮，打开【期初票据】窗口。

（3）单击【增加】按钮，录入票据编号【64374789】；单击【收票单位】栏的【参照】按钮，选择【恒大焊条】；承兑银行选择【中国工商银行】；【科目】栏选择【2201】；【票据面值】栏录入【20340.00】；

图 5-12 【单据类别】对话框
（银行承兑汇票）

应付票据
期初余额
录入

【面值利率】栏录入【6】;【签发日期】栏选择【2018－12－16】;【到期日】栏选择【2019－01－16】;【摘要】栏录入【采购焊条】,如图 5－13 所示。

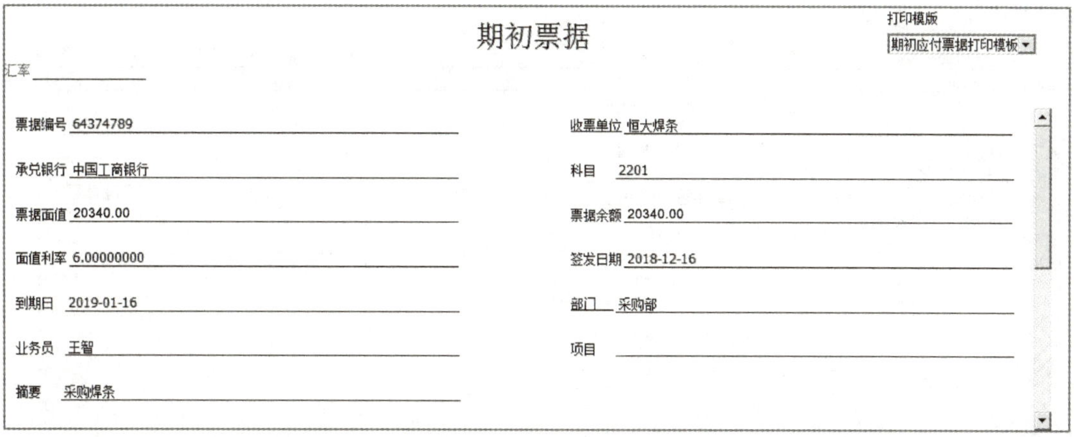

图 5－13　【期初票据】窗口

(4) 单击【保存】按钮。

3. 录入预付款单

预付账款期初余额录入

(1) 在应付款管理系统中,执行【设置】|【期初余额】命令,打开【期初余额——查询】对话框。

(2) 单击【确定】按钮,进入【期初余额明细表】窗口。

(3) 单击【增加】按钮,打开【单据类别】对话框。

(4) 选择【单据名称】为【预付款】,【单据类型】为【付款单】,如图 5－14 所示。

(5) 单击【确定】按钮,打开【付款单】窗口。

(6) 单击【增加】按钮,修改日期为【2018－12－16】;单击【供应商】栏的【参照】按钮,选择【新兴铸管】;单击【结算方式】栏的【参照】按钮,选择【转账支票】;在【金额】栏录入【10000.00】;在【票据号】栏录入【64334865】;在【摘要】栏录入【采购钢管预付款】;在付款单表体部分的【款项类型】栏选择【预付款】,如图 5－15 所示。

(7) 单击【保存】按钮。

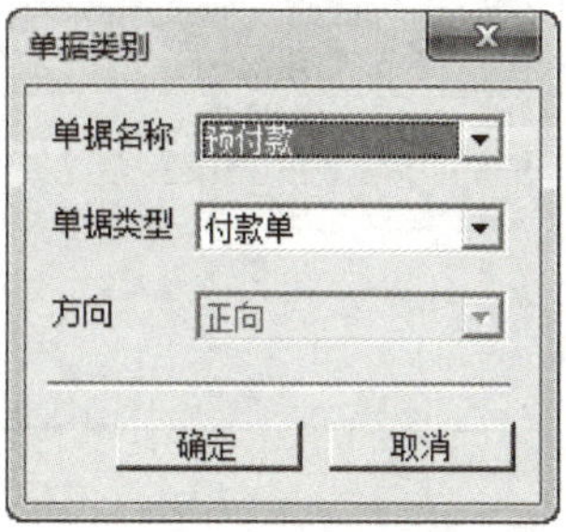

图 5－14　【单据类别】对话框(付款单)

5

温馨提示

录入预付款的单据类型仍然是【付款单】,但是款项类型为【预付款】。

4. 应付款管理系统与总账管理系统对账

(1) 在【期初余额明细账表】窗口中,单击【对账】按钮,打开【期初对账】窗口。如图 5－16 所示。

(2) 单击【退出】按钮。

打印模版

应付付款单打印模▼

付款单

表体排序 ［　　　　　　▼］

单据编号	0000000001		日期	2018-12-31		供应商	新兴铸管
结算方式	转账支票		结算科目	1002		币种	人民币
汇率	1		金额	10000.00		本币金额	10000.00
供应商银行	中国银行芜湖聚工路支行		供应商账号	2700600597934526278		票据号	64334865
部门	采购部		业务员	赵文星		项目	
摘要	采购钢管预付款						

	款项类型	供应商	科目	金额	本币金额	部门	业务员
1	预付款	新兴铸管	1123	10000.00	10000.00	采购部	赵文星
2							
3							
4							
5							
6							
7							
8							
9							
10							
11							
12							
13							
14							
合计				10000.00	10000.00		

审核人 张伟　　　　　　　　　录入人 张伟　　　　　　　　　核销人

图 5-15　【付款单】窗口

编号	科目		应付期初		总账期初		差额	
		名称	原币	本币	原币	本币	原币	本币
1123	预付账款		-10,000.00	-10,000.00	-10,000.00	-10,000.00	0.00	0.00
2201	应付票据		20,340.00	20,340.00	20,340.00	20,340.00	0.00	0.00
2202	应付账款		11,300.00	11,300.00	11,300.00	11,300.00	0.00	0.00
	合计			21,640.00		21,640.00		0.00

图 5-16　【期初对账】窗口

　　5.将账套输出至【D:\418账套备份\5-1】文件夹

> **温馨提示**
>
> ● 当完成全部应付款期初余额的录入后,应通过【对账】功能对应付款管理系统期初余额与总账管理系统期初余额进行核对。
>
> ● 应付款管理系统与总账管理系统对账,必须总账管理系统与应付款管理系统同时启用后才可以进行。

实训二 单 据 处 理

业务一 采 购 木 托 盘

〖业务描述〗

2019 年 1 月 8 日，从金海木业采购木托盘（付款条件 2/10，1/20，*n*/30），取得与业务相关的原始单据如图 5－17 所示。

应付单据处理业务一

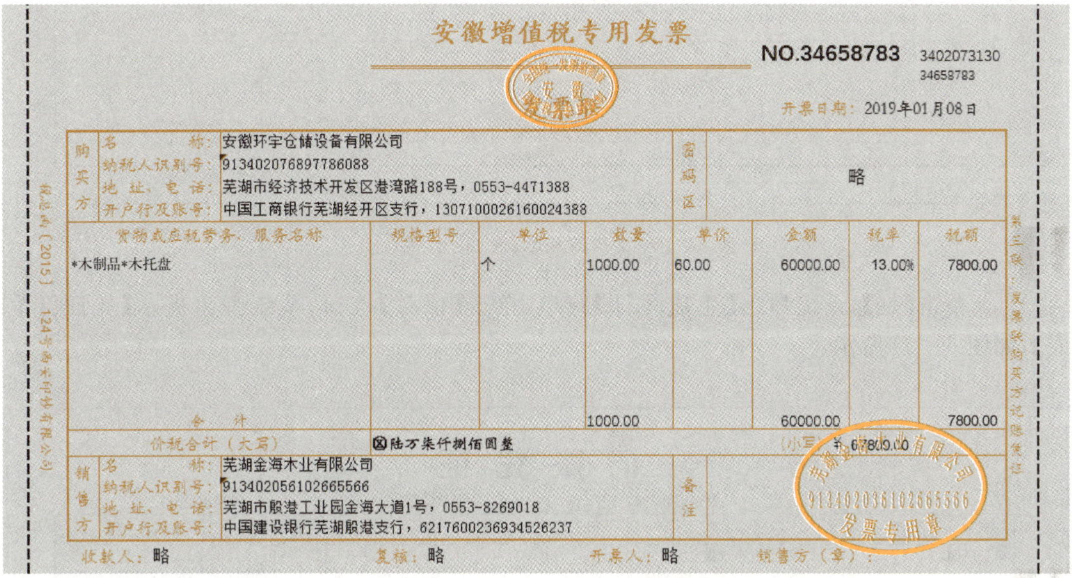

安徽增值税专用发票

NO.34658783　3402073130　34658783

开票日期：2019年01月08日

购买方	
名　　称	安徽环宇仓储设备有限公司
纳税人识别号	913402076897786088
地 址、电 话	芜湖市经济技术开发区港湾路188号，0553-4471388
开户行及账号	中国工商银行芜湖经开区支行，1307100026160024388
密码区	略

货物或应税劳务、服务名称	规格型号	单位	数量	单价	金额	税率	税额
*木制品*木托盘		个	1000.00	60.00	60000.00	13.00%	7800.00
合　计			1000.00		60000.00		7800.00
价税合计（大写）	⊗陆万柒仟捌佰圆整				（小写）¥67800.00		

销售方	
名　　称	芜湖金海木业有限公司
纳税人识别号	913402056102665566
地 址、电 话	芜湖市殷港工业园金海大道1号，0553-8269018
开户行及账号	中国建设银行芜湖殷港支行，6217600236934526237
备注	

收款人：略　复核：略　开票人：略　销售方（章）：

第三联：发票联　购买方记账凭证

图 5－17 【业务一——增值税专用发票】

〖岗位说明〗

【W02 胡鹏】填制采购专用发票、审核、制单。

〖操作指导〗

（1）【W02 胡鹏】在应付款管理系统中，执行【应付单据处理】|【应付单据录入】命令，打开【单据类别】对话框，如图 5－18 所示。

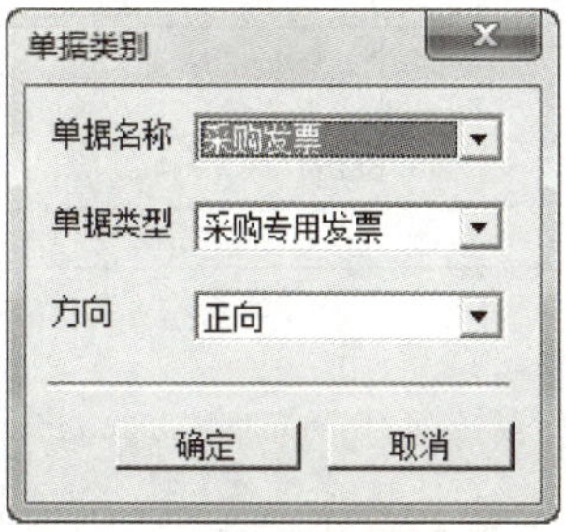

图 5－18 【单据类别】对话框（采购专用发票）

（2）单击【确定】按钮，打开【采购发票——专用发票】窗口。

（3）单击【增加】按钮，修改开票日期为【2019－01－08】；录入发票号【34658783】；单击【供应商】栏【参照】按钮，选择【金海木业】；【税率】修改为【13.00】；在【付款条件】栏选择【01】；在【备注】栏录入【采购木托盘】；在【存货编码】栏录入【0106】；在【数量】栏录入【1000.00】；在【原币单价】栏录入【60.00】，如图 5－19 所示。

（4）单击【保存】按钮。

（5）单击【审核】按钮，系统弹出提示【是否立即制单？】。

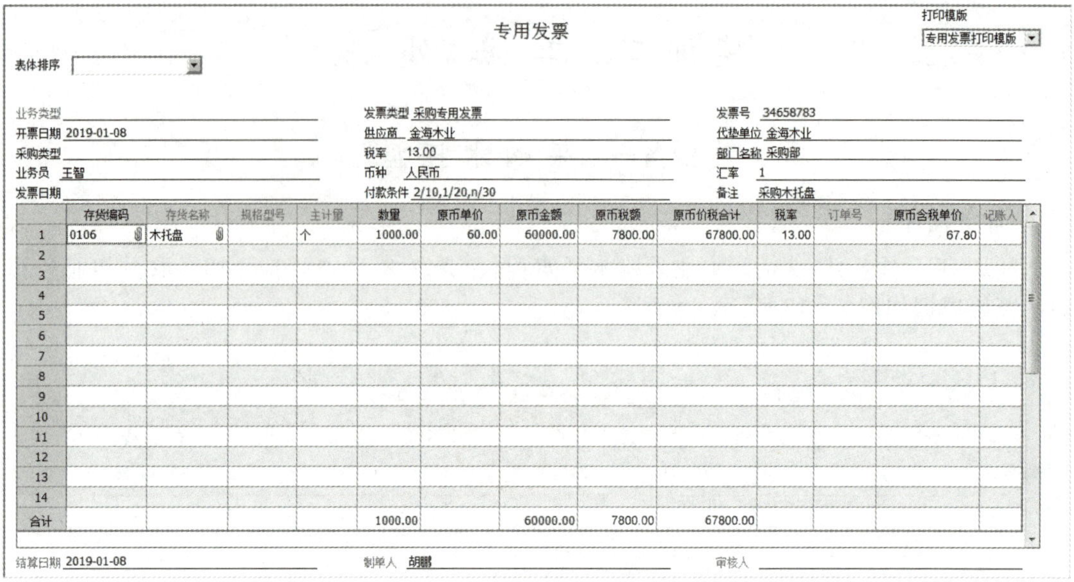

专用发票

打印模版 专用发票打印模版

表体排序

业务类型 发票类型 采购专用发票 发票号 34658783
开票日期 2019-01-08 供应商 金海木业 代垫单位 金海木业
采购类型 税率 13.00 部门名称 采购部
业务员 王智 币种 人民币 汇率 1
发票日期 付款条件 2/10,1/20,n/30 备注 采购木托盘

	存货编码	存货名称	规格型号	主计量	数量	原币单价	原币金额	原币税额	原币价税合计	税率	订单号	原币含税单价	记账人
1	0106	木托盘		个	1000.00	60.00	60000.00	7800.00	67800.00	13.00		67.80	
2													
3													
4													
5													
6													
7													
8													
9													
10													
11													
12													
13													
14													
合计					1000.00		60000.00	7800.00	67800.00				

结算日期 2019-01-08 制单人 胡鹏 审核人

图 5-19 【专用发票】窗口(金海木业)

(6) 单击【是】,系统弹出【生成凭证】窗口,单击【保存】按钮,系统弹出提示【凭证已生成】,如图 5-20 所示。

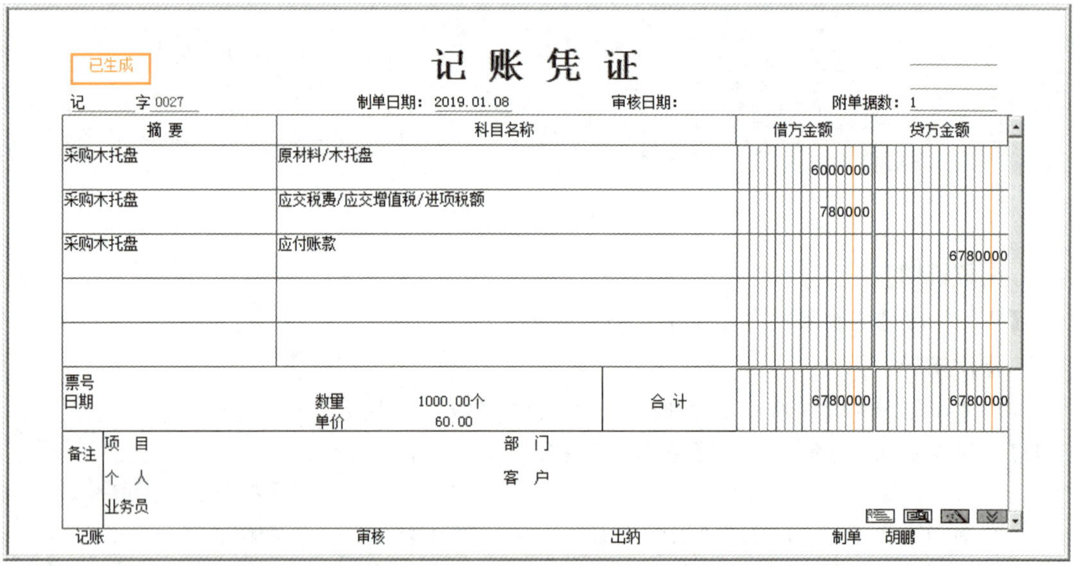

已生成

记账凭证

记 字 0027 制单日期: 2019.01.08 审核日期: 附单据数: 1

摘要	科目名称	借方金额	贷方金额
采购木托盘	原材料/木托盘	6000000	
采购木托盘	应交税费/应交增值税/进项税额	780000	
采购木托盘	应付账款		6780000
票号 日期	数量 1000.00个 单价 60.00	合计 6780000	6780000

备注 项目 部门
个人 客户
业务员

记账 审核 出纳 制单 胡鹏

图 5-20 【记 27 号凭证】页面

温馨提示

● 在填制采购专用发票时,税率由系统自动生成,可以修改。

● 已审核的单据不能修改或删除,已生成凭证或进行过核销的单据在单据界面中不再显示。

> 在录入采购发票后可以直接进行审核，在直接审核后系统会提示【是否立即制单?】，此时可以直接制单。如果录入采购发票后不直接审核，则可以在审核功能中审核，再到制单功能中制单。
>
> 已审核的单据在未进行其他处理之前应取消审核，再进行修改。

[赛题链接]

【任务 2.5】 6 日，采购部李宇翔与杭州神州电子科技有限公司签订采购合同，采购电子产品一批(购销合同、增值税专用发票发票联等原始单据略)。

业务二 采购脚轮

[业务描述]

2019 年 1 月 10 日，向百盛脚轮采购脚轮，取得与业务相关的原始单据，如图 5－21 所示。

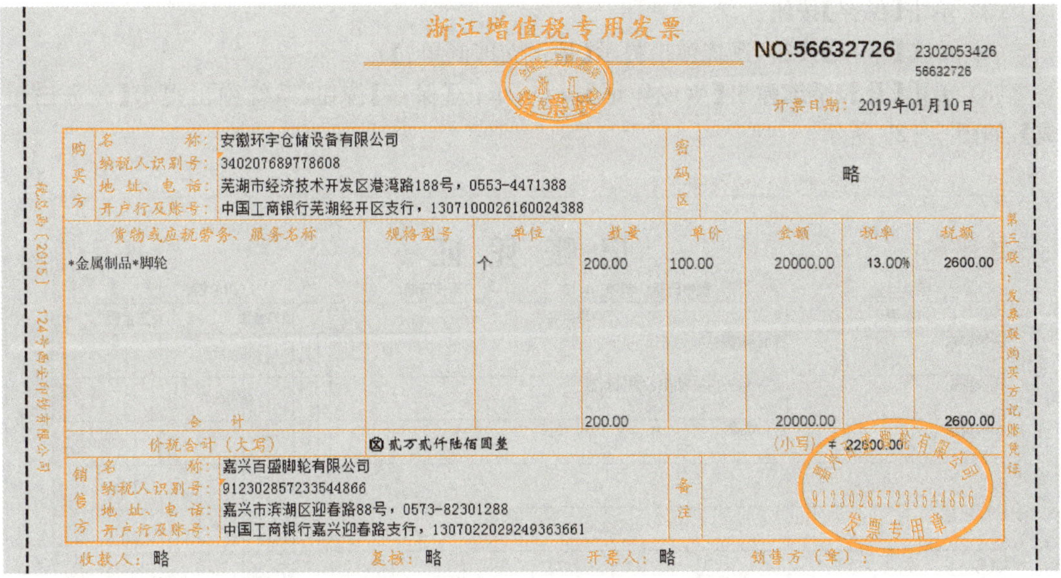

浙江增值税专用发票

NO.56632726 2302053426 56632726

开票日期：2019年01月10日

购买方	名称：安徽环宇仓储设备有限公司 纳税人识别号：340207689778608 地址、电话：芜湖市经济技术开发区港湾路188号，0553-4471388 开户行及账号：中国工商银行芜湖经开区支行，1307100026160024388				密码区	略		
货物或应税劳务、服务名称	规格型号	单位	数量	单价	金额	税率	税额	
*金属制品*脚轮		个	200.00	100.00	20000.00	13.00%	2600.00	
合计			200.00		20000.00		2600.00	
价税合计（大写）	⊗贰万贰仟陆佰圆整				（小写）￥22600.00			
销售方	名称：嘉兴百盛脚轮有限公司 纳税人识别号：912302857233544866 地址、电话：嘉兴市滨湖区迎春路88号，0573-82301288 开户行及账号：中国工商银行嘉兴迎春路支行，1307022029249363661				备注			

收款人：略 复核：略 开票人：略 销售方（章）：

第三联：发票联 购买方记账凭证

图 5－21 【业务二——增值税专用发票】

[岗位说明]

【W02 胡鹏】填制采购专用发票、审核、制单。

[操作指导]

(1)【W02 胡鹏】在应付款管理系统中，执行【应付单据处理】|【应付单据录入】命令，打开【单据类别】对话框，单击【确定】按钮，打开【采购发票——专用发票】窗口。

(2) 单击【增加】按钮，修改开票日期为【2019－01－10】；录入发票号【56632726】；单击【供应商】栏【参照】按钮，选择【百盛脚轮】；【税率】修改为【13.00】；在【备注】栏录入【采购脚轮】；在【存货编码】栏录入【0101】；在【数量】栏录入【200.00】；在【原币单价】栏录入【100.00】，如图 5－22 所示。

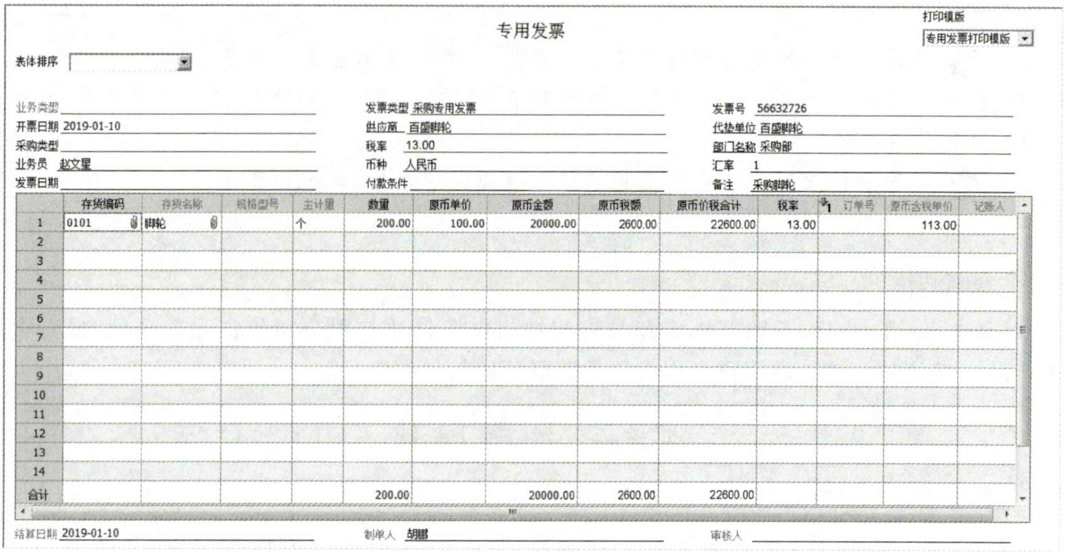

专用发票

打印模版 专用发票打印模版

表体排序

业务类型

发票类型 采购专用发票

发票号 56632726

开票日期 2019-01-10

供应商 百盛脚轮

代垫单位 百盛脚轮

采购类型

税率 13.00

部门名称 采购部

业务员 赵文星

币种 人民币

汇率 1

发票日期

付款条件

备注 采购脚轮

	存货编码	存货名称	规格型号	主计量	数量	原币单价	原币金额	原币税额	原币价税合计	税率	订单号	原币含税单价	记账人
1	0101	脚轮		个	200.00	100.00	20000.00	2600.00	22600.00	13.00		113.00	
2													
3													
4													
5													
6													
7													
8													
9													
10													
11													
12													
13													
14													
合计					200.00		20000.00	2600.00	22600.00				

结算日期 2019-01-10

制单人 胡鹏

审核人

图 5-22 【专用发票】窗口(百盛脚轮)

(3) 单击【保存】按钮。

(4) 单击【审核】按钮,系统弹出提示【是否立即制单?】。

(5) 单击【是】,系统弹出【生成凭证】窗口,单击【保存】按钮,系统弹出提示【凭证已生成】,如图 5-23 所示。

5

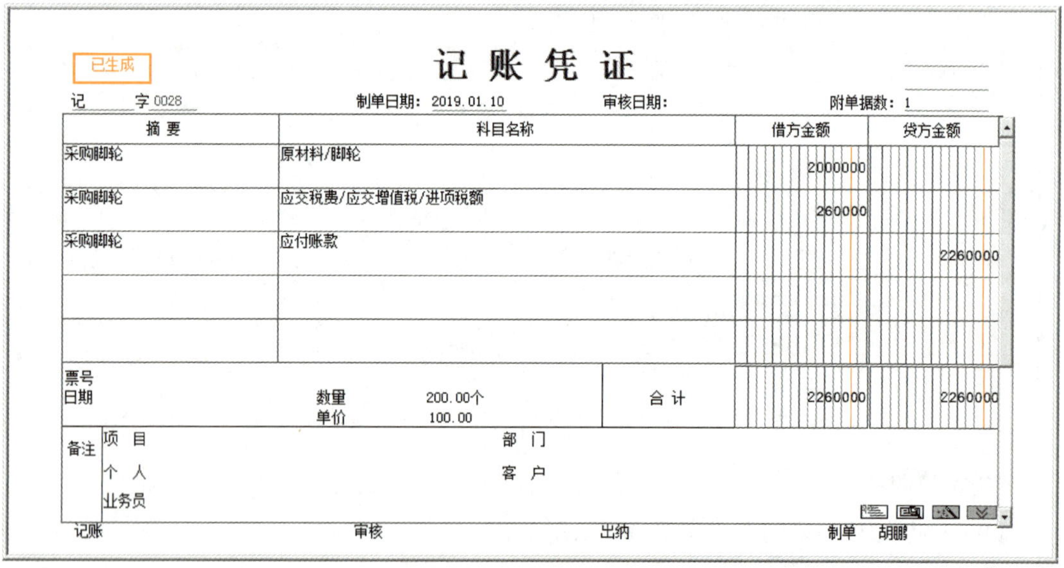

已生成

记账凭证

记 字 0028

制单日期: 2019.01.10

审核日期:

附单据数: 1

摘要	科目名称	借方金额	贷方金额
采购脚轮	原材料/脚轮	2000000	
采购脚轮	应交税费/应交增值税/进项税额	260000	
采购脚轮	应付账款		2260000
票号 日期 数量 200.00个 单价 100.00	合计	2260000	2260000

备注 项目 部门

个人 客户

业务员

记账 审核 出纳 制单 胡鹏

图 5-23 【记 28 号凭证】页面

业务三 支付货款

付款单据处理业务三

〔业务描述〕

2019 年 1 月 17 日,支付向金海木业购买木托盘的价税款,取得与业务相关的原始单据如图 5-24 所示。

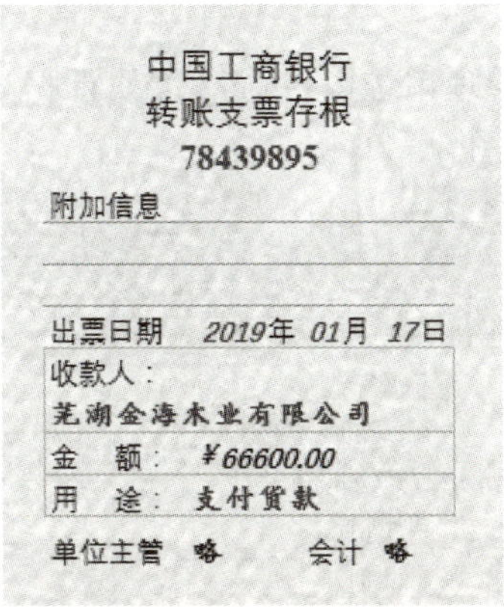

图 5 - 24 【业务三——转账支票存根】

〖岗位说明〗

【W03 刘慧】录入付款单,【W02 胡鹏】审核付款单、核销、制单。

〖操作指导〗

1. 录入付款单

(1)【W03 刘慧】在应付款管理系统中,执行【付款单据处理】|【付款单据录入】命令,打开【付款单】窗口。

(2)单击【增加】按钮,修改日期为【2019 - 01 - 17】;单击【供应商】栏【参照】按钮,选择【金海木业】;单击【结算方式】栏,选择【转账支票】;在【金额】栏录入【66600.00】;在【票据号】栏录入【78439895】;在【摘要】栏录入【支付货款】;在表体【款项类型】栏选择【应付款】,单击【保存】按钮,如图 5 - 25 所示。

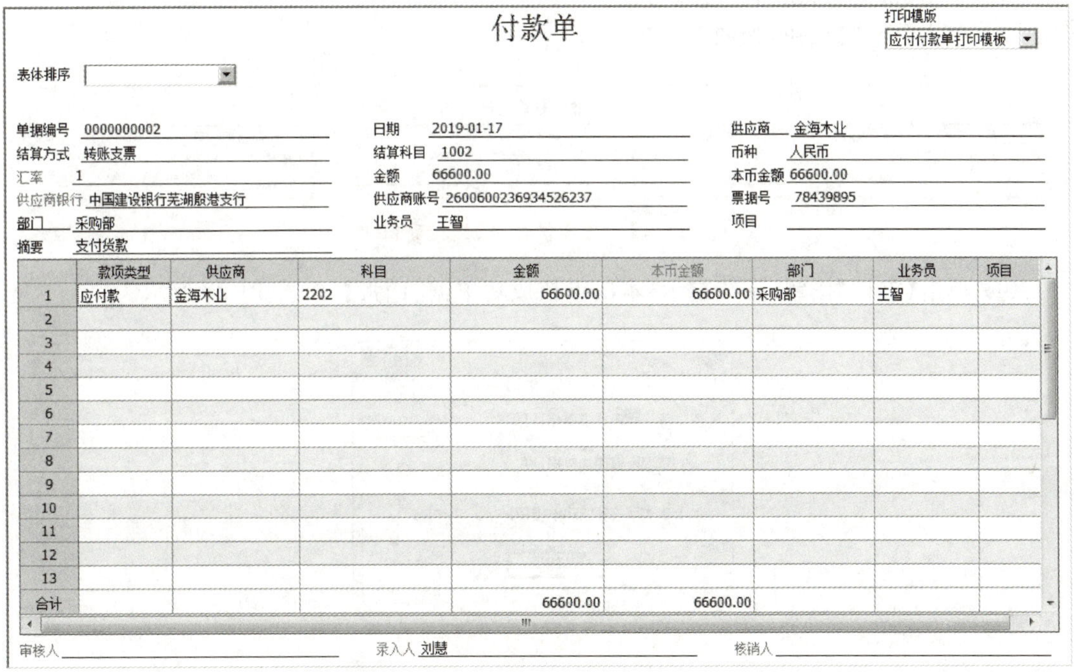

图 5 - 25 【付款单】窗口

2. 审核付款单

（1）【W02 胡鹏】在应付款管理系统中，执行【付款单据处理】|【付款单据审核】命令，打开【付款单查询条件】对话框，如图 5－26 所示。

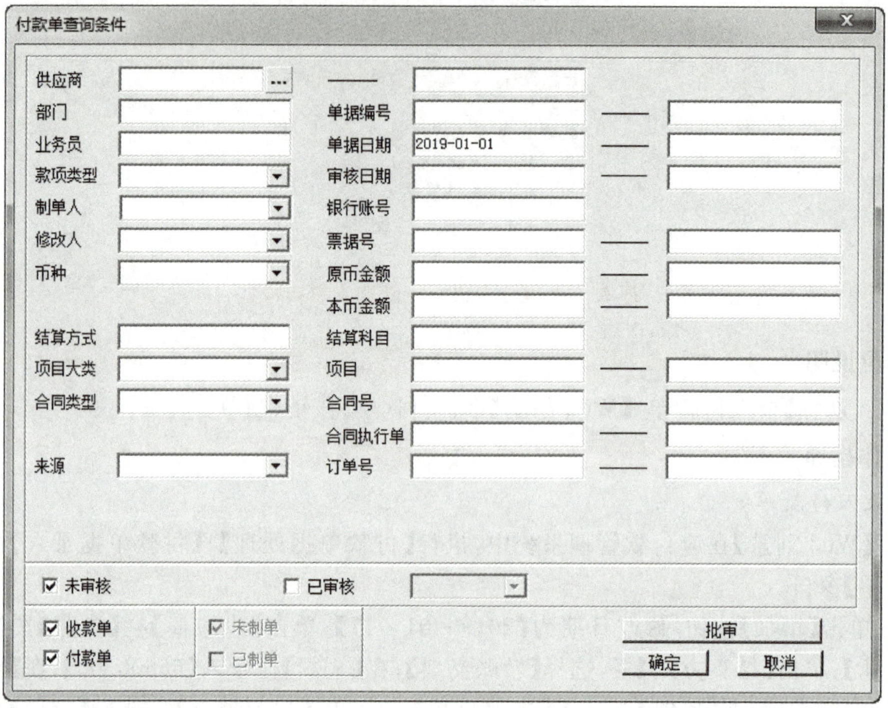

图 5－26　【付款单查询条件】对话框

（2）单击【确定】按钮，打开【收付款单列表】窗口。

（3）单击【全选】按钮，如图 5－27 所示。

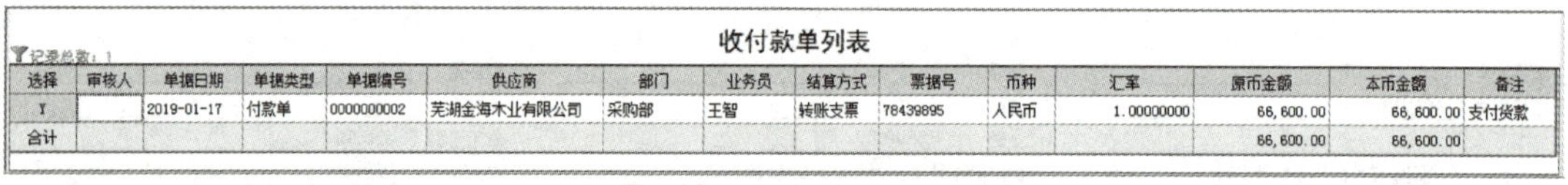

						收付款单列表							
选择	审核人	单据日期	单据类型	单据编号	供应商	部门	业务员	结算方式	票据号	币种	汇率	原币金额	本币金额	备注
Y		2019-01-17	付款单	0000000002	芜湖金海木业有限公司	采购部	王智	转账支票	78439895	人民币	1.00000000	66,600.00	66,600.00	支付货款
合计												66,600.00	66,600.00	

图 5－27　【收付款单列表】窗口

（4）单击【审核】按钮，系统提示【本次审核成功单据［1］张】，如图 5－28 所示。

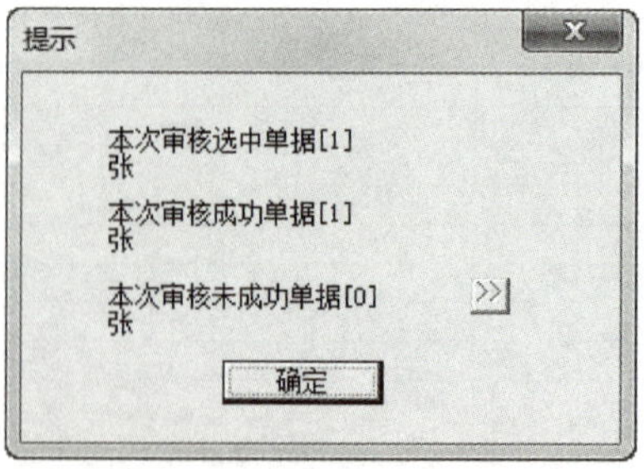

图 5－28　【审核成功】提示框

（5）单击【确定】。

3. 核销

（1）【W02 胡鹏】在应付款管理系统中，执行【核销处理】|【手工核销】命令，打开【核销条件】对话框。

（2）单击【供应商】栏的【参照】按钮，选择【004】，如图5-29所示。

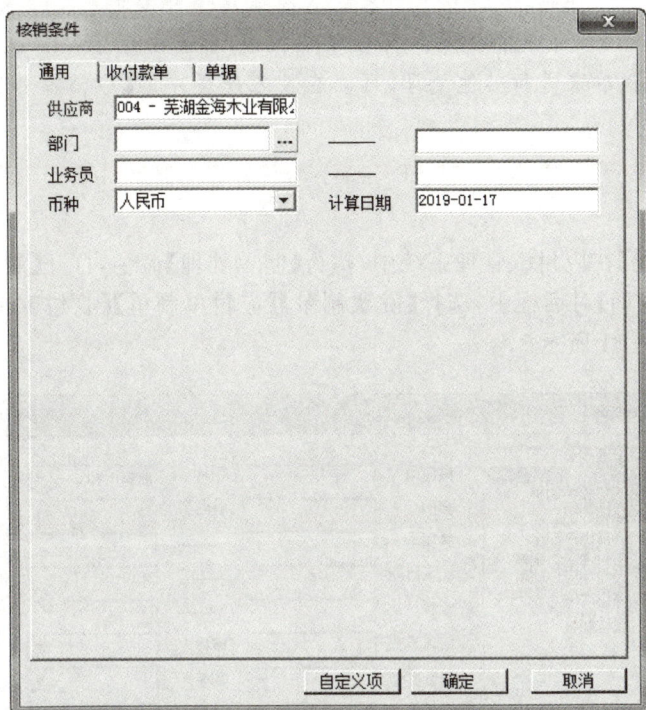

图5-29 【核销条件】对话框

（3）单击【确定】按钮，打开【单据核销】窗口。在【单据核销】窗口中，将表头部分款项类型为【应付款】的付款单的【本次结算金额】栏的数据修改为【66600.00】，在表体部分的【本次结算】栏录入【66600.00】，【本次折扣】栏录入【1200.00】，如图5-30所示。

单据日期	单据类型	单据编号	供应商	款项...	结算方式	币种	汇率	原币金额	原币余额	本次结算	订单号
2019-01-17	付款单	0000000002	金海木业	应付款	转账支票	人民币	1.00000000	66,600.00	66,600.00	66,600.00	
合计								66,600.00	66,600.00	66,600.00	

单据日期	单据类型	单据编号	到期日	供应商	币种	原币金额	原币余额	可享受折扣	本次折扣	本次结算	订单号	凭证号
2019-01-08	采购专用发票	34658783	2019-02-07	金海木业	人民币	67,800.00	67,800.00	1,356.00	1,200.00	66,600.00		记-0027
合计						67,800.00	67,800.00	1,356.00	1,200.00	66,600.00		

图5-30 【单据核销】窗口

（4）单击【保存】按钮。

温馨提示

● 在保存核销内容后，【单据核销】窗口中将不再显示已被核销的内容。

> 🔴 核销时,结算单列表中款项类型为应付款的记录默认本次结算金额为该记录上的原币金额;款项类型为预付款的记录默认的本次结算金额为空。核销时可以修改本次结算金额,但是不能大于该记录的原币金额。
>
> 🔴 手工核销保存时,若结算单列表的本次结算金额大于或小于被核销单据列表的本次结算金额合计,系统将提示结算金额不相等,不能保存。
>
> 🔴 如果核销后未进行其他处理,可以在期末处理中的【取消操作】功能中取消核销操作。

4. 制单

（1）【W02 胡鹏】在应付款管理系统中,执行【制单处理】命令,打开【制单查询】对话框。

（2）在【制单查询】对话框中,选择【发票制单】【应付单制单】【收付款单制单】和【核销制单】复选框,如图 5-31 所示。

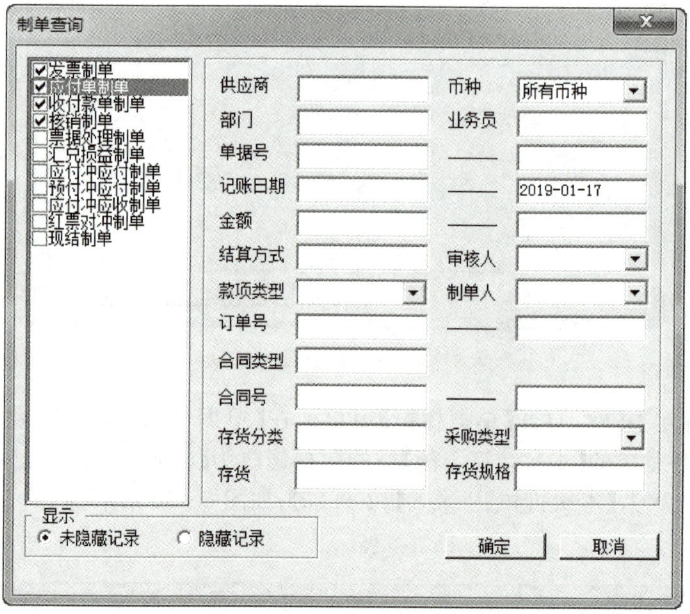

图 5-31　【制单查询】对话框

（3）单击【确定】按钮,打开【应付制单】窗口。

（4）单击【全选】按钮,单击【合并】,如图 5-32 所示。

应付制单

凭证类别　记账凭证　　　　　制单日期 2019-01-17　　　　共 2 条

选择标志	凭证类别	单据类型	单据号	日期	供应商编码	供应商名称	部门	业务员	金额
1	记账凭证	付款单	0000000002	2019-01-17	004	芜湖金海木业有限公司	采购部	王智	66,600.00
1	记账凭证	核销	ZKAP0000000000001	2019-01-17	004	芜湖金海木业有限公司	采购部	王智	67,800.00

图 5-32　【应付制单】窗口

(5) 单击【制单】按钮,调整【财务费用】的方向为【借方】,金额为红字【1200.00】,单击【保存】按钮,在应付款管理系统中生成一张凭证,如图 5－33 所示。

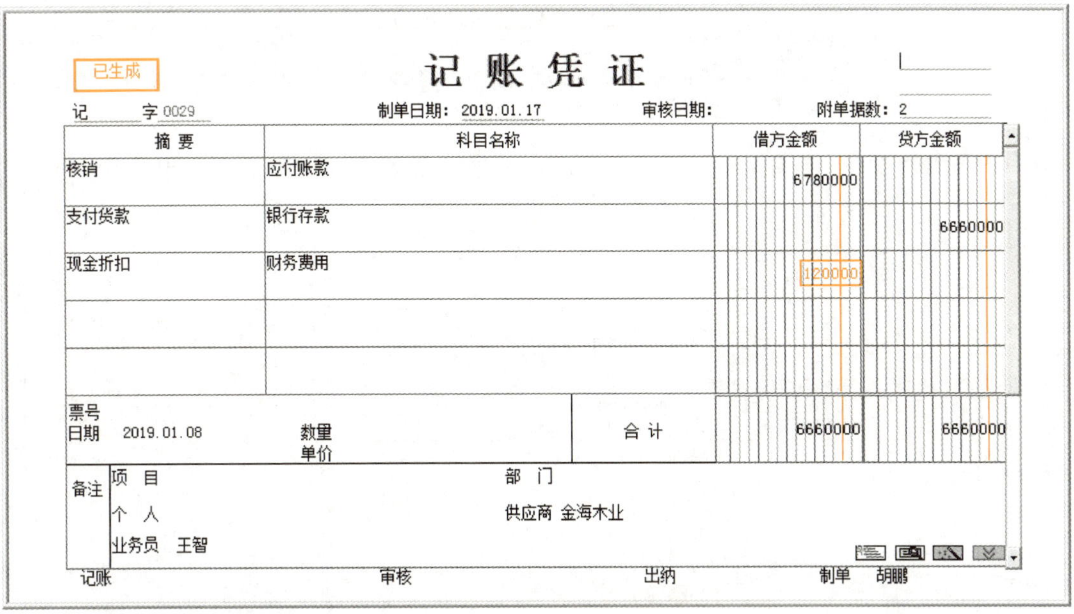

已生成

记账凭证

记 字 0029　　制单日期：2019.01.17　　审核日期：　　附单据数：2

摘要	科目名称	借方金额	贷方金额
核销	应付账款	6780000	
支付货款	银行存款		6660000
现金折扣	财务费用	120000	
票号 日期 2019.01.08	数量 单价	合计 6660000	6660000

备注　项目　　部门
个人　　供应商 金海木业
业务员 王智

记账　　审核　　出纳　　制单 胡鹏

图 5－33 【记 29 号凭证】页面

5. 将账套输出至【D:\418 账套备份\5－2】文件夹

温馨提示

在保存之前请调整损益类科目【6603 财务费用】的方向为借方红字。

〖赛题链接〗

【任务 2.17】 17 日,收到杭州神州电子科技有限公司发来商品,同时支付合同尾款(转账支票存根联等原始单据略)。

实训三　票 据 处 理

业务一　采 购 角 钢

〖业务描述〗

2019 年 1 月 12 日,向新兴铸管采购角钢,开出商业承兑汇票支付货款,取得与业务相关的原始单据如图 5－34、图 5－35 所示。

〖岗位说明〗

【W02 胡鹏】录入采购专用发票,【W03 刘慧】录入商业承兑汇票;【W02 胡鹏】审核应付单、付款单并制单。

安徽增值税专用发票

NO.56262567　3402053429　56262567

开票日期：2019年01月12日

购买方	名　称：安徽环宇仓储设备有限公司 纳税人识别号：913402076897786088 地址、电话：芜湖市经济技术开发区港湾路188号，0553-4471388 开户行及账号：中国工商银行芜湖经开区支行，1307100026160024388				密码区	略	
货物或应税劳务、服务名称	规格型号	单位	数量	单价	金额	税率	税额
*金属制品*角钢		米	500.00	100.00	50000.00	13.00%	6500.00
合　计			1000.00		50000.00		6500.00
价税合计（大写）	⊗伍万陆仟伍佰圆整				（小写）¥56500.00		
销售方	名　称：芜湖新兴铸管有限公司 纳税人识别号：913402047773216638 地址、电话：芜湖市三山区聚工路27号，0553-6685898 开户行及账号：中国银行芜湖聚工路支行，6217600597934526278				备注		

收款人：略　复核：略　开票人：略　销售方（章）：

第三联：发票联 购买方记账凭证

图 5-34 【业务一——增值税专用发票】

商业承兑汇票（存根）　3

No.45252668

出票日期（大写）：贰零壹玖年 零壹月 壹拾贰日

付款人	全　称	安徽环宇仓储设备有限公司	收款人	全　称	芜湖新兴铸管有限公司
	账　号	1307100026160024388		账　号	2700600597934526278
	开户银行	中国工商银行芜湖经开区支行		开户银行	中国银行芜湖聚工路支行
出票金额	人民币（大写）	伍万陆仟伍佰元整		亿千百十万千百十元角分	¥5650000
汇票到期日（大写）	贰零壹玖年零贰月壹拾贰日		付款人开户行	行号	87765668
交易合同号码	CG0003，票面利率8%			地址	安徽省芜湖市经开区港湾路48号
备注					

此联由出票人存查

图 5-35 【业务一——商业承兑汇票】

〖业务流程〗

采购原材料开出商业承兑汇票流程如图 5-36 所示。

〖操作指导〗

1. 录入采购专用发票

(1)【W02 胡鹏】在应付款管理系统中，执行【应付单据处理】|【应付单据录入】命令，打开【单据类别】对话框，如图 5-37 所示。

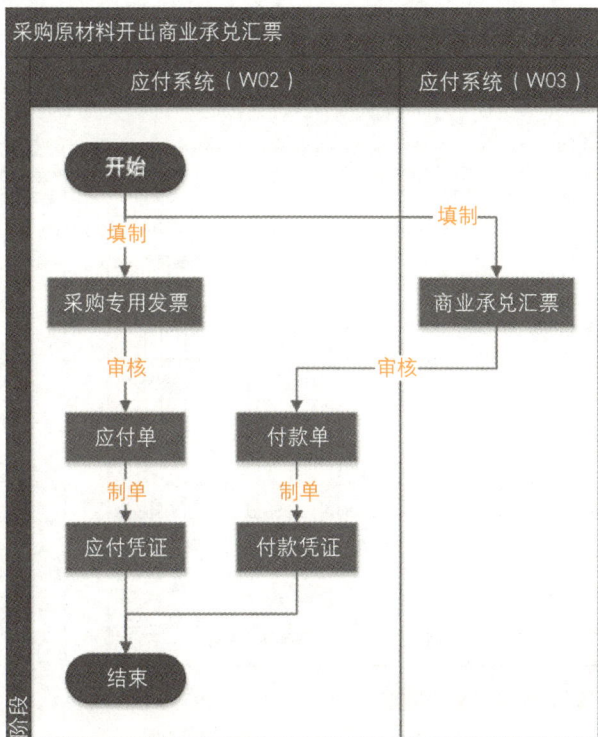

图 5－36 【采购原材料开出商业承兑汇票】流程图　　图 5－37 【单据类别】对话框（采购专用发票）

（2）单击【确定】按钮，打开【采购专用发票】窗口。

（3）单击【增加】按钮，在【发票号】栏录入【56262567】；修改【开票日期】为【2019－01－12】；单击【供应商】栏【参照】按钮，选择【新兴铸管】；【税率】修改为【13.00】；在【备注】栏录入【采购角钢】；在表体【存货编码】栏选择【0104】；在【数量】栏录入【500.00】；在【原币单价】栏录入【100.00】，单击【保存】按钮，如图 5－38 所示。

专用发票

	存货编码	存货名称	规格型号	主计量	数量	原币单价	原币金额	原币税额	原币价税合计	税率	订单号	原币含税单价	记账人
1	0104	角钢		米	500.00	100.00	50000.00	6500.00	56500.00	13.00		113.00	
合计					500.00		50000.00	6500.00	56500.00				

图 5－38 【专用发票】窗口（新兴铸管）

（4）单击【审核】按钮，系统弹出提示【是否立即制单？】。

（5）单击【是】，系统弹出【生成凭证】窗口，单击【保存】按钮，系统弹出提示【凭证已生成】，生成的凭证如图 5-39 所示。

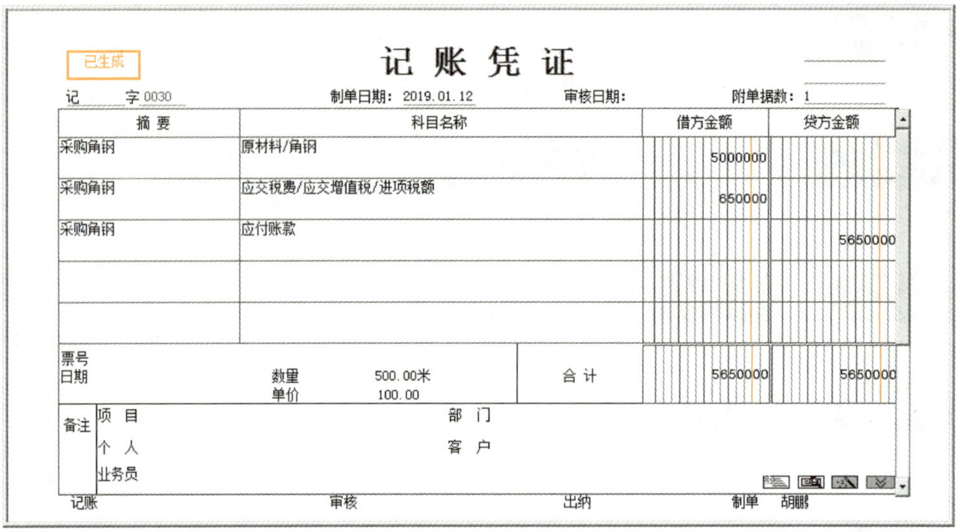

图 5-39　【记 30 号凭证】页面

2. 录入商业承兑汇票

（1）【W03 刘慧】在应付款管理系统中，执行【票据管理】命令，打开【查询条件选择】对话框，如图 5-40 所示。

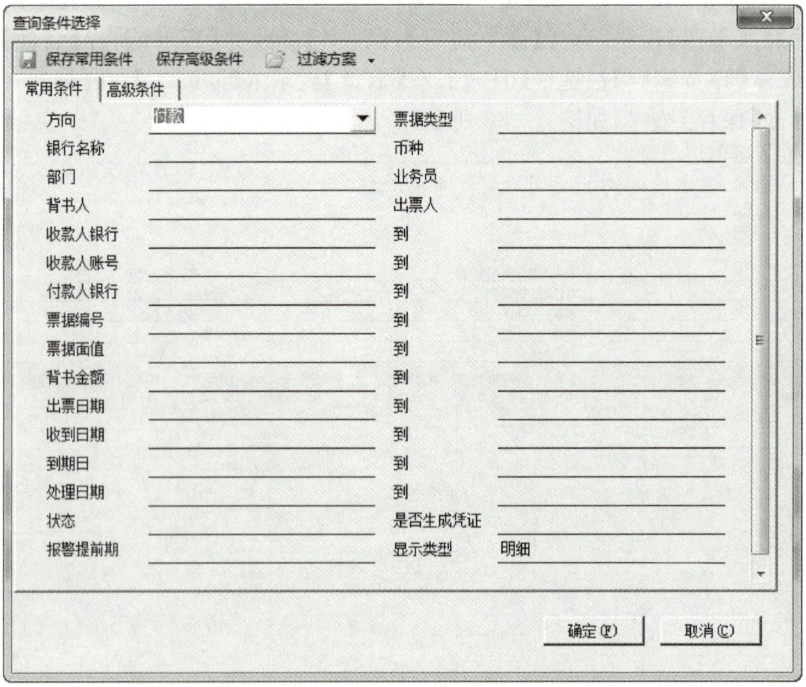

图 5-40　【查询条件选择】对话框

（2）单击【确定】按钮，打开【商业汇票】窗口，选择【票据类型】为【商业承兑汇票】；在【票

据编号】栏录入【45252668】;在【结算方式】栏选择【商业承兑汇票】;在【收到日期】栏选择
【2019-01-12】;在【出票日期】栏选择【2019-01-12】;在【到期日】栏选择【2019-02-12】;
在【收款人】栏选择【芜湖新兴铸管有限公司】;在【金额】栏录入【56500.00】;在【票面利率】栏
录入【8】,单击【保存】按钮,如图 5-41 所示。

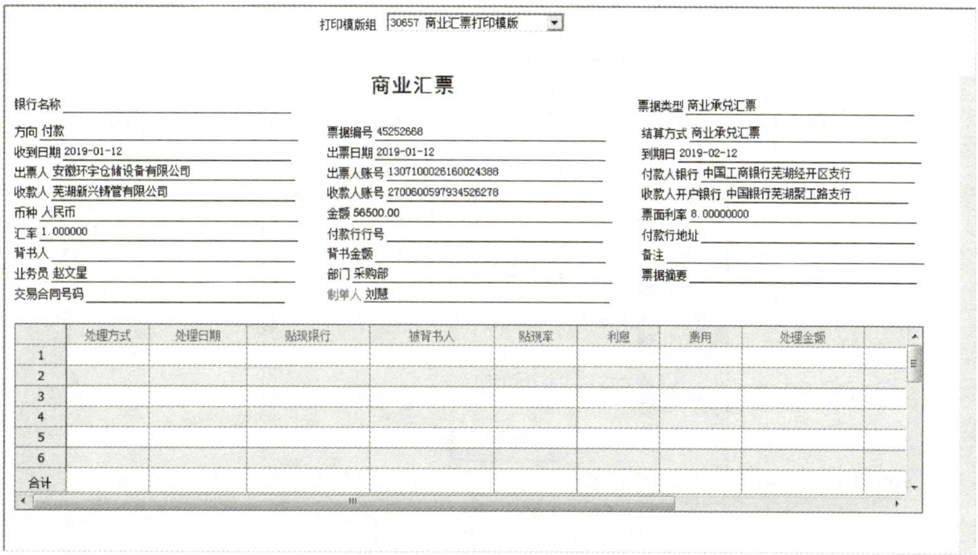

图 5-41 【商业汇票】窗口

3. 审核付款单据

(1)【W02 胡鹏】在应付款管理系统中,执行【付款单据处理】|【付款单据审核】命令,打
开【付款单查询条件】对话框,如图 5-42 所示。

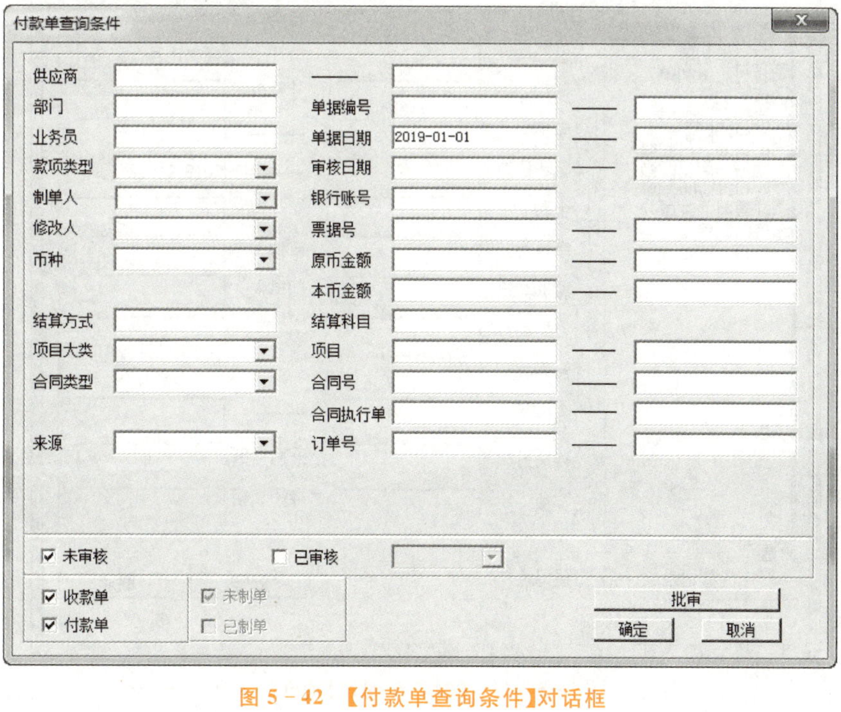

图 5-42 【付款单查询条件】对话框

（2）单击【确定】按钮，打开【收付款单列表】窗口。

（3）单击【全选】按钮，如图5-43所示。

收付款单列表													
记录总数：1													
选择	审核人	单据日期	单据类型	单据编号	供应商	部门	业务员	结算方式	票据号	币种	汇率	原币金额	本币金额	备注
Y		2019-01-12	付款单	0000000003	芜湖新兴铸管有限公司	采购部	赵文星	商业承兑汇票	45252668	人民币	1.00000000	56,500.00	56,500.00	
合计												56,500.00	56,500.00	

图5-43 【收付款单列表】窗口

（4）单击【审核】按钮，系统提示【本次审核成功单据[1]张】，如图5-44所示。

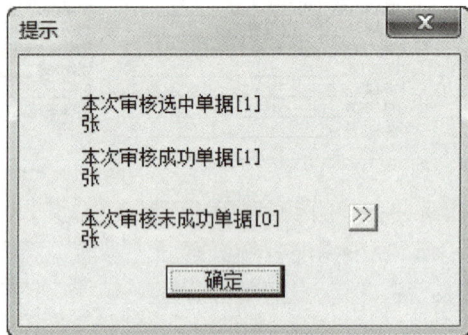

图5-44 【审核成功】提示框

4. 制单

（1）【W02胡鹏】在应付款管理系统中，执行【制单处理】命令，打开【制单查询】对话框。

（2）在【制单查询】对话框中，选择【收付款单制单】复选框，如图5-45所示。

图5-45 【制单查询】对话框

（3）单击【确定】按钮，打开【收付款单制单】窗口。

（4）单击【全选】按钮，如图 5 - 46 所示。

收付款单制单

凭证类别	记账凭证		制单日期	2019-01-12					共 1 条

选择标志	凭证类别	单据类型	单据号	日期	供应商编码	供应商名称	部门	业务员	金额
1	记账凭证	付款单	0000000003	2019-01-12	002	芜湖新兴铸管有限公司	采购部	赵文星	56,500.00

图 5 - 46　【收付款单制单】窗口

（5）单击【制单】按钮，单击【保存】按钮，在应付款管理系统中生成一张凭证，如图 5 - 47 所示。

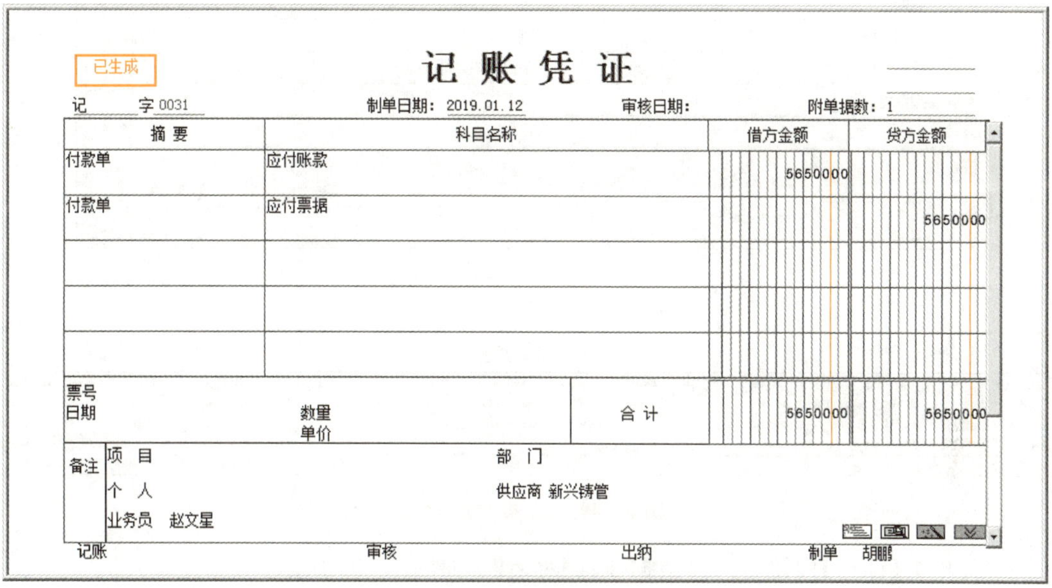

图 5 - 47　【记 31 号凭证】页面

业务二　票据计息及结算

〔业务描述〕

2019 年 1 月 16 日，应付恒大焊条的银行承兑汇票计息及结算并制单。

〔岗位说明〕

【W03 刘慧】对应付银行承兑汇票进行计息及结算操作，【W02 胡鹏】制单。

〔操作指导〕

1. 银行承兑汇票计息

（1）【W03 刘慧】在应付款管理系统中，执行【票据管理】命令，打开【查询条件选择】对话框，如图 5 - 48 所示。

（2）单击【确定】按钮，打开【票据管理】窗口。在【票据管理】窗口中，单击选中 2018 年 12 月 16 日的银行承兑汇票（64374789），如图 5 - 49 所示。

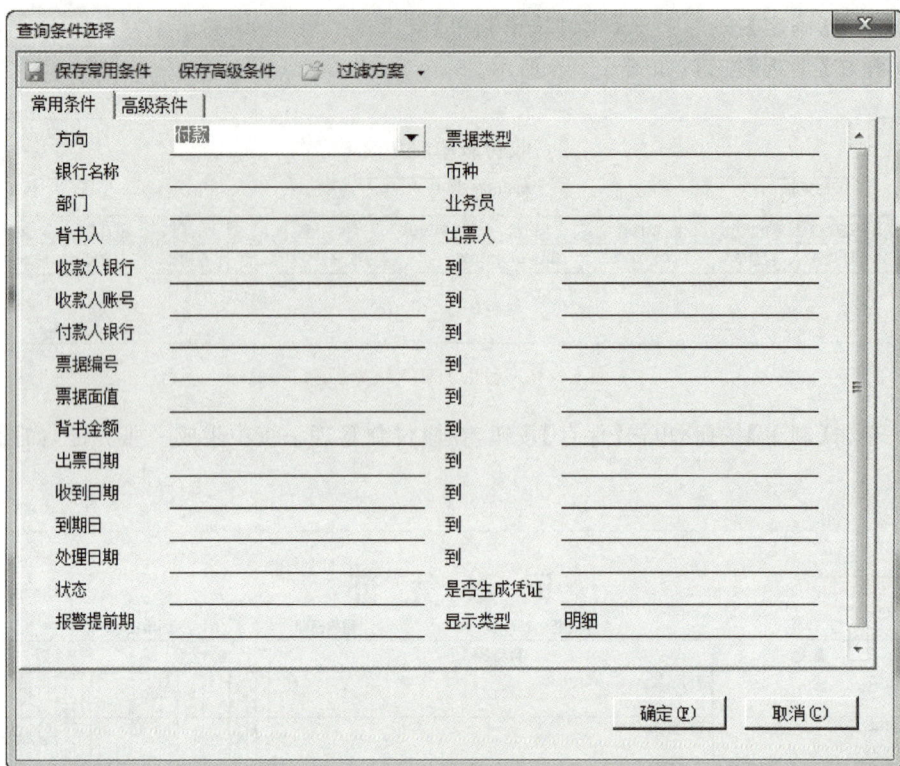

图 5-48 【查询条件选择】对话框

图 5-49 【票据管理】窗口

（3）单击【计息】按钮，打开【票据计息】对话框，如图 5-50 所示。

图 5-50 【票据计息】对话框

（4）单击【确定】按钮，系统弹出提示【是否立即制单？】。

（5）单击【否】按钮。

2．银行承兑汇票结算

（1）【W03 刘慧】在【票据管理】窗口中，单击选中 2018 年 12 月 16 日的银行承兑汇票（64374789）。

（2）单击【结算】按钮，打开【票据结算】对话框，修改结算日期为【2019－01－16】，【结算科目】栏录入【1002】，如图 5－51 所示。

（3）单击【确定】按钮，出现提示【是否立即制单？】。

（4）单击【否】按钮。

3．制单

（1）【W02 胡鹏】在应付款管理系统中，执行【制单处理】命令，打开【制单查询】对话框。

（2）在【制单查询】对话框中，选择【票据处理制单】复选框。

（3）单击【确定】按钮，打开【票据处理制单】窗口。

（4）单击【全选】按钮，如图 5－52 所示。

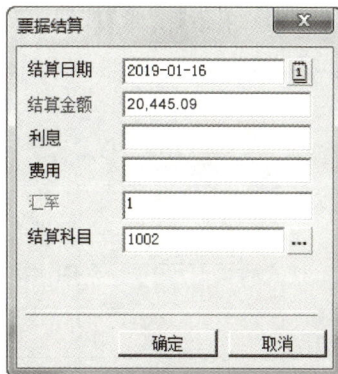

票据结算	
结算日期	2019-01-16
结算金额	20,445.09
利息	
费用	
汇率	1
结算科目	1002

图 5－51 【票据结算】对话框

票据处理制单

凭证类别	记账凭证		制单日期	2019-01-16				共 2 条	
选择标志	凭证类别	单据类型	单据号	日期	供应商编码	供应商名称	部门	业务员	金额
1	记账凭证	票据计息	64374789	2019-01-16	003	天津恒大合金焊条有限公司	采购部	王智	105.09
2	记账凭证	票据结算	64374789	2019-01-16	003	天津恒大合金焊条有限公司	采购部	王智	20,445.09

图 5－52 【票据处理制单】窗口

（5）单击【制单】按钮，单击【保存】按钮，在应付款管理系统中生成第一张凭证，如图 5－53 所示。

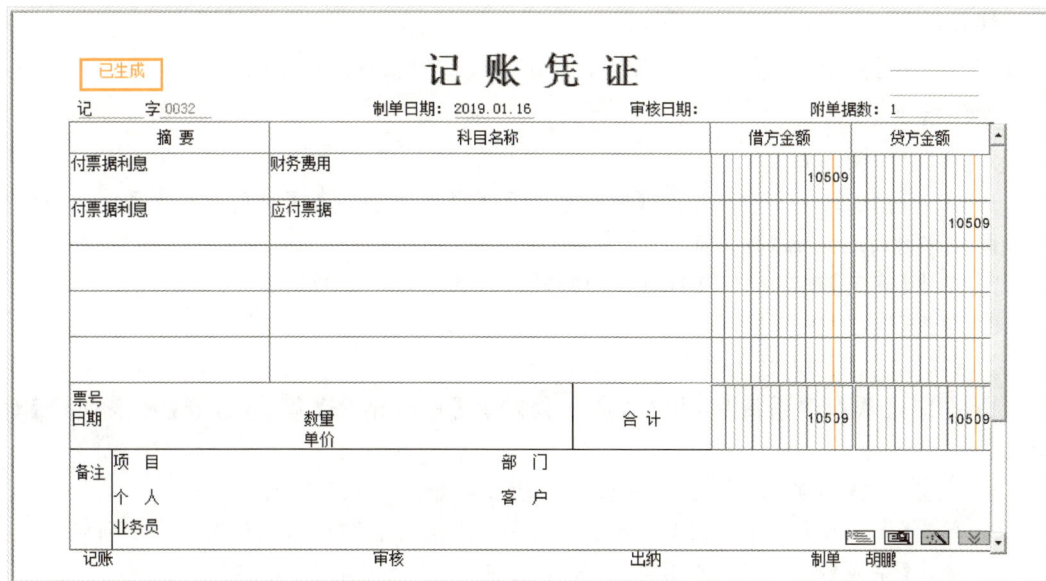

记 账 凭 证

已生成						
记 字 0032		制单日期：2019.01.16	审核日期：	附单据数：1		
摘 要	科目名称			借方金额	贷方金额	
付票据利息	财务费用			10509		
付票据利息	应付票据				10509	
票号 日期	数量 单价		合 计	10509	10509	
备注	项 目	部 门				
	个 人	客 户				
	业务员					
记账	审核	出纳	制单 胡鹏			

图 5－53 【记 32 号凭证】页面

5

（6）单击【下张】按钮，单击【保存】按钮，生成第二张凭证，如图5-54所示。

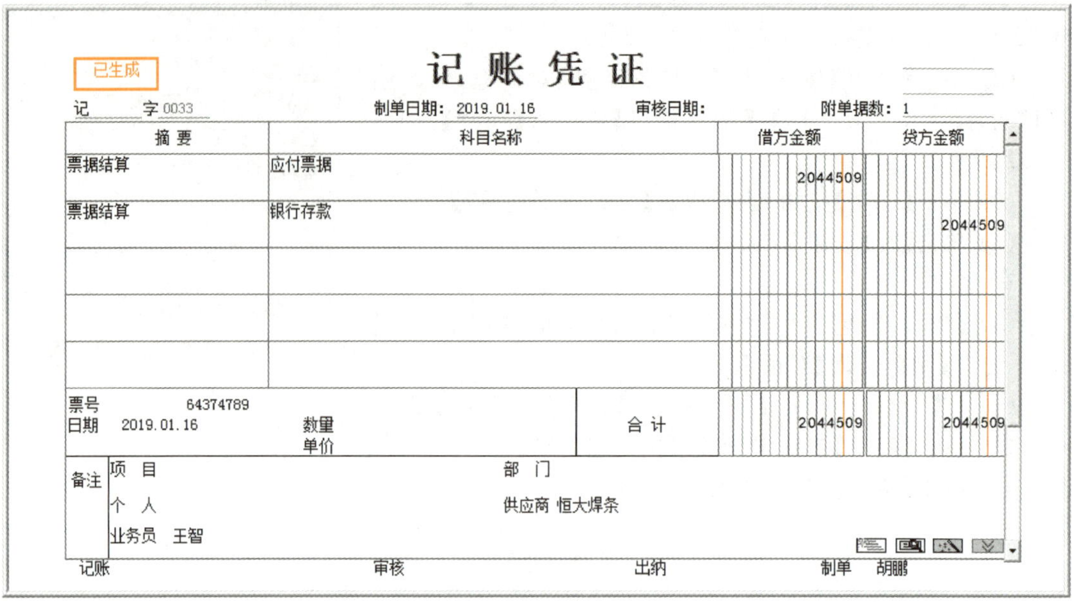

记 账 凭 证

| 已生成 | | | | | |

记 字 0033　　　　制单日期：2019.01.16　　审核日期：　　　　附单据数：1

摘 要	科目名称	借方金额	贷方金额
票据结算	应付票据	2044509	
票据结算	银行存款		2044509

票号　　64374789
日期　2019.01.16　　　　数量
　　　　　　　　　　　　单价　　　　　　合 计　　　　2044509　　　2044509

备注　项 目　　　　　　　　　部 门
　　　个 人　　　　　　　　供应商 恒大焊条
　　　业务员 王智

记账　　　　　　审核　　　　　　出纳　　　　　制单 胡鹏

图 5-54 【记 33 号凭证】页面

4. 将账套输出至【D:\418账套备份\5-3】文件夹

实训四 账表管理及结账

〖业务描述〗

请以【W01张伟】身份登录平台，查询应付款管理系统相关账簿并结账。

〖岗位说明〗

【W01张伟】查询应付款管理系统科目明细账及应付款管理系统结账。

〖操作指导〗

1. 查询科目明细账

（1）在应付款管理系统中，执行【账表管理】|【科目账查询】|【科目明细账】命令，打开【供应商往来科目明细账】对话框。

（2）单击【确定】按钮，打开【科目明细账】窗口，如图5-55所示。

（3）单击【退出】按钮。

2. 结账

（1）在应付款管理系统中，执行【期末处理】|【月末结账】命令，打开【月末处理】对话框。

（2）双击一月【结账标志】栏，出现选中标记【Y】，如图5-56所示。

（3）单击【下一步】按钮，弹出【月末处理——处理情况表】对话框，如图5-57所示。

（4）单击【完成】按钮，系统弹出【1月份结账成功】信息提示框，如图5-58所示。

（5）单击【确定】按钮。

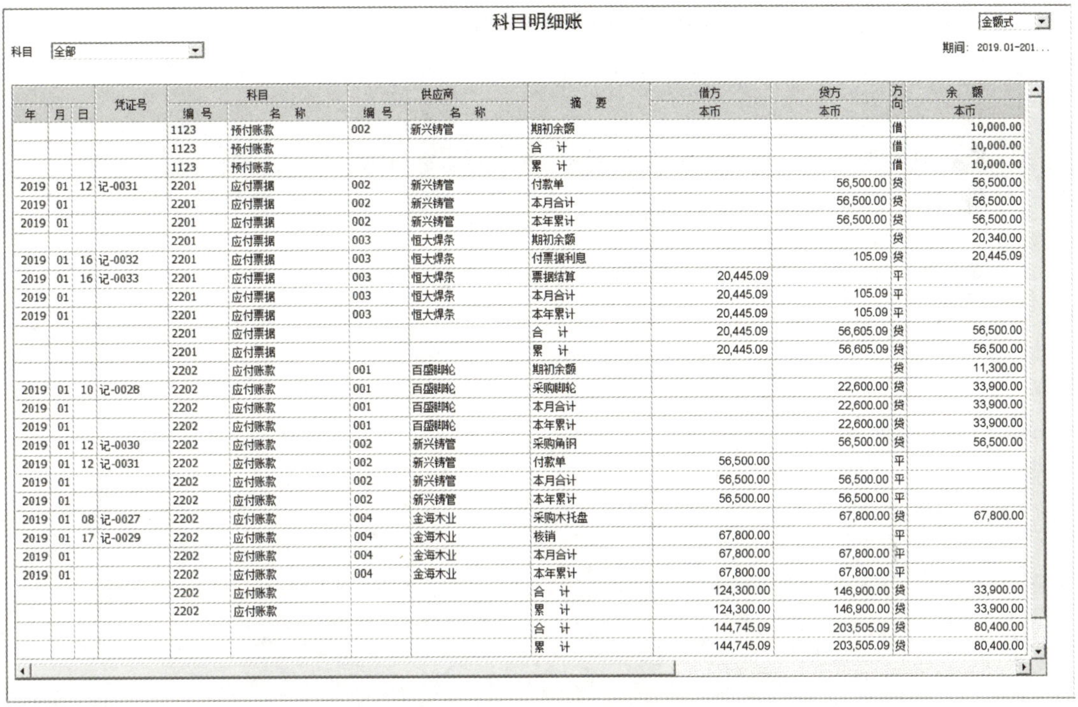

科目明细账

科目 [全部 ▼]　　　　　　　　　　　　　　　　　　　　金额式 ▼
期间：2019.01—201...

年	月	日	凭证号	科目 编号	科目 名称	供应商 编号	供应商 名称	摘要	借方 本币	贷方 本币	方向	余额 本币
				1123	预付账款	002	新兴铸管	期初余额			借	10,000.00
				1123	预付账款			合　计			借	10,000.00
				1123	预付账款			累　计			借	10,000.00
2019	01	12	记-0031	2201	应付票据	002	新兴铸管	付款单		56,500.00	贷	56,500.00
2019	01			2201	应付票据	002	新兴铸管	本月合计		56,500.00	贷	56,500.00
2019	01			2201	应付票据	002	新兴铸管	本年累计		56,500.00	贷	56,500.00
				2201	应付票据	003	恒大焊条	期初余额			贷	20,340.00
2019	01	16	记-0032	2201	应付票据	003	恒大焊条	付票据利息		105.09	贷	20,445.09
2019	01	16	记-0033	2201	应付票据	003	恒大焊条	票据结算	20,445.09		平	
2019	01			2201	应付票据	003	恒大焊条	本月合计	20,445.09	105.09	平	
2019	01			2201	应付票据	003	恒大焊条	本年累计	20,445.09	105.09	平	
				2201	应付票据			合　计	20,445.09	56,605.09	贷	56,500.00
				2201	应付票据			累　计	20,445.09	56,605.09	贷	56,500.00
				2202	应付账款	001	百盛轮胎	期初余额			贷	11,300.00
2019	01	10	记-0028	2202	应付账款	001	百盛轮胎	采购轮胎		22,600.00	贷	33,900.00
2019	01			2202	应付账款	001	百盛轮胎	本月合计		22,600.00	贷	33,900.00
2019	01			2202	应付账款	001	百盛轮胎	本年累计		22,600.00	贷	33,900.00
2019	01	12	记-0030	2202	应付账款	002	新兴铸管	采购角钢		56,500.00	贷	56,500.00
2019	01	12	记-0031	2202	应付账款	002	新兴铸管	付款单	56,500.00		平	
2019	01			2202	应付账款	002	新兴铸管	本月合计	56,500.00	56,500.00	平	
2019	01			2202	应付账款	002	新兴铸管	本年累计	56,500.00	56,500.00	平	
2019	01	08	记-0027	2202	应付账款	004	金海木业	采购木托盘		67,800.00	贷	67,800.00
2019	01	17	记-0029	2202	应付账款	004	金海木业	核销	67,800.00		平	
2019	01			2202	应付账款	004	金海木业	本月合计	67,800.00	67,800.00	平	
2019	01			2202	应付账款	004	金海木业	本年累计	67,800.00	67,800.00	平	
				2202	应付账款			合　计	124,300.00	146,900.00	贷	33,900.00
				2202	应付账款			累　计	124,300.00	146,900.00	贷	33,900.00
								合　计	144,745.09	203,505.09	贷	80,400.00
								累　计	144,745.09	203,505.09	贷	80,400.00

图 5-55 【科目明细账】窗口

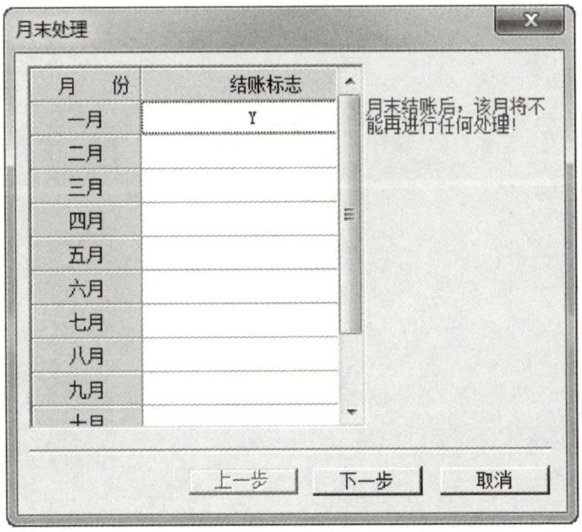

图 5-56 【月末处理】对话框

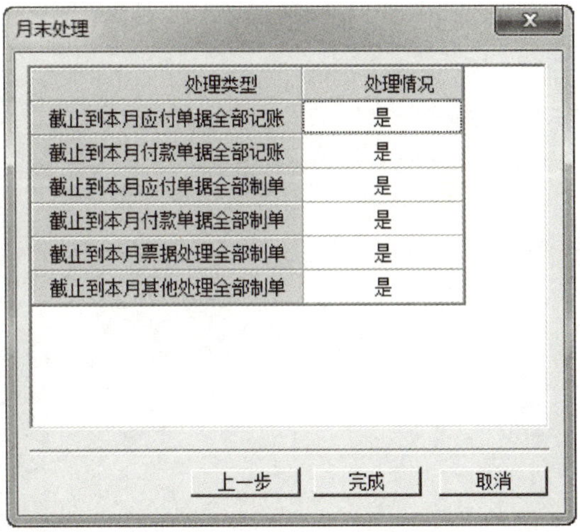

图 5-57 【月末处理——处理情况表】对话框

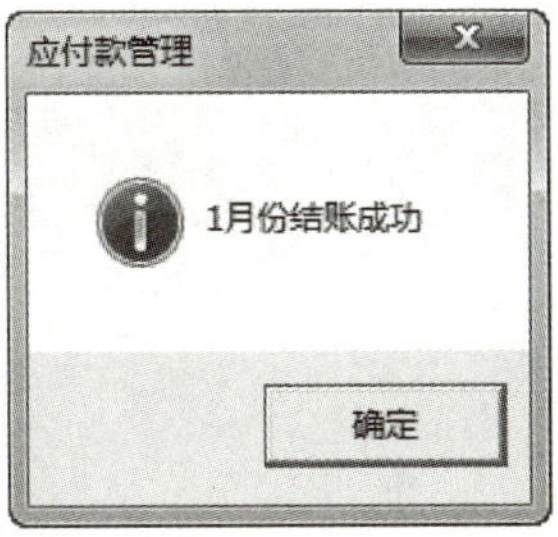

图 5-58 【结账成功】提示框

3. 将账套输出至【D:\418 账套备份\5-4】文件夹

温馨提示

- 如果当月业务已经全部处理完毕,应进行月末结账。
- 月末处理时,一次只能选择一个月进行结账;若前一个月未结账,则本月不能结账。
- 在执行了月末结账后,该月将不能再进行任何处理。

项目六　固定资产管理系统业务处理

实训一　固定资产管理系统初始设置

业务一　固定资产管理系统参数设置

【业务描述】

以【W01 张伟】身份登录平台,设置固定资产管理系统的以下参数,如表 6-1 所示。

表 6-1　固定资产管理系统参数

控制参数	参 数 说 明
约定与说明	我同意
启用月份	2019 年 1 月
折旧信息	本账套计提折旧 折旧方法:平均年限法(一) 折旧汇总分配周期:1 个月 当(月初已计提月份＝可使用月份－1)时将剩余折旧全部提足
编码方式	资产类别编码方式:2-1-1-2 固定资产编码方式:按"类别编号＋序号"自动编码;卡片序号长度为 3
财务接口	固定资产对账科目:1601 固定资产 累计折旧对账科目:1602 累计折旧 选中"在对账不平情况下允许固定资产月末结账"
与账务系统接口	固定资产缺省入账科目:1601 固定资产 累计折旧缺省入账科目:1602 累计折旧 减值准备缺省入账科目:1603 固定资产减值准备 增值税进项税额缺省入账科目:22210101 进项税额 固定资产清理缺省入账科目:1606 固定资产清理 选中"业务发生后立即制单"

【岗位说明】

【W01 张伟】设置固定资产管理系统参数。

【操作指导】

(1) 在企业应用平台,执行【业务工作】|【财务会计】|【固定资产】,系统提示【这是第一

次打开此账套,还未进行过初始化,是否进行初始化?】,如图6-1所示。

(2)单击【是】按钮,打开固定资产【初始化账套向导——约定及说明】对话框,如图6-2所示。

(3)选中【我同意】单选按钮,单击【下一步】按钮,打开固定资产【初始化账套向导——启用月份】对话框。系统默认账套启用月份【2019.01】,如图6-3所示。

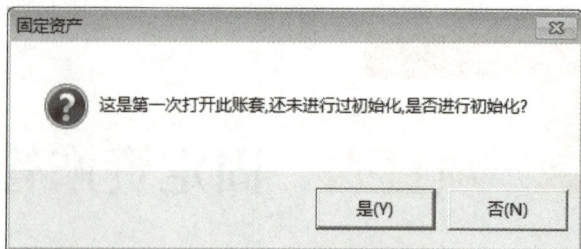

图6-1 【固定资产初始化】提示框

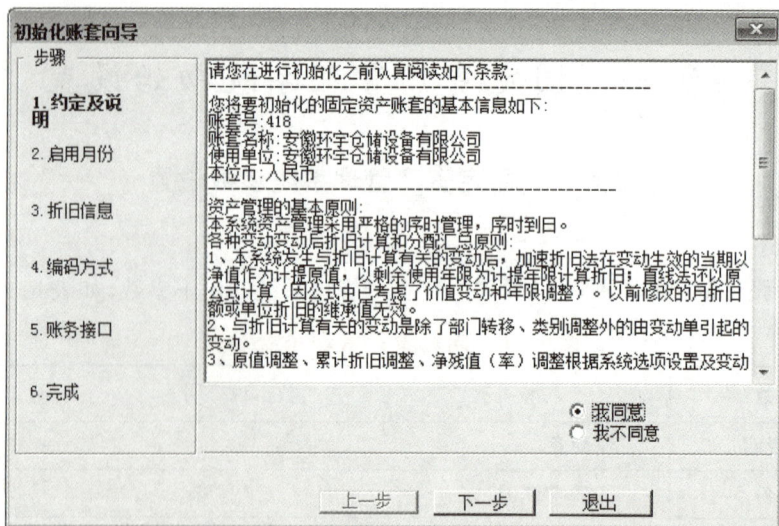

图6-2 【初始化账套向导——约定及说明】对话框

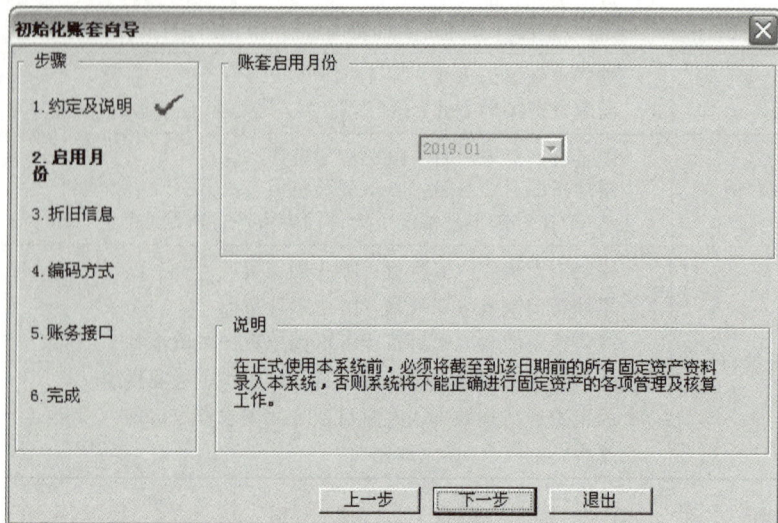

图6-3 【初始化账套向导——启用月份】对话框

(4)单击【下一步】按钮,打开固定资产【初始化账套向导——折旧信息】对话框,选择主要折旧方法为【平均年限法(一)】,选中【当(月初已计提月份=可使用月份-1)时将剩余折旧全部提足(工作量法除外)】,如图 6-4 所示。

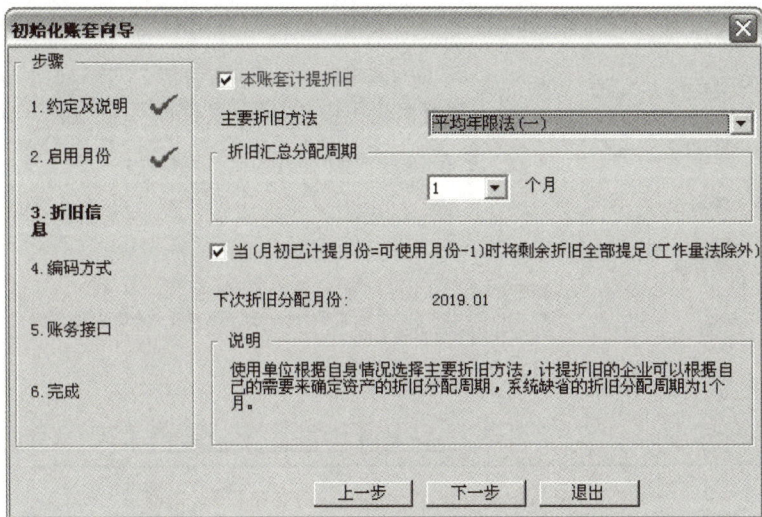

图 6-4　【初始化账套向导——折旧信息】对话框

(5) 单击【下一步】按钮,打开固定资产【初始化账套向导——编码方式】对话框。编码长度默认,选择固定资产编码方式为【自动编码】及【类别编码＋序号】,序号长度为【3】,如图 6-5 所示。

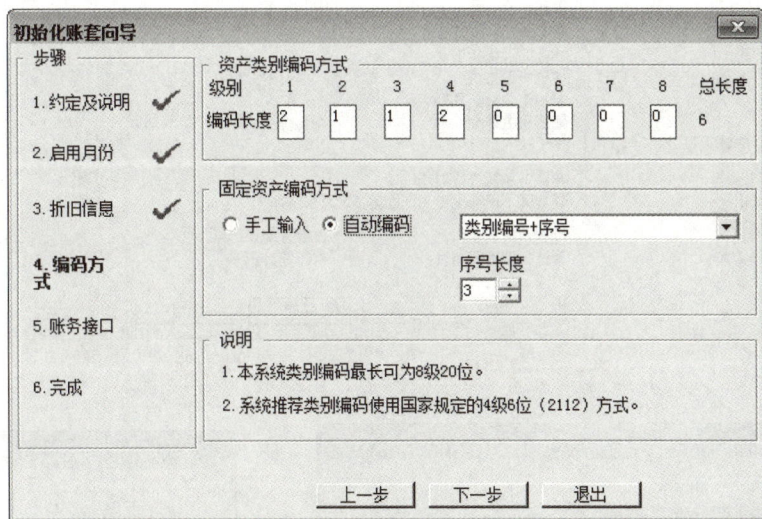

图 6-5　【初始化账套向导——编码方式】对话框

(6) 单击【下一步】按钮,打开固定资产【初始化账套向导——财务接口】对话框。在【固定资产对账科目】栏录入【1601,固定资产】,在【累计折旧对账科目】栏录入【1602,累计折旧】,选中【在对账不平的情况下允许固定资产月末结账】复选框,如图 6-6 所示。

(7) 单击【下一步】按钮,打开固定资产【初始化账套向导——完成】对话框,如图 6-7 所示。

(8) 单击【完成】按钮,系统弹出【已经完成了新账套的所有设置工作,是否确定所设置的信息完全正确并保存对新账套的所有设置?】信息提示框,如图 6-8 所示。

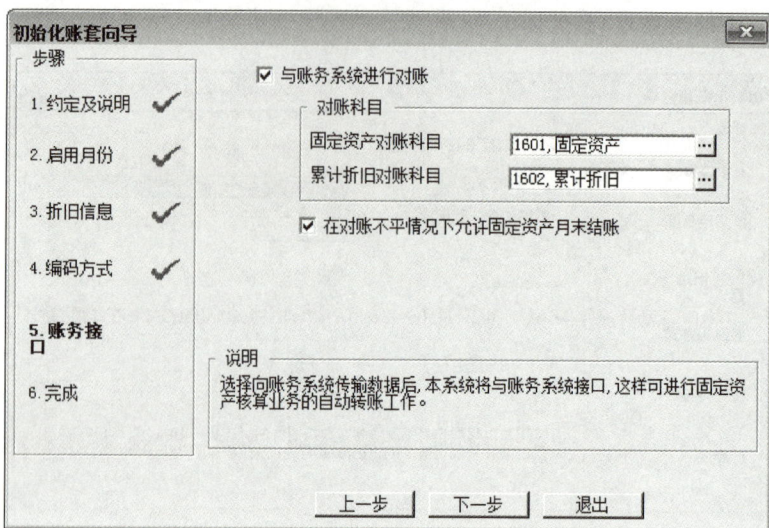

图6-6　【初始化账套向导——财务接口】对话框

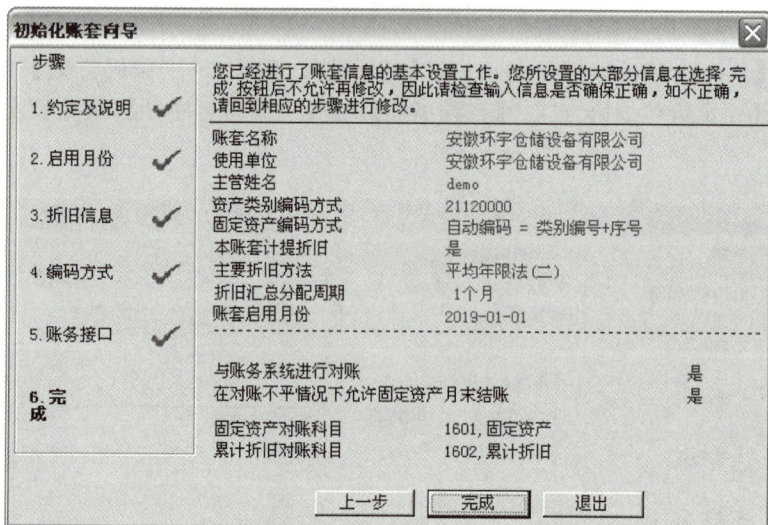

图6-7　【初始化账套向导——完成】对话框

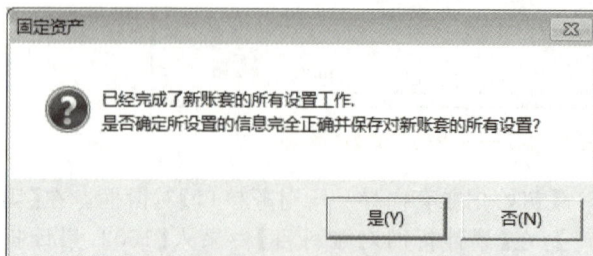

图6-8　【固定资产初始化】提示框

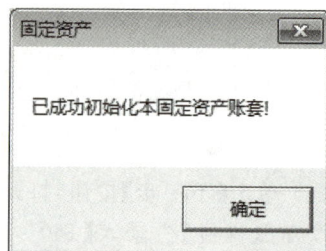

图6-9　【固定资产初始化完成】提示框

（9）单击【是】按钮，系统提示【已成功初始化本固定资产账套！】，如图6-9所示。

（10）单击【确定】按钮，固定资产建账完成。

（11）执行【固定资产】|【设置】|【选项】命令，选择【与账务系统接口】选项卡，单击【编辑】按

钮,激活【选项】对话框,在【[固定资产]缺省入账科目】栏录入【1601,固定资产】,【[累计折旧]缺省入账科目】栏录入【1602,累计折旧】,【[减值准备]缺省入账科目】栏录入【1603,固定资产减值准备】,【[增值税进项税额]缺省入账科目】栏录入【22210101,进项税额】,【[固定资产清理]缺省入账科目】栏录入【1606,固定资产清理】;选中【业务发生后立即制单】,如图6-10所示。

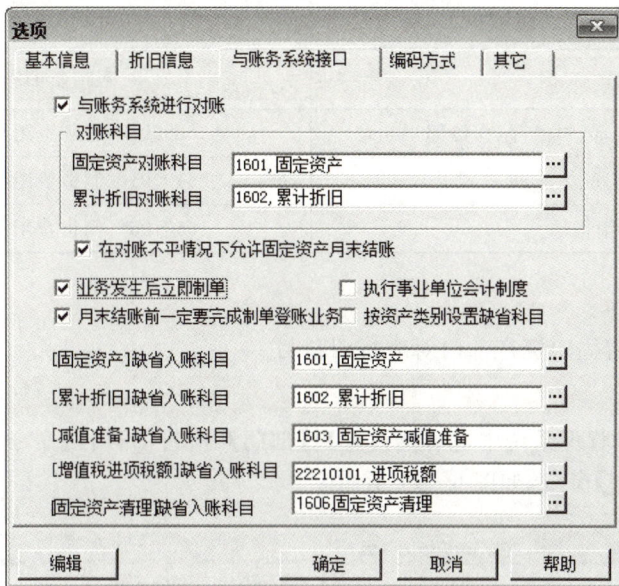

图6-10 【固定资产——选项】对话框

温馨提示

- 在固定资产【初始化账套向导——启用月份】对话框中所列示的启用月份只能查看不能修改。启用日期确定后,在该日期前的所有固定资产都将作为期初数据,自启用月份开始计提折旧。
- 在固定资产【初始化账套向导——折旧信息】中,当(月初已计提月份=可使用月份-1)时,将剩余折旧全部提足(工作量法除外)是指除工作量法外,只要满足上述条件,则该月折旧净额=净值-净残值,并且不能手工修改;如果不选该项,则该月不提足折旧,并且可手工修改,但如以后各月按照公式计算的月折旧率或折旧额是负数时,认定公式无效,令折旧率=0,月折旧额=净值-净残值。
- 固定资产编码方式包括【手工输入】和【自动编码】两种方式。自动编码方式包括【类别编号+序号】【部门编号+序号】【类别编码+部门编码+序号】【部门编码+类别编码+序号】,类别编号中的序号长度可自由设定为1～15位。
- 资产类别编码方式设定以后,一旦设定某一级类别,则该级的长度不能修改,未使用过的各级长度可以修改。每个账套的自动编码方式只能选择一种,一经设定,该自动编码方式不得修改。
- 固定资产对账科目和累计折旧对账科目应与账务系统内的对应科目一致。
- 对账不平不允许结账是指在存在对应的账务账套的情况下,本系统在月末结账前自动执行一次对账,给出对账结果。如果不平,说明两系统出现偏差,应予以调整。

业务二　设置固定资产部门对应折旧科目

〖业务描述〗

以【W01 张伟】身份登录平台，设置固定资产部门对应折旧科目，如表 6 - 2 所示。

表 6 - 2　固定资产部门对应折旧科目

部　门	对应折旧科目
经理室、采购部、财务部、仓储部	660206　管理费用——折旧费
一车间、二车间	510101　制造费用——折旧费
销售部	660106　销售费用——折旧费

〖岗位说明〗

【W01 张伟】设置固定资产部门对应折旧科目。

〖操作指导〗

（1）在固定资产管理系统中，执行【设置】|【部门对应折旧科目】命令，进入【部门对应折旧科目——列表视图】窗口，如图 6 - 11 所示。

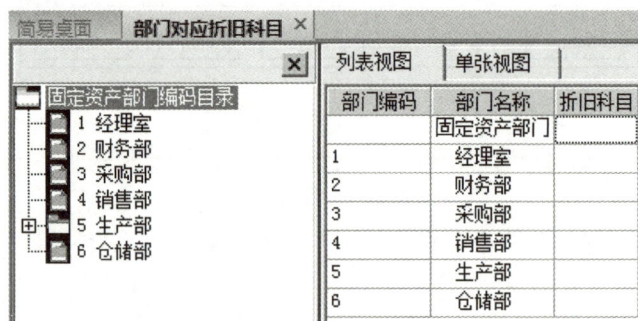

图 6 - 11　【部门对应折旧科目——列表视图】窗口

（2）选择【经理室】所在行，单击【修改】按钮，打开【单张视图】窗口。（也可直接选中部门编码目录中的【经理室】，单击打开【单张视图】选项卡，再单击【修改】按钮。）在【折旧科目】栏录入或选择【660206 管理费用——折旧费】，如图 6 - 12 所示。

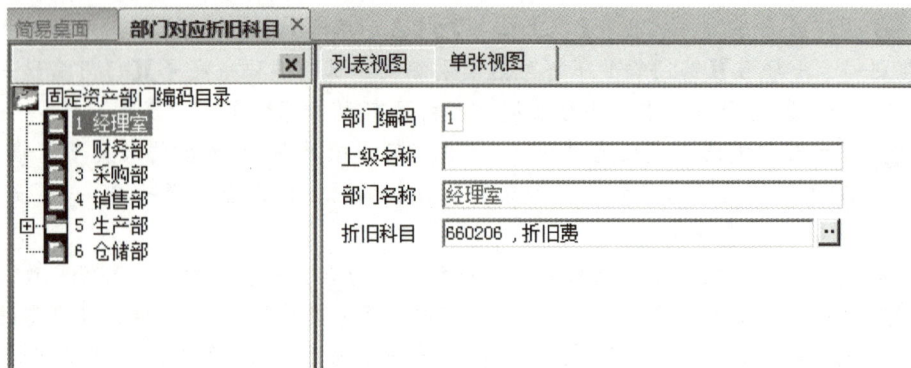

图 6 - 12　【部门对应折旧科目——单张视图】窗口

（3）单击【保存】按钮。以此方法继续录入其他部门对应的折旧科目，结果如图 6-13 所示。

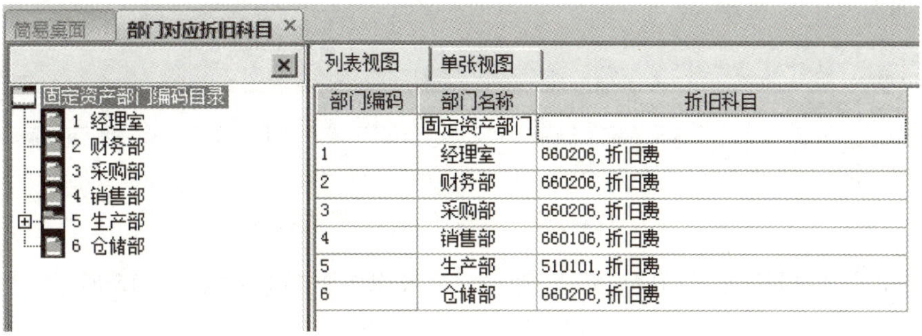

图 6-13 【部门对应折旧科目——列表视图】窗口（录入完成）

温馨提示

● 本系统录入卡片时，只能选择明细部门，所以设置折旧科目也只有设置明细部门才有意义。如果某一上级部门设置了对应的折旧科目，则下级部门继承上级部门的设置。

● 设置生产部对应折旧科目为【510101 制造费用——折旧费】时，系统会提示【是否将生产部的所有下级部门的折旧科目替换为"制造费用——折旧费"？如果选择"是"，请在成功保存后单击"刷新"按钮查看】。单击【是】按钮，即将生产部的两个下级部门的折旧科目一并设置完成。

● 设置部门对应折旧科目时，必须选择末级会计科目。设置上级部门的折旧科目，则下级部门也可自动继承，也可以选择不同的科目，即上下级部门的折旧科目可以相同，也可以不同。

〔赛题链接〕

【任务 1.04】 录入固定资产部门对应折旧科目。

业务三 设置固定资产类别

〔业务描述〕

以【W01 张伟】身份登录平台，设置固定资产类别，如表 6-3 所示。

表 6-3 固定资产类别

编码	类别名称	折旧年限（总工作量）	净残值率（%）	计提属性	折旧方法	卡片式样
01	房屋及建筑物	30 年	5	正常计提	平均年限法一	含税卡片样式
02	生产设备	5 年	5	正常计提	平均年限法一	含税卡片样式
03	办公设备	3 年	1	正常计提	平均年限法一	含税卡片样式

固定资产类别

〔岗位说明〕

【W01 张伟】设置固定资产类别。

〖操作指导〗

（1）在固定资产管理系统中，执行【设置】|【资产类别】命令，进入【资产类别——列表视图】窗口，如图 6 - 14 所示。

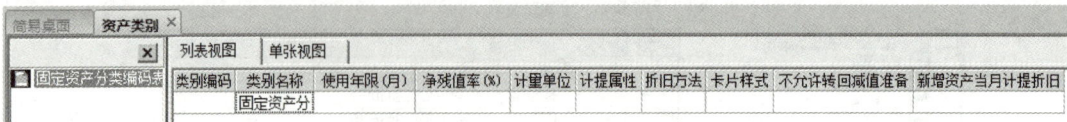

图 6 - 14　【资产类别——列表视图】窗口

（2）单击【增加】按钮，打开【资产类别——单张视图】窗口，如图 6 - 15 所示。

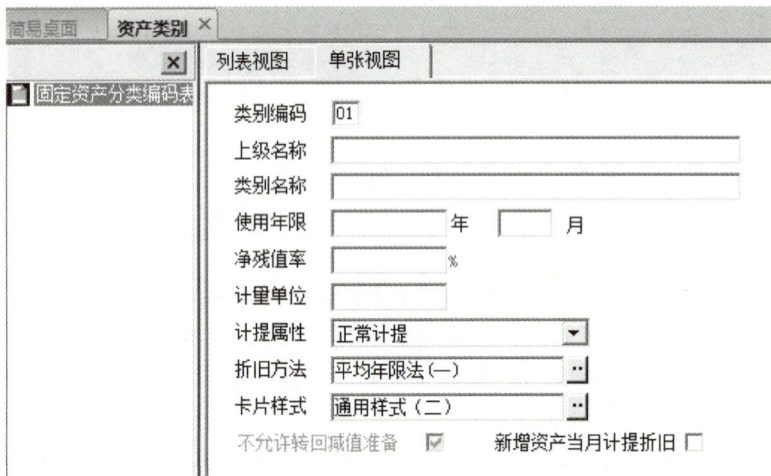

图 6 - 15　【资产类别——单张视图】窗口

（3）在【类别名称】栏录入【房屋及建筑物】，在【使用年限】栏录入【30】，在【净残值率】栏录入【5】，如图 6 - 16 所示。

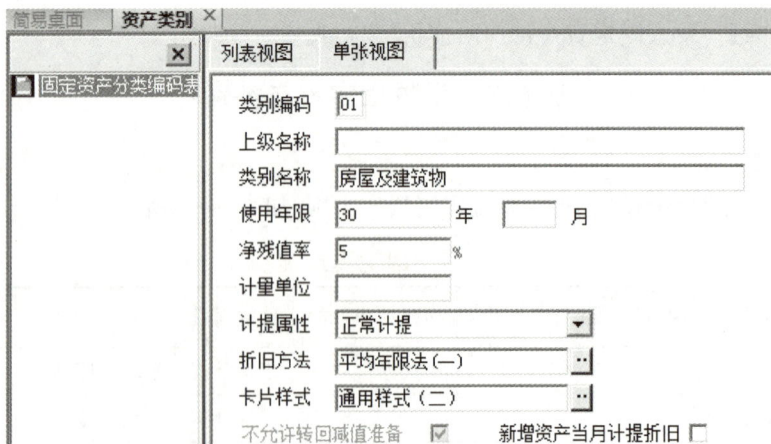

图 6 - 16　【资产类别——单张视图】窗口（录入类别名称等）

（4）单击【卡片样式】选项卡，选择【含税卡片样式】按钮，如图 6 - 17 所示。单击【确定】按钮，单击【保存】按钮，如图 6 - 18 所示。

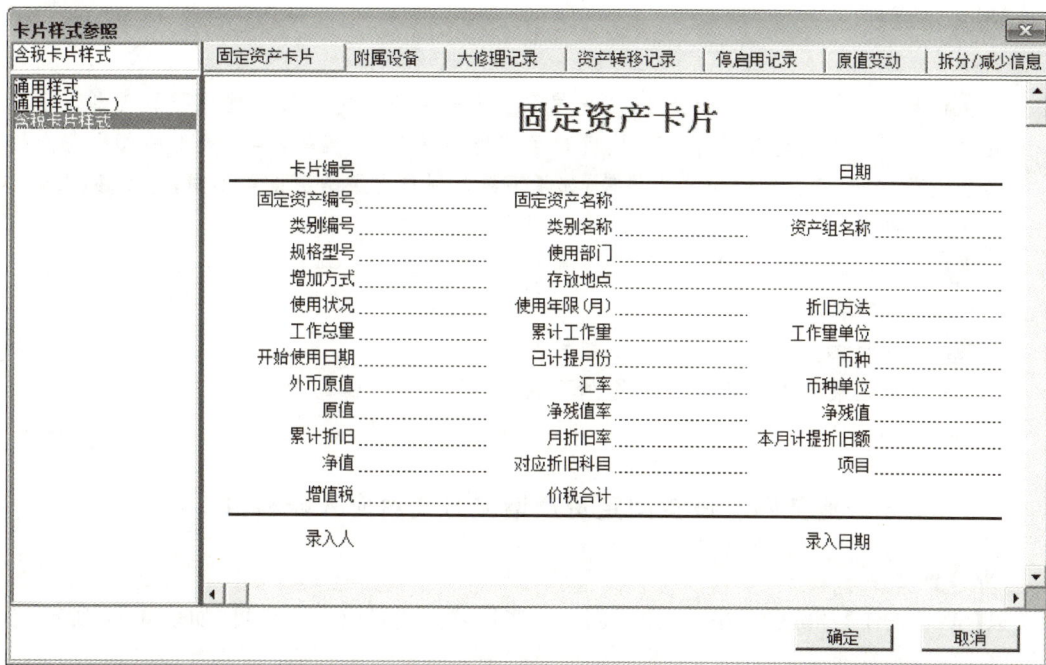

图 6 - 17 【卡片样式参照】窗口

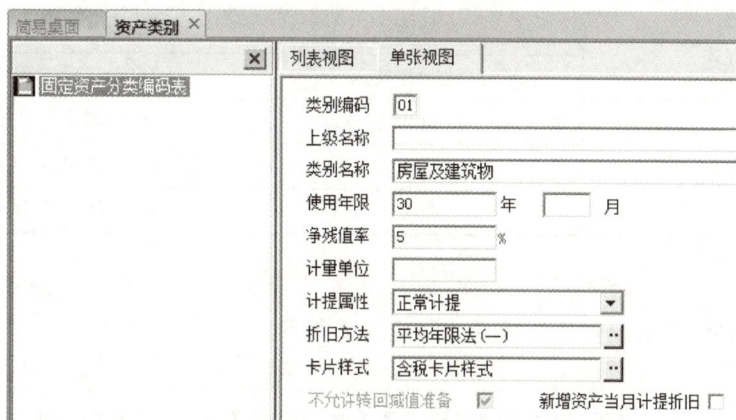

图 6 - 18 【资产类别——单张视图】窗口(选择卡片样式)

（5）继续录入 02 号资产的类别名称为【生产设备】相关信息,单击【保存】按钮。

（6）继续录入 03 号资产的类别名称为【办公设备】相关信息,单击【保存】按钮。

（7）单击【放弃】按钮,系统提示【是否取消本次操作】,单击【是】按钮,返回【资产类别——列表视图】窗口,如图 6 - 19 所示。

图 6 - 19 【资产类别——列表视图】窗口

温馨提示

◑　要建立多级固定资产类别,应先建立上级固定资产类别后再建立下级类别。由于在建立上级类别固定资产类别时就设置了使用年限、净残值率,其下级类别如果与上级类别设置相同,可自动继承不用修改;如果下级类别与上级类别设置不同,可以修改。

◑　类别编码、名称、计提属性及卡片样式不能为空。

◑　非明细级别类别编码不能修改和删除,明细级别类别编码修改时只能修改本级的编码。

◑　使用过的类别的计提属性不能修改。

◑　系统已使用的类别不允许增加下级和删除。

业务四　设置固定资产增减方式对应入账科目

〖业务描述〗

以【W01 张伟】身份登录平台,设置固定资产增减方式对应入账科目,如表 6－4 所示。

固定资产
增减方式
对应入账
科目

表 6－4　固定资产增减方式对应入账科目

项　　目	增 减 方 式	对应入账科目
增加方式	直接购入	1002 银行存款
	在建工程转入	1604 在建工程
减少方式	出售	1606 固定资产清理
	报废	1606 固定资产清理
	盘亏	1901 待处理财产损溢

〖岗位说明〗

【W01 张伟】设置固定资产增减方式对应入账科目。

〖操作指导〗

(1)在固定资产管理系统中,执行【设置】|【增减方式】命令,打开【增减方式】窗口,如图 6－20 所示。

(2)选中【直接购入】所在行,单击【修改】按钮,打开【增减方式——单张视图】窗口,在【对应入账科目】栏录入【1002 银行存款】,如图 6－21 所示,单击【保存】按钮。

(3)以此方法继续设置其他增减方式对应入账科目,录入结果如图 6－22 所示。

温馨提示

◑　在资产增减方式中所设置的对应入账科目是为了生成凭证时自动带出会计科目。

◑　因为本系统提供的报表中有固定资产盘盈盘亏报表,所以增减方式中"盘盈、盘亏、毁损"不能修改和删除。

◑　非明细增减方式不能删除;已使用的增减方式不能删除。

◑　生成凭证时,如果入账科目发生了变化,可以及时修改。

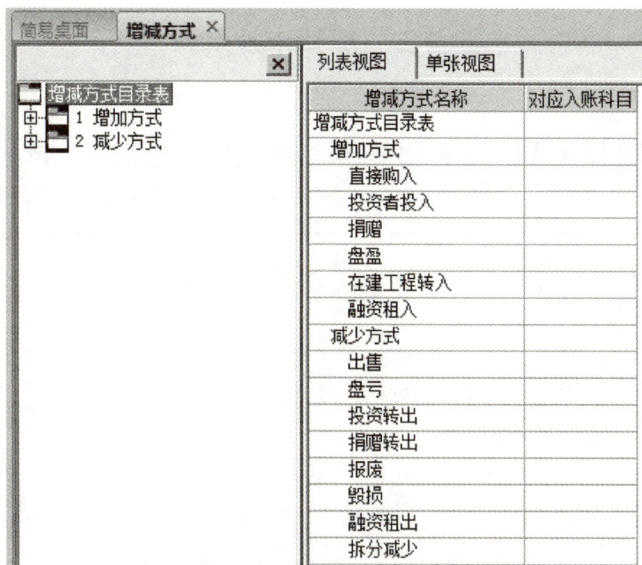

图 6‑20 【增减方式——列表视图】窗口

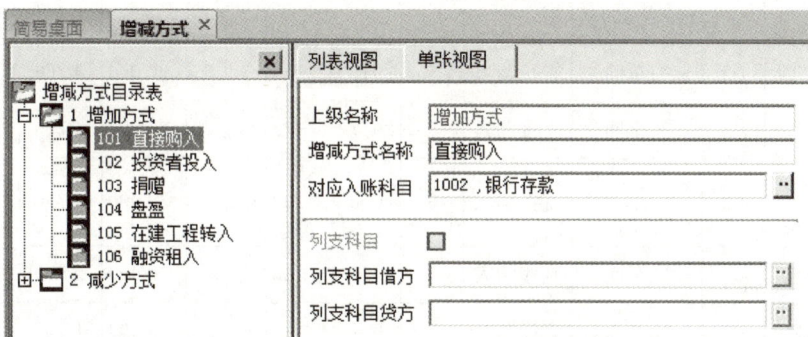

图 6‑21 【增减方式——单张视图】窗口

6

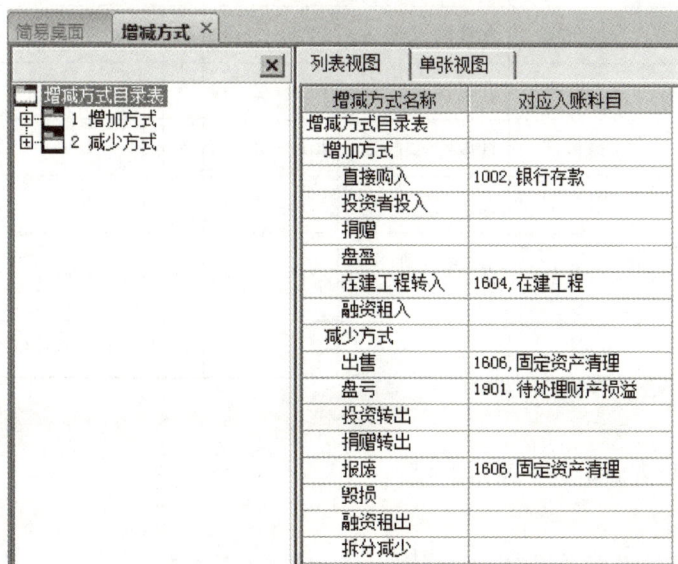

图 6‑22 【增减方式——列表视图】窗口(录入完成)

业务五   原始卡片录入

〖业务描述〗

以【W01 张伟】身份登录平台，录入固定资产原始卡片，如表 6-5 所示。

表 6-5   2019 年 1 月固定资产使用及折旧情况

固定资产
原始卡片
录入

固定资产编号	固定资产名称	类别编号	所在部门	增加方式	可使用年限	开始使用日期	单位	数量	原值（元）	累计折旧（元）	使用状况	净残值率（%）
01001	厂房	01	一车间、二车间（各占50%）	在建工程转入	30	2017-6-18	幢	1	100 000	4 750	在用	5
01002	仓库	01	仓储部	在建工程转入	30	2017-6-18	幢	1	100 000	4 750	在用	5
02001	3T 柴油叉车	02	一车间、二车间（各占50%）	直接购入	5	2018-2-16	辆	1	28 000	4 433.33	在用	5
02002	S生产线	02	一车间	直接购入	5	2018-2-16	条	1	20 000	3 166.67	在用	5
02003	剪板机	02	一车间	直接购入	5	2017-9-28	台	1	20 000	4 750	在用	5
02004	液压扳料折弯机	02	一车间	直接购入	5	2018-2-22	辆	1	30 000	4 750	在用	5
02005	切割机	02	二车间	直接购入	5	2016-6-18	台	1	20 000	9 500	在用	5
02006	电焊机	02	二车间	直接购入	5	2017-9-28	台	1	5 000	1 187.5	在用	5
02007	气泵	02	二车间	直接购入	5	2014-1-16	台	1	5 000	4 670.83	在用	5
03001	联想电脑	03	经理室	直接购入	3	2018-2-14	台	1	4 000	1 100	在用	1
03002	联想电脑	03	采购部	直接购入	3	2018-2-14	台	1	4 000	1 100	在用	1
03003	联想电脑	03	销售部	直接购入	3	2018-2-14	台	1	4 000	1 100	在用	1
03004	联想电脑	03	财务部	直接购入	3	2018-2-14	台	1	4 000	1 100	在用	1
03005	惠普打印机	03	财务部	直接购入	3	2018-2-14	台	1	3 000	825	在用	1
合计									347 000	47 183.33	在用	

〖岗位说明〗

【W01 张伟】录入固定资产原始卡片。

〖操作指导〗

（1）在固定资产管理系统中，执行【固定资产】|【卡片】|【录入原始卡片】命令，打开【固定资产类别档案】窗口，如图 6-23 所示。

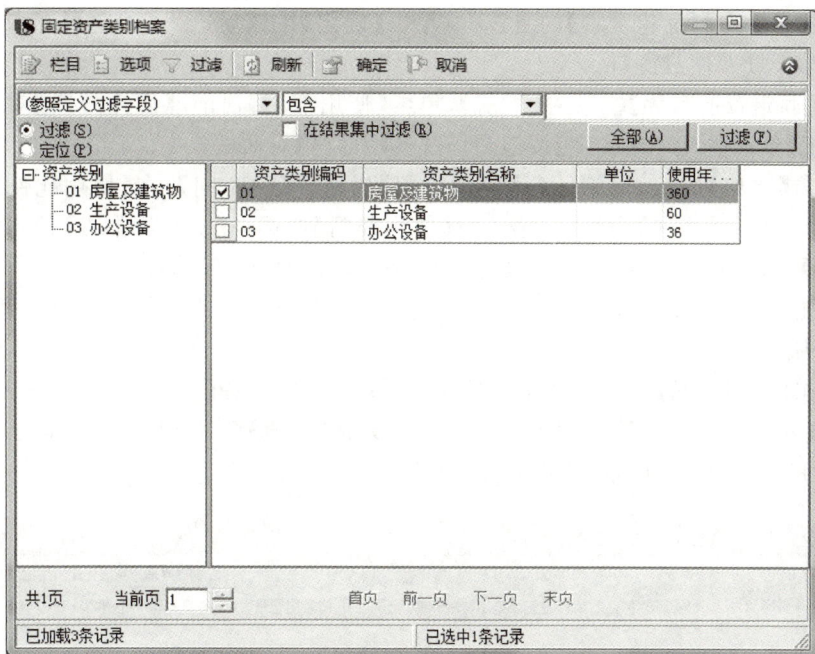

图 6 - 23 【固定资产类别档案】窗口

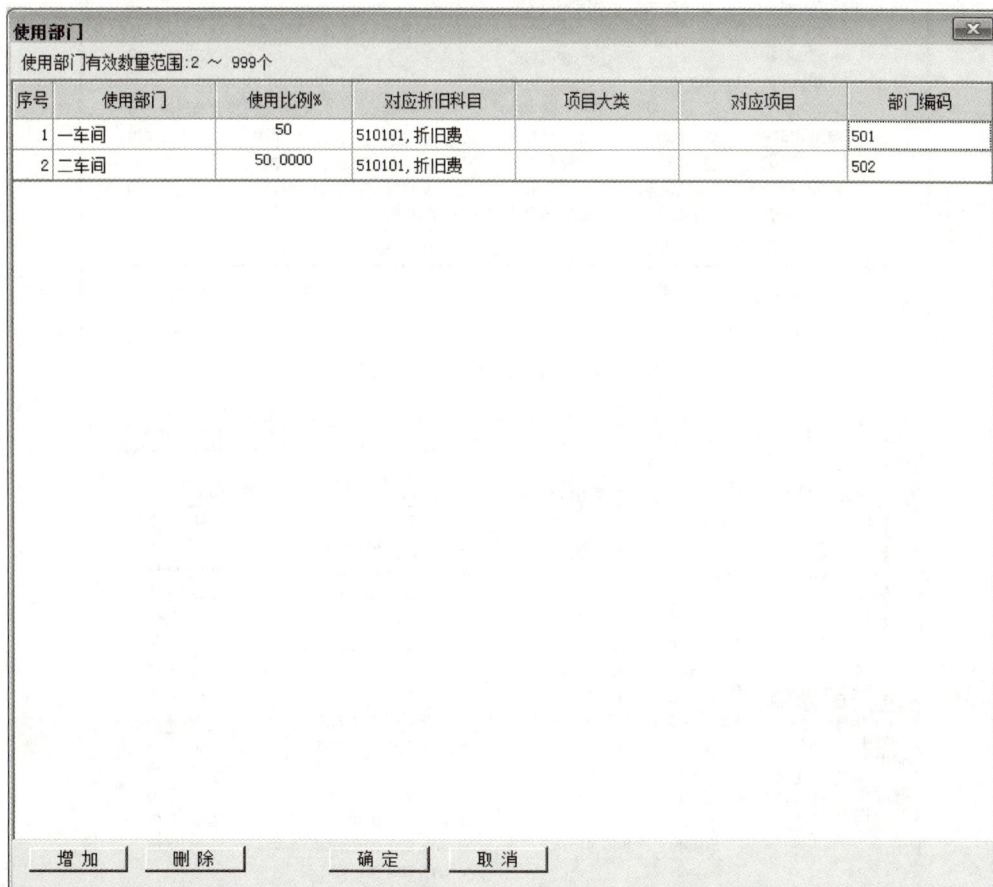

图 6 - 24 【固定资产——使用部门】对话框

6

（2）选择【01 房屋及建筑物】的复选框，单击【确定】按钮后进入【固定资产卡片［录入原始卡片：00001 号卡片］】窗口。

（3）在【固定资产名称】栏录入【厂房】，单击【使用部门】，打开【固定资产】对话框，选择【多部门使用】单选框，单击【确定】按钮，打开【使用部门】对话框。

（4）单击【增加】按钮，在第一行【使用部门】栏选择【一车间】，在【使用比例％】栏录入【50.00】。继续单击【增加】按钮，在第二行【使用部门】栏选择【二车间】，在【使用比例％】栏录入【50.00】，如图 6 - 24 所示。单击【确定】按钮，退出【使用部门】对话框。

（5）单击【增加方式】栏，打开【固定资产增加方式】对话框，选择【105 在建工程转入】，单击【确认】按钮。

（6）单击【使用状况】栏，打开【使用状况参照】对话框，选择【在用】，单击【确认】按钮。

（7）在【开始使用日期】栏录入【2017 - 6 - 18】，在【原值】栏录入【100000.00】，在【累计折旧】栏录入【4750.00】，其他选项选择默认，如图 6 - 25 所示。

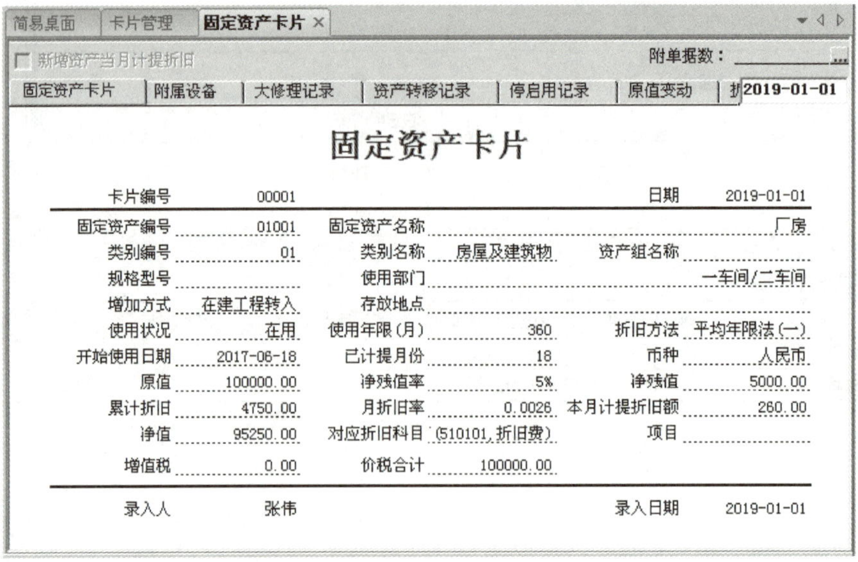

图 6 - 25　【固定资产卡片】页面

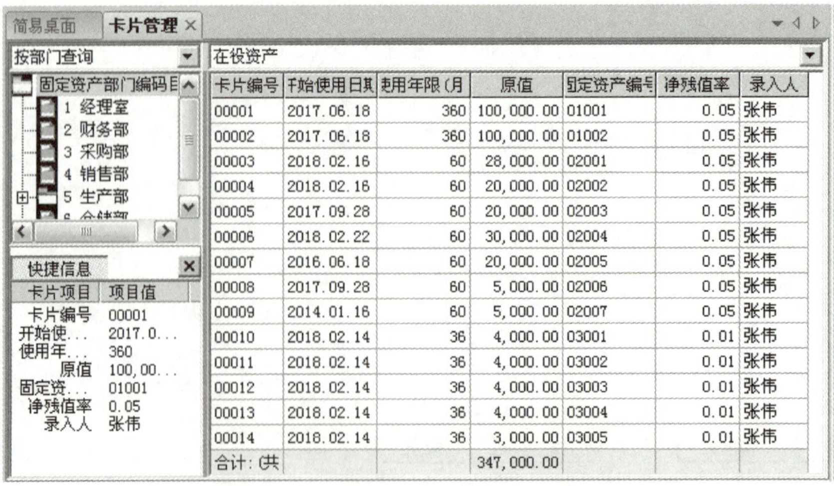

图 6 - 26　【固定资产——卡片管理】窗口

（8）单击【保存】按钮，系统提示【数据成功保存！】。

（9）单击【确认】按钮。以此方法继续录入其他固定资产卡片。

（10）执行【固定资产】|【卡片】|【卡片管理】命令，打开【查询条件选择——卡片管理】窗口，在【开始使用日期】栏中选择【2014－01－16】，单击【确定】按钮，即可查询所有原始卡片信息，如图6－26所示。

> **温馨提示**
>
> ● 在第一行【使用部门】栏选择【一车间】，在【使用比例％】栏录入【50.00】，在【固定资产卡片】界面中，除【固定资产卡片】选项卡外，还有若干附属选项卡，附属选项卡上的信息只供参考，不参与计算也不回溯。
>
> ● 在执行原始卡片录入或资产增加功能时，可以为一个资产选择多个使用部门。
>
> ● 当资产为多部门使用时，原值、累计折旧等数据可以在多部门之间按预先设置的比例进行分摊。
>
> ● 单个资产对应多个使用部门时，卡片上的【对应折旧科目】处不能输入，默认为选择使用部门时设置的折旧科目。
>
> ● 录入完成后，要查询已录入【固定资产原始卡片】的信息，执行【固定资产】|【卡片】|【卡片管理】命令，打开【查询条件选择——卡片管理】窗口，在【开始使用日期】栏中输入该资产的【开始使用日期】，否则查询记录为空。

业务六　固定资产期初对账

【业务描述】

以【W01 张伟】身份登录平台，进行固定资产期初对账。

【岗位说明】

【W01 张伟】进行固定资产期初对账。

【操作指导】

（1）在固定资产管理系统中，执行【固定资产】|【处理】|【对账】命令，打开【与账务对账结果】提示框，提示【结果：平衡】，如图6－27所示。

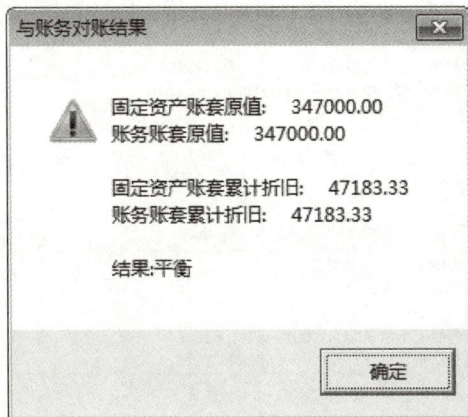

图6－27　【与账务对账结果】提示框

（2）单击【确定】按钮，退出【与账务对账结果】提示框。

温馨提示

录入完成后，执行【固定资产】|【处理】|【对账】命令，验证固定资产管理系统中录入的固定资产明细资料是否与总账中的固定资产数据一致；如果不一致，需要检查总账期初余额中固定资产的原值和累计折旧的期初余额录入是否错误，确定总账期初余额准确无误；再检查录入原始卡片的原值和累计折旧是否错误，最终要保证固定资产管理系统【固定资产原值】和【累计折旧原值】与总账中【固定资产】和【累计折旧】的期初余额平衡。

实训二　固定资产增加业务处理

业务一　采购需要安装的生产设备

〖业务描述〗

2019 年 1 月 13 日，因大幅提高生产需要，二车间购入一台需要安装的高性能气泵。取得与该业务相关的凭证如图 6－28、图 6－29 所示。

〖岗位说明〗

【W02 胡鹏】在总账管理系统中录入增加在建工程的会计凭证。

〖操作指导〗

6

（1）在总账管理系统中，执行【财务会计】|【总账】|【凭证】|【填制凭证】命令，打开【凭证】对话框。

江苏增值税专用发票

NO.69801248　4611013426
69801248

（江苏 发票联）

开票日期：2019年01月13日

购买方	名　　称：安徽环宇仓储设备有限公司 纳税人识别号：913402076897786088 地 址、电 话：芜湖市经济技术开发区港湾路188号，0553-4471388 开户行及账号：中国工商银行芜湖经开区支行，1307100026160024388				密码区	略		
货物或应税劳务、服务名称	规格型号	单位	数量	单价	金额	税率	税额	
*泵*气泵		台	1.00	60000.00	60000.00	13.00%	7800.00	
合　计			1.00		60000.00		7800.00	
价税合计（大写）	⊗陆万柒仟捌佰圆整				（小写）¥67800.00			
销售方	名　　称：徐州博利恒机械设备有限公司 纳税人识别号：913203089736241083 地 址、电 话：徐州市鼓楼区徐汇路中投99号，0516-87410516 开户行及账号：招商银行鼓楼区徐汇支行，6225789960123486228				备注	（徐州博利恒机械设备有限公司 913203089736241083 发票专用章）		

收款人：略　　复核：略　　开票人：略　　销售方（章）

税总函〔2015〕124号西安印钞有限公司

第三联：发票联 购买方记账凭证

图 6－28 【业务一——增值税专用发票】

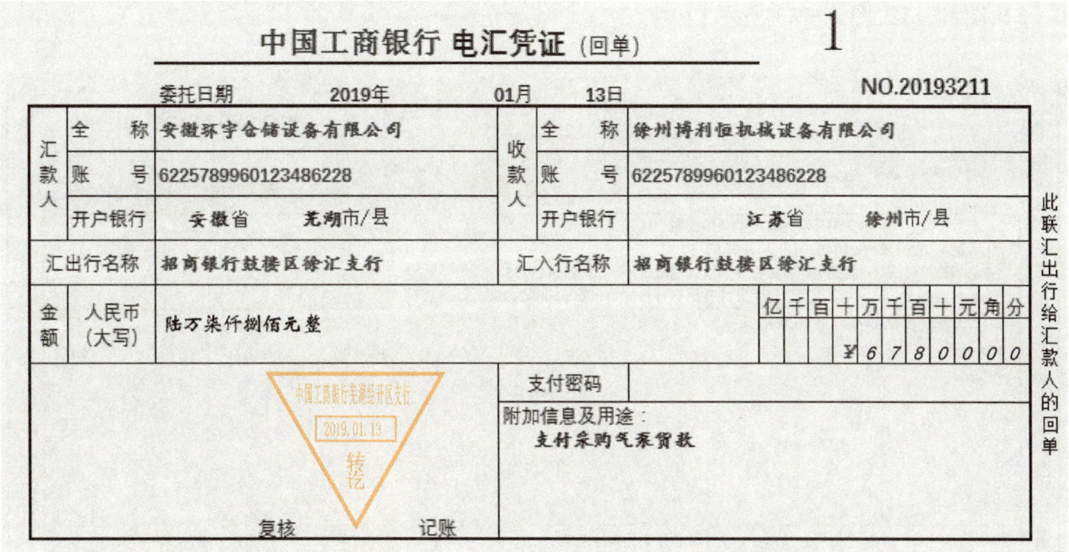

中国工商银行 电汇凭证 (回单) 1

委托日期 2019年 01月 13日 NO.20193211

汇款人	全称	安徽环宇仓储设备有限公司	收款人	全称	徐州博利恒机械设备有限公司
	账号	6225789960123486228		账号	6225789960123486228
	开户银行	安徽省 芜湖市/县		开户银行	江苏省 徐州市/县
汇出行名称		招商银行鼓楼区徐汇支行	汇入行名称		招商银行鼓楼区徐汇支行
金额	人民币（大写）	陆万柒仟捌佰元整		亿千百十万千百十元角分	¥678000 0
			支付密码		
			附加信息及用途：		支付采购气泵货款

中国工商银行芜湖经开区支行 2019.01.13 转讫

复核 记账

此联汇出行给汇款人的回单

图 6-29 【业务一——电汇回单】

（2）单击【增加】按钮。

（3）修改【制单日期】为【2019.01.13】，录入购入需要安装固定资产的会计凭证。

（4）单击【保存】按钮，凭证保存成功，如图 6-30 所示。

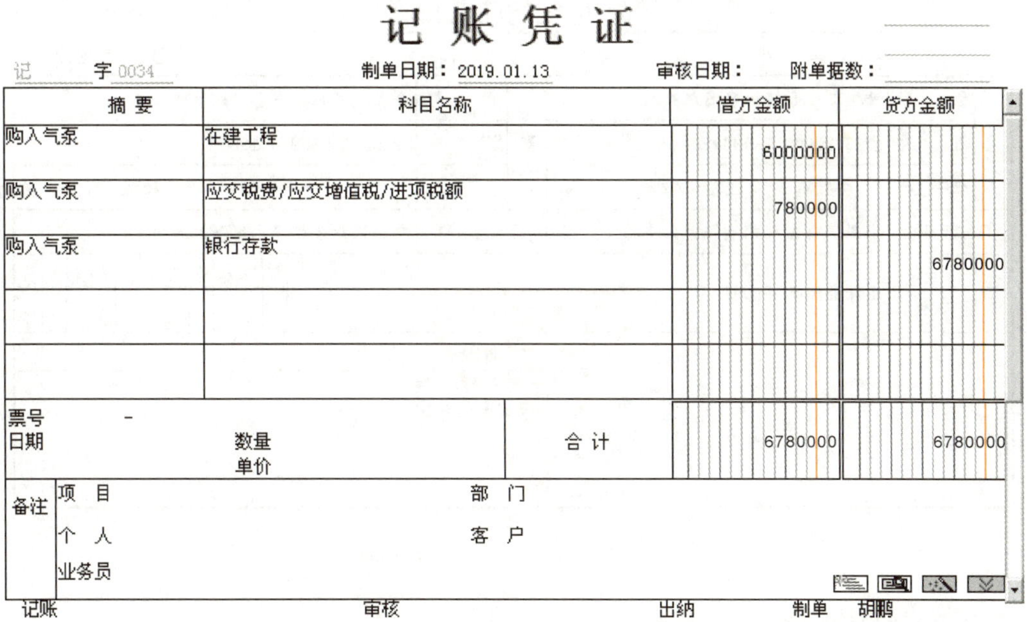

记账凭证

记 字 0034 制单日期：2019.01.13 审核日期： 附单据数：

摘要	科目名称	借方金额	贷方金额
购入气泵	在建工程	6000000	
购入气泵	应交税费/应交增值税/进项税额	780000	
购入气泵	银行存款		6780000
票号 - 日期	数量 单价	合计 6780000	6780000

备注 项目 部门

个人 客户

业务员

记账 审核 出纳 制单 胡鹏

图 6-30 【记 34 号凭证】页面

业务二 资产交付使用

【业务描述】

2019 年 1 月 15 日，支付气泵的安装费。气泵交付使用。取得与该业务相关的凭证如图

6－31、图 6－32、图 6－33 所示。

安徽增值税专用发票

NO.68971432　4611013426 68971432

发票联

开票日期：2019年01月15日

购买方	名　　称：安徽环宇仓储设备有限公司 纳税人识别号：913402076897786088 地 址、电 话：芜湖市经济技术开发区港湾路188号，0553-4471388 开户行及账号：中国工商银行芜湖经开区支行，1307100026160024388	密码区	略

货物或应税劳务、服务名称	规格型号	单位	数量	单价	金额	税率	税额
*劳务*安装费		次	1.00	3000.00	3000.00	6.00%	180.00
合　计			1.00		3000.00		180.00
价税合计（大写）	⊗叁仟壹佰捌拾圆整				（小写）￥3180.00		

销售方	名　　称：合肥润东机械设备安装有限公司 纳税人识别号：91340100120178861２ 地 址、电 话：合肥市蜀山区望江西路228号，0551-32101124 开户行及账号：中国银行合肥蜀山区望江西路支行，6220020003697401286	备注	

收款人：略　　复核：略　　开票人：略　　销售方（章）：

税总函〔2015〕124号安徽印刷有限公司

第三联：发票联 购买方记账凭证

图 6－31 【业务二——增值税专用发票】

中国工商银行 电汇凭证（回单）　1

委托日期 2019年 01月 15日　　NO.20193212

汇款人	全　称	安徽环宇仓储设备有限公司	收款人	全　称	合肥润东机械设备安装有限公司
	账　号	6225789960123486228		账　号	6220020003697401286
	开户银行	安徽省 芜湖市/县		开户银行	安徽省 合肥市/县
汇出行名称		中国工商银行芜湖经开区支行	汇入行名称		中国银行合肥蜀山区望江西路支行
金额	人民币（大写）	叁仟壹佰捌拾元整		亿千百十万千百十元角分	￥318000
			支付密码		
			附加信息及用途：	支付安装费	
	复核	记账			

中国工商银行芜湖经开区支行 2019.01.15 转讫

此联汇出行给汇款人的回单

图 6－32 【业务二——电汇回单】

〖岗位说明〗

【W02 胡鹏】在总账管理系统中录入增加支付固定资产安装费的会计凭证；在固定资产管理系统中录入固定资产增加的卡片，并生成固定资产增加的会计凭证。

〖操作指导〗

（1）在总账管理系统中，执行【财务会计】|【总账】|【凭证】|【填制凭证】命令，打开【凭证】对话框。

固定资产卡片

使用单位：二车间		填制日期：*2019年01月15日*			
类别	生产设备	出厂或交接验收日期	2018年6月20日	预计使用年限	5年
编号	02008	购入或使用日期	2019年1月15日	预计残值	3150.00
名称	气泵	放置或使用地址	二车间	预计清理费用	
型号规格		负责人		月折旧率	
建造单位	徐州博利恒机械设备有	总造价	63000.00	月大修理费用提存率	
设备主要技术参数或建筑物占地面积、建筑面积及结构		设备主要配件名称数量或建筑物附设设备		大修理记录	固定资产改变记录
				时间　　项目	

图 6-33 【业务二——固定资产卡片】

（2）单击【增加】按钮。

（3）修改【制单日期】为【2019.01.15】，录入支付安装费的凭证。

（4）单击【保存】按钮，凭证保存成功，如图 6-34 所示。

记 账 凭 证

| 记　字 0035 | 制单日期：2019.01.15 | 审核日期：　　　附单据数： |

摘　要	科目名称	借方金额	贷方金额
支付气泵安装费	在建工程	300000	
支付气泵安装费	应交税费/应交增值税/进项税额	18000	
支付气泵安装费	银行存款		318000

| 票号 日期　－ 数量 单价 | | 合　计 | 318000 | 318000 |

备注 项　目　　部　门
个　人　　客　户
业务员

记账　　　　审核　　　　　　出纳　　　制单 胡鹏

图 6-34 【记 35 号凭证】页面

（5）在固定资产管理系统中，执行【固定资产】|【卡片】|【资产增加】命令，打开【固定资产类别参照档案】对话框。

（6）双击【02 生产设备】，进入【固定资产卡片】窗口。

（7）在【固定资产名称】栏录入【气泵】；选择使用部门为【二车间】；增加方式为【在建工

程转入】；使用状况为【在用】；在【原值】栏录入【63000.00】，其他信息默认。

　　（8）单击【保存】按钮，系统提示【数据成功保存！】。

　　（9）单击【确定】按钮，系统弹出一张会计张凭证，修改凭证字为【记账凭证】，单击【保存】按钮，凭证保存成功，如图6-35所示。

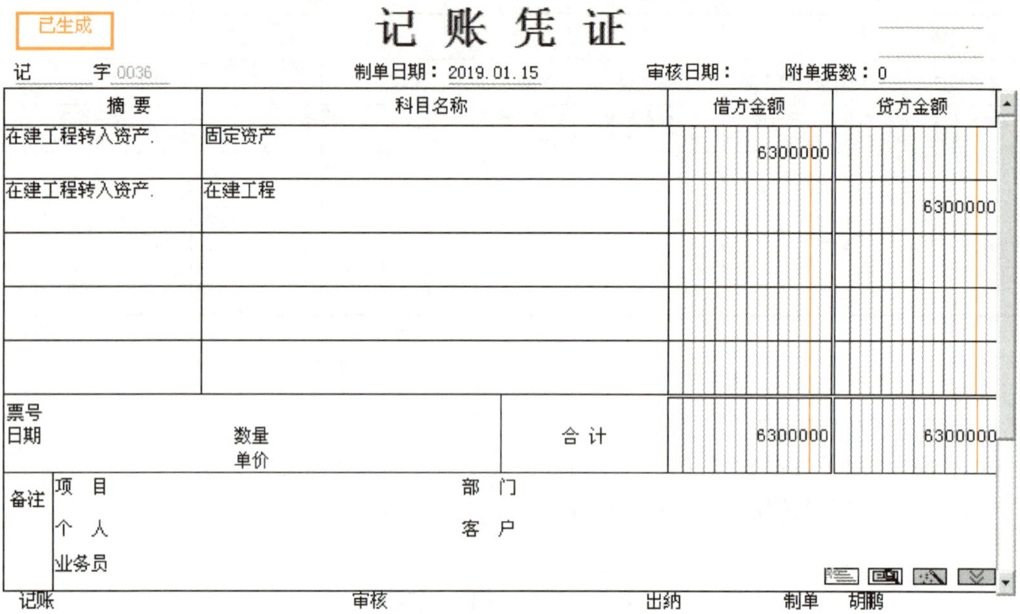

图6-35　【记36号凭证】页面

温馨提示

　　◑ 新卡片录入的第一个月不提折旧，折旧额为空或零。

　　◑ 原值录入的必须是卡片录入月初的价值，否则将会出现计算错误。

　　◑ 如果录入的累计折旧、累计工作量大于零，说明是旧资产，该累计折旧或累计工作量是进入本单位前的值。

〖赛题链接〗

【任务2.25】　20日，4号仓库完工验收合格，交付使用，并支付工程尾款。

业务三　批量购入固定资产

〖业务描述〗

　　2019年1月20日，因企业信息化平台发展需要，财务处购入3台联想电脑。取得与该业务相关的原始凭证如图6-36、图6-37、图6-38所示。（另外两张固定资产卡片，其信息与图6-38相同，卡片编号分别为03007、03008，此处省略）

〖岗位说明〗

　　【W02 胡鹏】在固定资产管理系统中录入固定资产增加的卡片，复制固定资产卡片；生成固定资产增加的会计凭证。

安徽增值税专用发票

NO.36912232　4611013426
36912232

发票联

开票日期：2019年01月20日

购买方	名　　称：安徽环宇仓储设备有限公司 纳税人识别号：913402076897786088 地 址、电 话：芜湖市经济技术开发区港湾路188号，0553-4471388 开户行及账号：中国工商银行芜湖经开区支行，1307100026160024388			密码区	略		
货物或应税劳务、服务名称	规格型号	单位	数量	单价	金额	税率	税额
*通信设备计算机*联想电脑		台	3.00	5000.00	15000.00	13.00%	1950.00
合　计			3.00		15000.00		1950.00
价税合计（大写）	⊗壹万陆仟玖佰伍拾圆整				（小写）￥16950.00		
销售方	名　　称：苏宁云商集团股份有限公司芜湖分公司 纳税人识别号：91189002789201013 地 址、电 话：芜湖市镜湖区步行街68号，0553-8578666 开户行及账号：中国交通银行芜湖分行，6222600260002559873			备注			

收款人：略　　复核：略　　开票人：略　　销售方（章）：

第三联：发票联　购买方记账凭证

图 6-36　【业务三——增值税专用发票】

工商银行
转账支票存根
32102239

附加信息

出票日期　2019年　01月　20日

收款人：苏宁云商集团股份有限公司芜湖分公司

金　额：￥16950.00

用　途：购买电脑

单位主管　略　　会计　略

图 6-37　【业务三——转账支票存根】

固定资产卡片

使用单位：财务部　　　填制日期：2019年01月20日

类别	办公设备	出厂或交接验收日期	2018年9月20日	预计使用年限	3年
编号	03006	购入或使用日期	2019年1月20日	预计残值	50.00
名称	联想电脑	放置或使用地址	财务部	预计清理费用	
型号规格		负责人	胡彭泽	月折旧率	
建造单位	联想集团股份有限公司	总造价	5000.00	月大修理费用提存率	

设备主要技术参数或建筑物占地面积、建筑面积及结构	设备主要配件名称数量或建筑物附设设备	大修理记录		固定资产改变记录
		时间	项目	

图 6-38　【业务三——固定资产卡片】

6

〖**操作指导**〗

（1）在固定资产管理系统中，执行【固定资产】|【卡片】|【资产增加】命令，打开【固定资产类别参照档案】对话框。

（2）双击【03 办公设备】，进入【固定资产卡片】窗口。

（3）根据【固定资产卡片】录入相应信息。

（4）单击【保存】按钮，系统提示【数据成功保存！】。

（5）单击【确定】按钮，系统弹出一张会计凭证，单击【退出】按钮，打开【凭证】对话框，如图 6-39 所示。

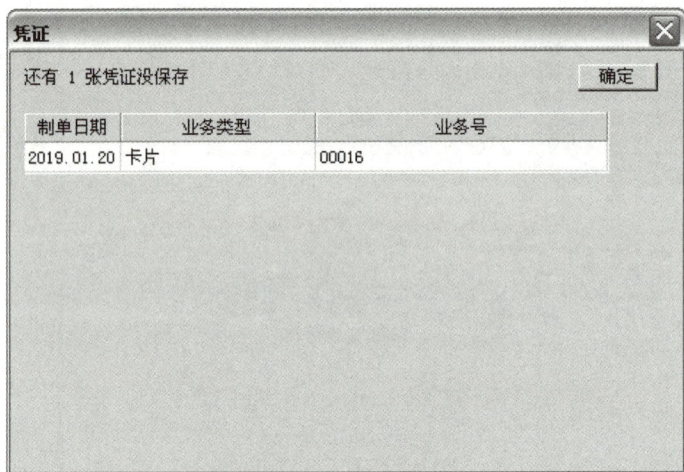

图 6-39 【凭证】对话框

（6）单击【确定】按钮，提示【还有没有保存的凭证，是否退出？】，单击【是】，退出凭证。

（7）单击【复制】按钮，打开【固定资产】对话框，在【起始资产编号】栏录入【03007】，在【终止资产编号】栏录入【03008】，【卡片复制数量】选择【2】，如图 6-40 所示。

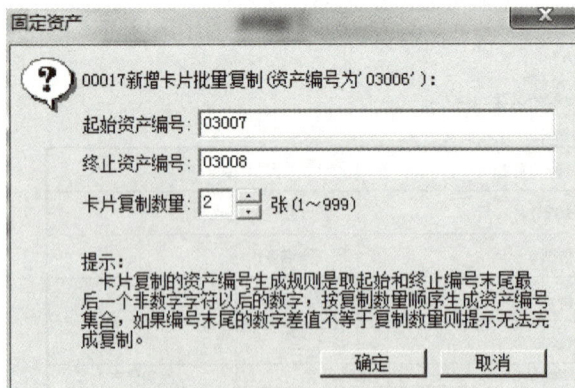

图 6-40 【固定资产——批量复制】对话框

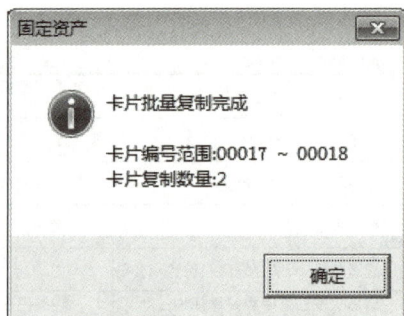

图 6-41 【固定资产——批量复制完成】提示框

（8）单击【确定】按钮，提示【卡片批量复制完成】，如图 6-41 所示。

（9）单击【确定】按钮，关闭【固定资产卡片】窗口。

（10）执行【固定资产】|【处理】|【批量制单】命令，打开【查询条件选择——批量制单】窗口，【常用条件】全部默认，单击【确定】按钮，打开【批量制单】对话框，双击需要进行凭证制单

业务相应的【选择】栏，出现【Y】标记，并输入合并号【1】，如图 6－42 所示。

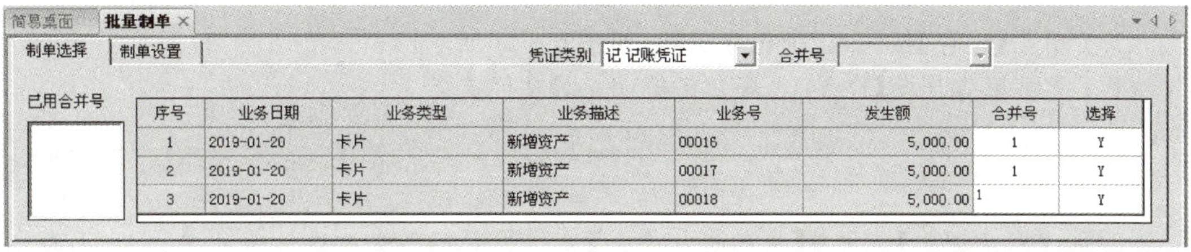

简易桌面　批量制单　制单选择　制单设置　凭证类别 记 记账凭证　合并号　已用合并号

序号	业务日期	业务类型	业务描述	业务号	发生额	合并号	选择
1	2019-01-20	卡片	新增资产	00016	5,000.00	1	Y
2	2019-01-20	卡片	新增资产	00017	5,000.00	1	Y
3	2019-01-20	卡片	新增资产	00018	5,000.00	1	Y

图 6－42　【固定资产——批量制单】窗口

（11）单击【制单设置】选项卡，单击【凭证】按钮，弹出会计凭证列表，如图 6－43 所示。

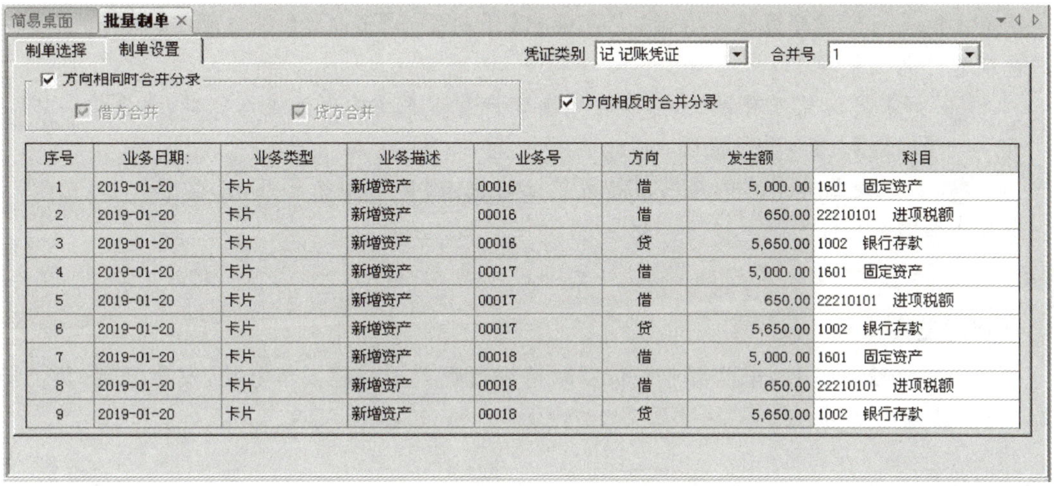

简易桌面　批量制单　制单选择　制单设置　凭证类别 记 记账凭证　合并号 1

☑ 方向相同时合并分录　☑ 借方合并　☑ 贷方合并　☑ 方向相反时合并分录

序号	业务日期	业务类型	业务描述	业务号	方向	发生额	科目
1	2019-01-20	卡片	新增资产	00016	借	5,000.00	1601　固定资产
2	2019-01-20	卡片	新增资产	00016	借	650.00	22210101　进项税额
3	2019-01-20	卡片	新增资产	00016	贷	5,650.00	1002　银行存款
4	2019-01-20	卡片	新增资产	00017	借	5,000.00	1601　固定资产
5	2019-01-20	卡片	新增资产	00017	借	650.00	22210101　进项税额
6	2019-01-20	卡片	新增资产	00017	贷	5,650.00	1002　银行存款
7	2019-01-20	卡片	新增资产	00018	借	5,000.00	1601　固定资产
8	2019-01-20	卡片	新增资产	00018	借	650.00	22210101　进项税额
9	2019-01-20	卡片	新增资产	00018	贷	5,650.00	1002　银行存款

图 6－43　【固定资产——填制凭证】窗口

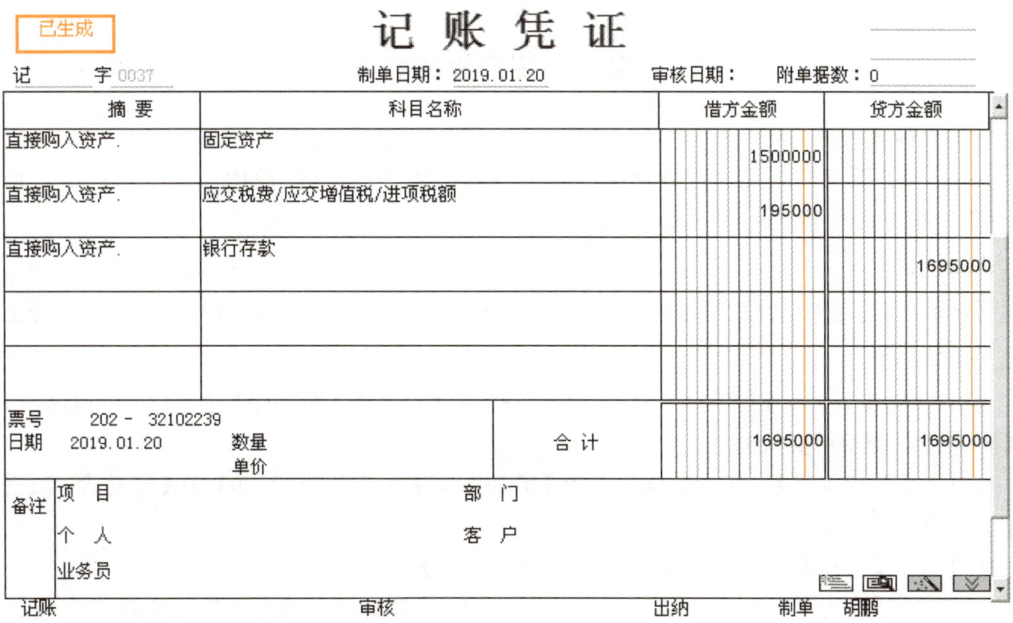

已生成

记 账 凭 证

记　字 0037　制单日期：2019.01.20　审核日期：　附单据数：0

摘要	科目名称	借方金额	贷方金额
直接购入资产.	固定资产	1500000	
直接购入资产.	应交税费/应交增值税/进项税额	195000	
直接购入资产.	银行存款		1695000
票号 202－32102239　日期 2019.01.20　数量　单价	合计	1695000	1695000

备注　项目　部门　个人　客户　业务员

记账　审核　出纳　制单　胡鹏

图 6－44　【记 37 号凭证】页面

6

（12）单击【凭证】按钮，系统弹出一张会计凭证，根据支票存根，修改【1002 银行存款】的辅助项。

（13）单击【保存】按钮，凭证保存成功，如图 6-44 所示。

（14）将账套输出至【D:\418 账套备份\6-2】文件夹。

温馨提示

⬤ 【资产增加】操作与【原始卡片录入】操作相对应。资产通过哪种方式录入，取决于固定资产的开始使用日期，只有当开始使用日期的期间等于录入的期间时，才能通过【资产增加】录入。

⬤ 只有在固定资产管理系统的【选项】中勾选了【业务发生后立即制单】复选框，系统才能在新增固定资产卡片后，自动弹出【填制凭证】窗口，否则必须在【批量制单】窗口进行凭证处理。

⬤ 如果发现凭证有错误，可以在固定资产管理系统的凭证查询窗口，找到错误凭证，单击【编辑】按钮，进行修改。

⬤ 如果是因为卡片的错误而导致凭证错误，则需要删除凭证，修改卡片后，再次生成正确的凭证。

〖赛题链接〗

【任务 2.20】 16 日，采购部业务员罗晴持银行汇票采购笔记本电脑，发票已到，货已验收。尾款已电汇支付。

实训三　固定资产变动业务

业务一　资产原值变动

〖业务描述〗

2019 年 1 月 22 日，因经理室使用的联想电脑需要提高配置，现增加一个内存条。取得与该业务相关的原始凭证如图 6-45、图 6-46 所示。

〖岗位说明〗

【W02 胡鹏】在固定资产管理系统中录入固定资产原值变动单，并生成资产变动的会计凭证。

〖操作指导〗

（1）在固定资产管理系统中，执行【固定资产】|【卡片】|【变动单】|【原值增加】命令，打开【固定资产变动单】对话框。

（2）在【卡片编号】栏选择【00010】，在【增加金额】栏录入【400.00】，在【变动原因】栏录入【提高电脑配置】，如图 6-47 所示。

（3）单击【保存】按钮，系统提示【数据保存成功!】。

（4）单击【确定】按钮，系统弹出一张会计凭证，修改凭证字为【记账凭证】，贷方科目选择或录入【1001 库存现金】。

国家税务局通用机打发票

机打代码 123456789012
机打号码 12345678
开票日期 2019年1月22日　　　行业分类：

发票代码123456789012
发票号码32514523

付款单位名称：

货物及劳务名称	规格	单位	单价	数量	金额
内存条	4G	条	400.00	1.00	400.00

合计人民币（大写）：肆佰元整　　　　　　　　　　合计：￥400.00

收款单位名称（盖章）

收款单位识别号：　　　　　　　　　开票人：　　　　备注：

第一联发票联（购货单位付款凭证）三—开无效

图6-45 【业务———通用发票】

付款申请书
2019年01月22日

用途及情况	金额										收单单位（人）：芜湖金联强数码公司
	亿	千	百	十	万	千	百	十	元	角	分	账 号：
购买内存条						￥	4	0	0	0	0	

金额（大写）合计　肆佰元整　　　电汇：□　信汇：□　支票：□　转账：□

现金付讫

总经理	略	经理	略	业务部门	经理	略
		会计	略		经办人	刘睿

图6-46 【业务———付款申请书】

固定资产变动单
— 原值增加 —

变动单编号	00001			变动日期	2019-01-22
卡片编号	00010	资产编号	03001	开始使用日期	2018-02-14
资产名称			联想电脑	规格型号	
增加金额	400.00		币种	人民币	汇率	1
变动的净残值率	1%	变动的净残值			4.00
变动前原值	4000.00	变动后原值			4400.00
变动前净残值	40.00	变动后净残值			44.00
变动原因	提高电脑配置				

经手人　胡鹏

图6-47 【固定资产变动单】对话框

6

（6）单击【保存】按钮，凭证保存成功，如图 6 - 48 所示。

已生成					

记 账 凭 证

记　字 0038　　制单日期：2019.01.22　　审核日期：　　附单据数：0

摘　要	科目名称	借方金额	贷方金额
原值增加	固定资产	40000	
原值增加	库存现金		40000
票号 日期	数量 单价	合计　　40000	40000
备注	项　目　　　　部　门 个　人　　　　客　户 业务员		

记账　　　　审核　　　　出纳　　　　制单　胡鹏

图 6 - 48　【记 38 号凭证】页面

业务二　计提减值准备

〖业务描述〗

2019 年 1 月 30 日，对一车间使用的 S 生产线进行测试，测试其可收回金额为 14 833.33 元。取得与该业务相关的原始凭证如图 6 - 49 所示。

固定资产减值准备批准报告

固定资产名称	购入时间	原值	折旧年限（月）	净残值率	累计折旧	净值	可收回金额	已提减值准备	减值准备
S 生产线	2018/02/18	20000.00	60	5%	3166.67	16833.33	14833.33	0	2000.00

　　月末，对本企业固定资产进行减值测试，测试结果表明生产一车间使用的 S 生产线其可收回金额低于账面价值，经公司董事会研究决定对其计提￥2000.00（人民币贰仟元整）减值准备。

安徽环　仓储设备有限公司

2019 年 01 月 30 日

图 6 - 49　【业务二——固定资产减值批准报告】

6

计提固定
资产减值
准备

〖岗位说明〗

【W02 胡鹏】在固定资产管理系统中录入计提减值准备变动单,并生成计提减值准备的会计凭证。

〖操作指导〗

(1) 在固定资产管理系统中,执行【固定资产】|【卡片】|【变动单】|【计提减值准备】命令,打开【固定资产变动单】对话框。

(2) 在【卡片编号】栏选择【00004】,在【减值准备金额】栏录入【2000.00】,在【变动原因】栏录入【资产减值】。

(3) 单击【保存】按钮,系统提示【数据保存成功】。

(4) 单击【确定】按钮,系统弹出一张会计凭证,修改凭证字为【记账凭证】,录入或选择借方科目【6701】。

(5) 单击【保存】按钮,凭证保存成功,如图 6-50 所示。

已生成		**记 账 凭 证**		
记　字 0039	制单日期:2019.01.30	审核日期:		附单据数:0
摘　要	科目名称		借方金额	贷方金额
计提减值准备	资产减值损失		200000	
计提减值准备	固定资产减值准备			200000
票号 日期	数量 单价	合计	200000	200000
备注 项 目 个 人 业务员	部 门 客 户			
记账	审核	出纳	制单 胡鹏	

图 6-50 【记 39 号凭证】页面

(6) 将账套输出至【D:\418 账套备份\6-3】文件夹。

温馨提示

● 固定资产在使用过程中,可能会因为原值变动、部门转移、使用状况变动、使用年限调整、折旧方法调整、净残值(率)调整、工作总量调整、累计折旧调整、资产类别调整等而需要对固定资产卡片中的一些项目进行调整。这些变动在固定资产管理系统中通过【固定资产变动单】进行操作。此类操作必须留下原始凭证,制作的原始凭证称为变动单。

● 变动单不能修改,只有当月可以删除重做。

● 当月录入的原始卡片或新增卡片在执行变动单操作时部分功能受限,如不能进行原值增加、原值减少、部门转移等操作。

6

〖赛题链接〗

【任务2.36】　30日，对销售部已经发生减值迹象的捷达轿车计提减值准备。该轿车预计可回收金额为96 000元，计提减值准备后，预计剩余使用年限为6年，预计净残值为2 000元。

实训四　固定资产期末处理

业务一　计 提 折 旧

〖业务描述〗

2019年1月31日，对所有固定资产计提折旧。

〖岗位说明〗

【W02 胡鹏】在固定资产管理系统中计提固定资产折旧，并生成计提固定资产折旧的会计凭证。

〖操作指导〗

（1）在固定资产管理系统中，执行【固定资产】|【处理】|【计提本月折旧】命令，打开【固定资产】对话框，提示【是否要查看折旧清单？】，如图6-51所示。

（2）单击【是】按钮，系统提示【本操作将计提本月折旧，并花费一定时间，是否要继续？】，如图6-52所示。

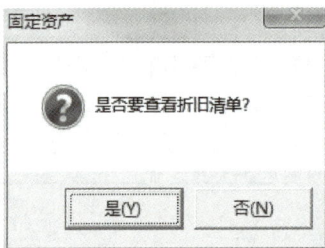

图 6-51　【固定资产折旧】提示框　　　　图 6-52　【固定资产折旧】提示框

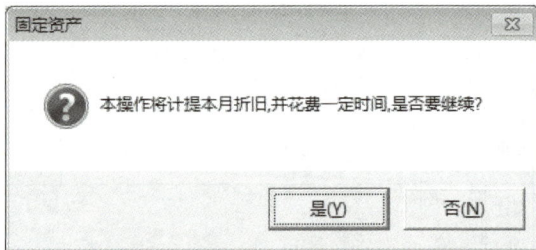

（3）单击【是】按钮，打开【折旧清单】窗口，如图6-53所示。

卡片编号	资产编号	资产名称	原值	计提原值	本月计提折旧额	累计折旧	本年计提折旧	减值准备	净值	净残值	折旧率
00001	01001	厂房	000.00	100,000.00	260.00	5,010.00	260.00	0.00	990.00	5,000.00	0.0026
00002	01002	仓库	000.00	100,000.00	260.00	5,010.00	260.00	0.00	990.00	5,000.00	0.0026
00003	02001	3T柴油叉车	000.00	28,000.00	442.40	4,875.73	442.40	0.00	124.27	1,400.00	0.0158
00004	02002	S生产线	000.00	20,000.00	316.00	3,482.67	316.00	2,000.00	517.33	1,000.00	0.0158
00005	02003	剪板机	000.00	20,000.00	316.00	5,066.00	316.00	0.00	934.00	1,000.00	0.0158
00006	02004	液压扳料折	000.00	30,000.00	474.00	5,224.00	474.00	0.00	776.00	1,500.00	0.0158
00007	02005	切割机	000.00	20,000.00	316.00	9,816.00	316.00	0.00	184.00	1,000.00	0.0158
00008	02006	电焊机	000.00	5,000.00	79.00	1,266.50	79.00	0.00	733.50	250.00	0.0158
00009	02007	气泵	000.00	5,000.00	79.17	4,750.00	79.17	0.00	250.00	250.00	0.0158
00010	03001	联想电脑	400.00	4,000.00	110.00	1,210.00	110.00	0.00	190.00	44.00	0.0275
00011	03002	联想电脑	000.00	4,000.00	110.00	1,210.00	110.00	0.00	790.00	40.00	0.0275
00012	03003	联想电脑	000.00	4,000.00	110.00	1,210.00	110.00	0.00	790.00	40.00	0.0275
00013	03004	联想电脑	000.00	4,000.00	110.00	1,210.00	110.00	0.00	790.00	40.00	0.0275
00014	03005	惠普电脑	000.00	3,000.00	82.50	907.50	82.50	0.00	092.50	30.00	0.0275
合计			400.00	347,000.00	3,065.07	50,248.40	3,065.07	2,000.00	151.60	6,594.00	

图 6-53　【折旧清单】窗口

（4）单击【退出】按钮，系统提示【计提折旧完成！】，如图6-54所示。

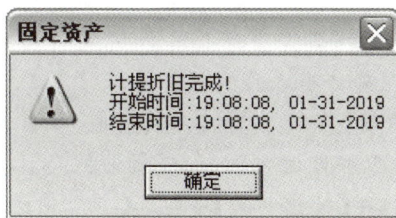

图6-54 【固定资产折旧完成】提示框

（5）单击【确定】按钮，打开【折旧分配表】窗口，如图6-55所示。

图6-55 【折旧分配表】窗口

（6）单击【凭证】按钮，生成一张记账凭证。

（7）修改凭证类别为【记账凭证】，单击【保存】按钮，凭证保存成功，如图6-56所示。

图6-56 【记40号凭证】页面

温馨提示

◆ 如果计提固定资产的折旧方法为工作量法,在计提折旧之前,要录入固定资产本月的工作量,这样,才能正确计提本月的折旧。

◆ 计提折旧功能对各项资产每期计提一次折旧,并自动生成折旧分配表,然后生成会计凭证,将本期的折旧费用自动登账;计提折旧的会计凭证可以不立即生成并保存,而在【批量制单】中生成,在【批量制单】中勾选【方向相反时合并分录】,生成的凭证会合并会计科目相同的会计分录。

◆ 部门转移和类别调整的资产当月计提的折旧会自动分配到变动后的部门和类别。

◆ 在一个期间内可以多次计提折旧,每次计提折旧后,只是将计提的折旧累加到月初的累计折旧上,不会重复累计。

◆ 若上次计提折旧已制单并已传递到总账管理系统,则必须删除该凭证才能重新计提折旧。

◆ 如果计提折旧后又对账套进行了影响折旧计算或分配的操作,必须重新计提折旧,否则系统不允许结账。

◆ 资产的使用部门和资产折旧要汇总的部门可能不同。为了加强资产管理,使用部门必须是明细部门,而折旧分配部门不一定分配到明细部门,不同的单位处理可能不同,因此要在计提折旧后,分配折旧费用时作出选择。

〖赛题链接〗

【任务 2.37】 30 日,计提本月固定资产折旧(使用批量制单处理)。

业务二　资 产 报 废

〖业务描述〗

2019 年 1 月 31 日,二车间因为使用的气泵性能不满足生产需要,将其报废。取得与该业务相关的原始凭证如图 6 - 57、图 6 - 58 所示。

固定资产报废单

2019年01月31日　　　　　　　　　　　　　　　凭证编号:0020

固定资产名称及编号	规格型号	单位	数量	购买日期	已计提折旧月数	原始价值	已提折旧	备注
气泵(02007)		台	1.00	2014年1月16日	59	5000.00	4750.00	
固定资产状况及报废原因	气泵使用年限剩余一个月,性能不满足生产需求,将其报废。							
处理意见	使用部门		技术鉴定小组		固定资产管理部门		主管部门审批	
	同意		同意		同意		同意	

审核:略　　　　　　　制单:略

图 6 - 57　【业务二——固定资产报废单】

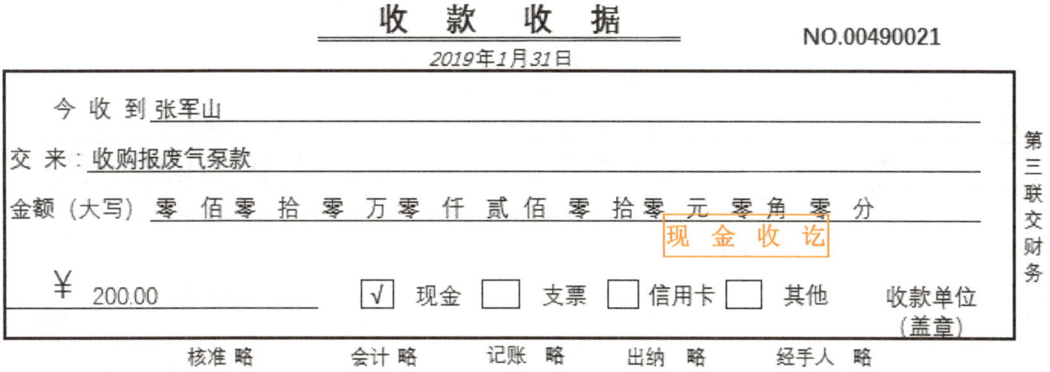

收　款　收　据

2019年1月31日　　　　NO.00490021

今　收　到 张军山

交　来：收购报废气泵款

金额（大写）零　佰　零　拾　零　万　零　仟　贰　佰　零　拾　零　元　零　角　零　分

现 金 收 讫

￥ 200.00　　　√ 现金　□ 支票　□ 信用卡　□ 其他　　收款单位
（盖章）

核准　略　　会计　略　　记账　略　　出纳　略　　经手人　略

第三联交财务

图 6-58　【业务二——收款收据】

〖岗位说明〗

【W02 胡鹏】在固定资产管理系统中减少固定资产,生成固定资产减少的会计凭证;在总账管理系统中填制结转固定资产清理的会计凭证。

〖操作指导〗

（1）在固定资产管理系统中,执行【固定资产】|【卡片】|【资产减少】命令,打开【资产减少】对话框。

（2）在【卡片编号】栏选择【00009】,【资产编号】栏自动弹出【02007】,单击【增加】按钮,在【减少方式】栏选择【报废】,在【清理原因】栏录入【报废】,如图 6-59 所示。

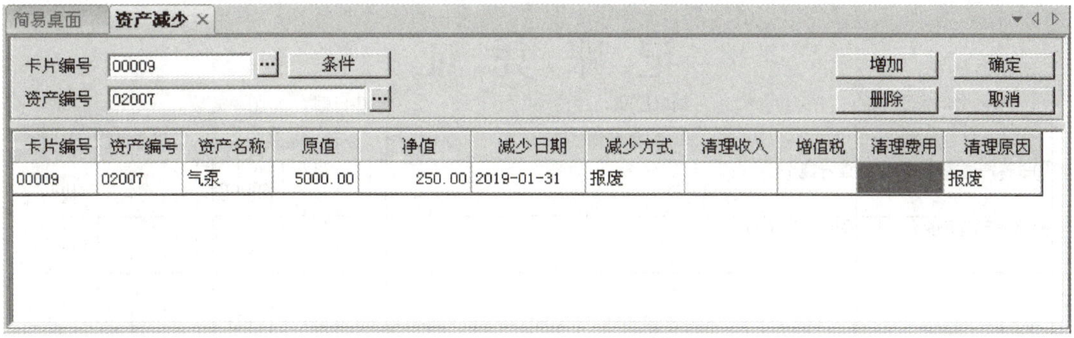

卡片编号	资产编号	资产名称	原值	净值	减少日期	减少方式	清理收入	增值税	清理费用	清理原因
00009	02007	气泵	5000.00	250.00	2019-01-31	报废				报废

图 6-59　【固定资产减少】窗口

（3）单击【确定】按钮,系统提示【所选卡片已经减少成功!】。

（4）单击【确定】按钮,系统弹出一张凭证。修改凭证类别【记账凭证】,单击【保存】按钮,凭证保存成功,如图 6-60 所示。

（5）在总账管理系统中,执行【总账】|【凭证】|【填制凭证】命令,打开【凭证】对话框,单击【增加】按钮,修改凭证类别为【记账凭证】,录入固定资产清理收入的会计凭证,如图 6-61 所示。

（6）继续单击【增加】按钮,录入结转固定资产清理的会计凭证,单击【保存】按钮,凭证保存成功,如图 6-62 所示。

已生成		记　账　凭　证			

记　　字 0041　　　　制单日期：2019.01.31　　　　审核日期：　　　附单据数：0

摘　要	科目名称	借方金额	贷方金额
资产减少－累计折旧	累计折旧	475000	
资产减少	固定资产清理	25000	
资产减少－原值	固定资产		500000

票号
日期　　　　　　　数量　　　　　　　　　合　计　　　　　500000　　500000
　　　　　　　　　单价

备注　项　目　　　　　　　　　部　门
　　　个　人　　　　　　　　　客　户
　　　业务员

记账　　　　　　　审核　　　　　　　出纳　　　　制单　胡鹏

图 6 - 60 【记 41 号凭证】页面

	记　账　凭　证			

记　　字 0042　　　　制单日期：2019.01.31　　　　审核日期：　　　附单据数：

摘　要	科目名称	借方金额	贷方金额
固定资产清理收入	库存现金	20000	000
固定资产清理收入	固定资产清理		20000

票号
日期　　　　　　　数量　　　　　　　　　合　计　　　　　20000　　20000
　　　　　　　　　单价

备注　项　目　　　　　　　　　部　门
　　　个　人　　　　　　　　　客　户
　　　业务员

记账　　　　　　　审核　　　　　　　出纳　　　　制单　胡鹏

图 6 - 61 【记 42 号凭证】页面

记 账 凭 证

记　　字 0043　　　　制单日期：2019.01.31　　　审核日期：　　　　　附单据数：

摘　要	科目名称	借方金额	贷方金额
结转固定资产清理	资产处置损益		5000
结转固定资产清理	固定资产清理		5000

票号 日期		数量 单价	合计		

备注	项　目		部　门	
	个　人		客　户	
	业务员			

记账　　　　　　　　审核　　　　　　　　　出纳　　　　　　　　制单　胡鹏

图 6-62　【记 43 号凭证】页面

温馨提示

　　⬤　只有当资产在当月计提折旧后,才可以使用资产减少功能,否则,减少资产只能通过删除卡片来完成。

　　⬤　在固定资产发生减少时,首先要从固定资产卡片中将该资产卡片删除,然后再进行凭证处理。

　　⬤　由于固定资产的减少当月仍需计提折旧,因此,固定资产减少的核算必须在计提了当月的固定资产折旧后才能进行。

　　⬤　与资产减少相关的支付清理费用等业务凭证,需要在总账管理系统中填制。

6

〖赛题链接〗

　　【任务 2.27】　30 日,根据协议,公司将一台闲置的货车(资产卡片号:00009)置换杭州神州电子科技有限公司的一批电子产品(采购订单号:ZH0001,已验收入库),同时结转置换损益。

业 务 三　资 产 盘 点

〖业务描述〗

　　2019 年 1 月 31 日,对办公设备进行盘点,发现销售部的联想电脑丢失,经查,损失由该部门负责人王菡赔偿,尚未收到赔偿款。取得与该业务相关的原始凭证如图 6-63 所示。

〖岗位说明〗

　　【W02 胡鹏】在固定资产管理系统中盘点固定资产,处理盘亏的固定资产,生成固定资产盘亏的会计凭证;在总账管理系统录入结转固定资产清理的会计凭证。

图 6 - 63 【业务三——固定资产盘盈盘亏表】

〖操作指导〗

（1）在固定资产管理系统中，执行【固定资产】|【卡片】|【资产盘点】命令，打开【资产盘点】对话框。

（2）单击【增加】按钮，打开【新增盘点单——数据录入】对话框，单击【范围】，打开【盘点范围设置】对话框，选择【按资产类别进行盘点】，在【资产类别】栏选择【办公设备[03]】，如图 6 - 64 所示。

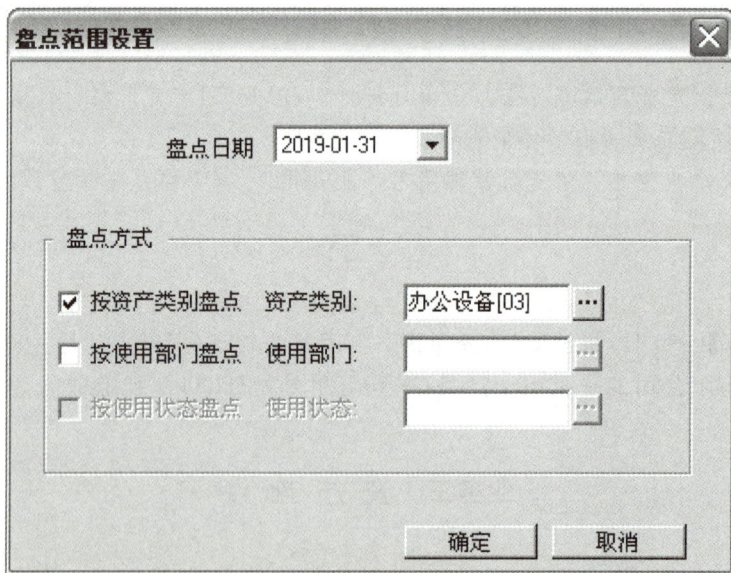

图 6 - 64 【盘点范围设置】对话框

（3）单击【确定】按钮，系统列示全部办公设备类固定资产。双击选中【03003】行固定资产，单击【删行】按钮，删除【03003】资产，如图 6 - 65 所示。

（4）单击【退出】按钮，系统提示【本盘点单数据已变更，是否保存！】。

（5）单击【是】按钮，系统提示【盘点单保存成功！】。

（6）单击【确定】按钮，资产盘点完成，如图 6 - 66 所示。

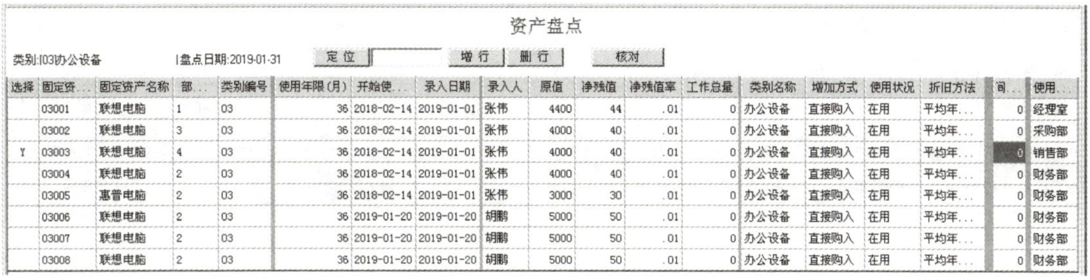

选择	固定资...	固定资产名称	部...	类别编号	使用年限(月)	开始使...	录入日期	录入人	原值	净残值	净残值率	工作总量	类别名称	增加方式	使用状况	折旧方法	间...	使用...
	03001	联想电脑	1	03	36	2018-02-14	2019-01-01	张伟	4400	44	.01	0	办公设备	直接购入	在用	平均年...	0	经理室
	03002	联想电脑	3	03	36	2018-02-14	2019-01-01	张伟	4000	40	.01	0	办公设备	直接购入	在用	平均年...	0	采购部
Y	03003	联想电脑	4	03	36	2018-02-14	2019-01-01	张伟	4000	40	.01	0	办公设备	直接购入	在用	平均年...	0	销售部
	03004	联想电脑	2	03	36	2018-02-14	2019-01-01	张伟	4000	40	.01	0	办公设备	直接购入	在用	平均年...	0	财务部
	03005	惠普电脑	2	03	36	2018-02-14	2019-01-01	张伟	3000	30	.01	0	办公设备	直接购入	在用	平均年...	0	财务部
	03006	联想电脑	2	03	36	2019-01-20	2019-01-20	胡鹏	5000	50	.01	0	办公设备	直接购入	在用	平均年...	0	财务部
	03007	联想电脑	2	03	36	2019-01-20	2019-01-20	胡鹏	5000	50	.01	0	办公设备	直接购入	在用	平均年...	0	财务部
	03008	联想电脑	2	03	36	2019-01-20	2019-01-20	胡鹏	5000	50	.01	0	办公设备	直接购入	在用	平均年...	0	财务部

图 6-65　【资产盘点】窗口

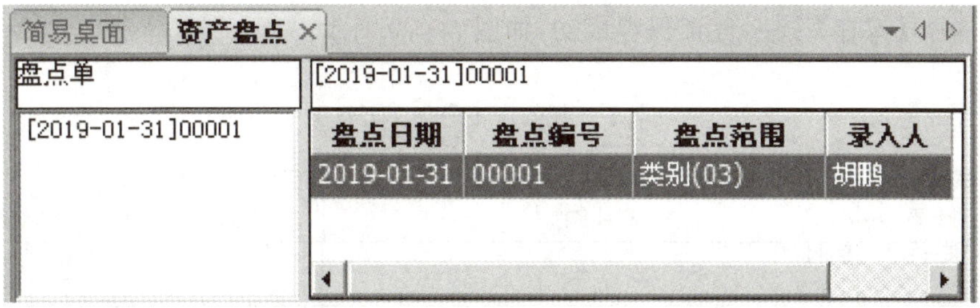

盘点日期	盘点编号	盘点范围	录入人
2019-01-31	00001	类别(03)	胡鹏

图 6-66　【资产盘点】窗口(操作完成)

(7) 关闭【资产盘点】对话框，执行【盘点盘亏确认】命令，双击选中【03003】资产，在【审核】栏选中【同意】，在【处理意见】栏录入【由部门负责人照价赔偿】，如图 6-67 所示。

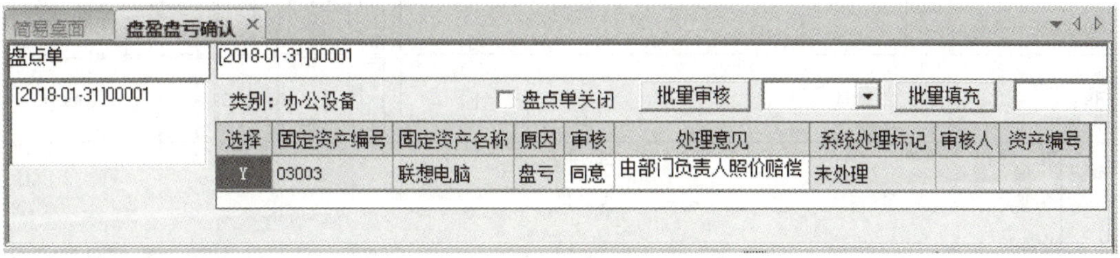

选择	固定资产编号	固定资产名称	原因	审核	处理意见	系统处理标记	审核人	资产编号
Y	03003	联想电脑	盘亏	同意	由部门负责人照价赔偿	未处理		

图 6-67　【盘盈盘亏确认】窗口

(8) 单击【保存】按钮，系统提示【保存成功!】。

(9) 单击【确定】按钮，退出【盘盈盘亏确认】对话框。

(10) 单击【资产盘亏】命令，双击选中【03003】资产，如图 6-68 所示。

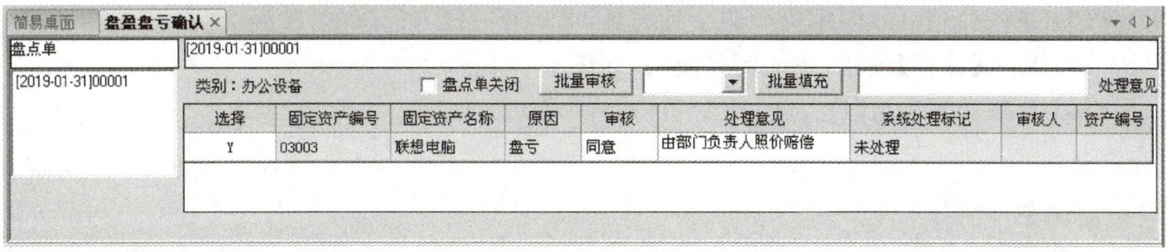

选择	固定资产编号	固定资产名称	原因	审核	处理意见	系统处理标记	审核人	资产编号
Y	03003	联想电脑	盘亏	同意	由部门负责人照价赔偿	未处理		

图 6-68　【资产盘亏】窗口

(11) 单击【盘亏处理】命令，打开【资产减少】对话框，在【清理原因】栏录入【资产盘亏】，如图 6-69 所示。

(12) 单击【确定】按钮，系统提示【所选卡片已经减少成功!】。

6

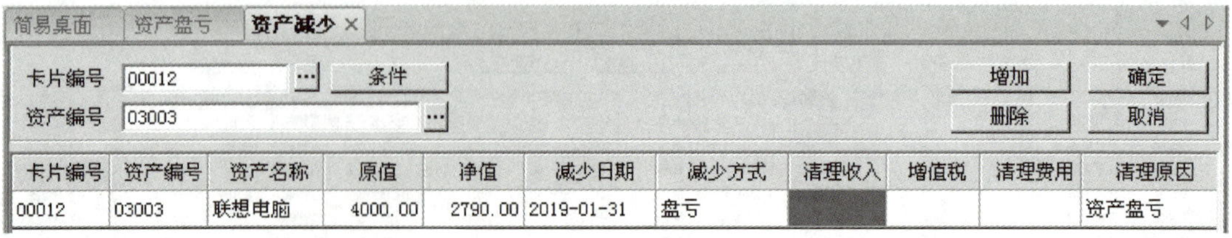

图 6-69　【资产减少】窗口

（13）单击【确定】按钮，弹出一张会计凭证，修改凭证类别为【记账凭证】，将【1606 固定资产清理】科目修改为【1901 待处理财产损溢】。

（14）单击【保存】按钮，凭证保存成功，如图 6-70 所示。

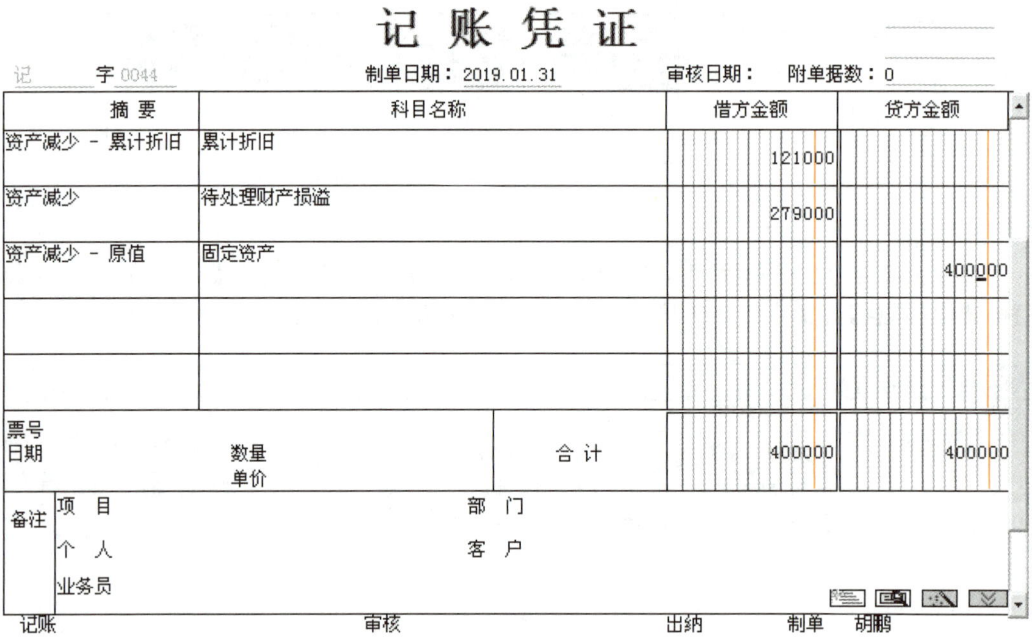

图 6-70　【记 44 号凭证】页面

（15）在总账管理系统中，执行【总账】|【凭证】|【填制凭证】命令，打开【凭证】对话框，单击【增加】按钮。

（16）录入处理盘亏固定资产的会计凭证。

（17）单击【保存】按钮，凭证保存成功，如图 6-71 所示。

（18）将账套输出至【D:\418 账套备份\6-4】文件夹。

温馨提示

    ● 如果资产减少操作已制作凭证，必须删除凭证后才能进行恢复资产减少的操作。

    ● 一般纳税人增值税税率自 2018 年 5 月 1 日起由 17% 调整为 16%，自 2019 年 4 月 1 日起由 16% 调整为 13%，本例中，联想电脑购入的时间为 2018 年 2 月 14 日，因此，盘亏账务处理【进项税额转出】是按照增值税税率 17% 计算的。

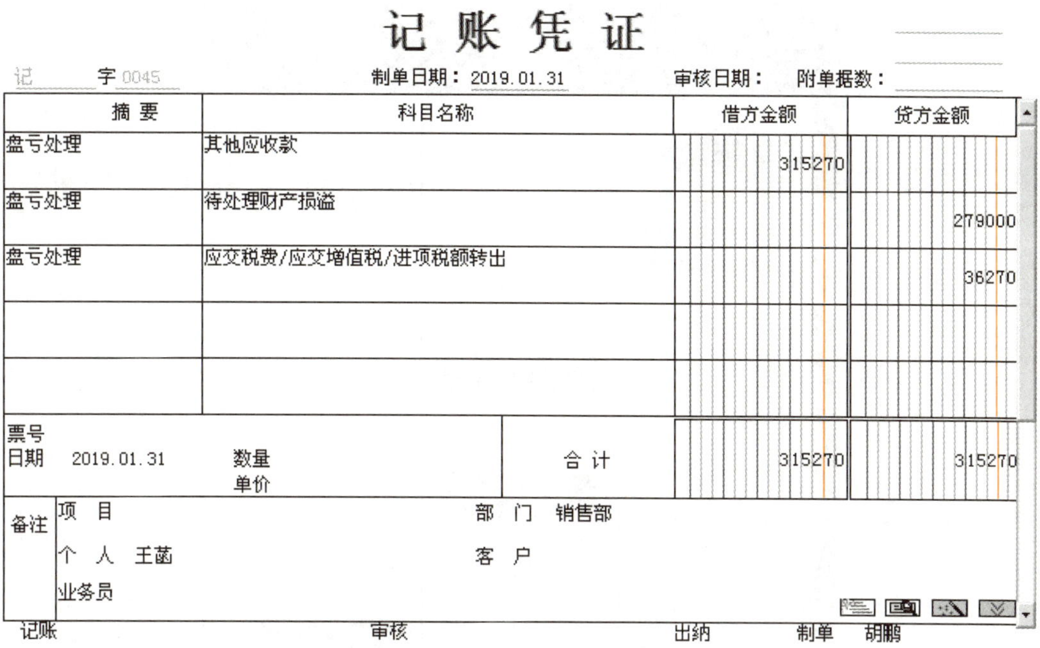

记 账 凭 证

记　　字 0045	制单日期：2019.01.31		审核日期：　附单据数：	
摘　要	科目名称		借方金额	贷方金额
盘亏处理	其他应收款		315270	
盘亏处理	待处理财产损溢			279000
盘亏处理	应交税费/应交增值税/进项税额转出			36270

票号
日期　2019.01.31　　数量
　　　　　　　　　单价　　　　　　合　计　　　　315270　　　　315270

备注　项　目　　　　　　　　部　门　销售部
　　　个　人　王菡　　　　　客　户
　　　业务员

记账　　　　　　　审核　　　　　　出纳　　　制单　胡鹏

图 6 - 71 【记 45 号凭证】页面

实训五　固定资产结账及账表查询

业务一　固定资产结账

〖业务描述〗

2019 年 1 月 31 日，财务部对固定资产管理系统对账、结账。

〖岗位说明〗

【W02 胡鹏】对固定资产管理系统对账、结账。

〖业务流程〗

固定资产对账流程如图 6 - 72 所示。

〖操作指导〗

(1) 在总账管理系统中，【W03 刘慧】执行【总账】|【凭证】|【出纳签字】命令，对所有凭证进行出纳签字。

(2) 在总账管理系统中，【W01 张伟】执行【总账】|【凭证】|【审核凭证】命令，审核所有凭证。

(3) 在总账管理系统中，【W01 张伟】执行【总账】|【凭证】|【记账】命令，完成凭证记账。

(4)【W02 胡鹏】执行【固定资产】|【处理】|【对账】，打开【与账务对账结果】提示框，系统提示【结果：平衡】，如图 6 - 73 所示。

(5) 执行【固定资产】|【处理】|【月末结账】命令，打开【月末结账】对话框。

(6) 单击【开始结账】命令，打开【与账务对账结果】提示框。

(7) 单击【确定】命令，系统提示【月末结账成功完成！】，如图 6 - 74 所示。

6

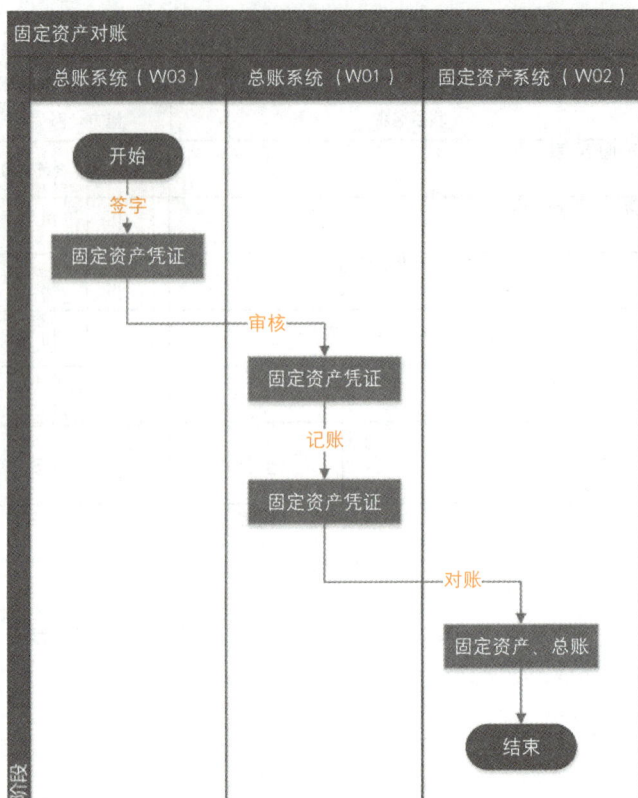

图 6 - 72 【固定资产对账】流程图

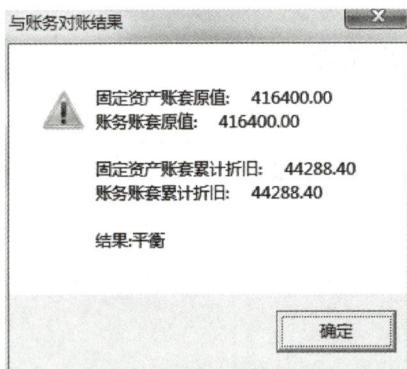

图 6 - 73 【与账务对账结果】提示框

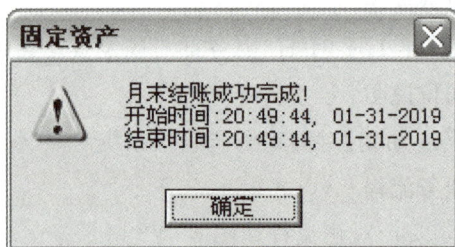

图 6 - 74 【月末结账成功完成】提示框

（8）单击【确定】命令，系统提示【本账套最新可修改日期已经更改为 2019 - 02 - 01……】，如图 6 - 75 所示。

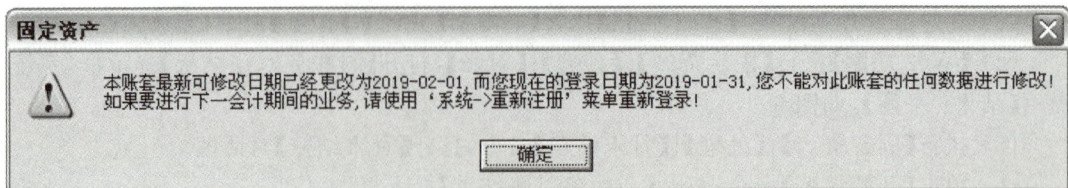

图 6 - 75 【固定资产——结账】提示框

温馨提示

◆ 固定资产管理系统与总账对账之前，要保证固定资产管理系统传递到总账管理系统中凭证已经审核、记账；否则对账不成功。

◆ 如果对账不平，需要根据初始化是否选中【在对账不平的情况下允许固定资产月末结账】来判断是否可以进行结账处理。

◆ 月末结账工作每月进行一次，如果结账后发现结账前的操作有误，则可以使用系统提供的一个纠错功能，即【恢复月末结账前状态】进行【反结账】。

◆ 如果总账管理系统已经结账，则固定资产管理系统不可以再执行取消结账功能。

业务二　查询固定资产原值表

〖业务描述〗

2019 年 1 月 31 日，查询固定资产原值一览表。

〖岗位说明〗

【W02 胡鹏】在固定资产管理系统中查询固定资产原值一览表。

〖操作指导〗

(1) 在固定资产管理系统中，执行【固定资产】|【账表】|【我的账表】命令，打开【报表】对话框。

(2) 单击【统计表】命令，双击【(固定资产原值)一览表】，打开【(固定资产原值)一览表】窗口，条件默认。

(3) 单击【确定】按钮，打开【(固定资产原值)一览表】窗口，如图 6-76 所示。

简易桌面 | 报表 | (固定资产原值)一览表

锁定格式 | 格式锁定状态:未锁定

(固定资产原值)一览表

使用单位:安徽环宇仓储设备有限公司　　期间: 2019.01

部门级次1---1

部门名称	合计				房屋及建筑物				生产设备				办公设备			
	原值	累计折旧	减值准备	净值	原值	累计折旧	减值准备	净值	原值	累计折旧	减值准备	净值	原值	累计折旧	减值准备	净值
经理室(1)	4,400.00	1,210.00		3,190.00									4,400.00	1,210.00		3,190.00
财务部(2)	22,000.00	2,117.50		19,882.50									22,000.00	2,117.50		19,882.50
采购部(3)	4,000.00	1,210.00		2,790.00									4,000.00	1,210.00		2,790.00
生产部(5)	286,000.00	34,740.90	2,000.00	249,259.10	100,000.00	5,010.00		94,990.00	186,000.00	29,730.90	2,000.00	154,269.10				
仓储部(6)	100,000.00	5,010.00		94,990.00	100,000.00	5,010.00		94,990.00								
合计	416,400.00	44,288.40	2,000.00	370,111.60	200,000.00	10,020.00		189,980.00	186,000.00	29,730.90	2,000.00	154,269.10	30,400.00	4,537.50		25,862.50

图 6-76 【(固定资产原值)一览表】窗口

业务三　查询固定资产明细账

〖业务描述〗

2019 年 1 月 31 日，查询办公设备类固定资产明细账。

〖岗位说明〗

【W02 胡鹏】在固定资产管理系统中查询办公设备类固定资产明细账。

〖操作指导〗

（1）在固定资产管理系统中，执行【固定资产】|【账表】|【我的账表】命令，打开【报表】对话框。

（2）单击【账簿】，双击【（类别、部门）明细账】，打开【条件-（部门、类别）明细账】对话框，在【类别名称】栏选择【03-办公设备】，【部门名称】默认，选中【显示使用状况和部门】复选框，如图6-77所示。

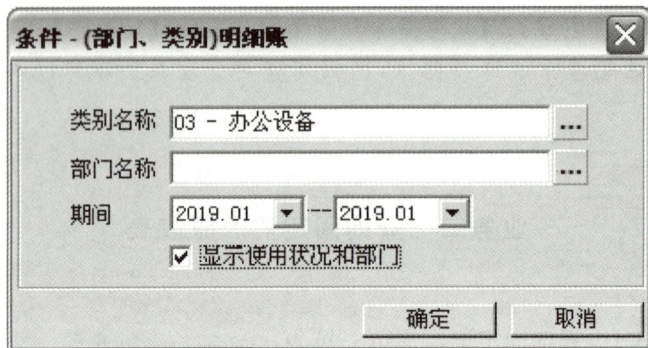

图6-77　【条件-（部门、类别）明细账】对话框

（3）单击【确定】按钮，打开【（部门、类别）明细账】窗口，如图6-78所示。

图6-78　【（部门、类别）明细账】窗口

（4）将账套输出至【D:\418账套备份\6-5】文件夹。

项目七 薪资管理系统业务处理

实训一 薪资管理系统初始化设置

业务一 薪资管理系统参数设置

〖业务描述〗

以【W01 张伟】身份登录平台,设置薪资管理系统的参数,如表 7-1 所示。

表 7-1 薪资管理系统参数设置表

控 制 参 数	参 数 设 置
参数设置	单个工资类别;不核算计件工资
扣税设置	从工资代扣个人所得税
扣零设置	不扣零
人员编码	与公共平台的人员编码一致

〖岗位说明〗

【W01 张伟】设置薪资管理系统参数。

〖操作指导〗

(1) 在企业应用平台中,执行【业务工作】|【人力资源】|【薪资管理】命令,打开【建立工资套——参数设置】对话框。

(2) 选择本账套所需处理的工资类别个数为【单个】,【币别】默认【人民币 RMB】,如图 7-1 所示。

(3) 单击【下一步】按钮,打开【建立工资套——扣税设置】对话框,选中【是否从工资中代扣个人所得税】复选框,单击【下一步】按钮,打开【建立工资套——扣零设置】对话框。

(4) 取消【扣零】复选框。单击【下一步】按钮,打开【建立工资套——人员编码】对话框,系统默认【本系统要求您对员工进行统一编号,人员编码同公共平台的人员编码保持一致】,如图 7-2 所示。

(5) 单击【完成】按钮。完成建立工资套的过程。

一分耕耘、
一分收获,
勤劳是
中华民族的
传统美德

薪资管理
系统参数
设置

7

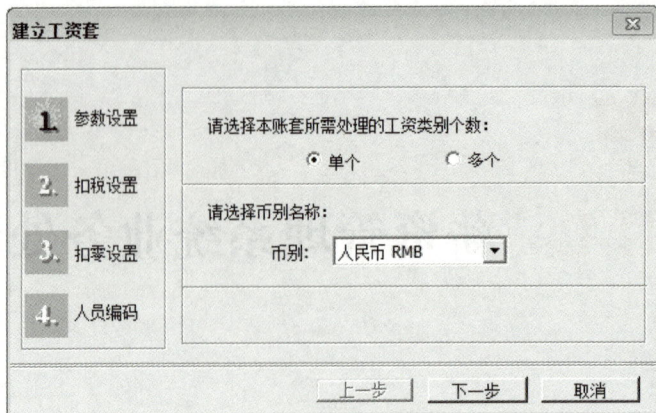

图 7-1 【建立工资套——参数设置】对话框

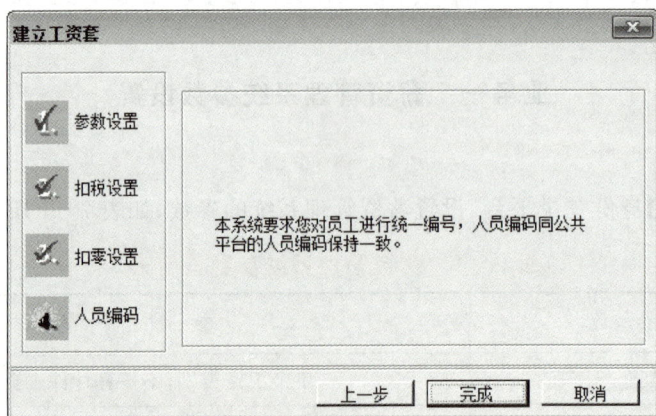

图 7-2 【建立工资套——人员编码】对话框

温馨提示

⬤ 工资账套与企业核算账套是不同的概念，企业核算账套在系统管理中建立，是针对整个用友 ERP 系统而言的，而工资账套只针对用友 ERP 系统中的薪资管理子系统。可以说工资账套是企业核算账套的一个组成部分。

⬤ 如果单位按周或月多次发放薪资，或者单位有多种不同类别（部门）人员，工资发放项目不尽相同，计算公式也不相同，但需要进行统一核算管理，应选择【多个】工资类别。反之，如果单位中所有人员工资按统一标准进行管理，而且人员的工资项目、工资计算公式全部相同，则选择【单个】工资类别。

⬤ 选择代扣个人所得税后，系统将自动生成工资项目【代扣税】，并自动进行代扣税金的计算。

⬤ 扣零处理是指每次发放工资时将零头扣下，积累取整，在下次发放工资时补上，系统在计算工资时将依据扣零类型（扣零至元、扣零至角、扣零至分）进行扣零计算。一旦选择了【扣零处理】，系统会自动计算在固定工资项目中增加【本月扣零】和【上月扣零】两个项目，扣零的计算公式将由系统自动定义，不用设置。建账完成后，部分建账参数可以在【设置】|【选项】中进行修改。

业务二 薪资管理系统银行档案设置

〖业务描述〗

以【W01 张伟】身份登录平台，增加银行档案。

银行编码：01；银行名称：中国工商银行；账号长度：19 位；录入时自动带出的账号长度 15。

〖岗位说明〗

【W01 张伟】增加银行档案。

〖操作指导〗

（1）在企业应用平台中，执行【基础设置】|【基础档案】|【收付结算】|【银行档案】命令，选中【01 中国工商银行】信息，双击打开【修改银行档案】对话框。

（2）在【个人账户规则】处选中【定长】复选框，在【账号长度】栏录入【19】，在【自动带出账号长度】栏录入【15】，如图 7-3 所示。

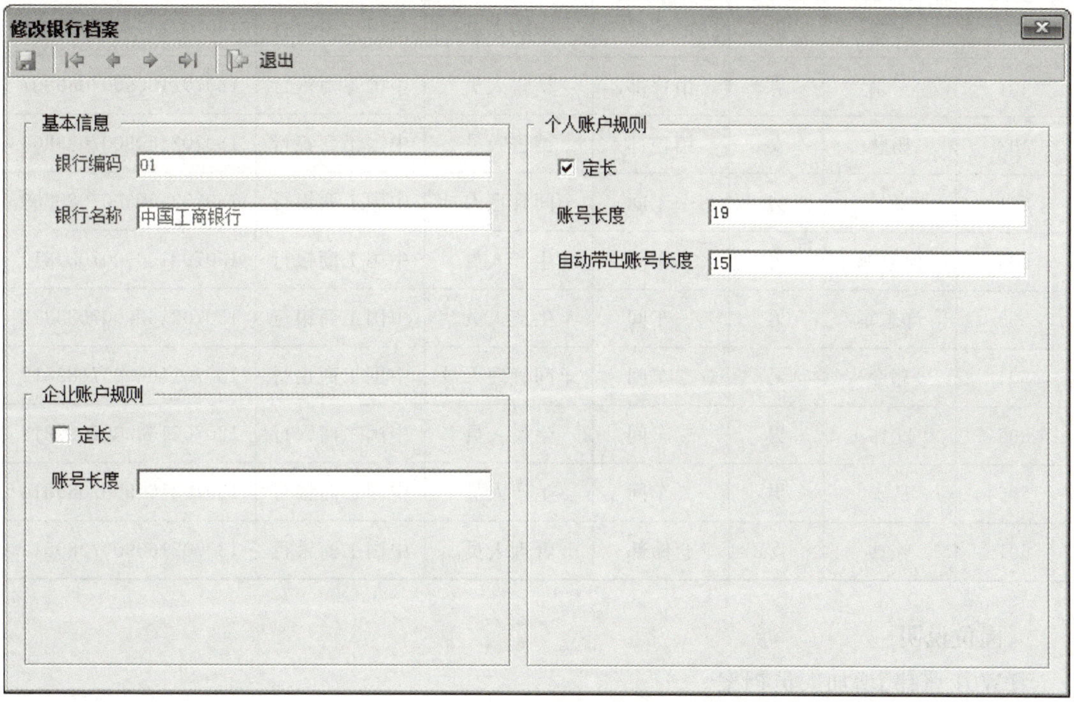

薪资管理系统银行档案设置

图 7-3 【修改银行档案】对话框

（3）单击【保存】按钮并退出。

温馨提示

　　● 系统预置了 16 个银行名称，如果不能满足需要，可以在此基础上删除或增加新的银行名称。

　　● 如果修改账号长度，则必须按键盘上的回车键确认。

业务三　薪资管理系统人员档案设置

〖业务描述〗

以【W01 张伟】身份登录平台，设置人员档案，如表 7－2 所示。

表 7－2　人员档案

人员编号	人员姓名	性别	行政部门	人员类别	银行名称	银行账号
101	李建明	男	经理室	管理人员	中国工商银行	13070216090007089801
201	张伟	男	财务部	管理人员	中国工商银行	13070216090007089802
202	胡鹏	男	财务部	管理人员	中国工商银行	13070216090007089803
203	刘慧	女	财务部	管理人员	中国工商银行	13070216090007089804
301	赵文星	女	采购部	采购人员	中国工商银行	13070216090007089805
302	王智	男	采购部	采购人员	中国工商银行	13070216090007089806
401	王菡	男	销售部	销售人员	中国工商银行	13070216090007089807
402	杨慧	女	销售部	销售人员	中国工商银行	13070216090007089808
501	秦昊	男	一车间	车间管理人员	中国工商银行	13070216090007089809
502	何家鸿	男	一车间	生产人员	中国工商银行	13070216090007089810
503	许志军	男	一车间	生产人员	中国工商银行	13070216090007089811
504	郑彦	男	二车间	车间管理人员	中国工商银行	13070216090007089812
505	沈伟	男	二车间	生产人员	中国工商银行	13070216090007089813
506	吕宏	男	二车间	生产人员	中国工商银行	13070216090007089814
601	陈玮	女	仓储部	管理人员	中国工商银行	13070216090007089815

7

〖岗位说明〗

【W01 张伟】增加人员档案。

〖操作指导〗

（1）在薪资管理系统中，执行【薪资管理】|【设置】|【人员档案】命令，打开【人员档案】对话框。

（2）单击【批增】按钮，打开【人员批量增加】对话框。

（3）在窗口左侧分别单击选中所有部门，单击【查询】按钮，弹出人员列表，如图 7－4 所示。

（4）单击【确定】按钮，返回【人员档案】窗口。

（5）选中【101 李建明】信息，双击打开【人员档案明细】对话框。在【基本信息】选项卡中，根据表 7－2 补充录入【银行名称】和【银行账号】信息，如图 7－5 所示。

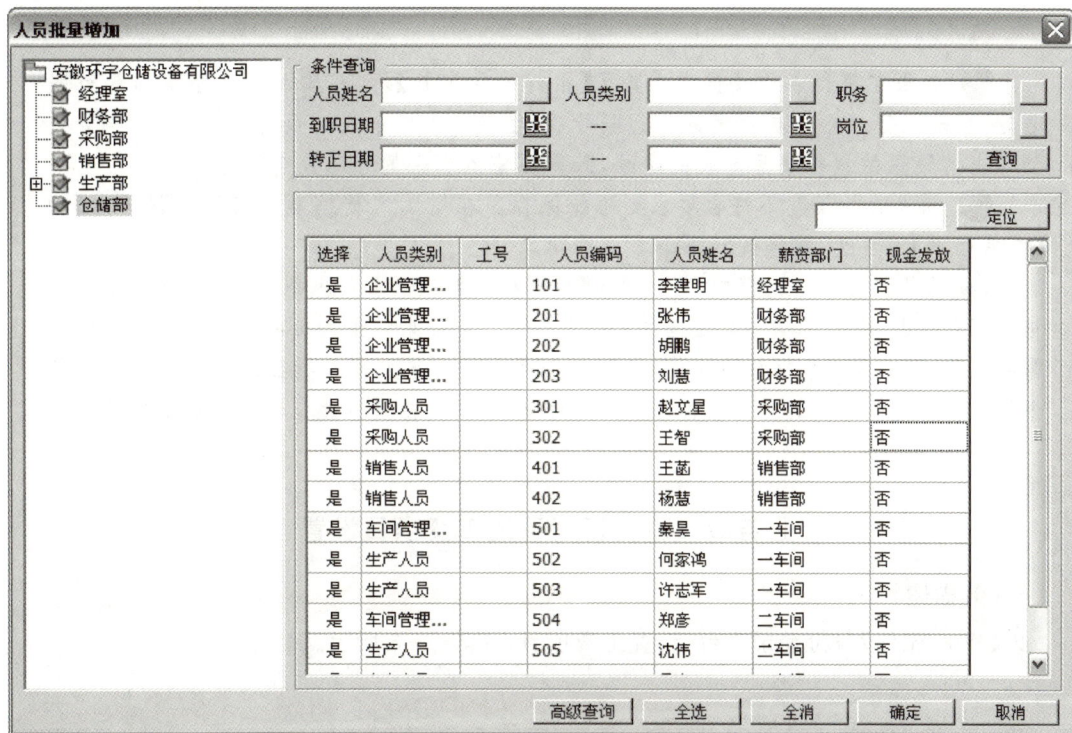

图 7-4 【人员批量增加】对话框

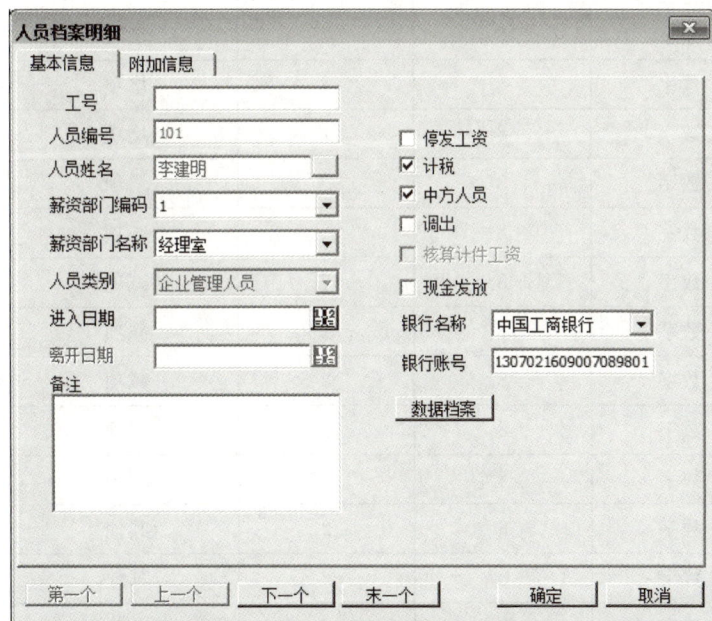

图 7-5 【人员档案明细】对话框

图 7-6 【薪资管理档案信息录入】提示框

（6）单击【确定】按钮，系统提示【写入该人员档案信息吗？】，如图 7-6 所示。

（7）单击【确定】按钮，重复第五步和第六步，继续录入其他人员信息。

> **温馨提示**
>
> ◗ 如果在银行名称设置中设置了【银行账号定长】，则在输入人员档案的银行账号时，当输入了一个人员档案的银行账号后，在输入第二个人的银行账号时，系统会自动带出已设置的银行账号定长的账号，只需要输入剩余的号码数字即可。
>
> ◗ 如果账号长度不符合要求则不能保存。在增加人员档案时，【停发】【调出】和【数据档案】不可选，在修改状态下才能编辑。
>
> ◗ 在人员档案对话框中，可以单击【数据档案】按钮，录入薪资数据。如果个别人员档案需要修改，在人员档案对话框中可以直接修改。如果一批人员的某个薪资项目同时需要修改，可以利用数据替换功能，将符合条件人员的某个薪资项目的内容统一替换某个数据。若进行替换的薪资项目已设置了计算公式，则在重新计算时以计算公式为准。

业务四　薪资管理系统工资项目设置

〖业务描述〗

以【W01 张伟】身份登录平台，设置工资项目，如表 7-3 所示。

表 7-3　工资项目

工资项目名称	类　型	长　度	小　数	增减项
基本工资	数字	8	2	增项
奖金	数字	8	2	增项
交通补贴	数字	8	2	增项
岗位工资	数字	8	2	增项
物价补贴	数字	8	2	增项
医疗保险	数字	8	2	减项
养老保险	数字	8	2	减项
工伤保险	数字	8	2	减项
失业保险	数字	8	2	减项
住房公积金	数字	8	2	减项
缺勤扣款	数字	8	2	减项
缺勤天数	数字	8	2	其他
计税工资	数字	8	2	其他
四险一金计提基数	数字	8	2	其他
工资分配基数	数字	8	2	其他

工资项目
设置

7

〖岗位说明〗

【W01 张伟】设置工资项目。

〖操作指导〗

（1）在薪资管理系统中，执行【薪资管理】|【设置】|【工资项目设置】命令，打开【工资项目设置】对话框。

（2）单击【增加】按钮，从【名称参照】下拉列表中选择【基本工资】，默认类型为【数字】，小数位为【2】，增减项为【增项】。以此方法继续增加其他的工资项目，如图7-7所示。

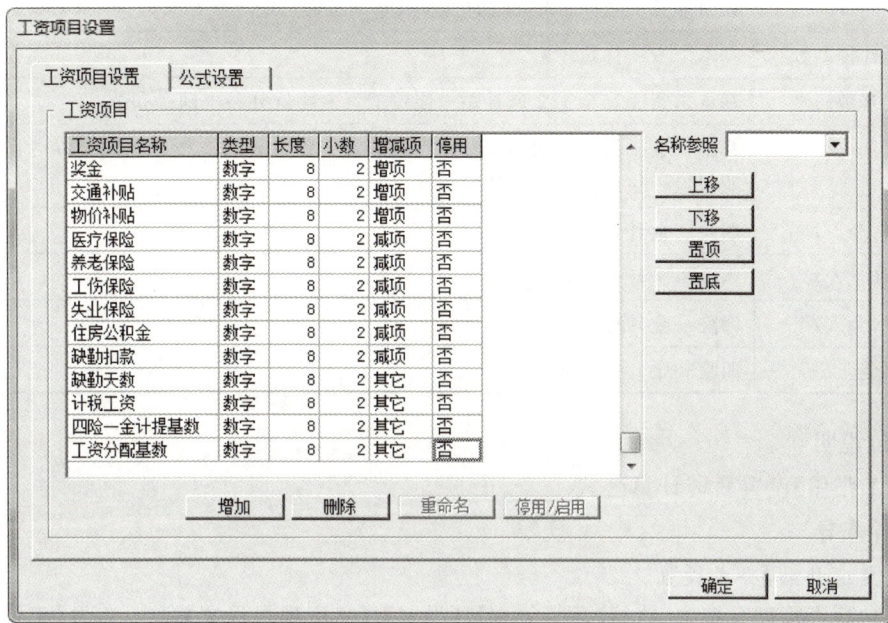

图 7-7　【工资项目设置】对话框

（3）单击【确定】按钮，退出【工资项目设置】对话框。

温馨提示

● 设置工资项目就是定义工资项目的名称、类型、宽度。

● 薪资管理系统提供了一些固定项目，包括【应发合计】【扣款合计】【实发合计】工资项目。在建立工资套时，如果选择了扣零处理，则会增加【本月扣零】和【上月扣零】两个工资项目；如果选择了扣税处理，则会增加【代扣税】工资项目；如果选择核算计件工资，则会增加【计件工资】工资项目，这些也都是属于固定项目，不能修改或删除。

● 对于【名称参照】下拉列表中没有的项目可以直接输入；或者从【名称参照】中选择一个类似的项目后再进行修改。其他项目可以根据需要修改。

● 此处所设置的工资项目是针对所有工资类别所需要使用的全部工资项目。

● 系统提供的固定工资项目不能修改、删除。

业务五　薪资管理系统公式设置

〖业务描述〗

以【W01 张伟】身份登录平台，设置薪资公式，如表7-4所示。

表 7 - 4　薪资计算公式

薪资项目	计算公式
交通补贴	企业管理人员 800 元每月，采购人员 1 000 元每月，销售人员 1 000 元每月，车间管理人员、生产人员 600 元每月
缺勤扣款	如果缺勤天数＜＝2 天，缺勤扣款＝(基本工资/22)×缺勤天数×50％ 如果缺勤天数＞2 天，缺勤扣款＝(基本工资/22)×缺勤天数
四险一金计提基数	基本工资＋岗位工资
工资分配基数	基本工资＋奖金＋交通补贴＋岗位工资＋物价补贴－缺勤扣款
计税工资	基本工资＋奖金＋交通补贴＋岗位工资＋物价补贴－医疗保险－养老保险－失业保险－住房公积金－缺勤扣款
养老保险(个人)	四险一金计提基数×8％
医疗保险(个人)	四险一金计提基数×2％
失业保险(个人)	四险一金计提基数×0.2％
住房公积金	四险一金计提基数×10％

交通补贴
公式设置

缺勤扣款
公式设置

五险一金
计提基数
公式设置

〔岗位说明〕

【W01 张伟】设置薪资计算公式。

〔操作指导〕

1．【交通补贴】公式设置

（1）在薪资管理系统中，执行【薪资管理】|【设置】|【工资项目设置】命令，打开【工资项目设置】对话框，选择【公式设置】选项卡。单击【增加】按钮，从下拉列表框中选择【交通补贴】。

（2）单击【函数公式向导输入…】按钮，打开【函数向导——步骤之 1】对话框。

（3）单击选中【函数名】列表中的【iff】函数，如图 7-8 所示。

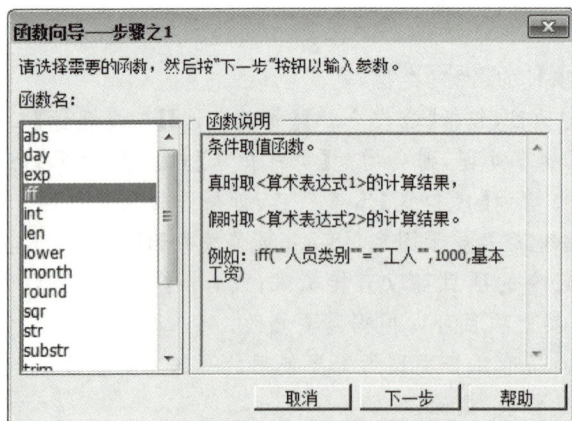

图 7-8　【函数向导——步骤之 1】对话框

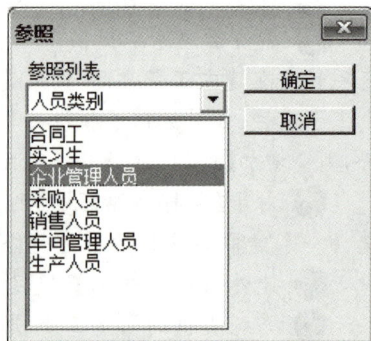

图 7-9　【薪资公式函数参照】对话框

（4）单击【下一步】按钮，打开【函数向导——步骤之 2】对话框。

（5）单击【逻辑表达式】栏右侧的【参照】按钮，打开【参照】窗口。

（6）单击【参照列表】栏的下拉三角按钮，选择【人员类别】，再单击选中【企业管理人员】，如图 7-9 所示。

（7）单击【确定】按钮，返回【函数向导——步骤之2】对话框。在【算术表达式1】文本框中录入【800】。

（8）单击【完成】按钮，返回【工资项目设置——公式设置】对话框。将光标移至【iff】函数的第三个参数位置，继续单击【函数公式向导输入…】。

（9）单击选中【函数名】列表中的【iff】函数，单击【下一步】按钮，打开【函数向导——步骤之2】对话框。单击【逻辑表达式】栏右侧的【参照】按钮，打开【参照】对话框。

（10）单击【参照列表】栏的下拉三角按钮，选择【人员类别】，再单击选中【采购人员】，在生成的逻辑表达式后面输入【or】，注意前后必须空格。

（11）继续单击【参照】按钮，选择【人员类别】为【销售人员】。在【算术表达式1】文本框中录入【1000】，在【算术表达式2】文本框中输入【600】，如图7-10所示。

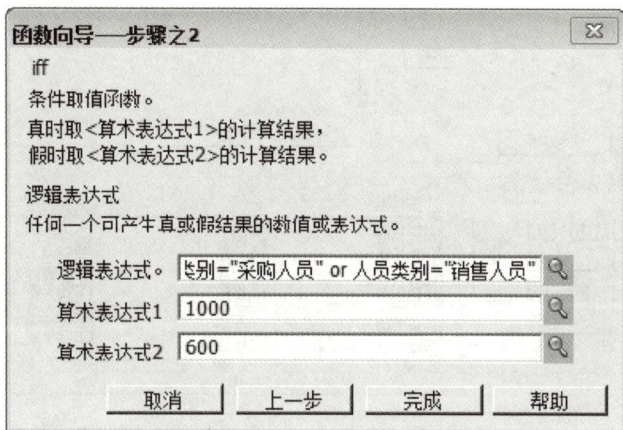

图 7 - 10　【函数向导——步骤之 2】对话框

（12）单击【完成】按钮返回公式设置界面，如图7-11所示。

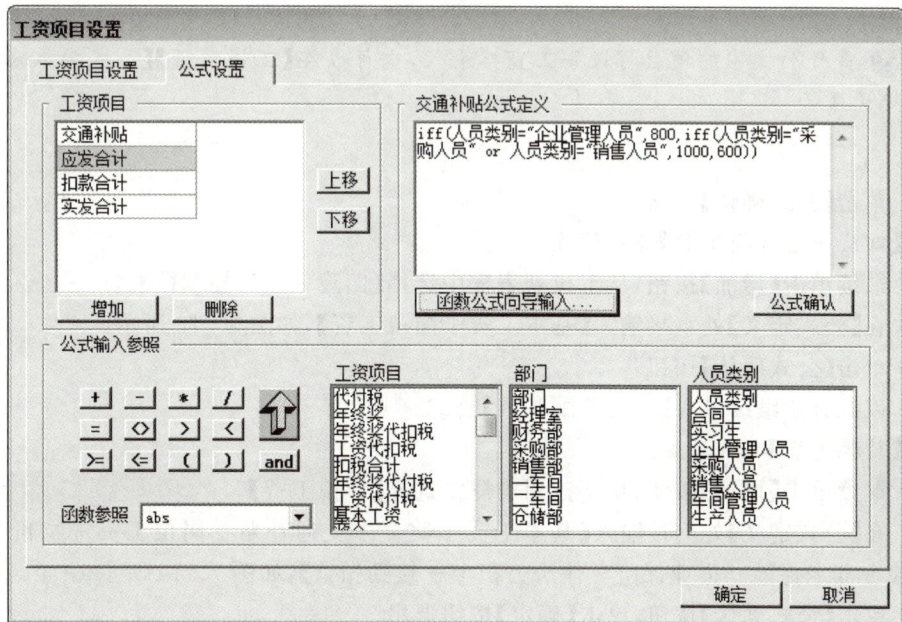

图 7 - 11　【工资项目设置——公式设置】对话框（交通补贴）

7

（13）单击【公式确认】按钮。

2.【缺勤扣款】公式设置

（1）继续单击【增加】按钮，从下拉列表框中选择【缺勤扣款】。

（2）在左下方【函数参照】栏选中【iff】函数，将【iff】函数的第一个参数设置为【缺勤天数＜＝2】，第二个参数设置为【（基本工资/22）＊缺勤天数＊0.5】，第三个参数设置为【（基本工资/22）＊缺勤天数】，如图7－12所示。

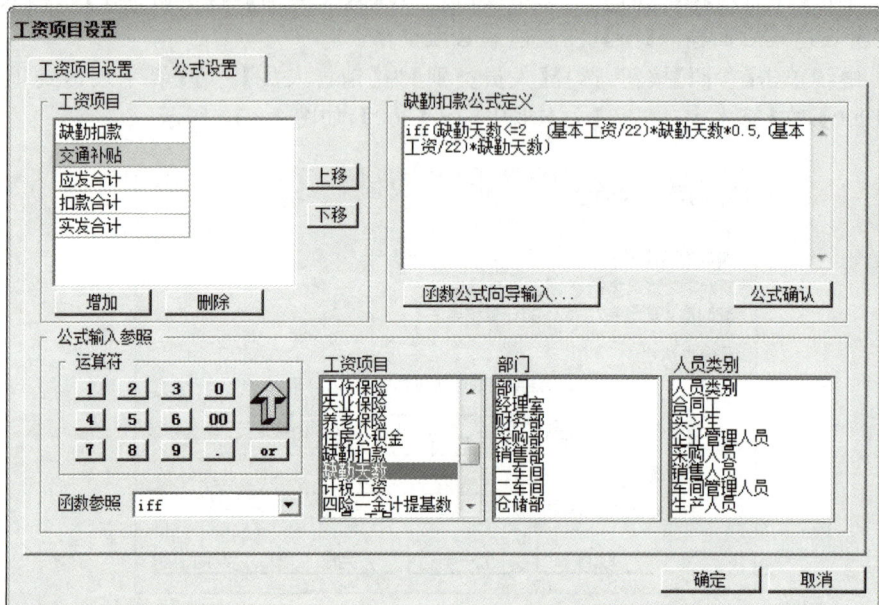

图7-12　【工资项目设置——公式设置】对话框（缺勤扣款）

> **温馨提示**
>
> 此处公式中的项目可以手工直接录入，也可以在【工资项目】【公式输入参照】处直接选择。

（3）单击【公式确认】按钮。

3.【四险一金计提基数】公式设置

（1）继续单击【增加】按钮，从下拉列表框中选择【四险一金计提基数】。

（2）在【公式定义】处直接输入【基本工资＋岗位工资】，如图7－13所示。

（3）单击【公式确认】按钮。

（4）以此方法继续录入【工资分配基数】公式。

4.【计税工资】公式设置

（1）继续单击【增加】按钮，从下拉列表框中选择【计税工资】。

（2）在【公式定义】处直接输入【基本工资＋奖金＋交通补贴＋岗位工资＋物价补贴－医疗保险－养老保险－失业保险－住房公积金－缺勤扣款】，如图7-14所示。

（3）单击【公式确认】按钮，单击【确定】按钮退出。

（4）以此方法增加养老保险、医疗保险、工伤保险及住房公积金的公式设置。

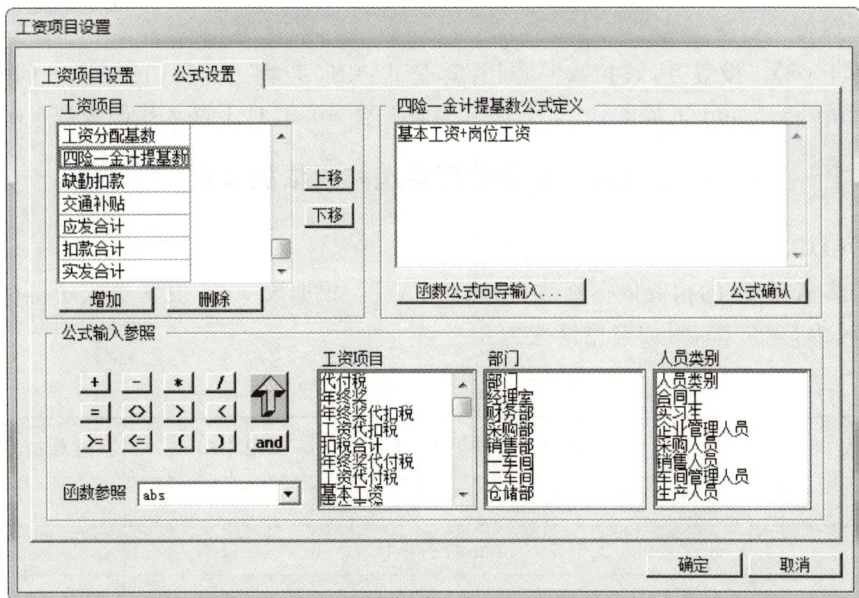

图7-13 【工资项目设置——公式设置】对话框(五险一金计提基数)

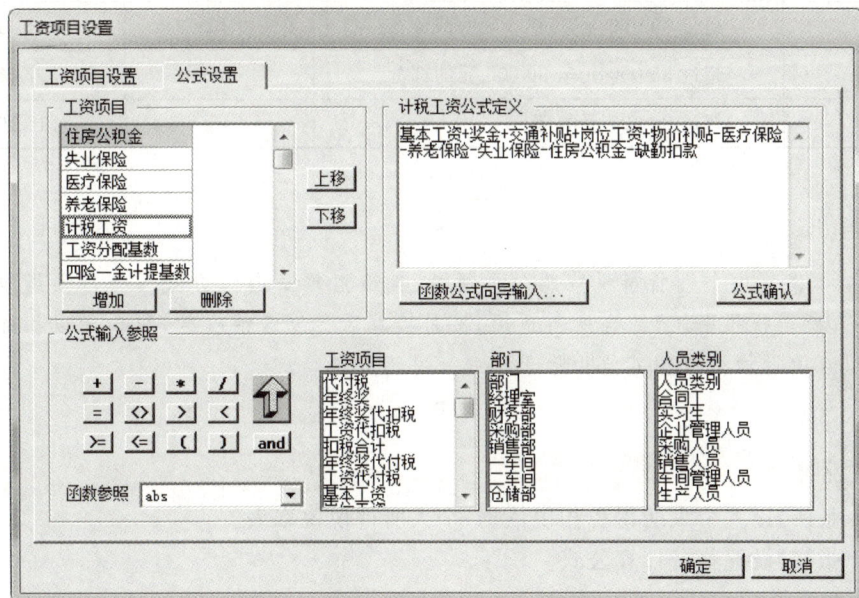

图7-14 【工资项目设置——公式设置】对话框(计税工资)

温馨提示

⬤ 在定义公式时,可以使用函数公式向导输入、函数参数输入、工资项目参照、部门参数和人员类别参照编辑输入工资项目的计算公式。其中函数公式向导只支持系统提供的函数。工资中没有的项目不允许在公式中出现。

⬤ 公式中可以引用已设置公式的项目,相同的工资项目可以重复定义公式、多次计算,以最后的运行结果为准。

〚赛题链接〛

【任务 1.08】 设置"病假扣款"项目计算公式：iff(工龄＞＝10,日工资＊病假天数＊0.2,iff(工龄＞＝5 and 工龄＜10,日工资＊病假天数＊0.3,日工资＊病假天数＊0.4))。

业务六   薪资管理系统扣税依据设置

〚业务描述〛

将"个人所得税"的扣税依据修改为"计税工资"。根据表 7-5 设置个人所得税税率表，将基数修改为 5000.00,附加费用修改为 0。

薪资管理
系统扣税
依据设置

表 7-5   工资薪金个人所得税税率表

级 数	全月应纳税所得额(含税级距,元)	税率(%)	速算扣除数(元)
1	不超过 3 000 元的	3	0
2	超过 3 000 元至 12 000 元的部分	10	210
3	超过 12 000 元至 25 000 元的部分	20	1 410
4	超过 25 000 至 35 000 元的部分	25	2 660
5	超过 35 000 元至 55 000 元的部分	30	4 410
6	超过 55 000 元至 80 000 元的部分	35	7 160
7	超过 80 000 元的部分	45	15 160

> 温馨提示
>
> 　本案例中个人所得税按照分月预缴、年终汇算清缴的方式。分月预缴税依据依照个人所得税税率表(综合所得适用)按月换算后计算缴纳税款,税前予以扣除的专项扣除、专项附加扣除和其他扣除于年底一并汇算清缴。

〚岗位说明〛

【W01 张伟】设置个人所得税扣税依据、个人所得税税率表。

【W01 张伟】设置薪资计算公式。

〚操作指导〛

(1) 在薪资管理系统中,执行【薪资管理】|【设置】|【选项】|命令,打开【选项】对话框。

(2) 选择【扣税设置】选项卡,单击【编辑】按钮,把【个人所得税申报表中"收入额合计"项所对应的工资项目默认是"实发工资"】修改为【计税工资】,如图 7-15 所示。

(3) 单击【税率设置】按钮,打开【个人所得税申报表——税率表】对话框,将基数修改为【5000.00】,附加费用修改为【0】,根据表 7-5 修改个人所得税税率表,如图 7-16 所示。

(4) 单击【确定】按钮,退出【个人所得税申报表——税率表】对话框。

(5) 单击【确定】按钮,退出【选项】对话框。

(6) 将账套输出至【D:\418 账套备份\7-1】文件夹。

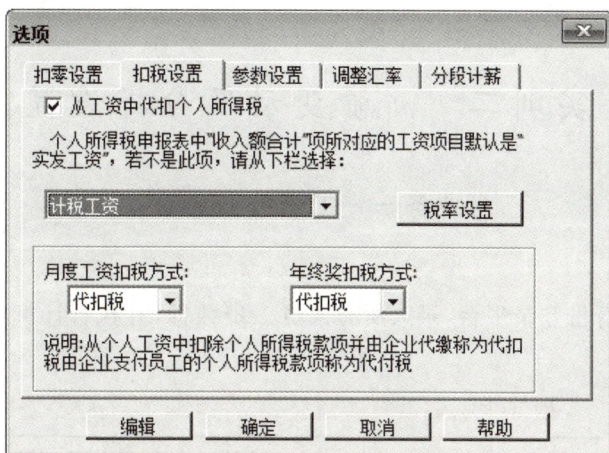

图 7-15　【薪资管理——选项】对话框

图 7-16　【个人所得税申报表——税率表】对话框

〖赛题链接〗

【任务 1.9】　将个人所得税扣税基数调整为 5 000 元、附加费用调整为 4 800 元,并根据表 7-6 调整代扣个人所得税计算表。

表 7-6　个人所得税税率表

级　次	应纳税所得额下限	应纳税所得额上限	税率(%)	速算扣除数
1	0.00	1 500.00	3.00	0.00
2	1 500.00	4 500.00	10.00	105.00
3	4 500.00	9 000.00	20.00	555.00
4	9 000.00	35 000.00	25.00	1 005.00
5	35 000.00	55 000.00	30.00	2 755.00
6	55 000.00	80 000.00	35.00	5 505.00
7	80 000.00		45.00	13 505.00

实训二　薪资变动及分摊设置

业务一　工资数据变动

〖业务描述〗

以【W02 胡鹏】身份登录平台，录入所有人员工资数据，并执行计算与汇总，具体数据如表 7-7 所示。

表 7-7　安徽环宇仓储设备有限公司 2019 年 1 月人员工资数据表

人员编号	人员姓名	性别	行政部门	人员类别	基本工资（元）	奖金（元）	岗位工资（元）	物价补贴（元）	缺勤天数（元）
101	李建明	男	经理室	管理人员	3 000	2 000	1 200	400	
201	张伟	男	财务部	管理人员	2 500	1 500	1 000	400	
202	胡鹏	男	财务部	管理人员	2 000	1 200	800	400	1
203	刘慧	女	财务部	管理人员	2 000	1 000	500	400	
301	赵文星	女	采购部	采购人员	2 200	1 500	800	400	3
302	王智	男	采购部	采购人员	2 000	1 200	600	400	
401	王菡	男	销售部	销售人员	2 400	1 500	800	400	
402	杨慧	女	销售部	销售人员	2 000	1 300	500	400	
501	秦昊	男	一车间	车间管理人员	2 000	1 500	900	400	2
502	何家鸿	男	一车间	生产人员	2 000	1 300	700	400	
503	许志军	男	一车间	生产人员	2 000	1 300	700	400	
504	郑彦	男	二车间	车间管理人员	2 000	1 200	700	400	
505	沈伟	男	二车间	生产人员	2 000	900	700	400	
506	吕宏	男	二车间	生产人员	2 000	900	700	400	
601	陈玮	女	仓储部	管理人员	2 000	1 200	800	400	
合　计					32 100	19 500	11 400	6 000	6

〖岗位说明〗

【W01 张伟】录入所有人员工资，并计算汇总。

〖操作指导〗

（1）在薪资管理系统中，执行【薪资管理】|【业务处理】|【工资变动】命令，打开【工资变动】窗口。

（2）根据表 7-7 分别录入基本工资、奖金、岗位工资、缺勤天数等工资项目内容。

（3）单击【全选】按钮，在人员记录的选择栏选中标记【Y】。

（4）单击【替换】按钮，打开【工资项数据替换】对话框，选择将工资项目【物价补贴】替换成【400】，如图 7-17 所示。

7

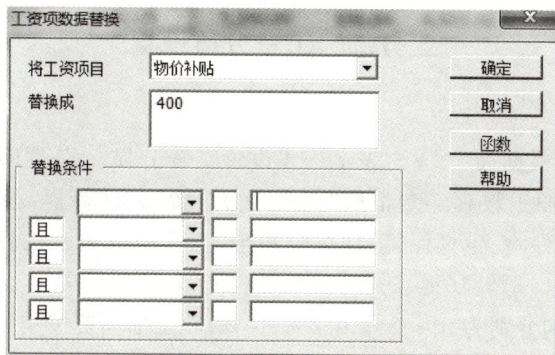

图 7-17 【工资项数据替换】对话框

（5）单击【确定】返回，系统弹出【数据替换后将不可恢复，是否继续？】，单击【是】按钮，系统继续提示【15 条记录被替换，是否重新计算？】，单击【是】按钮返回。

（6）单击【计算】按钮，再单击【汇总】按钮，计算全部工资项目内容，计算结果如图 7-18 所示。

选择	员编	姓名	部门	人员类别	应发合计	扣款合计	实发合计	代扣税	基本工资	奖金	交通补贴	岗位工资	物价补贴	医疗保险	养老保险	失业保险	住房公积金	缺勤扣款	缺勤天数	计税工资	金一金计提遇	工资分配基数
	101	李建明	经理室	企业管理人	7,400.00	894.95	6,505.05	46.79	3,000.00	2,000.00	800.00	1,200.00	400.00	84.00	336.00	8.40	420.00			6,551.60	4,200.00	7,400.00
	201	张伟	财务部	企业管理人	6,200.00	721.79	5,478.21	14.79	2,500.00	1,500.00	800.00	1,000.00	400.00	70.00	280.00	7.00	350.00			5,493.00	3,500.00	6,200.00
	202	胡丽	财务部	企业管理人	5,200.00	611.05	4,588.95		2,000.00	1,200.00	800.00	800.00	400.00	56.00	224.00	5.60	280.00			4,195.00	2,800.00	5,200.00
	203	刘娜	财务部	企业管理人	4,700.00	505.00	4,195.00		2,000.00	1,000.00	800.00	500.00	400.00	50.00	200.00	5.00	250.00	45.45	1.00	4,588.95	2,500.00	4,700.00
	301	赵文星	采购部	采购人员	5,900.00	906.00	4,994.00		2,200.00	1,500.00	1,000.00	800.00	400.00	60.00	240.00	6.00	300.00	300.00	3.00	4,994.00	3,000.00	5,600.00
	302	王智	采购部	采购人员	5,200.00	525.20	4,674.80		2,000.00	1,200.00	1,000.00	600.00	400.00	52.00	208.00	5.20	260.00			4,674.80	2,800.00	5,200.00
	401	王磊	销售部	销售人员	6,100.00	660.01	5,439.99	13.61	2,400.00	1,500.00	1,000.00	800.00	400.00	64.00	256.00	6.40	320.00			5,453.60	3,200.00	6,100.00
	402	杨慧	销售部	销售人员	5,200.00	505.00	4,695.00		2,000.00	1,300.00	1,000.00	500.00	400.00	50.00	200.00	5.00	250.00			4,695.00	2,800.00	5,200.00
	501	秦晨	一车间	车间管理人	5,400.00	676.71	4,723.29		2,000.00	1,500.00	600.00	700.00	400.00	58.00	232.00	5.80	290.00	90.91	2.00	4,723.29	2,900.00	5,309.09
	502	佟雪瑞	一车间	生产人员	5,000.00	545.40	4,454.60		2,000.00	1,300.00	600.00	700.00	400.00	54.00	216.00	5.40	270.00			4,454.60	2,700.00	5,000.00
	503	许志军	二车间	生产人员	5,000.00	545.40	4,454.60		2,000.00	1,300.00	600.00	700.00	400.00	54.00	216.00	5.40	270.00			4,454.60	2,700.00	5,000.00
	504	郑磊	二车间	生产人员	4,900.00	545.40	4,354.60		2,000.00	1,200.00	600.00	700.00	400.00	54.00	216.00	5.40	270.00			4,354.60	2,700.00	4,900.00
	505	沈伟	二车间	生产人员	4,600.00	545.40	4,054.60		2,000.00	900.00	600.00	700.00	400.00	54.00	216.00	5.40	270.00			4,054.60	2,700.00	4,600.00
	506	昌宏	二车间	生产人员	4,600.00	545.40	4,054.60		2,000.00	900.00	600.00	700.00	400.00	54.00	216.00	5.40	270.00			4,054.60	2,700.00	4,600.00
	601	陈玮	仓储部	企业管理人	5,200.00	565.60	4,634.40		2,000.00	1,200.00	800.00	700.00	400.00	56.00	224.00	5.60	280.00			4,634.40	2,800.00	5,200.00
合计					80,600.00	9,298.31	71,301.69	74.95	32,100.00	19,500.00	11,600.00	11,400.00	6,000.00	870.00	3,480.00	87.00	4,350.00	436.36	6.00	71,376.64	43,500.00	80,163.64

当前月份：1 月　　总人数：15　　当前人数：15

图 7-18 【工资变动】窗口

（7）单击【退出】按钮。

温馨提示

　　◖ 第一次使用工资系统必须将所有人员的基本工资数据录入系统。工资数据可以在录入人员档案时直接录入，需要计算的内容在此功能中进行计算；也可以在工资变动功能中录入，当工资数据发生变动时应在此录入。

　　◖ 如果工资数据的变化具有规律性，可以使用【替换】功能进行成批数据替换。

　　◖ 在修改了某些数据、重新设置了计算公式、进行了数据替换或在个人所得税中执行了自动扣税等操作后，必须调用【计算】和【汇总】功能对个人工资数据重新计算，以保证数据正确。如果对工资数据只进行了【计算】的操作，则退出时系统提示【数据发生变动后尚未进行汇总，是否进行汇总？】，如果需要汇总则单击【是】按钮，否则，单击【否】按钮即可。

〖赛题链接〗

【任务 2.31】 30 日，计算并处理本月应付工资。

7

业务二　工资分摊设置

〖业务描述〗

2019年1月1日,根据表7-8～表7-14设置工资分摊。安徽环宇仓储设备有限公司五险一金、工会经费和职工教育经费都按"四险一金计提基数"计提,公司承担的养老保险、医疗保险、失业保险、工伤保险、生育保险、住房公积金、工会经费和职工教育经费计提比例分别为20%、10%、1%、1%、0.8%、10%、2%和8%;职工个人承担的养老保险、医疗保险、失业保险、住房公积金计提比例分别为8%、2%、0.2%、10%;职工福利费按实际发生数列支。

提示:公司承担的养老保险和失业保险通过"设定提存计划"工资项目核算;公司承担的医疗保险、工伤保险和生育保险通过"社会保险费"工资项目核算;费用项目统一记入二级科目"社会保险费"。

表7-8　计提工资转账分录一览表　　计提比例100%

部 门 名 称	人员类别	项 目	借方科目	贷方科目
经理室、财务部、仓储部	企业管理人员	工资分配基数	660201	221101
采购部	采购人员	工资分配基数	660201	221101
销售部	销售人员	工资分配基数	660101	221101
一车间、二车间	车间管理人员	工资分配基数	510102	221101
一车间	生产人员	工资分配基数	500102(货架)	221101
二车间	生产人员	工资分配基数	500102(仓储笼)	221101

表7-9　计提工会经费转账分录一览表　　计提比例2%

部 门 名 称	人员类别	项 目	借方科目	贷方科目
经理室、财务部、仓储部	企业管理人员	应发合计	660201	221107
采购部	采购人员	应发合计	660201	221107
销售部	销售人员	应发合计	660101	221107
一车间、二车间	车间管理人员	应发合计	510102	221107
一车间	生产人员	应发合计	500102(货架)	221107
二车间	生产人员	应发合计	500102(仓储笼)	221107

表7-10　计提职工教育经费转账分录一览表　　计提比例8%

部 门 名 称	人员类别	项 目	借方科目	贷方科目
经理室、财务部、仓储部	企业管理人员	应发合计	660201	221108
采购部	采购人员	应发合计	660201	221108
销售部	销售人员	应发合计	660101	221108
一车间、二车间	车间管理人员	应发合计	510102	221108
一车间	生产人员	应发合计	500102(货架)	221108
二车间	生产人员	应发合计	500102(仓储笼)	221108

工资分摊设置

7

表 7-11　计提公司-设定提存计划转账分录一览表　计提比例21%

部门名称	人员类别	项目	借方科目	贷方科目
经理室、财务部、仓储部	企业管理人员	四险一金计提基数	660203	221105
采购部	采购人员	四险一金计提基数	660203	221105
销售部	销售人员	四险一金计提基数	660103	221105
一车间、二车间	车间管理人员	四险一金计提基数	510102	221105
一车间	生产人员	四险一金计提基数	500102（货架）	221105
二车间	生产人员	四险一金计提基数	500102（仓储笼）	221105

表 7-12　计提公司-社会保险费转账分录一览表　计提比例11.8%

部门名称	人员类别	项目	借方科目	贷方科目
经理室、财务部、仓储部	企业管理人员	四险一金计提基数	660203	221104
采购部	采购人员	四险一金计提基数	660203	221104
销售部	销售人员	四险一金计提基数	660103	221104
一车间、二车间	车间管理人员	四险一金计提基数	510102	221104
一车间	生产人员	四险一金计提基数	500102（货架）	221104
二车间	生产人员	四险一金计提基数	500102（仓储笼）	221104

表 7-13　计提公司-住房公积金转账分录一览表　计提比例10%

部门名称	人员类别	项目	借方科目	贷方科目
经理室、财务部、仓储部	企业管理人员	四险一金计提基数	660201	221106
采购部	采购人员	四险一金计提基数	660201	221106
销售部	销售人员	四险一金计提基数	660101	221106
一车间、二车间	车间管理人员	四险一金计提基数	510102	221106
一车间	生产人员	四险一金计提基数	500102（货架）	221106
二车间	生产人员	四险一金计提基数	500102（仓储笼）	221106

表 7-14　计提代扣个人所得税转账分录一览表　计提比例100%

部门名称	人员类别	项目	借方科目	贷方科目
经理室、财务部、仓储部	企业管理人员	扣税合计	221101	222107
采购部	采购人员	扣税合计	221101	222107
销售部	销售人员	扣税合计	221101	222107
一车间、二车间	车间管理人员	扣税合计	221101	222107
一车间	生产人员	扣税合计	221101	222107
二车间	生产人员	扣税合计	221101	222107

7

〖岗位说明〗

【W02 胡鹏】设置工资分摊。

〖操作指导〗

(1) 在薪资管理系统中,执行【薪资管理】|【业务处理】|【工资分摊】命令,打开【工资分摊】对话框。

(2) 单击【工资分摊设置…】按钮,打开【分摊类型设置】对话框。

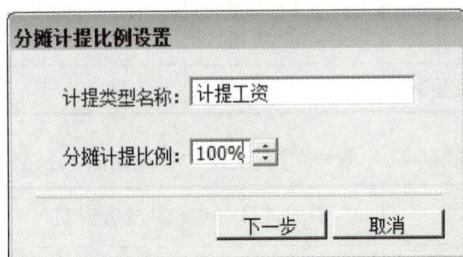

(3) 单击【增加】按钮,打开【分摊计提比例设置】对话框。

(4) 在【计提类型名称】栏录入【计提工资】,【分摊计提比例】默认【100％】,如图 7-19 所示。

(5) 单击【下一步】按钮,打开【分摊构成设置】对话框。分别选择【人员类别】、所属【部门名称】,输入或选择不同人员类别工资项目、借方科目代码、贷方科目代码以及借方项目大类及借方项目名称,如图 7-20 所示。

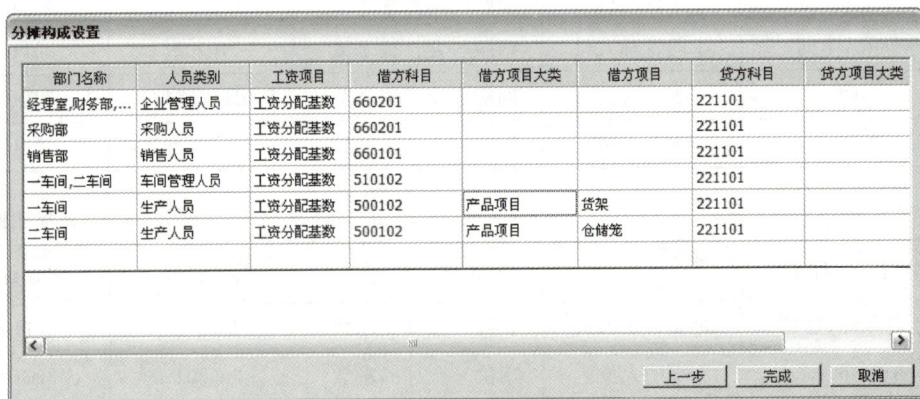

图 7-19 【分摊计提比例设置】对话框

部门名称	人员类别	工资项目	借方科目	借方项目大类	借方项目	贷方科目	贷方项目大类
经理室,财务部,...	企业管理人员	工资分配基数	660201			221101	
采购部	采购人员	工资分配基数	660201			221101	
销售部	销售人员	工资分配基数	660101			221101	
一车间,二车间	车间管理人员	工资分配基数	510102			221101	
一车间	生产人员	工资分配基数	500102	产品项目	货架	221101	
二车间	生产人员	工资分配基数	500102	产品项目	仓储笼	221101	

图 7-20 【分摊构成设置】对话框

(6) 单击【完成】按钮,返回到【分摊类型设置】对话框。

(7) 继续增加工会经费、职工教育经费、公司-设定提存计划、公司-社会保险费、公司-住房公积金以及代扣个人所得税转账分录。增加结果如图 7-21 所示。

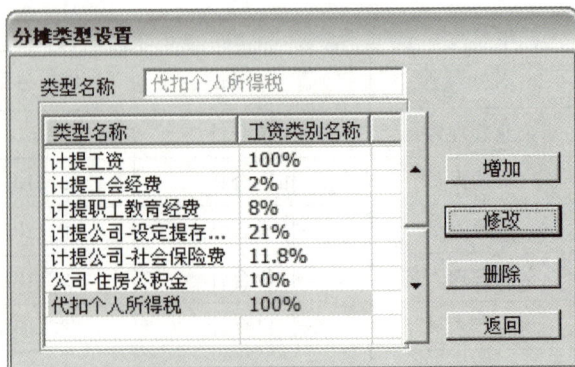

类型名称	工资类别名称
计提工资	100%
计提工会经费	2%
计提职工教育经费	8%
计提公司-设定提存...	21%
计提公司-社会保险费	11.8%
公司-住房公积金	10%
代扣个人所得税	100%

图 7-21 【分摊类型设置】对话框

（8）单击【完成】按钮，返回到【工资分摊】对话框，如图 7-22 所示。

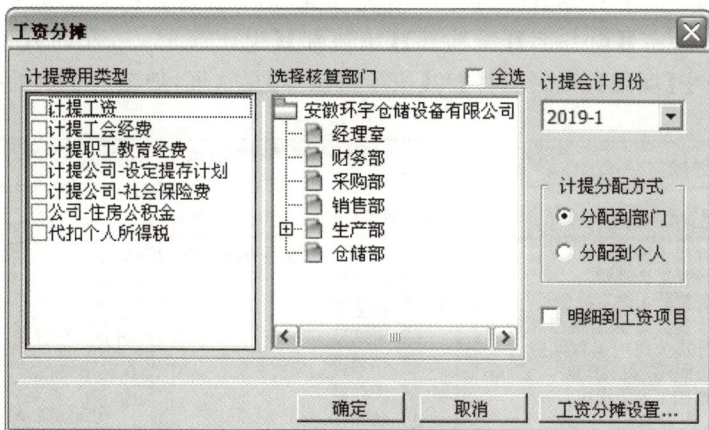

图 7-22 【工资分摊】对话框

（8）单击【取消】按钮，退出【工资分摊】对话框。

（9）将账套输出至【D:\418 账套备份 7-2】文件夹。

> **温馨提示**
> ◉ 所有与工资相关的费用及基金均需建立相应的分摊类型名称及分类比例。
> ◉ 不同部门、相同人员类别可以设置不同的分摊科目。
> ◉ 不同部门、相同人员类别在设置时，可以一次选择多个部门。

〔赛题链接〕

【任务 1.10】 在工资分摊中添加"公司-养老保险"分摊设置。

实训三 工资分摊账务处理

业务一 计提工资费用

〔业务描述〕

2019 年 1 月 20 日，完成工资变动，根据工资分摊设置完成计提工资、公司-设定提存计划、公司-社会保险费、公司-住房公积金的转账分录。（勾选合并科目相同、辅助项相同的分录）

〔岗位说明〕

【W02 胡鹏】根据工资分摊设置生成工资转账凭证。

〔操作指导〕

（1）在薪资管理系统中，执行【薪资管理】|【业务处理】|【工资变动】命令，打开【工资变动】对话框，单击【计算】按钮，完成计算，单击【汇总】按钮，关闭【工资变动】对话框。

7

计提工资
转账凭证
生成

　　（2）执行【薪资管理】|【业务处理】|【工资分摊】命令，打开【工资分摊】对话框。选中【计提工资】【公司-设定提存计划】【公司-社会保险费】【公司-住房公积金】复选框。

　　（3）选中【经理室】【财务部】【采购部】【销售部】【生产部——一车间】【生产部——二车间】【仓储部】，选中【明细到工资项目】和【按项目核算】复选框，如图 7-23 所示。

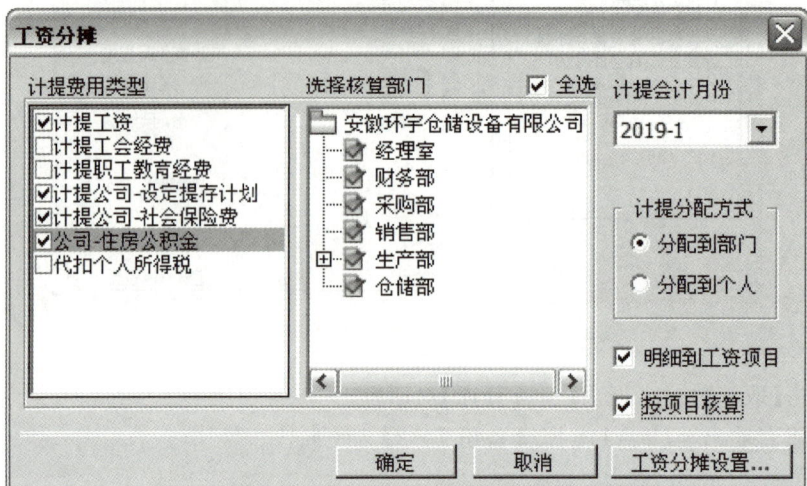

图 7-23　【工资分摊】对话框

　　（4）单击【确定】按钮。打开【工资分摊明细】对话框。在【类型】栏中选中【计提工资】，选中【合并科目相同、辅助项相同的分录】复选框。

　　（5）单击【制单】按钮。生成工资费用分摊凭证，修改凭证字为【记账凭证】。

　　（6）单击【保存】按钮，凭证保存成功，如图 7-24 所示。

记 账 凭 证

已生成

记　字 0046　-　0001/0002　　制单日期：2019.01.20　　审核日期：　　附单据数：0

摘　要	科目名称	借方金额	贷方金额
计提工资	制造费用/工资	1020909	
计提工资	销售费用/工资	1130000	
计提工资	应付职工薪酬/工资		8016364
计提工资	管理费用/工资	740000	
计提工资	管理费用/工资	1605455	
票号日期	数量 单价	合　计 8016364	8016364
备注	项　目 部　门 个　人 客　户 业务员		

记账　　　　　审核　　　　　出纳　　　　　制单　胡鹏

图 7-24　【记 46 号凭证】页面

（7）退出凭证，在【类型】栏中选中【公司-设定提存计划】，选中【合同科目相同、辅助项相同的分录】复选框，单击【制单】按钮。生成工资费用分摊凭证，修改凭证字为【记账凭证】。

（8）单击【保存】按钮，凭证保存成功，如图7-25所示。

记账凭证

已生成

记　字 0047 - 0001/0002　　制单日期：2019.01.20　　审核日期：　　附单据数：0

摘　要	科目名称	借方金额	贷方金额
计提公司-设定提存计划	制造费用/工资	117600	
计提公司-设定提存计划	销售费用/社会保险费	119700	
计提公司-设定提存计划	应付职工薪酬/设定提存计划		913500
计提公司-设定提存计划	管理费用/社会保险费	88200	
计提公司-设定提存计划	管理费用/社会保险费	184800	
票号 日期 数量 单价	合　计	913500	913500

备注　项　目　　　　　部　门
　　　个　人　　　　　客　户
　　　业务员

记账　　　　　审核　　　　　出纳　　　　　制单 胡鹏

图7-25　【记47号凭证】页面

（9）以此方法，生成【公司-社会保险费】【公司-住房公积金】会计凭证，如图7-26、图7-27所示。

记账凭证

已生成

记　字 0048 - 0001/0002　　制单日期：2019.01.20　　审核日期：　　附单据数：0

摘　要	科目名称	借方金额	贷方金额
计提公司-社会保险费	制造费用/工资	66080	
计提公司-社会保险费	销售费用/社会保险费	67260	
计提公司-社会保险费	应付职工薪酬/社会保险费		513300
计提公司-社会保险费	管理费用/社会保险费	49560	
计提公司-社会保险费	管理费用/社会保险费	103840	
票号 日期 数量 单价	合　计	513300	513300

备注　项　目　　　　　部　门
　　　个　人　　　　　客　户
　　　业务员

记账　　　　　审核　　　　　出纳　　　　　制单 胡鹏

图7-26　【记48号凭证】页面

7

记 账 凭 证

已生成

记 字 0049 — 0001/0002   制单日期：2019.01.20   审核日期：   附单据数：0

摘 要	科目名称	借方金额	贷方金额
公司-住房公积金	制造费用/工资	56000	
公司-住房公积金	销售费用/工资	57000	
公司-住房公积金	应付职工薪酬/住房公积金		435000
公司-住房公积金	管理费用/工资	42000	
公司-住房公积金	管理费用/工资	88000	

| 票号
日期 | 数量
单价 | 合 计 | 435000 | 435000 |

备注　项　目　　　　　　　　部　门
　　　个　人　　　　　　　　客　户
　　　业务员

记账　　　　　审核　　　　　出纳　　　制单　胡鹏

图 7 - 27 【记 49 号凭证】页面

〖赛题链接〗

【任务 2.29】　30 日，调整个人所得税扣税基数，完成工资变动处理及工资费用的分配处理（勾选合并科目相同、辅助项相同的分录），并委托银行代发工资。

【任务 2.30】　30 日，按规定计提本月应交的"五险一金"（勾选合并科目相同、辅助项相同的分录，"五险一金"计提表略）。

【任务 2.32】　30 日，按规定计提本月应交的"五险一金"。

业务二　计提职工经费

〖业务描述〗

2019 年 1 月 20 日，根据工资分摊设置，计提职工教育经费及工会经费。（勾选合并科目相同、辅助项相同的分录）

7

〖岗位说明〗

【W02 胡鹏】根据工资分摊设置生成工资转账凭证。

〖操作指导〗

计提工会经费、职工教育经费转账凭证生成

（1）在薪资管理系统中，执行【薪资管理】|【业务处理】|【工资分摊】命令，打开【工资分摊】对话框。选中【计提工会经费】【计提职工教育经费】复选框。

（2）选中所有部门；选中【明细到工资项目】和【按项目核算】复选框。

（3）单击【确定】按钮。打开【工资分摊明细】对话框。在【类型】栏中选中【计提工会经费】，选中【合并科目相同、辅助项相同的分录】复选框；在【类型】栏中选中【计提职工教育经费】，选中【合并科目相同、辅助项相同的分录】复选框。

（4）单击【批制】按钮。生成工资费用分摊凭证，修改凭证字为【记账凭证】。

（5）单击【保存】按钮，凭证保存成功，如图 7 - 28 示。

记 账 凭 证

已生成

| 记　字 0050 － 0001/0002 | 制单日期：2019.01.20 | 审核日期： | 附单据数：0 |

摘　要	科目名称	借方金额	贷方金额
计提工会经费	制造费用/工资	20600	
计提工会经费	销售费用/工资	22600	
计提工会经费	应付职工薪酬/工会经费		161200
计提工会经费	管理费用/工资	14800	
计提工会经费	管理费用/工资	32200	
票号日期	数量单价	合　计	161200	161200

备注	项　目	部　门
	个　人	客　户
	业务员	

记账　　　　　审核　　　　　出纳　　　　　制单　胡鹏

图 7 - 28 　【记 50 号凭证】页面

（6）单击菜单栏【下翻】按钮，修改凭证字为【记账凭证】，单击【保存】按钮，【计提职工教育经费】会计凭证保存成功，如图 7 - 29 所示。

记 账 凭 证

已生成

| 记　字 0051 － 0001/0002 | 制单日期：2019.01.20 | 审核日期： | 附单据数：0 |

摘　要	科目名称	借方金额	贷方金额
计提职工教育经费	制造费用/工资	82400	
计提职工教育经费	销售费用/工资	90400	
计提职工教育经费	应付职工薪酬/职工教育经费		644800
计提职工教育经费	管理费用/工资	59200	
计提职工教育经费	管理费用/工资	128800	
票号日期	数量单价	合　计	644800	644800

备注	项　目	部　门
	个　人	客　户
	业务员	

记账　　　　　审核　　　　　出纳　　　　　制单　胡鹏

图 7 - 29 　【记 51 号凭证】页面

〖赛题链接〗

【任务 2.31】　30 日，计提本月工会经费及职工教育经费（勾选合并科目相同、辅助项相同的分录，工会经费及职工教育经费计提表略）。

7

【任务 2.33】 30 日,计提工会经费及职工教育经费。

业务三 计提个人所得税

〖业务描述〗

2019 年 1 月 25 日,据工资分摊设置,完成计提个人所得税的账务处理。

〖岗位说明〗

【W02 胡鹏】根据工资分摊设置生成计提个人所得税的转账凭证。

〖操作指导〗

(1) 在薪资管理系统中,执行【薪资管理】|【业务处理】|【工资分摊】命令,打开【工资分摊】对话框,选中【代扣个人所得税】复选框。

(2) 选中所有部门,选中【明细到工资项目】复选框。

(3) 单击【确定】按钮。打开【工资分摊明细】对话框。在【类型】栏中选择【代扣个人所得税】,选中【合并科目相同、辅助项相同的分录】复选框。

(4) 单击【制单】按钮。生成会计凭证,修改凭证字为【记账凭证】。

(5) 单击【保存】按钮,凭证保存成功,如图 7 - 30 所示。

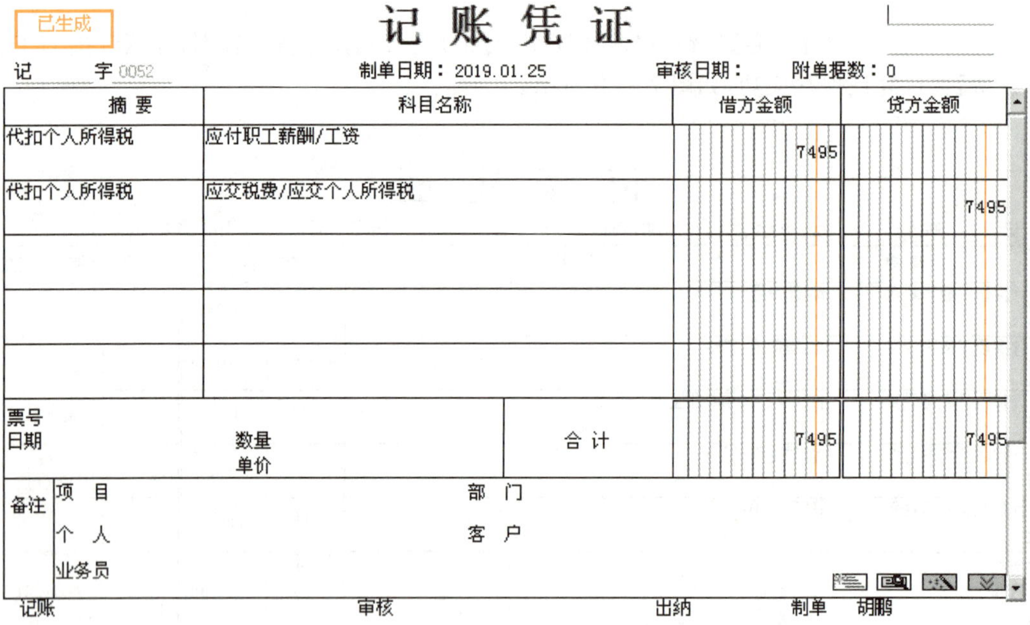

记 账 凭 证

已生成

记 字 0052　　　　　　制单日期:2019.01.25　　　审核日期:　　附单据数:0

摘 要	科目名称	借方金额	贷方金额
代扣个人所得税	应付职工薪酬/工资	7495	
代扣个人所得税	应交税费/应交个人所得税		7495

票号
日期　　　　数量
　　　　　　单价　　　　　　合 计　　　　7495　　　7495

备注　项 目　　　　　　部 门
　　　个 人　　　　　　客 户
　　　业务员

记账　　　　　审核　　　　　　出纳　　　制单 胡鹏

图 7 - 30 【记 52 号凭证】页面

业务四 发 放 工 资

〖业务描述〗

2019 年 1 月 30 日,根据工资分摊设置,发放本月职工工资。取得与该业务有关的原始凭证如图 7 - 31 所示。

〖岗位说明〗

【W02 胡鹏】根据工资分摊设置完成发放职工工资的会计凭证。

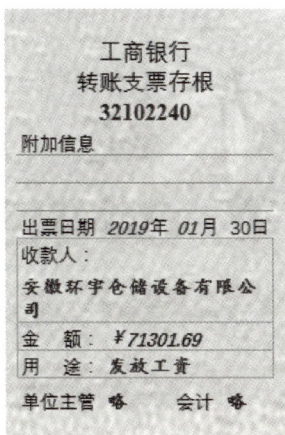

图 7-31　【业务四——转账支票存根】

〖操作指导〗

（1）在总账管理系统中，执行【总账】|【凭证】|【填制凭证】命令，打开【凭证】窗口。

（2）单击【增加】按钮。

（3）录入发放工资的会计凭证。单击【保存】按钮，如图 7-32 所示。

图 7-32　【记 53 号凭证】页面

〖赛题链接〗

【任务 2.10】　11 日，发放上月工资（总账处理）。

业务五　上缴社保

〖业务描述〗

2019 年 1 月 31 日，上缴本月企业和个人负担的社会保险费和住房公积金。取得与该业务相关的原始单据如图 7-33、图 7-34、图 7-35、图 7-36 所示。

社会保险费专用收款票据

发票联

NO.14560431

流水号：312206667423

付款单位：安徽环宇仓储设备有限公司　　　经济类型：略　　　单位：元

收费项目	起始年月	终止年月	人数	单位缴纳额	个人缴纳额	滞纳金	利息	合计金额
养老保险	2019.01.01	2019.01.31	15	8700.00	3480.00			12180.00
医疗保险	2019.01.01	2019.01.31	15	4350.00	870.00			5220.00
失业保险	2019.01.01	2019.01.31	15	435.00	87.00			522.00
工伤保险	2019.01.01	2019.01.31	15	435.00				435.00
生育保险	2019.01.01	2019.01.31	15	348.00				348.00
合　计				14268.00	4437.00			18705.00
人民币合计（大写）壹万捌仟柒佰零五元整								￥18705.00

收款单位（章）　　财务复核人 略　　业务复核人 略　　操作员：略　　开据时间：2019.01.31

第二联：发票联

图 7-33　【业务五——社保收款收据】

工商银行
转账支票存根
32102241

附加信息

出票日期 *2019* 年 *01* 月 *31* 日

收款人：

芜湖市社会保障中心

金　额：￥18705.00

用　途：上缴社保

单位主管 略　　会计 略

图 7-34　【业务五——转账支票存根】

住房公积金收款收据

No.32590124

2019 年 01 月 31 日

缴款单位	安徽环宇仓储设备有限公司	公积金账号	3202214845	单位性质	民营企业
单位人数	15人	汇　缴	2019.01.01～2019.01.31	交款方式	转账支票

			千	百	十	万	千	百	十	元	角	分
人民币（大写）捌仟柒佰元整					￥	8	7	0	0	0	0

住房公积金管理中心盖章　　备注

第三联缴款单位记账联

图 7-35　【业务五——住房公积金收款收据】

工商银行
转账支票存根
32102242

附加信息 _____

出票日期 *2019* 年 *01* 月 *31* 日
收款人：
芜湖市住房公积金管理中心

金　额：￥*8700.00*
用　途：上缴住房公积金

单位主管　略　　会计　略

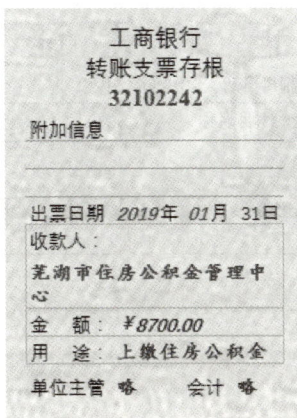

图 7 - 36　【业务五——转账支票存根】

〖岗位说明〗

【W02 胡鹏】在总账管理系统中，填制上缴社会保险费和住房公积金的会计凭证。

〖操作指导〗

（1）在企业应用平台中，执行【财务会计】|【总账】|【凭证】|【填制凭证】命令，打开【凭证】对话框。

（2）单击【增加】按钮。

（3）修改凭证字为【记账凭证】，修改【制单日期】为【2019.01.31】，录入上缴社会保险的会计凭证。

（4）单击【保存】按钮，凭证保存成功，如图 7 - 37 所示。

记 账 凭 证

记　字 0054　　　　制单日期：2019.01.31　　　　审核日期：　　附单据数：

摘　要	科目名称	借方金额	贷方金额
上缴社会保险	应付职工薪酬/工资	443700	
上缴社会保险	应付职工薪酬/社会保险费	513300	
上缴社会保险	应付职工薪酬/设定提存计划	913500	
上缴社会保险	银行存款		1870500

票号　　-
日期　　　　　数量
　　　　　　　单价　　　　合　计　　1870500　　1870500

备注　项　目　　　　部　门
　　　个　人　　　　客　户
　　　业务员

记账　　　　审核　　　　出纳　　　制单　胡鹏

图 7 - 37　【记 54 号凭证】页面

（5）依照上述方法，增加上缴住房公积金的会计凭证，如图 7 - 38 所示。

记 账 凭 证

记 字 0055	制单日期：2019.01.31	审核日期：	附单据数：	
摘 要	科目名称	借方金额	贷方金额	
上缴住房公积金	应付职工薪酬/工资	435000		
上缴住房公积金	应付职工薪酬/住房公积金	435000		
上缴住房公积金	银行存款		870000	

票号 日期	—	数量 单价	合 计	870000	870000

备注　项　目　　　部　门
　　　个　人　　　客　户
　　　业务员

记账　　　　审核　　　　　　　出纳　　制单 胡鹏

图 7-38 【记 55 号凭证】页面

（6）将账套输出至【D:\418 账套备份 7-3】文件夹。

〖赛题链接〗

【任务 2.11】 11 日，缴纳上月应缴"五险一金"（总账处理，合并制单，票号统一略）。

【任务 2.32】 30 日，缴纳本月应缴"五险一金"（使用系统自定义转账功能处理）。

实训四　薪资管理系统结账及账表查询

业务一　期 末 结 账

〖业务描述〗

2019 年 1 月 31 日，办理薪资管理系统月末结账，将【缺勤天数】【缺勤扣款】【代扣税】清零。

〖岗位说明〗

【W02 胡鹏】完成薪资管理系统结账。

〖操作指导〗

（1）在薪资管理系统中，执行【业务处理】|【月末处理】命令，打开【月末处理】对话框，如图 7-39 所示。

（2）单击【确定】按钮，系统提示【月末处理之后，本月工资将不许变动！继续月末处理吗？】，单击【是】按钮，系统继续提示【是否选择清零？】，单击【是】按钮，打开【选择清零项目】对话框。选择需要清零的项目【缺勤扣款】【缺勤天数】【代扣税】，如图 7-40 所示。

（3）单击【确定】按钮，系统提示【月末处理完毕！】，如图 7-41 所示。

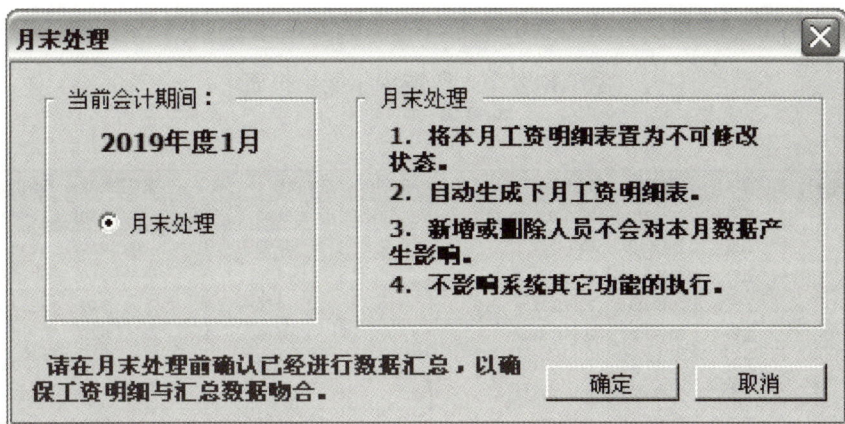

图 7 - 39 【月末处理】对话框

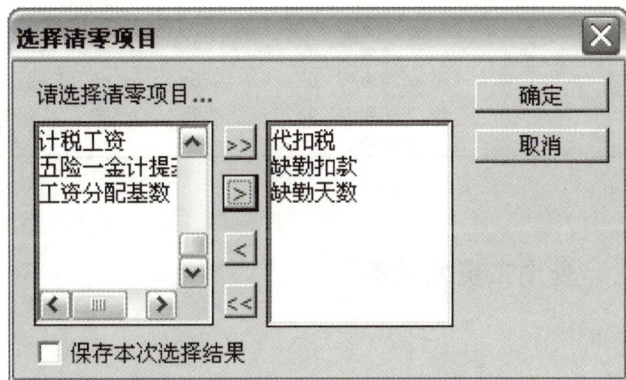

图 7 - 40 【选择清零项目】对话框

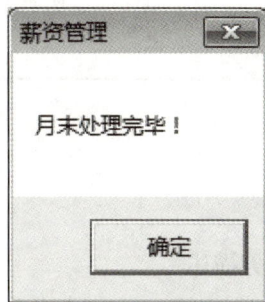

图 7 - 41 【薪资管理月末处理完毕】提示框

温馨提示

⬤ 薪资管理系统月末结账时,若为处理多个工资类别,则应打开工资类别,分别进行月末结算。本书在初始设置中选择了单个工资类别,因此对薪资管理系统办理一次月末结账即可。

业务二 查询个人所得税申报表

〔业务描述〕

2019 年 1 月 31 日,查询个人所得税年度申报表。

〔岗位说明〕

【W02 胡鹏】查询薪资管理系统账表。

〔操作指导〕

(1) 在薪资管理系统中,执行【业务处理】|【扣缴所得税】命令,打开【个人所得税申报模板】对话框。

(2) 选择【个人所得税年度申报表】,打开【所得税申报】对话框,所有条件默认。

（3）单击【确定】按钮，进入【系统扣缴个人所得税年度申报表】窗口，如图 7-42 所示。

系统扣缴个人所得税年度申报表
2019年1月 -- 2019年1月

总人数：15

姓名	证件号码	所得项目	所属期间…	所属期间…	收入额	减费用额	应纳税所…	税率	速算扣除数	应纳税额	已扣缴税款
李建明		工资	20190101	20191231			1551.60	3	0.00	46.55	46.55
张伟		工资	20190101	20191231			493.00	3	0.00	14.79	14.79
胡鹏		工资	20190101	20191231			0.00	0	0.00	0.00	0.00
刘慧		工资	20190101	20191231			0.00	0	0.00	0.00	0.00
赵文星		工资	20190101	20191231			0.00	0	0.00	0.00	0.00
王智		工资	20190101	20191231			0.00	0	0.00	0.00	0.00
王茜		工资	20190101	20191231			453.60	3	0.00	13.61	13.61
杨慧		工资	20190101	20191231			0.00	0	0.00	0.00	0.00
秦昊		工资	20190101	20191231			0.00	0	0.00	0.00	0.00
何家鸿		工资	20190101	20191231			0.00	0	0.00	0.00	0.00
许志军		工资	20190101	20191231			0.00	0	0.00	0.00	0.00
郑彦		工资	20190101	20191231			0.00	0	0.00	0.00	0.00
沈伟		工资	20190101	20191231			0.00	0	0.00	0.00	0.00
吕宏		工资	20190101	20191231			0.00	0	0.00	0.00	0.00
陈玮		工资	20190101	20191231			0.00	0	0.00	0.00	0.00
合计							2498.20		0.00	74.95	74.95

图 7-42 【系统扣缴个人所得税年度申报表】窗口

业务三 查询工资发放条

〖业务描述〗

2019 年 1 月 31 日，查询本月员工薪资发放条。

〖岗位说明〗

【W02 胡鹏】查询薪资管理系统账表。

〖操作指导〗

（1）在薪资管理系统中，执行【统计分析】|【账表】|【工资表】命令，打开【工资表】对话框。

（2）选中【工资发放条】，如图 7-43 所示。

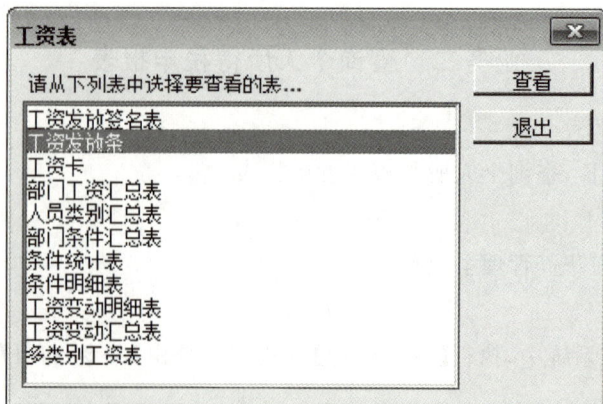

图 7-43 【工资表】对话框

（3）单击【查看】按钮，打开【工资发放条】对话框。

（4）单击选中所有部门，并单击【选定下级部门】前的复选框。

（5）单击【确定】按钮，进入【工资发放条】窗口，如图7-44所示。

人员编号	姓名	应发合计	扣款合计	实发合计	扣税合计	基本工资	奖金	交通补贴	岗位工资	物价补贴	医疗保险	养老保险	失业保险	住房公积金	缺勤天数	计税工资	五险一金合计提基数	工资分配基数
101	李建明	7,400.00	894.95	6,505.05	46.55	3,000.00	2,000.00	800.00	1,200.00	400.00	84.00	336.00	8.40	420.00		6,551.60	4,200.00	7,400.00
201	张伟	6,200.00	721.79	5,478.21	14.79	2,500.00	1,500.00	800.00	1,000.00	400.00	70.00	280.00	7.00	350.00		5,493.00	3,500.00	6,200.00
202	胡鹏	5,200.00	611.05	4,588.95		2,000.00	1,200.00	800.00	800.00	400.00	56.00	224.00	5.60	280.00	1.00	4,588.95	2,800.00	5,154.55
203	刘慧	4,700.00	505.00	4,195.00		2,000.00	1,000.00	800.00	500.00	400.00	50.00	200.00	5.00	250.00		4,195.00	2,500.00	4,700.00
301	赵文星	5,900.00	906.00	4,994.00		2,200.00	1,500.00	1,000.00	800.00	400.00	60.00	240.00	6.00	300.00	3.00	4,994.00	3,000.00	5,600.00
302	王智	5,200.00	525.20	4,674.80		2,000.00	1,200.00	1,000.00	600.00	400.00	52.00	208.00	5.20	260.00		4,674.80	2,600.00	5,200.00
401	王磊	6,100.00	660.01	5,439.99	13.61	2,400.00	1,100.00	800.00	1,000.00	400.00	64.00	256.00	6.40	320.00		5,453.60	3,200.00	6,100.00
402	杨慧	5,200.00	505.00	4,695.00		2,000.00	1,300.00	1,000.00	500.00	400.00	50.00	200.00	5.00	250.00		4,695.00	2,500.00	5,200.00
501	秦昊	5,400.00	676.71	4,723.29		2,000.00	1,500.00	600.00	700.00	600.00	58.00	232.00	5.80	290.00	2.00	4,723.29	2,900.00	5,309.09
502	何家鸿	5,000.00	545.40	4,454.60		2,000.00	1,200.00	600.00	700.00	500.00	54.00	216.00	5.40	270.00		4,454.60	2,700.00	5,000.00
503	许志军	5,000.00	545.40	4,454.60		2,000.00	1,300.00	600.00	700.00	400.00	54.00	216.00	5.40	270.00		4,454.60	2,700.00	5,000.00
504	郑彦	4,900.00	545.40	4,354.60		2,000.00	1,200.00	600.00	700.00	400.00	54.00	216.00	5.40	270.00		4,354.60	2,700.00	4,900.00
505	沈伟	4,600.00	545.40	4,054.60		2,000.00	900.00	600.00	700.00	400.00	54.00	216.00	5.40	270.00		4,054.60	2,700.00	4,600.00
506	吕宏	4,600.00	545.40	4,054.60		2,000.00	900.00	600.00	700.00	400.00	54.00	216.00	5.40	270.00		4,054.60	2,700.00	4,600.00
601	陈玮	5,200.00	565.60	4,634.40		2,000.00	1,200.00	800.00	800.00	400.00	56.00	224.00	5.60	280.00		4,634.40	2,800.00	5,200.00
合计		80,600.00	9,298.31	71,301.69	74.95	32,100.00	19,500.00	11,600.00	11,400.00	6,000.00	870.00	3,480.00	87.00	4,350.00	6.00	71,376.64	43,500.00	80,163.64

图7-44 【工资发放条】窗口

（6）单击【退出】按钮退出。

（7）将账套输出至【D:\418 账套备份\7-4】文件夹。

温馨提示

◗ 工资业务处理完成后，相关工资报表数据同时生成，系统提供了多种形式的报表反映工资核算的结果。如果对报表的格式不满意，还可以进行修改。

◗ 系统提供的工资报表主要包括【工资发放签名表】【工资发放条】【部门工资汇总表】【人员类别汇总表】【部门条件汇总表】【条件统计表】【条件明细表】及【工资变动明细表】等，其查询方法参照业务三中的操作步骤即可。

◗ 工资发放条是发放工资时交给职工的工资项目清单。系统提供了自定义工资发放打印信息和工资项目打印位置格式的功能，提供固化表头和打印区域范围的【工资套打】格式。

7

项目八　总账管理系统期末业务处理

客观公正，保持自身独立性

实训一　期 末 结 转

业务一　结转制造费用

[业务描述]

2019 年 1 月 31 日，结转本月发生的制造费用。制造费用根据产品工时分配，本月产品工时统计如表 8 - 1 所示。

表 8 - 1　产品工时统计表

产 品 名 称	耗用工时(小时)
货　架	50 000.00
仓储笼	50 000.00
合　计	100 000.00

[岗位说明]

【W02 胡鹏】结转制造费用。

[操作指导]

查询制造费用余额表

(1) 在总账管理系统中，执行【总账】|【账表】|【科目账】|【余额表】命令，打开【发生额及余额查询条件】对话框，在【科目】栏输入【5101—5101】,【级次】选择【2】，选中【包含未记账凭证】复选框，其他条件默认，如图 8 - 1 所示。

(2) 单击【确定】按钮，打开【5101 制造费用】发生额及余额表，如图 8 - 2 所示。

(3) 执行【凭证】|【填制凭证】命令，打开【填制凭证】对话框，单击【增加】按钮。

(4) 修改填制日期【2019.01.31】，录入摘要【结转制造费用】，分别录入会计科目、辅助项及相应金额。

(5) 单击【保存】按钮，凭证保存成功，如图 8 - 3 所示。

结转制造费用

温馨提示

如果每月末制造费用在不同产品之间的分配比例固定不变，则可以通过执行【总账】|【自定义转账】命令或者执行【总账】|【对应结转】命令完成。

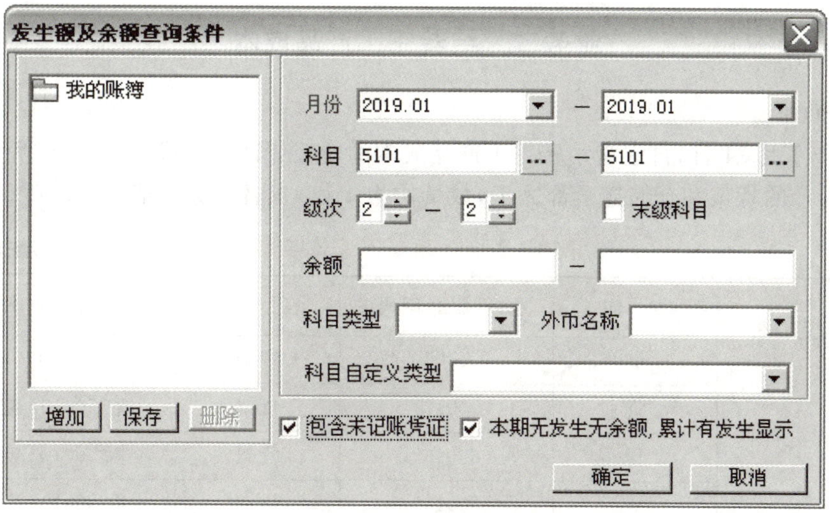

图 8-1 【发生额及余额查询条件】对话框

发生额及余额表

金额式

月份：2019.01-2019.01

科目编码	科目名称	期初余额		本期发生		期末余额	
		借方	贷方	借方	贷方	借方	贷方
510101	折旧费			2,282.57		2,282.57	
510102	工资			13,635.89		13,635.89	
成本小计				15,918.46		15,918.46	
合计				15,918.46		15,918.46	

图 8-2 【发生额及余额表】窗口

记 账 凭 证

记 字 0056 制单日期：2019.01.31 审核日期： 附单据数：

摘 要	科目名称	借方金额	贷方金额
结转制造费用	生产成本/制造费用	795923	
结转制造费用	生产成本/制造费用	795923	
结转制造费用	制造费用/折旧费		228257
结转制造费用	制造费用/工资		1363589
票号 日期 数量 单价	合 计	1591846	1591846

备注 项 目 货架 部 门 一车间
个 人 客 户
业务员

记账 审核 出纳 制单 胡鹏

图 8-3 【记 56 号凭证】页面

8

业务二　结转完工产品成本

〖业务描述〗

2019 年 1 月 31 日，自定义结转完工产品成本的转账凭证并生成凭证；完成凭证审核、记账。本月投产的货架和仓储笼全部完工，数量均为 400。具体要素如表 8-2、表 8-3 所示。

表 8-2　货架完工成本结转　　　　　　　　　　　（转账序号：0001）

摘　要	方　向	会计科目编码	项　目	金　额　公　式
结转货架完工成本	借	1405	货架	JG()
	贷	500101	货架	取 500101 期末余额
	贷	500102	货架	取 500102 期末余额
	贷	500103	货架	取 500103 期末余额

表 8-3　仓储笼完工成本结转　　　　　　　　　　（转账序号：0002）

摘　要	方　向	会计科目编码	项　目	金　额　公　式
结转仓储笼完工成本	借	1405	仓储笼	JG()
	贷	500101	仓储笼	取 500101 期末余额
	贷	500102	仓储笼	取 500102 期末余额
	贷	500103	仓储笼	取 500103 期末余额

〖岗位说明〗

【W02 胡鹏】自定义转账凭证并生产凭证，【W03 刘慧】完成出纳签字，【W01 张伟】完成凭证审核、记账。

〖操作指导〗

（1）在总账管理系统中，执行【总账】|【期末】|【转账定义】|【自定义转账】命令，打开【自定义转账】对话框。

（2）单击【增加】按钮，打开【转账目录】对话框，输入转账序号【0001】，输入转账说明【结转货架完工成本】，凭证类别默认【记账凭证】，如图 8-4 所示。

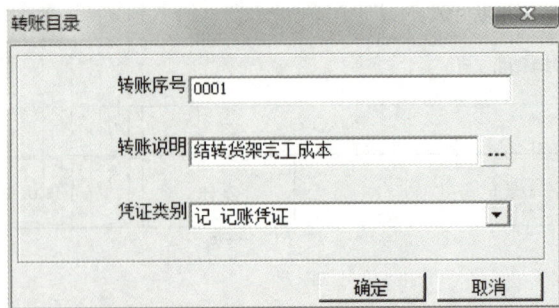

图 8-4　【转账目录】对话框

（3）单击【确定】按钮，返回【自定义转账设置】对话框。

（4）单击【增行】按钮，输入第一条分录的科目编码【1405 库存商品】，【项目】选择【1 货架】、金额公式【JG()】等栏目内容。

（5）继续单击【增行】按钮，输入第二条分录的科目编码【500101 生产成本——直接材料】，在部门栏选择【一车间】，在【项目】栏中选择【1 货架】，双击【方向】栏，选择方向为【贷】，双击金额公式栏，单击【参照】按钮，选择【期末余额】，单击【下一步】按钮，打开【公式向导】对话框。

（6）系统默认取数会计科目为【500101 生产成本——直接材料】；期间【月】，单击【项目】栏【参照】按钮，选择【货架】项目，如图 8-5 所示。

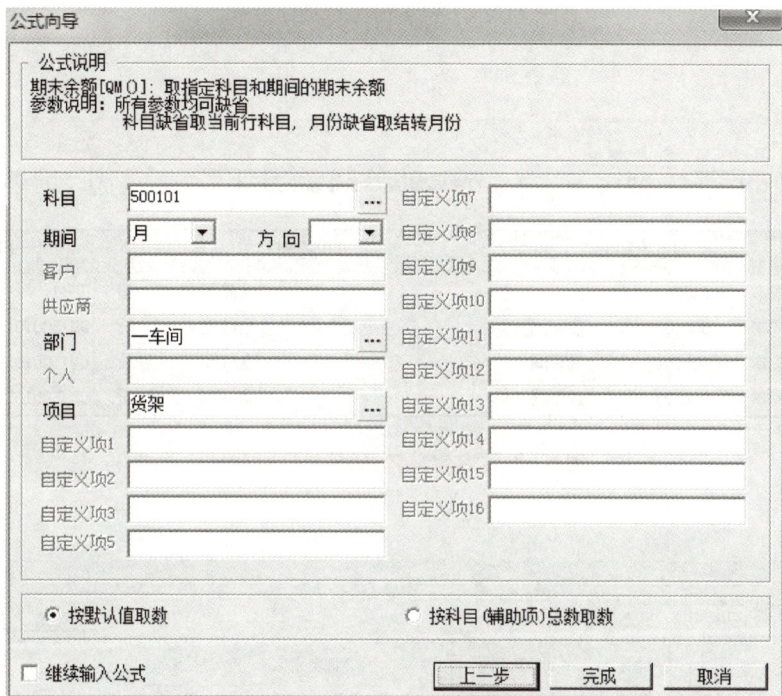

图 8-5　【公式向导】对话框

温馨提示

● 转账科目可以为非末级科目；部门可为空，表示所有部门。

（7）单击【完成】按钮，返回【自定义转账设置】对话框。

（8）重复第五步、第六步的操作步骤，完成第三条分录和第四条分录的定义，全部设置完毕，单击【保存】按钮后退出，设置结果如图 8-6 所示。

（9）重复上述步骤，完成【结转仓储笼完工成本】自定义转账分录，如图 8-7 所示。

（10）【W03 刘慧】对所有需要出纳签字的凭证完成出纳签字。

（11）【W01 张伟】审核所有凭证，并对凭证记账。

（12）【W02 胡鹏】执行【财务会计】|【总账】|【期末】|【转账生成】命令，打开【转账生成】对话框，选择【自定义转账】单选框。单击【全选】按钮，在【结转货架完工成本】和【结转仓储笼完工成本】对应的【是否结转】栏中出现【Y】标记，如图 8-8 所示。

8

生成结转
完工产品
成本会计
凭证

部门	个人	客户	供应商	项目	方向	金额公式	外币公式
				货架	借	JG()	
一车间				货架	贷	QM(500101,月,,501,1)	
一车间				货架	贷	QM(500102,月,,501,1)	
一车间				货架	贷	QM(500103,月,,501,1)	

转账序号 0001　　转账说明 结转货架完工成本　　凭证类别 记账凭证

图 8-6　【自定义转账】窗口(货架)

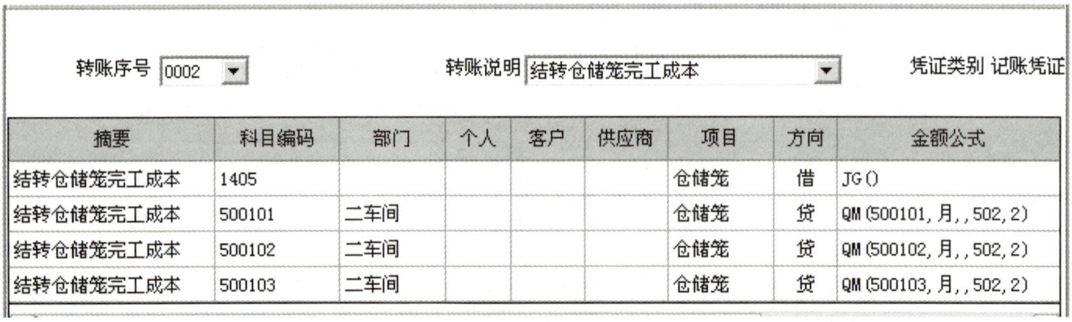

转账序号 0002　　转账说明 结转仓储笼完工成本　　凭证类别 记账凭证

摘要	科目编码	部门	个人	客户	供应商	项目	方向	金额公式
结转仓储笼完工成本	1405					仓储笼	借	JG()
结转仓储笼完工成本	500101	二车间				仓储笼	贷	QM(500101,月,,502,2)
结转仓储笼完工成本	500102	二车间				仓储笼	贷	QM(500102,月,,502,2)
结转仓储笼完工成本	500103	二车间				仓储笼	贷	QM(500103,月,,502,2)

图 8-7　【自定义转账】窗口(仓储笼)

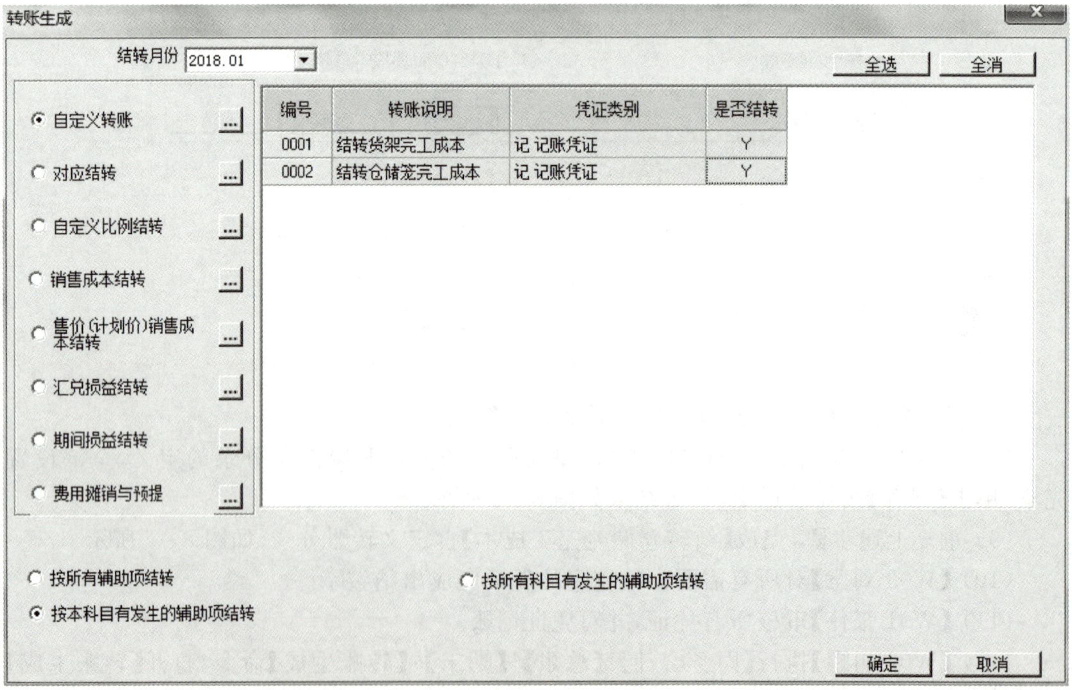

转账生成

结转月份 2018.01　　　　　　　　　　全选　　全消

- ● 自定义转账　…
- ○ 对应结转　…
- ○ 自定义比例结转　…
- ○ 销售成本结转　…
- ○ 售价(计划价)销售成本结转　…
- ○ 汇兑损益结转　…
- ○ 期间损益结转　…
- ○ 费用摊销与预提　…

编号	转账说明	凭证类别	是否结转
0001	结转货架完工成本	记 记账凭证	Y
0002	结转仓储笼完工成本	记 记账凭证	Y

○ 按所有辅助项结转　　　　　　　○ 按所有科目有发生的辅助项结转
● 按本科目有发生的辅助项结转

确定　　取消

图 8-8　【转账生成】对话框

（13）单击【确定】按钮，生成【结转货架完工成本】和【结转仓储笼完工成本】的转账凭证。并将【结转货架完工成本】会计凭证中【1405 库存商品】的辅助核算数量修改为【400.00】；将【结转仓储笼完工成本】会计凭证中【1405 库存商品】的辅助核算数量修改为【400.00】，单击【保存】按钮，凭证保存成功，如图 8-9、图 8-10 所示。

记 账 凭 证

记 字 0057	制单日期：2019.01.31		审核日期：	附单据数：0	
摘 要	科目名称			借方金额	贷方金额
结转货架完工成本	库存商品			13327043	
结转货架完工成本	生产成本/直接材料				11200000
结转货架完工成本	生产成本/直接人工				1331120
结转货架完工成本	生产成本/制造费用				795923
票号 日期	数量 400.00个 单价 333.18	合 计		13327043	13327043
备注	项 目 货架 个 人 业务员	部 门 客 户			
记账	审核		出纳	制单 胡鹏	

图 8-9 【记 57 号凭证】页面

记 账 凭 证

记 字 0058	制单日期：2019.01.31		审核日期：	附单据数：0	
摘 要	科目名称			借方金额	贷方金额
结转仓储笼完工成本	库存商品			11639043	
结转仓储笼完工成本	生产成本/直接材料				9600000
结转仓储笼完工成本	生产成本/直接人工				1243120
结转仓储笼完工成本	生产成本/制造费用				795923
票号 日期	数量 400.00个 单价 290.98	合 计		11639043	11639043
备注	项 目 仓储笼 个 人 业务员	部 门 客 户			
记账	审核		出纳	制单 胡鹏	

图 8-10 【记 58 号凭证】页面

（14）【W01 张伟】审核结转完工产品成本凭证，并对凭证记账。

8

结转完工
产品成本
会计凭证
审核、记账

业务三 结转销售成本

［业务描述］

2019 年 1 月 31 日，设置结转销售成本的转账凭证并生成结转销售成本会计凭证；完成凭证审核、记账。

［岗位说明］

【W02 胡鹏】设置结转销售成本转账凭证并生成凭证，【W01 张伟】完成结转销售成本会计凭证的审核、记账。

［操作指导］

（1）在企业应用平台中，执行【财务会计】|【总账】|【期末】|【转账定义】|【销售成本】命令，打开【销售成本结转设置】对话框。

设置结转销售成本转账凭证

（2）凭证类别默认为【记账凭证】，在【库存商品科目】栏中输入【1405 库存商品】，在【商品销售输入科目】栏中输入【6001 主营业务收入】，在【商品销售成本科目】栏中输入【6401 主营业务成本】，其他信息默认，如图 8－11 所示。

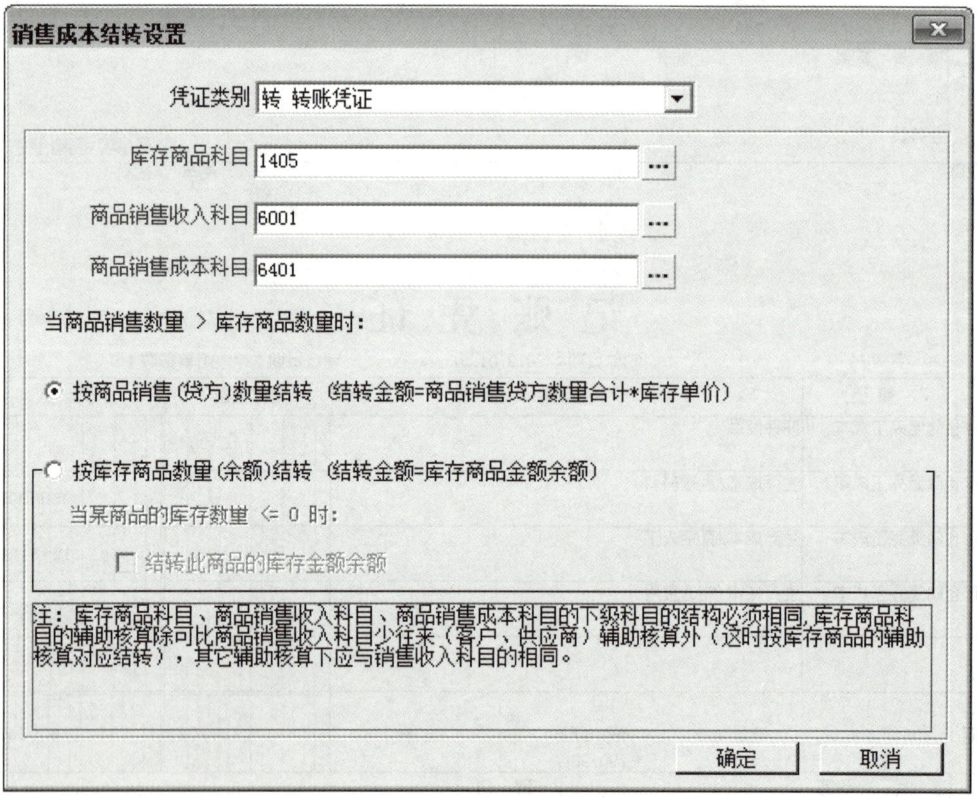

图 8－11 【销售成本结转设置】对话框

（3）单击【确定】按钮，完成【销售成本结转设置】凭证。

生成结转销售成本会计凭证

（4）【W02 胡鹏】执行【财务会计】|【总账】|【期末】|【转账生成】命令，打开【转账生成】对话框，选择【销售成本结转】单选框。单击【确定】按钮，弹出【销售成本结转一览表】对话框，如图 8－12 所示。

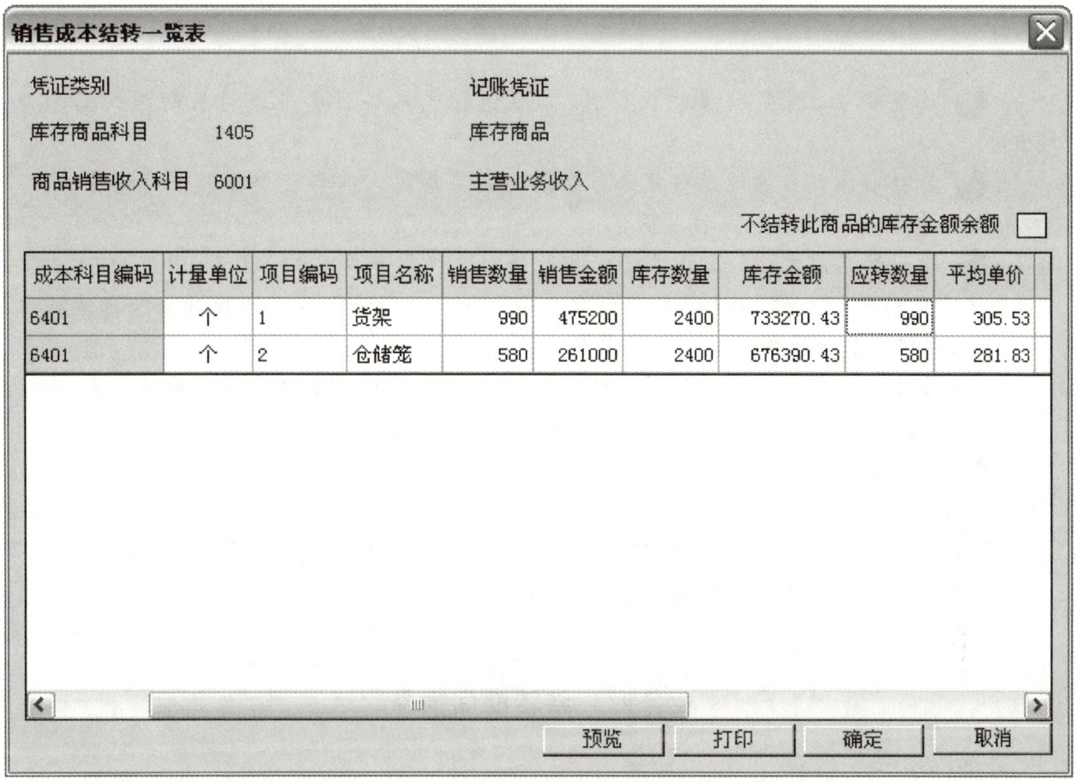

图 8 - 12　【销售成本结转一览表】对话框

（5）单击【确定】按钮,生成【结转销售成本】的会计凭证。单击【保存】按钮,凭证保存成功,如图 8 - 13 所示。

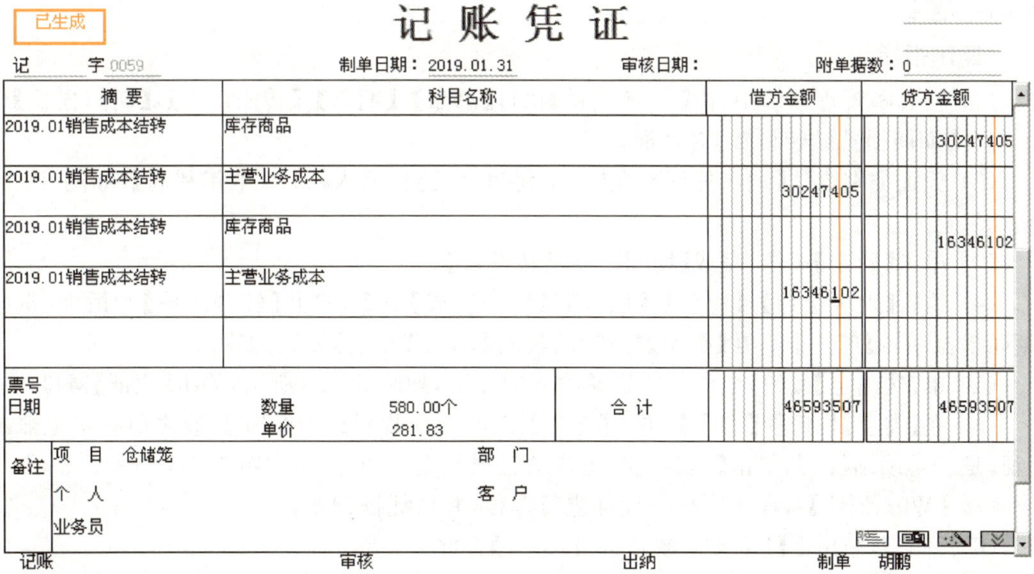

图 8 - 13　【记 59 号凭证】页面

（6）【W01 张伟】对尚未审核的凭证进行审核,并对凭证记账。

温馨提示

◉ 库存商品、商品销售收入科目、商品销售成本科目的下级科目的结构必须相同。

◉ 库存商品科目的辅助核算除可以比商品销售收入的科目少往来辅助核算外，其他辅助核算与销售收入科目相同。

◉ 由于销售成本的计算取决于销售数量和单位生产成本两个因素，因此，在生成销售成本结转凭证之前，必须将所有销售业务的凭证以及产品完工入库凭证全部审核记账后，才能生成正确的销售成本结转凭证。

◉ 生成转账凭证后退出时返回转账生成界面，若不进行其他类型的转账生成，应单击【取消】按钮退出，如果单击【确定】按钮，系统会重复生成凭证。

◉ 转账凭证每月只生成一次，不要重复生成。如果已生成的转账凭证有误，必须删除后重新生成。

◉ 通过转账生成功能生成的转账凭证必须保存，否则将视同放弃。

◉ 自动转账生成的凭证仍需审核、记账。

业务四　结转期间损益

【业务描述】

2019 年 1 月 31 日，设置结转期间损益的转账凭证并生成会计凭证；完成凭证审核、记账。（收入和支付分别结转）

【岗位说明】

【W02 胡鹏】设置结转并生成期间损益会计凭证，【W01 张伟】完成结转期间损益会计凭证审核、记账。

【操作指导】

（1）在总账管理系统中，由【W02 胡鹏】执行【总账】|【期末】|【转账定义】|【期间损益】命令，打开【期间损益结转设置】对话框。

（2）凭证类别默认【记账凭证】，在【本年利润科目】栏输入【4103 本年利润】，如图 8-14 所示。

（3）单击【确定】按钮，完成【期间损益结转设置】。

（4）执行【财务会计】|【总账】|【期末】|【转账生成】命令，打开【转账生成】对话框，选择【期间损益结转】单选框。在【类型】栏选择【收入】，单击【全选】按钮，如图 8-15 所示。

（5）单击【确定】按钮，生成结转损益收入的凭证，如图 8-16 所示，关闭【凭证】窗口。

（6）在【类型】栏选择【支出】，单击【全选】按钮，系统提示【2019.01 月或之前有未记账的凭证，是否继续结转？】，单击【是】按钮，生成结转损益支出的凭证，如图 8-17 所示。

（7）【W01 张伟】对尚未审核的凭证进行审核，并对凭证记账。

（8）将账套输出至【D:\418 账套备份\8-1】文件夹。

【赛题链接】

【任务 2.38】　30 日，进行期末损益类账户结转。

【任务 2.42】　30 日，进行期末损益类账户结转。（使用系统自定义转账功能处理）

（左栏二维码说明）

设置结转期间损益转账凭证

生成结转期间损益会计凭证

8

结转期间损益会计凭证审核、记账

图 8-14　【期间损益结转设置】对话框

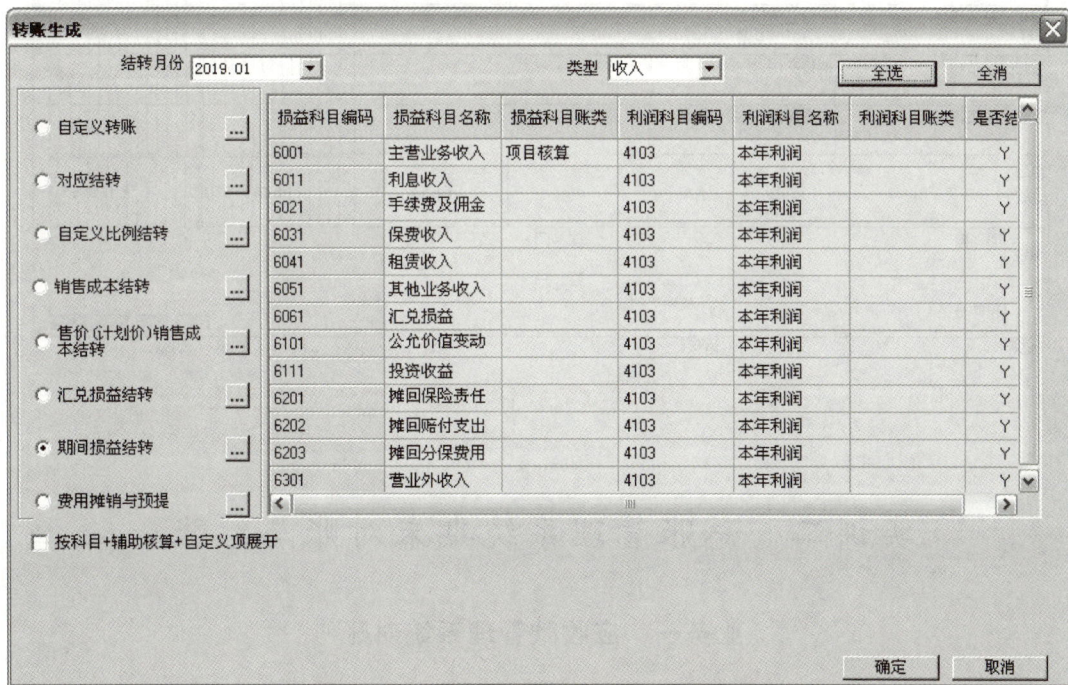

图 8-15　【转账生成——期间损益结转】对话框

已生成

记 账 凭 证

记　字 0062　　制单日期：2019.01.31　　审核日期：　　附单据数：0

摘要	科目名称	借方金额	贷方金额
期间损益结转	本年利润		73615000
期间损益结转	主营业务收入	47520000	
期间损益结转	主营业务收入	26100000	
期间损益结转	资产处置损益	5000	
票号 日期	数量 单价 合计	73615000	73615000

备注　项　目　　部　门
　　　个　人　　客　户
　　　业务员

记账　审核　出纳　制单　胡鹏

图 8-16　【记 60 号凭证】页面

已生成

记 账 凭 证

记　字 0061 - 0001/0005　　制单日期：2019.01.31　　审核日期：　　附单据数：0

摘要	科目名称	借方金额	贷方金额
期间损益结转	本年利润	54699950	
期间损益结转	主营业务成本		30247405
期间损益结转	主营业务成本		16346102
期间损益结转	销售费用/工资		1300000
期间损益结转	销售费用/社会保险费		186960
票号 日期	数量 单价 合计	54699950	54699950

备注　项　目　　部　门
　　　个　人　　客　户
　　　业务员

记账　审核　出纳　制单　胡鹏

图 8-17　【记 61 号凭证】页面

8

实训二　总账管理系统期末对账与结账

子系统与总账、总账期末对账

业务一　应收款管理系统对账

〖业务描述〗

2019 年 1 月 31 日，完成应收款管理系统与总账对账。

〖岗位说明〗

【W01 张伟】完成应收款管理系统对账。

〖操作指导〗

（1）在应收款管理系统中，执行【应收款管理】|【账表管理】|【业务账表】|【与总账对账】命令，打开【对账条件】对话框，所有条件默认，如图 8－18 所示。

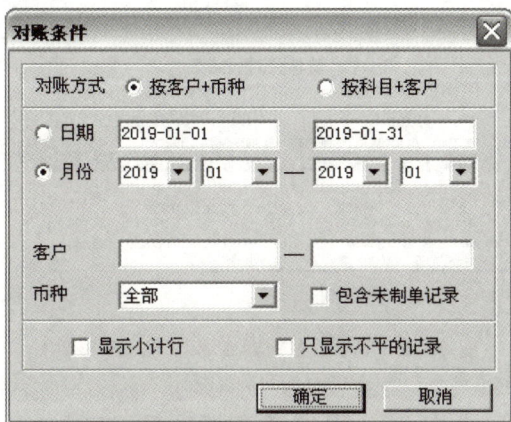

图 8－18　【对账条件】对话框

（2）单击【确定】按钮，显示【与总账对账结果】页面，如图 8－19 所示，显示与总账对账结果平衡。

与总账对账结果

金额式　对账不平　日期：2019-01-01至2019-01-31

客户		币种	应收系统				总账系统				差额(应收-总账)			
编号	名称		期初本币	借方本币	贷方本币	期末本币	期初本币	借方本币	贷方本币	期末本币	期初本币	借方本币	贷方本币	期末本币
001	沃尔玛超市有限公司	人民币		51,722.00	1,872.00	49,850.00		51,722.00	1,872.00	49,850.00				
002	华润苏果超市有限公司	人民币	54,240.00	280.24	54,520.24		54,240.00	280.24	54,520.24					
003	欧尚超市有限公司	人民币	-10,000.00	536,976.00		526,976.00	-10,000.00	536,976.00		526,976.00				
004	世纪联华超市有限公司	人民币	54,240.00		10,000.00	44,240.00	54,240.00		10,000.00	44,240.00				
005	格力电器（芜湖）有限公	人民币		40,680.00	40,680.00			40,680.00	40,680.00					
006	美的厨卫电器有限公司	人民币	81,360.00	406,800.00	406,800.00	81,360.00	81,360.00	406,800.00	406,800.00	81,360.00				
	合计		179,840.00	1,036,458.24	513,872.24	702,426.00	179,840.00	1,036,458.24	513,872.24	702,426.00				

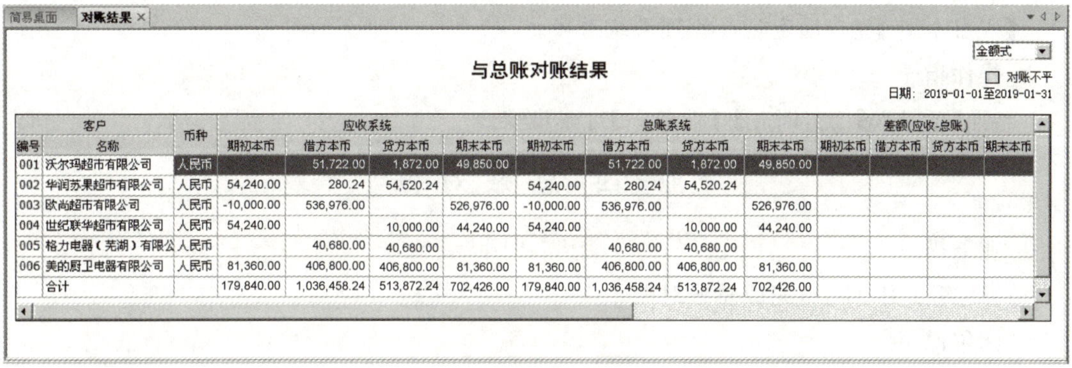

图 8－19　【与总账对账结果】页面（应收款）

〖赛题链接〗

【任务 2.41】　30 日，对各系统进行对账、结账处理。

【任务 2.45】　30 日，对月末各系统进行对账、结账处理。

业务二　应付款管理系统对账

8

〖业务描述〗

2019 年 1 月 31 日，完成应付款管理系统与总账对账。

〖岗位说明〗

【W01 张伟】完成应付款管理系统对账。

〖操作指导〗

(1) 在应付款管理系统中,执行【应付款管理】|【账表管理】|【业务账表】|【与总账对账】命令,打开【对话条件】对话框,所有条件默认。

(2) 单击【确定】按钮,显示【与总账对账结果】页面,如图 8-20 所示,显示与总账对账结果平衡。

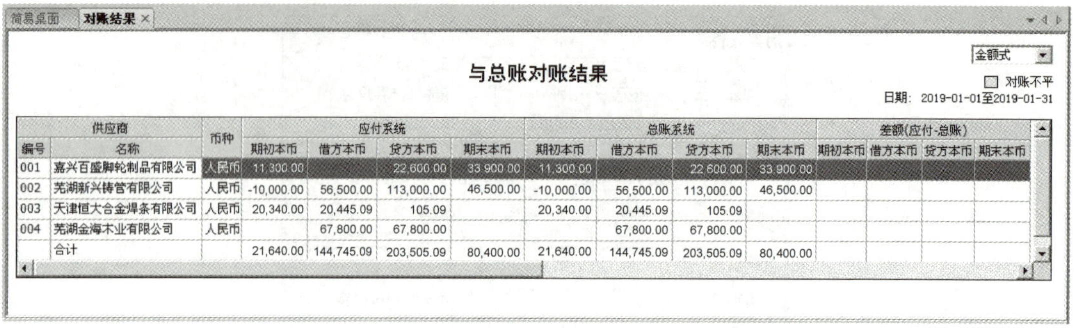
简易桌面 对账结果

与总账对账结果

金额式
对账不平
日期: 2019-01-01至2019-01-31

供应商		币种	应付系统				总账系统				差额(应付-总账)			
编号	名称		期初本币	借方本币	贷方本币	期末本币	期初本币	借方本币	贷方本币	期末本币	期初本币	借方本币	贷方本币	期末本币
001	嘉兴百盛脚轮制品有限公司	人民币	11,300.00		22,600.00	33,900.00	11,300.00		22,600.00	33,900.00				
002	芜湖新兴铸管有限公司	人民币	-10,000.00	56,500.00	113,000.00	46,500.00	-10,000.00	56,500.00	113,000.00	46,500.00				
003	天津恒大合金焊条有限公司	人民币	20,340.00	20,445.09	105.09		20,340.00	20,445.09	105.09					
004	芜湖金海木业有限公司	人民币		67,800.00	67,800.00			67,800.00	67,800.00					
	合计		21,640.00	144,745.09	203,505.09	80,400.00	21,640.00	144,745.09	203,505.09	80,400.00				

图 8-20 【与总账对账结果】页面(应付款)

业务三 固定资产管理系统对账

〖业务描述〗

2019 年 1 月 31 日,完成固定资产管理系统与总账对账。

〖岗位说明〗

【W01 张伟】完成固定资产管理系统对账。

〖操作指导〗

参照【项目六】|【实训五】|【业务一】对账步骤。

业务四 总账对账

〖业务描述〗

2019 年 1 月 31 日,完成总账对账。

〖岗位说明〗

【W01 张伟】完成总账对账。

〖操作指导〗

(1) 在总账管理系统中,执行【总账】|【期末】|【对账】命令,打开【对账】对话框。

(2) 单击【试算】按钮,系统显示【试算结果平衡】,如图 8-21 所示。

(3) 单击【确定】按钮,退出【2019.01 试算平衡表】对话框。

(4) 单击【检查】按钮,系统提示【总账、辅助账、多辅助账、凭证数据正确!】,如图 8-22 所示。

(5) 单击【确定】按钮,选中【检查科目档案辅助项与账务数据的一致性】【总账与明细账】【总账与辅助账】及【辅助账与明细账】复选框。

(6) 单击【选择】按钮,激活【对账】菜单。

(7) 单击【对账】按钮,系统完成对账,对账结果如图 8-23 所示。

图 8 – 21 【2019.01 试算平衡表】对话框

图 8 – 22 【总账——对账结果】提示框

图 8 – 23 【总账——对账】窗口

业 务 五 总 账 结 账

【业务描述】

2019 年 1 月 31 日,完成总账结账。

8

〖岗位说明〗

【W01 张伟】完成总账结账。

〖操作指导〗

（1）在总账管理系统中，执行【总账】|【期末】|【结账】命令，打开【结账】对话框。系统默认【2019.01】，如图 8 - 24 所示。

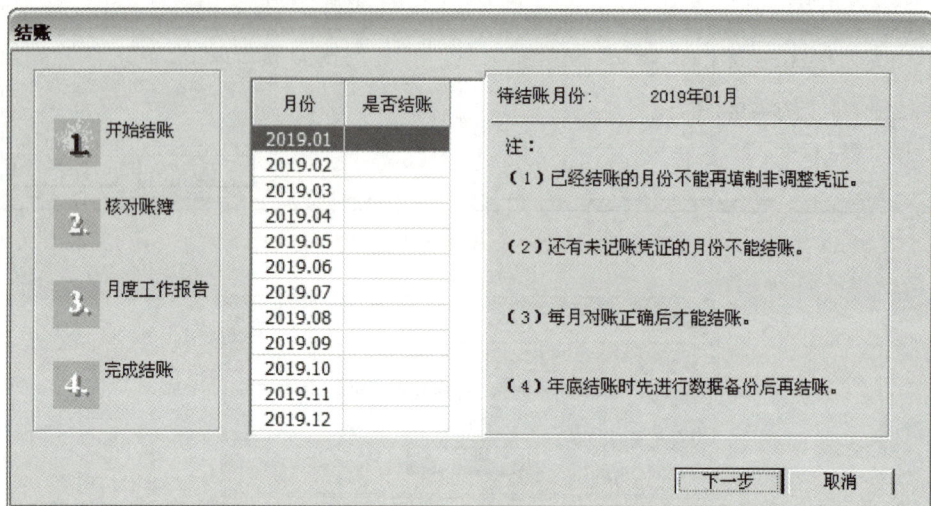

图 8 - 24　【结账——开始结账】对话框

（2）单击【下一步】，打开【结账——核对账簿】对话框，单击【对账】按钮。系统【核对2019 年 01 月账簿】，如图 8 - 25 所示。

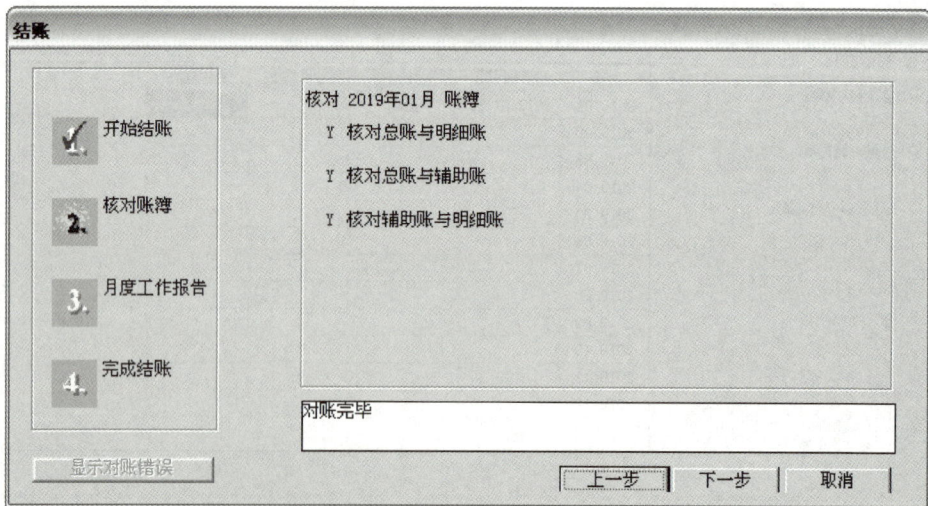

图 8 - 25　【结账——核对账簿】对话框

（3）单击【下一步】，打开【结账——月度工作报告】对话框，显示【2019 年 01 月工作报告】，如图 8 - 26 所示。

（4）单击【下一步】，打开【结账——月度工作报告】对话框，系统提示【2019 年 01 月工作检查完成，可以结账】。

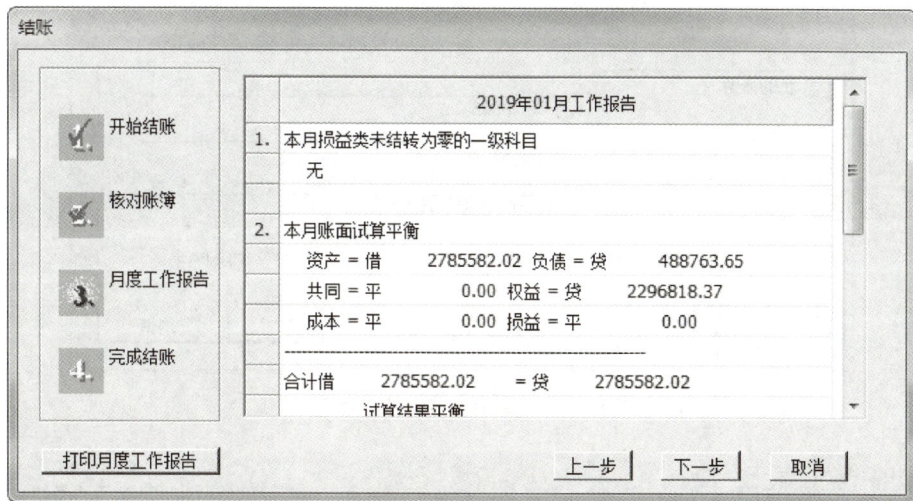

图 8-26　【结账——月度工作报告】对话框

（5）单击【结账】按钮，总账结账完成。

（6）将账套输出至【D:\418 账套备份\8-2】文件夹。

温馨提示

- 结账必须按月连续进行，上月未结账，则本月不能结账。
- 每月对账正确后才可以进行结账。
- 若与其他子系统联合使用，其他子系统未全部结账，本系统不能结账。
- 若结账后发现结账错误，可以取消结账。其操作方法为：进入【结账】对话框，选择要取消结账的月份，按【Ctrl＋Shift＋F6】组合键即可。
- 取消结账前，要进行数据备份。

实训三　总账管理系统账表查询

业务一　查询总账

〖业务描述〗

2019 年 1 月 31 日，查询 2019 年 1 月管理费用的总账。

〖岗位说明〗

【W01 张伟】查询总账。

〖操作指导〗

（1）在总账管理系统中，执行【总账】|【账表】|【科目账】|【总账】命令，打开【总账查询条件】对话框，在【科目】栏录入【6602】—【6602】，其他条件默认，如图 8-27 所示。

（2）单击【确定】按钮，打开【管理费用总账】窗口，如图 8-28 所示。

8

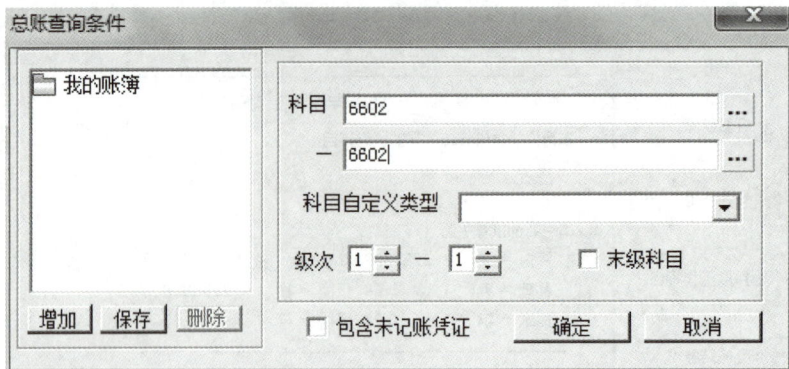

图 8-27 【总账查询条件】对话框

图 8-28 【管理费用总账】窗口

温馨提示

　　● 如果查询的科目涉及的会计凭证尚未记账,在查询条件中可以选中【包含未记账凭证】;如果需要查询某个明细科目的总账,可以在科目中录入该明细科目的编码,在【级次】栏中选择明细科目的级次即可。

　　● 在总账管理系统【账表】|【科目账】中,还可以根据需要查询【余额表】【明细账】【序时账】等多种账表,其查询方法与【总账】查询方法类似。

业务二　查询项目明细账

〖业务描述〗

2019 年 1 月 31 日,查询 2019 年 1 月货架的项目明细账。

〖岗位说明〗

【W01 张伟】查询项目明细账。

〖操作指导〗

　　(1) 在总账管理系统中,执行【总账】|【账表】|【项目辅助账】|【项目明细账】命令,打开【项目明细账条件】对话框,在【项目大类】栏选择【产品项目】,在【项目】栏选择【货架】,其他条件默认,如图 8-29 所示。

　　(2) 单击【确定】按钮,打开【货架】的【项目明细账】,如图 8-30 所示。

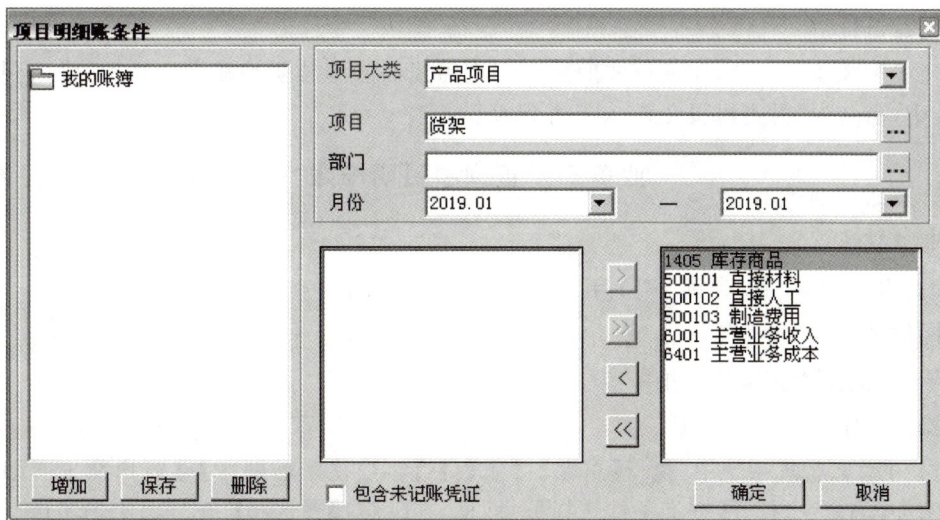

图 8-29　【项目明细账条件】对话框

项目明细账

2019年		凭证号数	科目编码	科目名称	摘要	借方	贷方	方向	余额
月	日								
			1405	库存商品	上年结转			借	600,000.00
01	31	记-0057	1405	库存商品	结转货架完工成本	133,270.43		借	733,270.43
01	31	记-0059	1405	库存商品	2019.01销售成本结转		302,474.05	借	430,796.38
01					本月合计	133,270.43	302,474.05	借	430,796.38
01					本年累计	133,270.43	302,474.05	借	430,796.38
01	03	记-0002	500101	直接材料	生产领料_一车间	112,000.00		借	112,000.00
01	31	记-0057	500101	直接材料	结转货架完工成本_一车间		112,000.00	平	
01					本月合计	112,000.00	112,000.00	平	
01					本年累计	112,000.00	112,000.00	平	
01	20	记-0046	500102	直接人工	计提工资_一车间	10,000.00		借	10,000.00
01	20	记-0047	500102	直接人工	计提公司-设定提存计划_一车间	1,134.00		借	11,134.00
01	20	记-0048	500102	直接人工	计提公司-社会保险费_一车间	637.20		借	11,771.20
01	20	记-0049	500102	直接人工	公司-住房公积金_一车间	540.00		借	12,311.20
01	20	记-0050	500102	直接人工	计提工会经费_一车间	200.00		借	12,511.20
01	20	记-0051	500102	直接人工	计提职工教育经费_一车间	800.00		借	13,311.20
01	31	记-0057	500102	直接人工	结转货架完工成本_一车间		13,311.20	平	
01					本月合计	13,311.20	13,311.20	平	
01					本年累计	13,311.20	13,311.20	平	
01	31	记-0056	500103	制造费用	结转制造费用_一车间	7,959.23		借	7,959.23
01	31	记-0057	500103	制造费用	结转货架完工成本_一车间		7,959.23	平	
01					本月合计	7,959.23	7,959.23	平	
01					本年累计	7,959.23	7,959.23	平	
01	18	记-0020	6001	主营业务收入	销售专用发票		480,000.00	贷	480,000.00
01	20	记-0021	6001	主营业务收入	货架退回		-4,800.00	贷	475,200.00
01	31	记-0060	6001	主营业务收入	期间损益结转	475,200.00		平	
01					本月合计	475,200.00	475,200.00	平	
01					本年累计	475,200.00	475,200.00	平	
01	31	记-0059	6401	主营业务成本	2019.01销售成本结转	302,474.05		借	302,474.05
01	31	记-0061	6401	主营业务成本	期间损益结转		302,474.05	平	
01					本月合计	302,474.05	302,474.05	平	
01					本年累计	302,474.05	302,474.05	平	
					合计	1,044,214.91	1,213,418.53	借	430,796.38

图 8-30　【项目明细账】窗口

8

〖赛题链接〗

【任务 2.38】 30 日,在项目辅助账中查询男式西服套装明细账发生情况,输出到试题文件夹中,命名为"男式西服套装.xls"并保存。

业务三　查询科目明细账

〖业务描述〗

2019 年 1 月 31 日,查询 2019 年 1 月沃尔玛的明细账。

〖岗位说明〗

【W01 张伟】查询客户明细账。

〖操作指导〗

(1) 在总账管理系统中,执行【总账】|【账表】|【客户往来辅助账】|【客户往来明细账】|【客户明细账】命令,打开【查询条件选择】对话框,在【客户】栏选择【001 -沃尔玛超市有限公司】,其他条件默认,如图 8 - 31 所示。

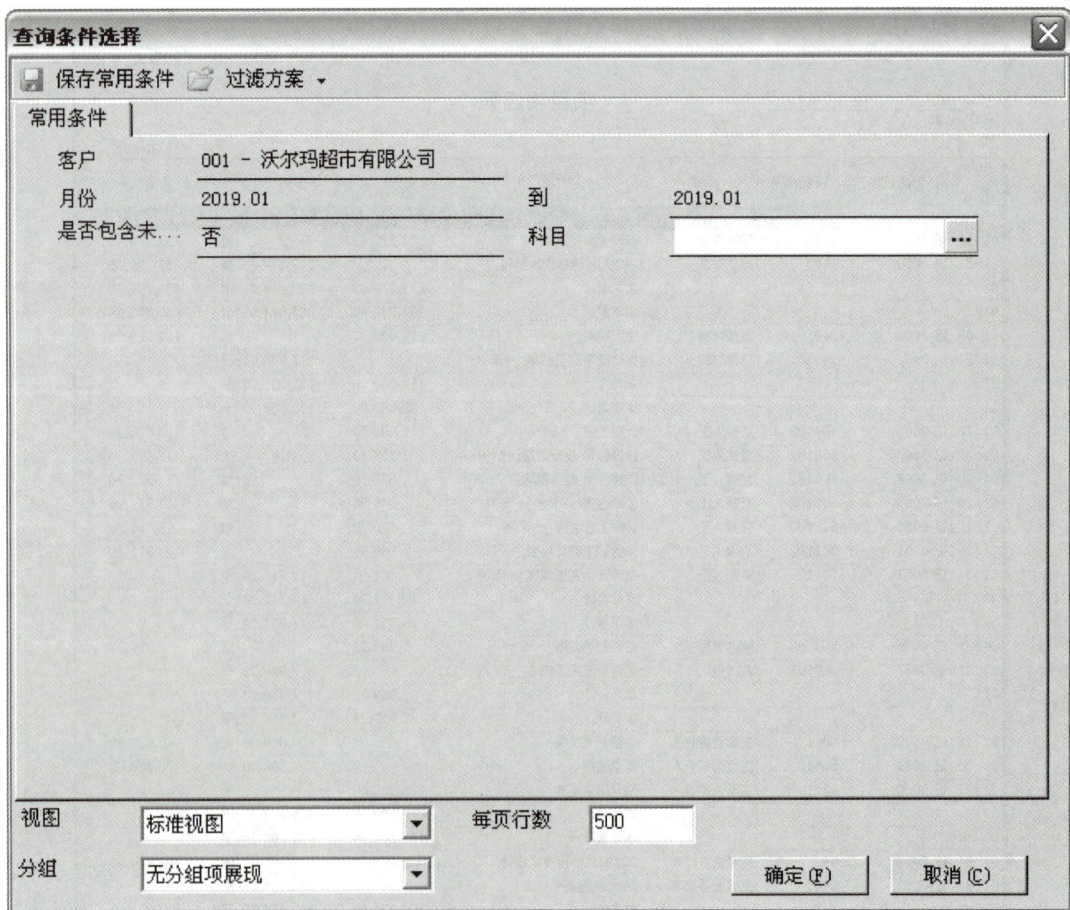

图 8 - 31 【查询条件选择】对话框

(2) 单击【确定】按钮,打开【沃尔玛超市有限公司】的明细账,如图 8 - 32 所示。

(3) 将账套输出至【D:\418 账套备份\8 - 5】文件夹。

简易桌面 | 客户明细账 ×

客户明细账

月份： 2019.01 － 2019.01

年	月	日	凭证号	客户		科目		摘要	借方	贷方	方向	余额
				编码	名称	编码	名称		本币	本币		本币
2019	1	9	记-0011	001	沃尔玛	1122	应收账款	销售专用发票_王菡	50,850.00		借	50,850.00
2019	1	9	记-0012	001	沃尔玛	1122	应收账款	代垫销售仓储笼运费_王菡	436.00		借	51,286.00
2019	1	20	记-0024	001	沃尔玛	1122	应收账款	销售专用发票_王菡		1,000.00	借	50,286.00
2019	1	20	记-0024	001	沃尔玛	1122	应收账款	代垫销售仓储笼运费_王菡		436.00	借	49,850.00
2019	1	31	记-0025	001	沃尔玛	1122	应收账款	坏账收回_202_56787333_201…	436.00		借	50,286.00
2019	1	31	记-0025	001	沃尔玛	1122	应收账款	坏账收回_202_56787333_201…		436.00	借	49,850.00
				001	沃尔玛	1122	应收账款	小计	51,722.00	1,872.00	借	49,850.00
								合计：	51,722.00	1,872.00	借	49,850.00

数据 共8条 共1页

图 8－32 【客户明细账】窗口

> **温馨提示**
>
> ◑ 在总账管理系统中,用户可以根据需要在【账表】中查询【客户往来辅助账】【供应商往来辅助账】【个人往来账】【部门辅助账】等各种账表。

8

项目九　报表管理系统业务处理

保密守信

实训一　报表模板应用

业务一　生成资产负债表

〖业务描述〗

以【W01 张伟】身份登录平台，生成资产负债表。

2019 年 01 月 31 日，利用报表模板生成本月资产负债表。

〖岗位说明〗

【W01 张伟】生成资产负债表。

〖操作指导〗

生成资产
负债表

（1）在企业应用平台，执行【财务会计】|【UFO 报表】命令，打开【UFO 报表】，系统提示【日积月累】，单击【关闭】按钮。

（2）单击【新建】按钮，打开一张空白表页。

（3）执行【文件】|【打开】命令，打开【打开】对话框，选择【D:\\418 账套备份\执行金融准则资产负债表\2018 新准则资产负债表.rep】，如图 9 - 1 所示。

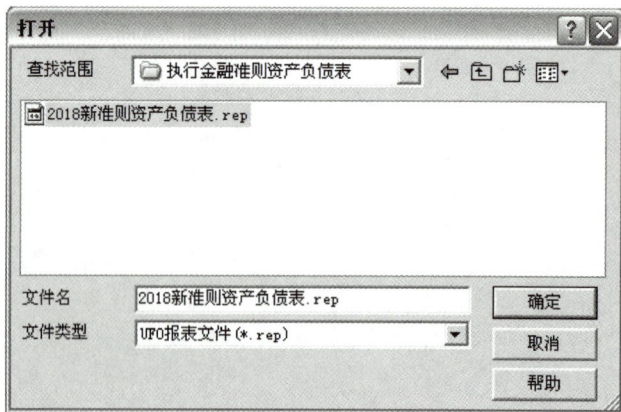

图 9 - 1　【打开】对话框

（4）单击【确定】按钮，打开【UFO — 2018 新准则资产负债表】，如图 9 - 2 所示。

资产负债表

会企01表

编制单位：			xxxx 年 xx 月 xx 日	单位：元
资产	期末余额	年初余额	负债和所有者权益（或股东权益）	年初余额
流动资产：			流动负债：	
货币资金	公式单元	演示数据 公式单元	短期借款	公式单元　公式单元
交易性金融资产			交易金融负债	
衍生金融资产			衍生金融负债	
应收票据及应收账款	公式单元	公式单元	应付票据及应付账款	公式单元　公式单元
预付账款	公式单元	公式单元	预收账款	公式单元　公式单元
其他应收款	公式单元	公式单元	合同负债	公式单元　公式单元
存货	公式单元	公式单元	应付职工薪酬	公式单元　公式单元
合同资产			应交税费	公式单元　公式单元
持有待售资产			其他应付款	
一年内到期的非流动资产			持有待售负债	
其他流动资产			一年内到期的流动负债	
流动资产合计	公式单元	公式单元	其他流动负债	
非流动资产：			流动负债合计	公式单元　公式单元
债权投资			非流动负债：	
其他债权投资			长期借款	
长期应收款			应付债券	
长期股权投资			其中：优先股	
其他权益工具投资			永续债	
其他非流动金融资产			长期应付款	
投资性房地产			预计负债	
固定资产	公式单元	公式单元	递延收益	
在建工程			递延所得税负债	
生产性生物资产			其它非流动负债	
油气资产			非流动负债合计	公式单元　公式单元
无形资产			负债合计	公式单元　公式单元
研发支出			所有者权益（或股东权益）：	
商誉			实收资本（或股本）	公式单元　公式单元
长期待摊费用			其他权益工具	
递延所得税资产			其中：优先股	
其他非流动资产			永续债	
非流动资产合计	公式单元	公式单元	资本公积	公式单元　公式单元
			减：库存股	
			其他综合收益	
			盈余公积	
			未分配利润	公式单元　公式单元
			所有者权益（或股东权益）合计	公式单元　公式单元
总产总计	公式单元	公式单元	负债和所有者权益（或股东权益）总计	公式单元　公式单元

图 9 - 2　【UFO 报表—2018 新准则资产负债表】页面

（5）将报表调整为【格式】状态。在 A3【编制单位：】单元格录入【安徽环宇仓储设备有限公司】。

（6）将报表从【格式】状态切换到【数据】状态。

（7）执行【数据】|【关键字】|【录入关键字】命令，打开【录入关键字】对话框，录入【2019年 1 月 31 日】，如图 9 - 3 所示。

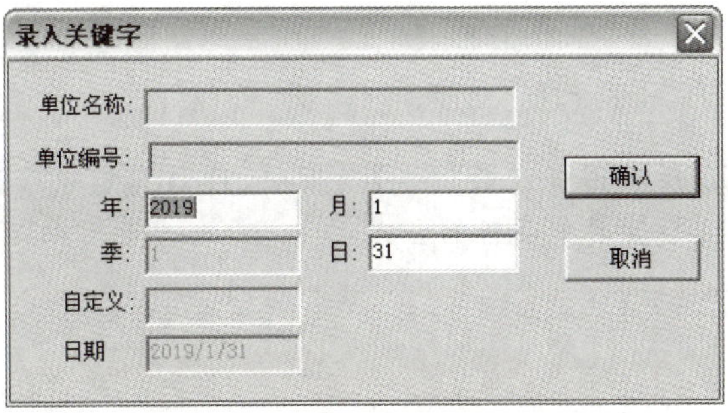

图 9 - 3　【录入关键字】对话框

(8) 单击【确认】按钮，系统提示【是否重算第一页?】，单击【是】按钮，系统自动计算资产负债表各项目数据，计算结果如图 9-4 所示。

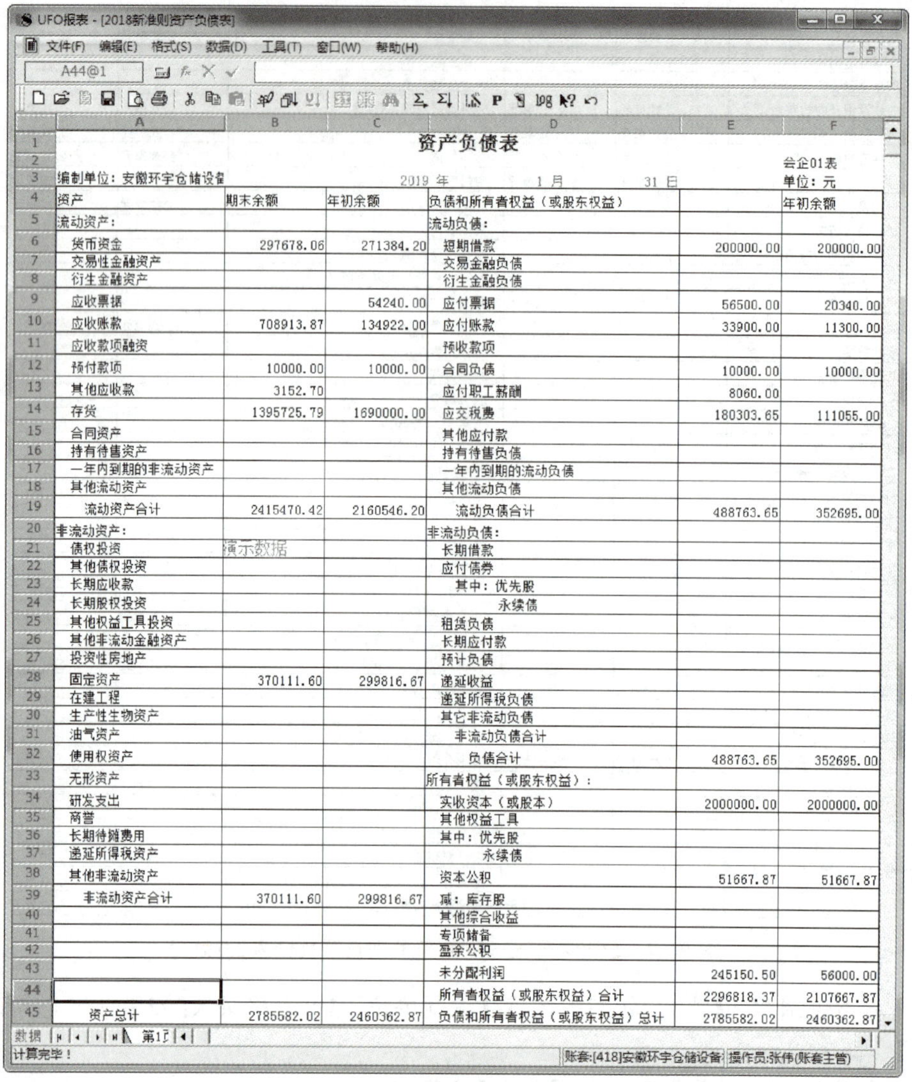

资产负债表

编制单位：安徽环宇仓储设备　2019 年　1 月　31 日　会企01表 单位：元

资产	期末余额	年初余额	负债和所有者权益（或股东权益）		年初余额
流动资产：			流动负债：		
货币资金	297678.06	271384.20	短期借款	200000.00	200000.00
交易性金融资产			交易金融负债		
衍生金融资产			衍生金融负债		
应收票据		54240.00	应付票据	56500.00	20340.00
应收账款	708913.87	134922.00	应付账款	33900.00	11300.00
应收款项融资			预收款项		
预付款项	10000.00	10000.00	合同负债	10000.00	10000.00
其他应收款	3152.70		应付职工薪酬	8060.00	
存货	1395725.79	1690000.00	应交税费	180303.65	111055.00
合同资产			其他应付款		
持有待售资产			持有待售负债		
一年内到期的非流动资产			一年内到期的流动负债		
其他流动资产			其他流动负债		
流动资产合计	2415470.42	2160546.20	流动负债合计	488763.65	352695.00
非流动资产：			非流动负债：		
债权投资	演示数据		长期借款		
其他债权投资			应付债券		
长期应收款			其中：优先股		
长期股权投资			永续债		
其他权益工具投资			租赁负债		
其他非流动金融资产			长期应付款		
投资性房地产			预计负债		
固定资产	370111.60	299816.67	递延收益		
在建工程			递延所得税负债		
生产性生物资产			其它非流动负债		
油气资产			非流动负债合计		
使用权资产			负债合计	488763.65	352695.00
无形资产			所有者权益（或股东权益）：		
研发支出			实收资本（或股本）	2000000.00	2000000.00
商誉			其他权益工具		
长期待摊费用			其中：优先股		
递延所得税资产			永续债		
其他非流动资产			资本公积	51667.87	51667.87
非流动资产合计	370111.60	299816.67	减：库存股		
			其他综合收益		
			专项储备		
			盈余公积		
			未分配利润	245150.50	56000.00
			所有者权益（或股东权益）合计	2296818.37	2107667.87
资产总计	2785582.02	2460362.87	负债和所有者权益（或股东权益）总计	2785582.02	2460362.87

图 9-4 【资产负债表】页面

(9) 单击【保存】按钮，将资产负债表以【zcfzb. rep】命名，保存到“D:\418 账套备\9-1”文件夹下。

温馨提示

本案例【2018 新准则资产负债表】模板中，只对案例中涉及的项目设置了公式，读者可以根据需要设置其他项目的公式。

[赛题链接]

【任务 3.1】 打开选手文件夹下名为 zcfzb. rep 资产负债表，其中有 8 个计算公式未填写(绿色部分),利用账务函数定义计算公式,重新生成 2018 年 4 月份资产负债表并保存。(选手文件夹路径请查看电子题面)

业务二 生成利润表

【业务描述】

以【W01 张伟】身份登录平台,生成利润表。

2019 年 1 月 31 日,利用报表模板生成本月利润表。

【岗位说明】

【W01 张伟】生成利润表。

生成利润表

【操作指导】

(1)继续单击【新建】按钮,打开一张空白表页。

(2)执行【文件】|【打开】命令,打开【打开】对话框,选择【D:\\418 账套备份\执行金融准则资产负债表\2018 新准则利润表.rep】。

(3)重复业务一中第四步至第八步,生成本月【利润表】,如图 9-5 所示。

(4)单击【保存】按钮,将利润表以【lrb.rep】命名,保存到"D:\418 账套备\9-1"文件夹下。

温馨提示

● 在实际工作中,用户也可执行【格式】/【报表模板】命令,从系统提供的 21 个行业的会计报表中查找适合本企业的报表模板。报表模板是预先设立了标准格式的会计报表,模板中各单元的计算公式已设立,可大大减少报表格式设计和公式定义的工作量。

● UFO 报表管理系统有两种工作状态,一种是格式状态,一种是数据状态。两种状态的切换只需要单击窗口左下角以红色字体显示的【格式】或【数据】即可实现。

● 在数据状态下,执行【数据】|【整表重算】命令,弹出【整表重算】提示框,单击【是】按钮,系统自动利用设计的报表公式从相关系统或表页中取数,完成整表重算,获得报表数据。也可以执行【数据】|【表页重算】命令,生成当前表页的报表项目数据。

● 资产负债表中的相关项目数据提取的是资产、负债、所有者权益各项目不同时点的数据,它主要提取两个时点的数据,即期初数与期末数,各自对应的函数名为【QC】和【QM】。而利润表各项目对应的账户为损益类账户,在提取项目金额时,应提取发生额,对应的函数名为【FS】。

【赛题链接】

【任务 3.2】 打开选手文件夹下名为 lrb.rep 的利润表,请仔细阅读计算公式,将本月数中的 3 个错误公式修改正确,重新生成 2018 年 4 月份利润表并保存。(选手文件夹路径请查看电子题面)

S UFO报表 - [2018新准则利润表]

文件(F) 编辑(E) 格式(S) 数据(D) 工具(T) 窗口(W) 帮助(H)

B49@1

利润表

	A	B	C
1	利润表		
2			会企02表
3	编制单位：	2019 年 1 月	单位：元
4	项目	本期金额	上期金额
5	一、营业收入	736200.00	
6	减：营业成本	465935.07	
7	税金及附加		
8	销售费用	17979.60	
9	管理费用	57092.25	
10	研发费用		
11	财务费用	158.45	
12	其中：利息费用		
13	利息收入		
14	加：其他收益		
15	投资收益（损失以"-"号填列）		
16	其中：对联营企业和合营企业的投资收益		
17	以摊余成本计量的金融资产终止确认收益（损失以"-"号填列）		
18	净敞口套期收益（损失以"-"号填列）	演示数据	
19	公允价值变动收益（损失以"-"号填列）		
20	信用减值损失（损失以"-"号填列）	-3834.13	
21	资产减值损失（损失以"-"号填列）	-2000.00	
22	资产处置收益（损失以"-"号填列）	-50.00	
23	二、营业利润（亏损以"-"号填列）	189150.50	
24	加：营业外收入		
25	减：营业外支出		
26	三、利润总额（亏损总额以"-"号填列）	189150.50	
27	减：所得税费用		
28	四、净利润（净亏损以"-"号填列）	189150.50	
29	（一）持续经营净利润（净亏损以"-"号填列）		
30	（二）终止经营净利润（净亏损以"-"号填列）		
31	五、其他综合收益的税后净额		
32	（一）不能重分类进损益的其他综合收益		
33	1.重新计量设定受益计划变动额		
34	2.权益法下不能转损益的其他综合收益		
35	3.其他权益工具投资公允价值变动		
36	4.企业自身信用风险公允价值变动		
37	……		
38	（二）将重分类进损益的其他综合收益		
39	1.权益法下可转损益的其他综合收益		
40	2.其他债权投资公允价值变动		
41	3.金融资产重分类计入其他综合收益的金额		
42	4.其他债权投资信用减值准备		
43	5.现金流量套期储备		
44	6.外币财务报表折算差额		
45	……		
46	六、综合收益总额		
47	七、每股净收益：		
48	（一）基本每股收益		
49	（二）稀释每股收益		

数据 | 第1页

计算完毕！

账套:[418]安徽环宇仓储设备 操作员:张伟(账套主管)

图 9 - 5 【利润表】页面

实训二　自定义报表设计

业务一　设计管理费用明细表

〖业务描述〗

以【W01 张伟】身份自定义管理费用明细表。

2019 年 1 月 31 日，根据表 9－1 的格式，在 UFO 报表中设计该表页。

表 9－1　管理费用明细表

编制单位：安徽环宇仓储设备有限公司　　　　年　月　日　　　　　　　单位：元

项　目	经理室	财务部	采购部	销售部	一车间	二车间	仓储部
工　资							
福利费							
社会保险费							
办公费							
业务招待费							
折旧费							
差旅费							
其　他							
合　计							

〖岗位说明〗

【W01 张伟】设计管理费用明细表。

〖操作指导〗

1．创建新表

（1）2019 年 1 月 31 日，操作员【W01 张伟】在企业应用平台中执行【财务会计】|【UFO 报表】命令，打开【UFO 报表】。

（2）单击【新建】按钮，生成一张空白表页。

> **温馨提示**
> 创建报表之后，就可以进行表样设计。表样设计实际上就是设置一张报表的大小和外观。其具体内容包括设置表尺寸、行高列宽、画表格线、定义组合单元、设置单元属性、录入对应项目名称、设置关键字等。除设置关键字外，表样设计的功能键基本集中在【格式】菜单下，也可右击鼠标后从列表中选用相关功能。

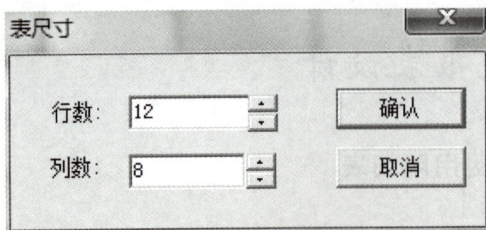

图9-6　【表尺寸】对话框

2. 设置表尺寸

（1）执行【格式】|【表尺寸】命令，打开【表尺寸】对话框。

（2）输入报表的行数为【12】，列数为【8】，如图9-6所示。单击【确认】按钮，系统自动将报表显示区域的空白表根据所设置的行、列数进行显示，而不再显示整张空白表页。

温馨提示

所谓表尺寸，是指报表的行数和列数。

在设置表的行数时，要特别注意加上表头和表尾部分所占的行数。

3. 设置行高、列宽

（1）选定整张表，执行【格式】|【行高】命令，打开【行高】对话框，输入报表行高【8】，单击【确认】按钮，如图9-7所示。

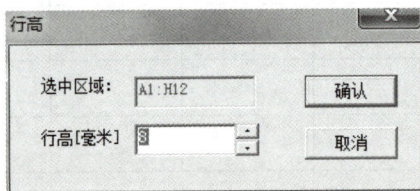

图9-7　【行高】对话框

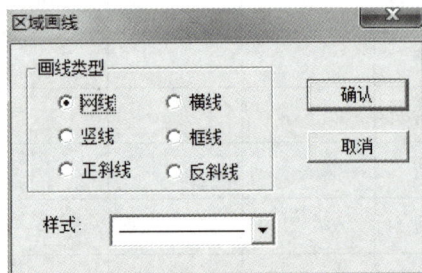

图9-8　【区域画线】对话框

（2）执行【格式】|【列宽】命令，打开【列宽】对话框，输入报表列宽【20】，单击【确认】按钮。

温馨提示

在定义报表行高或列宽时，必须首先选择需要被定义的行或列，否则系统只对光标停留处的行或列进行定义。操作时，可单击行号或列号快速选择行或列，若要选择整张表格，可以使用【Ctrl＋A】快捷键。

4. 画表格线

（1）选中A3：H12区域，执行【格式】|【区域画线】命令，打开【区域画线】对话框。

（2）选中线型【网线】前的单选框，如图9-8所示，单击【确认】按钮，表格画线成功。

温馨提示

增加的空白表页是没有表格线的，选择拟画线区域，即可进入【区域画线】对话框，对话框中提供了网线、横线、竖线、框线、正斜线、反斜线等六种线型的选择。

5．定义组合单元

（1）选中第一行 A1：H1 单元，执行【格式】|【组合单元】命令，打开【组合单元】对话框，如图 9-9 所示。

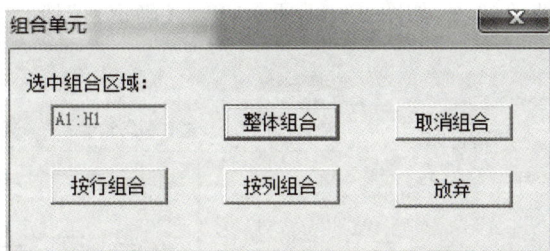

图 9-9　【组合单元】对话框

（2）单击【整体组合】按钮，该行的所有单元将被合并为一个组合单元。

温馨提示

　　●【组合单元】对话框提供整体组合、按行组合、按列组合、取消组合、放弃等选项，用户根据实际情况进行选择，单击某一选项即可完成操作。

6．设置单元属性

（1）选中整张表，执行【格式】|【单元属性】命令，打开【单元格属性】对话框。

（2）系统默认单元类型为【数值】，选中【逗号】前的复选框，如图 9-10 所示。

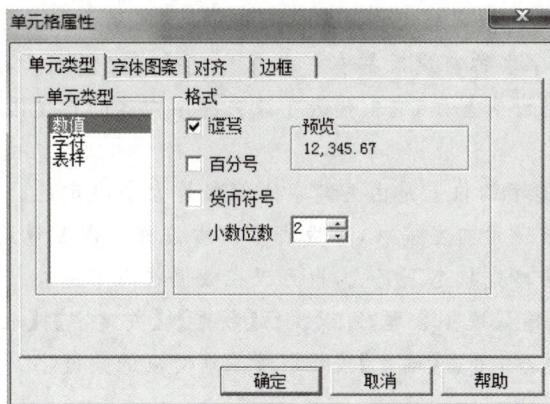

图 9-10　【单元格属性】对话框

（3）单击【确定】按钮。

温馨提示

　　● UFO 报表管理系统提供了较为全面的单元属性定义功能，主要对单元类型、字体图案、对齐方式、边框等内容进行调整。字体图案、对齐方式、边框等的设置与 Excel 表的相关设置类似。

9

7. 设置关键字

(1) 组合 A2：C2 单元格。

(2) 选中组合后的单元格,执行【数据】|【关键字】|【设置】命令,打开【设置关键字】对话框,选中【单位名称】前的单选项,如图 9-11 所示,单击【确定】按钮。

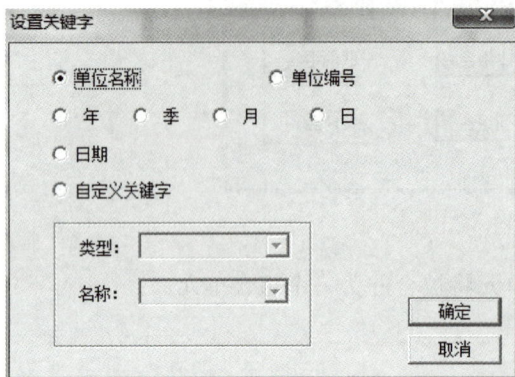

图 9-11 【设置关键字】对话框　　　　图 9-12 【定义关键字偏移】对话框

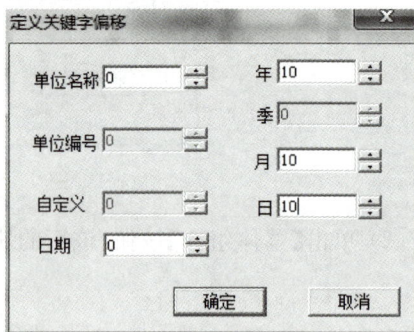

(3) 重复第一步操作,分别选择 D2、E2、F2 单元,设置关键字【年】【月】【日】。

(4) 执行【数据】|【关键字】|【偏移】命令,打开【定义关键字偏移】对话框,输入【年】偏移量【10】、【月】偏移量【10】、【日】偏移量【10】,如图 9-12 所示,单击【确定】按钮。

温馨提示

● 一般地,单元其他内容未修改字体颜色前,均已用黑色显示;关键字却以红色字体显示,且在关键字名称前或后都有一串或长或短的红色小叉,这些红色小叉在切换到数据状态下时则没有显示,它们代表了改关键字内容的长度限制及关键字内容的显示位置。

● 一般地,关键字的位置是由关键字的偏移量大小决定的。单元偏移量的范围是{-300,300},负数表示向左偏移,正数表示向右偏移。需要说明的是,关键字的偏移量设置不仅可以在格式状态下完成,也可以在数据状态下完成。

● 关键字设置错误或不合理,可以执行【数据】|【关键字】|【取消】命令,选择需要取消关键字前的单选项,单击【确定】按钮即可取消对应的关键字。

8. 录入报表文字内容

双击选定单元,将光标定位在单元格中,直接在单元中输入内容;也可选定单元格后,将光标定位在窗口上方中的编辑栏中进行输入,如图 9-13 所示。

9. 保存报表

(1) 执行【文件】|【保存】命令,打开【另存为】对话框。

(2) 选择保存路径【D:\418 备份账套\9-2】,输入文件名【管理费用明细表】,单击【另存为】按钮,报表保存成功。

9

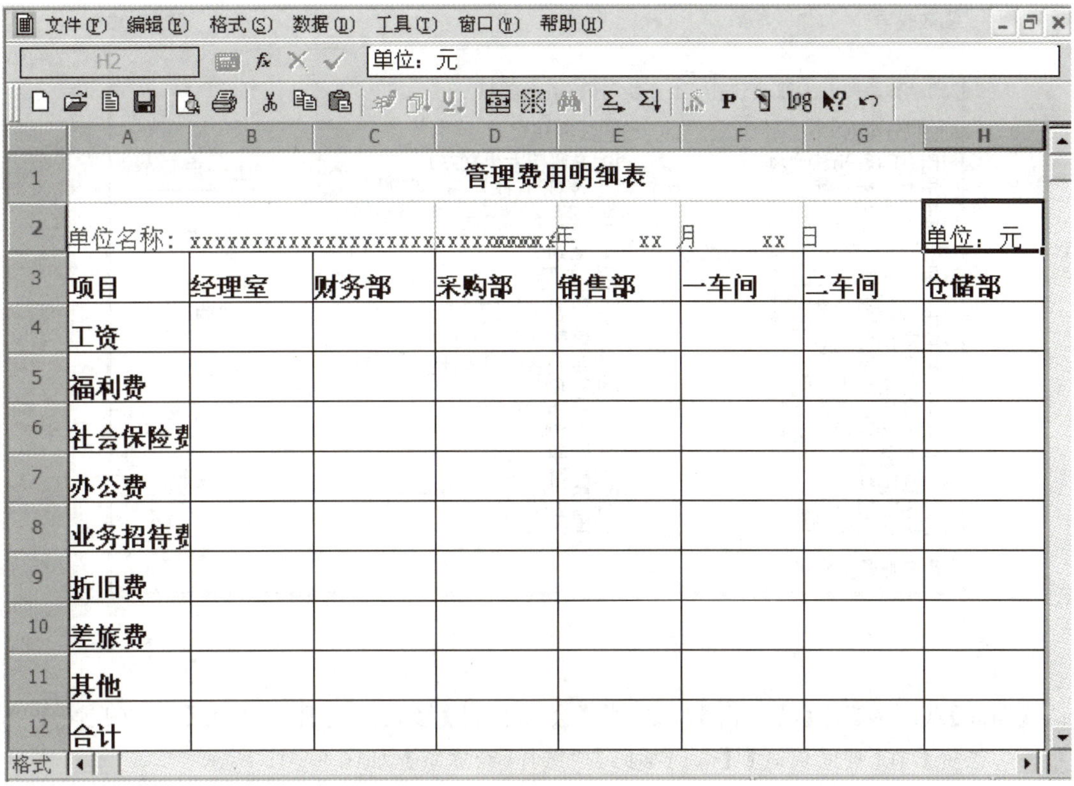

图 9-13 【管理费用明细表】窗口

〖赛题链接〗

【任务 1.15】 在考生文件夹下的利润表(lrb. rep)的 B2 和 C2 单元格中分别设置"年""月"关键字,并录入关键字值分别为"2018"和"4"。

业务二 设置管理费用部门明细表公式

〖业务描述〗

以【W01 张伟】身份生成设置管理费用部门明细表公式。

2019 年 1 月 31 日,定义管理费用明细表各单元的单元公式。

〖岗位说明〗

【W01 张伟】设置管理费用部门明细表公式。

〖操作指导〗

(1) 打开【管理费用明细表】,在格式状态下。选择 B4 单元,执行【数据】|【编辑公式】|【单元公式】命令,打开【定义公式】对话框。

(2) 单击【函数向导】按钮,打开【函数向导】对话框,选择【函数分类】为【用友账务函数】,选择【函数名】为【发生(FS)】函数,如图 9-14 所示。

(3) 单击【下一步】按钮,打开【用友账务函数】编辑窗口。

(4) 单击【参照】按钮,打开【账务函数】对话框,系统显示:【账套号】默认,【会计年度】默

9

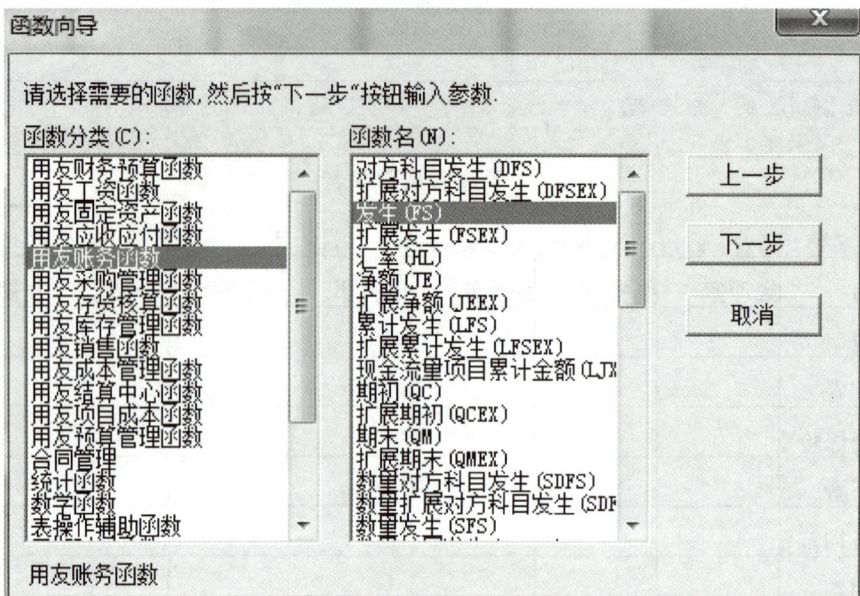

图 9-14 【函数向导】对话框

认,【期间】默认为【月】,【方向】默认,将【会计科目】修改或选择录入为【660201 管理费用——工资】,在【辅助核算】|【部门编码】栏选择【经理室】,如图 9-15 所示。

(5) 单击【确定】按钮,返回【用友账务函数】对话框,如图 9-16 所示。

(6) 单击【确定】按钮,返回【定义公式】对话框,如图 9-17 所示。

(7) 单击【确定】按钮,B4 单元格公式定义完成。系统会自动在 B4 单元格中显示【公式单元】字样,当光标停在该单元时,在工具栏显示该单元计算公式,如图 9-18 所示。

(8) 重复上述第一步至第七步,完成 B5:J11 单元格公式。

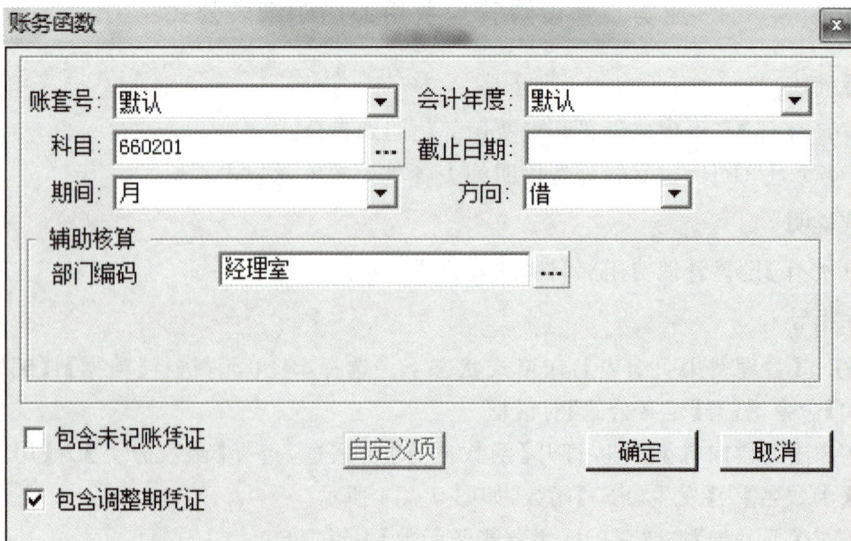

图 9-15 【财务函数】对话框

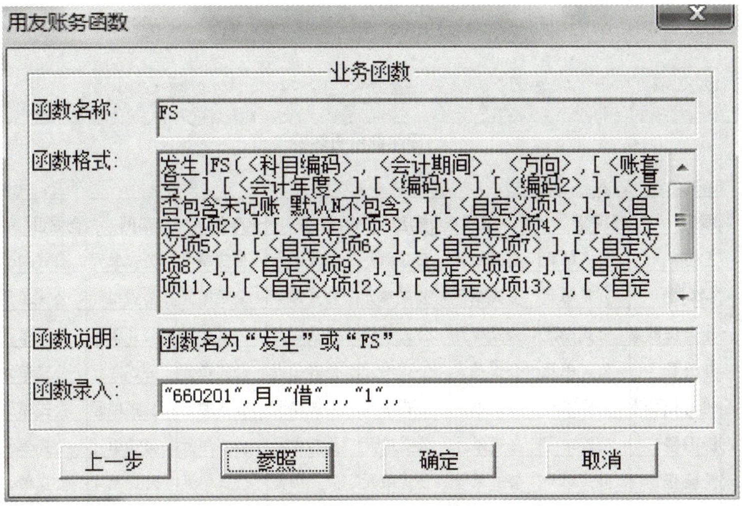

图 9-16 【用友账务函数】对话框

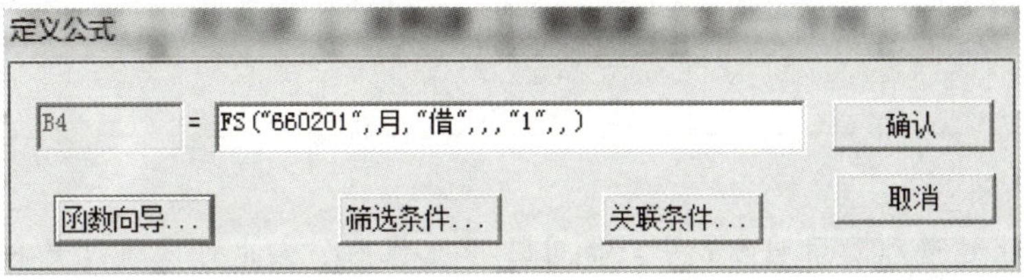

图 9-17 【定义公式】对话框

（9）选择 B12 单元，执行【数据】|【编辑公式】|【单元公式】命令，在打开的【定义公式】对话框中输入数据公式【B4+B5+B6+B7+B8+B9+B10+B11】。

（10）重复第九步，设置 C12：H12 单元格公式。管理费用明细表公式设置完成，如图9-19 所示。

（11）单击【保存】按钮。

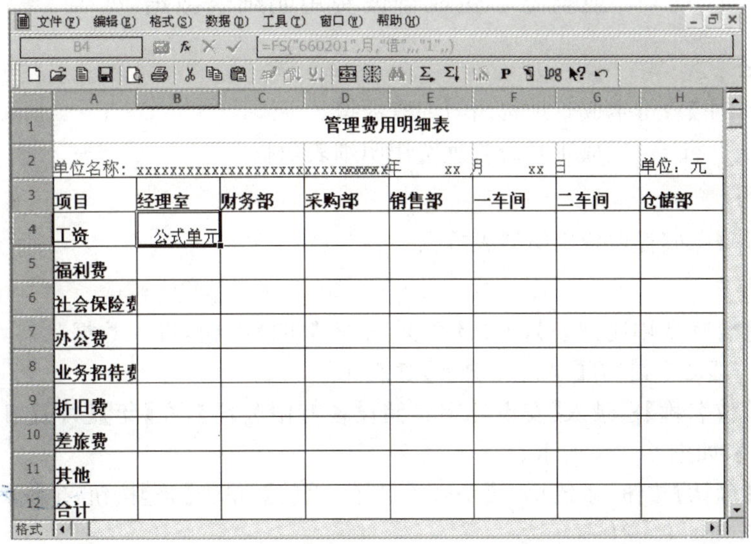

图 9-18 【管理费用明细表】窗口（单元计算公式设置完成）

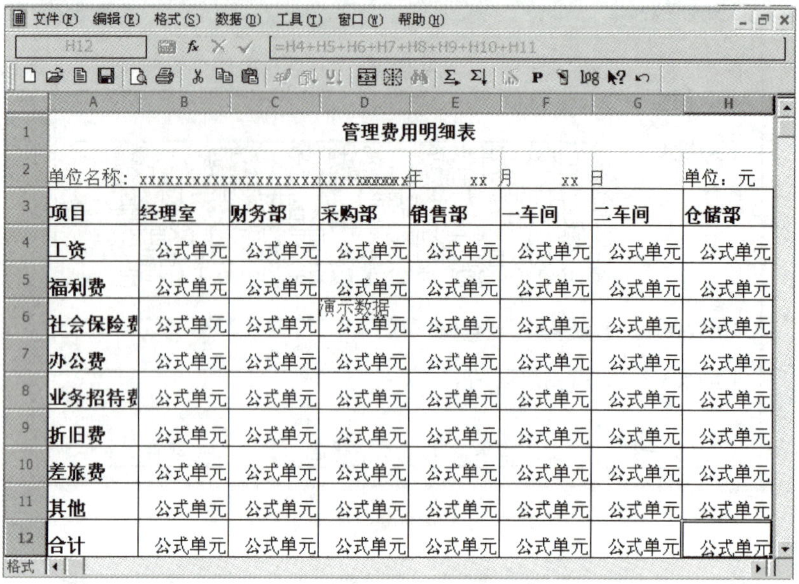

管理费用明细表							
单位名称：xxxxxxxxxxxxxxxxxxxxxxxxxxxxxxx			xx 年	xx 月	xx 日		单位：元
项目	经理室	财务部	采购部	销售部	一车间	二车间	仓储部
工资	公式单元	公式单元	公式单元	公式单元	公式单元	公式单元	公式单元
福利费	公式单元	公式单元	公式单元	公式单元	公式单元	公式单元	公式单元
社会保险费	公式单元	公式单元	公式单元	公式单元	公式单元	公式单元	公式单元
办公费	公式单元	公式单元	公式单元	公式单元	公式单元	公式单元	公式单元
业务招待费	公式单元	公式单元	公式单元	公式单元	公式单元	公式单元	公式单元
折旧费	公式单元	公式单元	公式单元	公式单元	公式单元	公式单元	公式单元
差旅费	公式单元	公式单元	公式单元	公式单元	公式单元	公式单元	公式单元
其他	公式单元	公式单元	公式单元	公式单元	公式单元	公式单元	公式单元
合计	公式单元	公式单元	公式单元	公式单元	公式单元	公式单元	公式单元

图 9-19 【管理费用明细表】窗口(明细表计算公式设置完成)

温馨提示

在上述管理费用明细表中，B5：J11 单元格的公式也可以通过复制 B4 单元格公式，然后根据单元格所对应的部门和项目修改。例如，设置 B5 单元格的公式，可以先复制 B4 单元格的公式，然后双击 B5 单元格，打开【定义公式】对话框，将公式中的科目编码【660201 管理费用——工资】修改为【660202 管理费用——福利费】，B5 单元格公式设置完成；C4 单元格的公式，可以把复制后公式中的部门编码【1】修改为【2】即可。其他单元格同理。

业务三 生成管理费用明细表数据

〖业务描述〗

以【W01 张伟】身份生成管理费用明细表数据。

2019 年 1 月 31 日，生成 1 月份管理费用明细表数据。

〖岗位说明〗

【W01 张伟】生成管理费用明细表数据。

〖操作指导〗

(1) 打开【管理费用明细表】，单击【数据/格式】切换按钮，进入数据状态，执行【数据】|【关键字】|【录入】命令，打开【录入关键字】对话框。

(2) 在【单位名称】栏录入【安徽环宇仓储设备有限公司】，在【年】【月】【日】栏分别录入【2019】【1】【31】，如图 9-20 所示。

(3) 单击【确认】按钮，系统提示【是否重算第一页?】，单击【是】按钮，生成 2019 年 1 月管理费用明细表，如图 9-21 所示。

(4) 单击【保存】按钮。

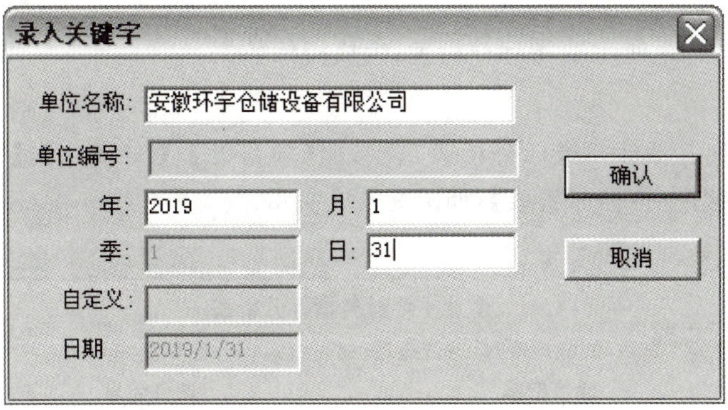

图 9-20 【录入关键字】对话框

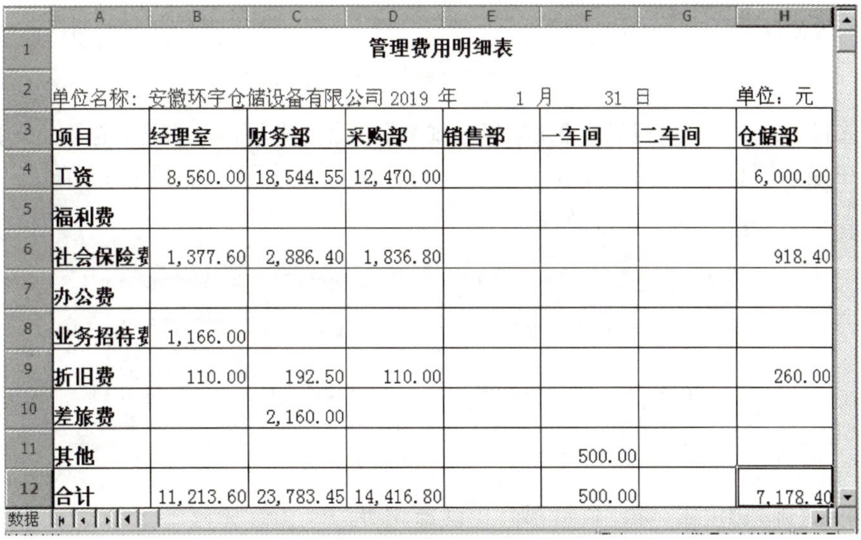

管理费用明细表

单位名称：安徽环宇仓储设备有限公司 2019 年 1 月 31 日 单位：元

项目	经理室	财务部	采购部	销售部	一车间	二车间	仓储部
工资	8,560.00	18,544.55	12,470.00				6,000.00
福利费							
社会保险费	1,377.60	2,886.40	1,836.80				918.40
办公费							
业务招待费	1,166.00						
折旧费	110.00	192.50	110.00				260.00
差旅费		2,160.00					
其他					500.00		
合计	11,213.60	23,783.45	14,416.80		500.00		7,178.40

图 9-21 【管理费用明细表】窗口

业务四 定义财务指标分析表

［业务描述］

以【W01 张伟】身份设计企业主要指标分析表。

2019 年 1 月 31 日，根据表 9-2 的格式，在 UFO 报表中设计该表页并生成相关指标数据。

表 9-2 企业主要财务指标分析表

编制单位：安徽环宇仓储设备有限公司 2019 年 1 月

评价指标	指标公式	评价结果
资产负债率	负债总额/资产总额	
存货周转次数	销售收入/平均存货	
净资产收益率	净利润/平均所有者权益	

〖**岗位说明**〗

【W01 张伟】设计企业主要指标分析表,生成指标数据。

〖**操作指导**〗

设置财务
指标公式

(1) 制作"企业主要财务指标分析表"。参照【项目九】|【实训二】|【业务一】的操作指导,制作【企业主要财务指标分析表】,如图 9-22 所示。

	A	B
1	**企业主要财务指标分析表**	
2	演示数据 单位名称:xxxxxxxxxxxxxxxxxxxxxxxxxxxxxxxx xxxx 年xx 月	
3	**评价指标**	**评价结果**
4	资产负债率	
5	存货周转次数	
6	净资产收益率	

图 9-22 【企业主要财务指标分析表】窗口

(2) 选择 B4 单元,执行【数据】|【编辑公式】|【单元公式】命令,打开【定义公式】对话框。在单元格中输入【"D:\418 账套备份\9-1\zcfzb. rep"—>E30/"D:\418 账套备份\9-1\zcfzb. rep"—>B42】,如图 9-23 所示。

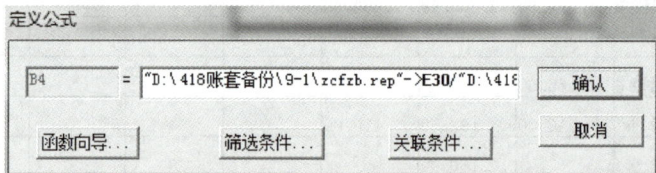

图 9-23 【定义公式】对话框

(3) 单击【确认】按钮,资产负债率公式设置成功。

(4) 选择 B5 单元,执行【数据】|【编辑公式】|【单元公式】命令,打开【定义公式】对话框。

(5) 单击【筛选条件】按钮,打开【筛选条件】对话框,在【请输入筛选条件:】栏录入【all】,如图 9-24 所示。

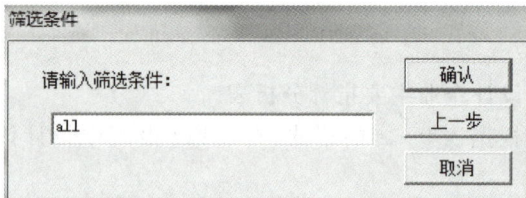

图 9-24 【筛选条件】对话框

(6) 单击【确认】按钮,继续单击【关联条件】按钮,在【当前关键值】栏选择【月】,在【关联表名】栏选择【D:\418 账套备份\9-1\lrb. rep】,在【关联关键值】栏选择【月】,如图 9-25 所示。

(7) 单击【确认】按钮,打开【定义公式】对话框,如图 9-26 所示。复制【B5】栏中"D:\418 账套备份\9-1\lrb. rep"—>部分。

(8) 删除【B5】栏中所有内容,粘贴"D:\\418 账套备份\9-1\lrb. rep"—>,并在其后录入【B5*2/】。

9

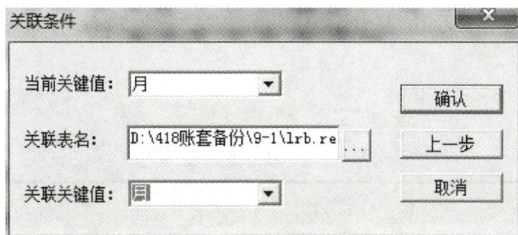

图 9-25　【关联条件】对话框

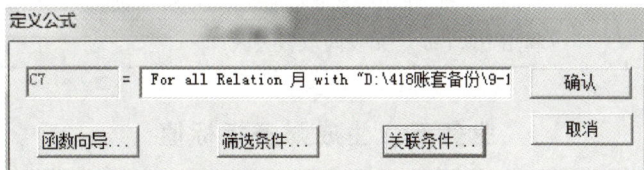

图 9-26　【定义公式】对话框

（9）重复第四步至第八步，寻找资产负债表存放路径，继续在【B5】单元格复制【"D:\418 账套备份\9-1\zcfzb.rep"->】，并在其后录入【B12】，继续输入"＋"，复制【"D:\418 账套备份\9-1\zcfzb.rep"->】，并在其后录入【C12】，如图 9-27 所示。

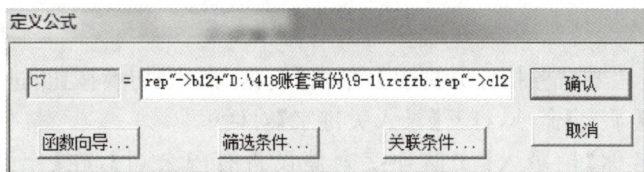

图 9-27　【定义公式】对话框

（10）单击【确认】按钮，【存货周转率】公式设置完成。

（11）重复第四步至第十步，设置 B6 单元格的公式为【"D:\418 账套备份\9-1\lrb.rep"->B27*2/"D:\418 账套备份\9-1\zcfzb.rep"->E41＋"D:\418 账套备份\9-1\zcfzb.rep"->F41】。

（12）选择保存路径 D:\\418 账套备份\9-2，输入文件名【企业主要财务指标分析表】，单击【保存】按钮，报表保存成功。

〖赛题链接〗

【任务 3.03】　打开试题文件夹下名为 cwzbfxb.rep 的财务指标分析表，其中有 3 个指标数值计算公式未填写（蓝色部分），完善公式，计算并保存，如表 9-3 所示。

表 9-3　财务指标分析表

2017 年 4 月（视同年末）

指 标 名 称	指 标 数 值
成本费用利润率	利用利润表定义表间取数公式
净资产收益率	利用资产负债表和利润表定义表间取数公式
应收账款周转率	利用财务函数定义取数公式

【任务 3.3】　打开选手文件夹下名为 cwzbfxb.rep 的财务指标分析表，定义数值计算公

式(蓝色部分),生成财务指标分析表并保存(选手文件夹路径请查看电子题面),如表 9-4 所示。

表 9-4 财务指标分析表

2018 年 4 月(视同年末)

指　　标	要　　　　求	指标数值(%)
产权比率	利用 zcfzb. rep 定义表间取数公式	
净资产收益率	利用 zcfzb. rep 和 lrb. rep 定义表间取数公式	
成本费用利润率	利用 lrb. rep 定义表间取数公式	

业务五　生成财务指标值

〖业务描述〗

以【W01 张伟】身份生成财务指标值。

2019 年 1 月 31 日,根据企业主要财务指标表中的公式设置,生成 1 月份的指标值。

〖岗位说明〗

【W01 张伟】生成指标值。

生成财务
指标值

〖操作指导〗

(1) 打开【企业主要财务指标分析表】,单击【数据/格式】切换按钮,进入数据状态,执行【数据】|【关键字】|【录入】命令,打开【录入关键字】对话框。

(2) 在【单位名称】栏录入【安徽环宇仓储设备有限公司】,在【年】【月】栏分别录入【2019】【1】。

(3) 单击【确认】按钮,系统提示【是否重算第一页?】,单击【是】按钮,生成 2019 年 1 月【企业主要财务指标分析表】,如图 9-28 所示。

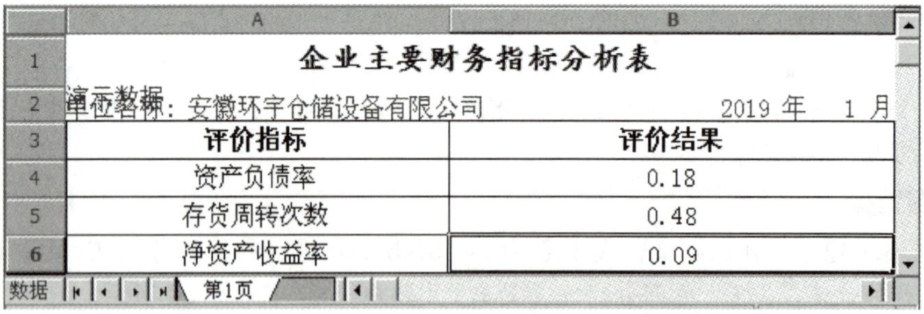

图 9-28 【企业主要财务指标分析表】窗口

(4) 单击【保存】按钮。

附 录 企业会计信息化工作规范

第一章 总 则

第一条 为推动企业会计信息化,节约社会资源,提高会计软件和相关服务质量,规范信息化环境下的会计工作,根据《中华人民共和国会计法》《财政部关于全面推进我国会计信息化工作的指导意见》(财会〔2009〕6号),制定本规范。

第二条 本规范所称会计信息化,是指企业利用计算机、网络通信等现代信息技术手段开展会计核算,以及利用上述技术手段将会计核算与其他经营管理活动有机结合的过程。

本规范所称会计软件,是指企业使用的,专门用于会计核算、财务管理的计算机软件、软件系统或者其功能模块。会计软件具有以下功能:

(一)为会计核算、财务管理直接采集数据;

(二)生成会计凭证、账簿、报表等会计资料;

(三)对会计资料进行转换、输出、分析、利用。

本规范所称会计信息系统,是指由会计软件及其运行所依赖的软硬件环境组成的集合体。

第三条 企业(含代理记账机构,下同)开展会计信息化工作,软件供应商(含相关咨询服务机构,下同)提供会计软件和相关服务,适用本规范。

第四条 财政部主管全国企业会计信息化工作,主要职责包括:

(一)拟订企业会计信息化发展政策;

(二)起草、制定企业会计信息化技术标准;

(三)指导和监督企业开展会计信息化工作;

(四)规范会计软件功能。

第五条 县级以上地方人民政府财政部门管理本地区企业会计信息化工作,指导和监督本地区企业开展会计信息化工作。

第二章 会计软件和服务

第六条 会计软件应当保障企业按照国家统一会计准则制度开展会计核算,不得有违背国家统一会计准则制度的功能设计。

第七条 会计软件的界面应当使用中文并且提供对中文处理的支持,可以同时提供外国或者少数民族文字界面对照和处理支持。

第八条　会计软件应当提供符合国家统一会计准则制度的会计科目分类和编码功能。

第九条　会计软件应当提供符合国家统一会计准则制度的会计凭证、账簿和报表的显示和打印功能。

第十条　会计软件应当提供不可逆的记账功能，确保对同类已记账凭证的连续编号，不得提供对已记账凭证的删除和插入功能，不得提供对已记账凭证日期、金额、科目和操作人的修改功能。

第十一条　鼓励软件供应商在会计软件中集成可扩展商业报告语言（XBRL）功能，便于企业生成符合国家统一标准的 XBRL 财务报告。

第十二条　会计软件应当具有符合国家统一标准的数据接口，满足外部会计监督需要。

第十三条　会计软件应当具有会计资料归档功能，提供导出会计档案的接口，在会计档案存储格式、元数据采集、真实性与完整性保障方面，符合国家有关电子文件归档与电子档案管理的要求。

第十四条　会计软件应当记录生成用户操作日志，确保日志的安全、完整，提供按操作人员、操作时间和操作内容查询日志的功能，并能以简单易懂的形式输出。

第十五条　以远程访问、云计算等方式提供会计软件的供应商，应当在技术上保证客户会计资料的安全、完整。对于因供应商原因造成客户会计资料泄露、毁损的，客户可以要求供应商承担赔偿责任。

第十六条　客户以远程访问、云计算等方式使用会计软件生成的电子会计资料归客户所有。

软件供应商应当提供符合国家统一标准的数据接口供客户导出电子会计资料，不得以任何理由拒绝客户导出电子会计资料的请求。

第十七条　以远程访问、云计算等方式提供会计软件的供应商，应当做好本厂商在不能维持服务情况下，保障企业电子会计资料安全以及企业会计工作持续进行的预案，并在相关服务合同中与客户就该预案作出约定。

第十八条　软件供应商应当努力提高会计软件相关服务质量，按照合同约定及时解决用户使用中的故障问题。

会计软件存在影响客户按照国家统一会计准则制度进行会计核算问题的，软件供应商应当为用户免费提供更正程序。

第十九条　鼓励软件供应商采用呼叫中心、在线客服等方式为用户提供实时技术支持。

第二十条　软件供应商应当就如何通过会计软件开展会计监督工作，提供专门教程和相关资料。

第三章　企业会计信息化

第二十一条　企业应当充分重视会计信息化工作，加强组织领导和人才培养，不断推进会信息化在本企业的应用。

除本条第三款规定外，企业应当指定专门机构或者岗位负责会计信息化工作。

未设置会计机构和配备会计人员的企业，由其委托的代理记账机构开展会计信息化工作。

　　第二十二条　企业开展会计信息化工作,应当根据发展目标和实际需要,合理确定建设内容,避免投资浪费。

　　第二十三条　企业开展会计信息化工作,应当注重信息系统与经营环境的契合,通过信息化推动管理模式、组织架构、业务流程的优化与革新,建立健全适应信息化工作环境的制度体系。

　　第二十四条　大型企业、企业集团开展会计信息化工作,应当注重整体规划,统一技术标准、编码规则和系统参数,实现各系统的有机整合,消除信息孤岛。

　　第二十五条　企业配备的会计软件应当符合本规范第二章要求。

　　第二十六条　企业配备会计软件,应当根据自身技术力量以及业务需求,考虑软件功能、安全性、稳定性、响应速度、可扩展性等要求,合理选择购买、定制开发、购买与开发相结合等方式。

　　定制开发包括企业自行开发、委托外部单位开发、企业与外部单位联合开发。

　　第二十七条　企业通过委托外部单位开发、购买等方式配备会计软件,应当在有关合同中约定操作培训、软件升级、故障解决等服务事项,以及软件供应商对企业信息安全的责任。

　　第二十八条　企业应当促进会计信息系统与业务信息系统的一体化,通过业务的处理直接驱动会计记账,减少人工操作,提高业务数据与会计数据的一致性,实现企业内部信息资源共享。

　　第二十九条　企业应当根据实际情况,开展本企业信息系统与银行、供应商、客户等外部单位信息系统的互联,实现外部交易信息的集中自动处理。

　　第三十条　企业进行会计信息系统前端系统的建设和改造,应当安排负责会计信息化工作的专门机构或者岗位参与,充分考虑会计信息系统的数据需求。

　　第三十一条　企业应当遵循企业内部控制规范体系要求,加强对会计信息系统规划、设计、开发、运行、维护全过程的控制,将控制过程和控制规则融入会计信息系统,实现对违反控制规则情况的自动防范和监控,提高内部控制水平。

　　第三十二条　对于信息系统自动生成、且具有明晰审核规则的会计凭证,可以将审核规则嵌入会计软件,由计算机自动审核。未经自动审核的会计凭证,应当先经人工审核再进行后续处理。

　　第三十三条　处于会计核算信息化阶段的企业,应当结合自身情况,逐步实现资金管理、资产管理、预算控制、成本管理等财务管理信息化。

　　处于财务管理信息化阶段的企业,应当结合自身情况,逐步实现财务分析、全面预算管理、风险控制、绩效考核等决策支持信息化。

　　第三十四条　分公司、子公司数量多、分布广的大型企业、企业集团应当探索利用信息技术促进会计工作的集中,逐步建立财务共享服务中心。

　　实行会计工作集中的企业以及企业分支机构,应当为外部会计监督机构及时查询和调阅异地储存的会计资料提供必要条件。

　　第三十五条　外商投资企业使用的境外投资者指定的会计软件或者跨国企业集团统一部署的会计软件,应当符合本规范第二章要求。

　　第三十六条　企业会计信息系统数据服务器的部署应当符合国家有关规定。数据服务器部署在境外的,应当在境内保存会计资料备份,备份频率不得低于每月一次。境内备份的会计资料应当能够在境外服务器不能正常工作时,独立满足企业开展会计工作的需要以及外部会计监督的需要。

第三十七条　企业会计资料中对经济业务事项的描述应当使用中文，可以同时使用外国或者少数民族文字对照。

第三十八条　企业应当建立电子会计资料备份管理制度，确保会计资料的安全、完整和会计信息系统的持续、稳定运行。

第三十九条　企业不得在非涉密信息系统中存储、处理和传输涉及国家秘密，关系国家经济信息安全的电子会计资料；未经有关主管部门批准，不得将其携带、寄运或者传输至境外。

第四十条　企业内部生成的会计凭证、账簿和辅助性会计资料，同时满足下列条件的，可以不输出纸面资料：

（一）所记载的事项属于本企业重复发生的日常业务；

（二）由企业信息系统自动生成；

（三）可及时在企业信息系统中以人类可读形式查询和输出；

（四）企业信息系统具有防止相关数据被篡改的有效机制；

（五）企业对相关数据建立了电子备份制度，能有效防范自然灾害、意外事故和人为破坏的影响；

（六）企业对电子和纸面会计资料建立了完善的索引体系。

第四十一条　企业获得的需要外部单位或者个人证明的原始凭证和其他会计资料，同时满足下列条件的，可以不输出纸面资料：

（一）会计资料附有外部单位或者个人的、符合《中华人民共和国电子签名法》的可靠的电子签名；

（二）电子签名经符合《中华人民共和国电子签名法》的第三方认证；

（三）满足第四十条第（一）项、第（三）项、第（五）项和第（六）项规定的条件。

第四十二条　企业会计资料的归档管理，遵循国家有关会计档案管理的规定。

第四十三条　实施企业会计准则通用分类标准的企业，应当按照有关要求向财政部报送 XBRL 财务报告。

第四章　监　　督

第四十四条　企业使用会计软件不符合本规范要求的，由财政部门责令限期改正。限期不改的，财政部门应当予以公示，并将有关情况通报同级相关部门或其派出机构。

第四十五条　财政部采取组织同行评议，向用户企业征求意见等方式对软件供应商提供的会计软件遵循本规范的情况进行检查。

省、自治区、直辖市人民政府财政部门发现会计软件不符合本规范规定的，应当将有关情况报财政部。

任何单位和个人发现会计软件不符合本规范要求的，有权向所在地省、自治区、直辖市人民政府财政部门反映，财政部门应当根据反映开展调查，并按本条第二款规定处理。

第四十六条　软件供应商提供的会计软件不符合本规范要求的，财政部可以约谈该供应商主要负责人，责令限期改正。限期内未改正的，由财政部予以公示，并将有关情况通报相关部门。

第五章　附　　则

第四十七条　省、自治区、直辖市人民政府财政部门可以根据本规范制定本地区具体实施办法。

第四十八条　自本规范施行之日起,《会计核算软件基本功能规范》(财会字〔1994〕27号)、《会计电算化工作规范》(财会字〔1996〕17号)不适用于企业及其会计软件。

第四十九条　本规范自 2014 年 1 月 6 日起施行,1994 年 6 月 30 日财政部发布的《商品化会计核算软件评审规则》(财会字〔1994〕27 号)、《会计电算化管理办法》(财会字〔1994〕27号)同时废止。

参考文献

[1] 王珠强.会计电算化——用友 ERP – U8V10.1 版[M].北京：人民邮电出版社,2018.

[2] 王新玲,申思.用友 ERP 财务管理系统实验教程(U8V10.1 版)[M].北京：清华大学出版社,2017.

[3] 陈明然.会计信息化教程(用友 ERP – U8V10.1 版)[M].北京：高等教育出版社,2014.

[4] 朱丽.用友 ERP – U8V10.1——财务管理系统教程[M].北京：人民邮电出版社,2018.

[5] 毛华扬.会计信息系统(用友 ERP – U8V10.1 版)[M].北京：电子工业出版社,2015.

[6] 周玉清,刘伯莹,周强.ERP 原理与应用[M].北京：清华大学出版社,2014.

软件授权提货单

学校和院系名称：＿＿＿＿＿＿＿＿＿＿＿＿＿＿＿＿（需院系盖章）

联系人：＿＿＿＿＿＿＿＿　　　联系方式：＿＿＿＿＿＿＿＿＿＿

感谢贵校使用牛永芹等编写的《ERP财务管理系统实训教程（用友U8V10.1版）》（第三版）。为便于学校统一组织教学，学校可凭本提货单向北京朔日科技有限公司（简称"朔日科技"）免费申请安装《无纸化测评系统》（以学校为单位申请免费安装1次、60个站点以内，不限学生账号数量，自安装日起免费180天使用期）。

提货方式：

1. 详细填写本提货单第一行学校和院系名称（盖院系章）及相关信息。

2. 把本提货单传真或者拍照发给高等教育出版社相关业务部门审核（联系方式见下），获得提货单编号。

3. 凭编号和院系名称，向朔日科技申请使用。

4. 本提货单最终解释权归朔日科技所有。

高等教育出版社联系方式：

客服手机：13761157915　　　客服座机：021-56718737　　　客服QQ：122803063

朔日科技联系方式：

客服手机：15346571180　　　客服座机：4000123997　　　客服QQ：280122074

北京朔日科技有限公司

高等教育出版社

教 学 资 源 索 取 单

尊敬的老师：

　　您好！

　　感谢您使用牛永芹等编写的《ERP 财务管理系统实训教程》(第三版)(用友 U8 V10.1 版)。为便于教学，本书另配有课程相关教学资源，如贵校已选用了本书，您只要加入会计教师论坛 QQ 群，或者关注微信公众号"高职财经教学研究"，或者把下表中的相关信息以电子邮件方式发至我社即可免费获得。

我们的联系方式：

(以下 3 个"会计教师论坛"QQ 群，加任何一个即可享受服务，请勿重复加入)

QQ3 群：473802328　　　　QQ2 群：370279388　　　　QQ1 群：554729666

微信公众号：高职财经教学研究

　　另外，我们研发有 8 门财会类课程试题库："基础会计""财务会计""成本计算与管理""财务管理""管理会计""税务会计""税法""审计基础与实务"。题库共 25000 多道试题，知识点全覆盖，题型丰富，可自动组卷与批改。如贵校选用了高教社沪版相关课程教材，我们将免费提供给老师 8 门课程题库生成的各 6 套试卷及答案(Word 格式难中易三档)，老师也可与我们联系获取更多免费题库资源。

　　联系电话：(021)56961310/56718921　　　　服务 QQ：800078148(教学资源)
　　电子邮箱：800078148@b.qq.com

姓　　名		性别		出生年月		专　　业	
学　　校			学院、系		教 研 室		
学校地址					邮　编		
职　　务			职　　称		办公电话		
E-mail					手　机		
通信地址					邮　编		
本书使用情况	用于＿＿＿＿＿＿学时教学，每学年使用＿＿＿＿＿册。						

您还希望从我社获得哪些服务？

☐ 教师培训　　　　☐ 教学研讨活动

☐ 寄送样书　　　　☐ 相关图书出版信息

☐ 其他＿＿＿＿＿＿＿＿＿＿＿＿＿＿＿＿＿＿